信毅教材大系·管理类系列

市场营销学

Marketing

陆淳鸿 主编

"信毅教材大系"编委会

主　　任	卢福财
副 主 任	邓　辉　王秋石　刘子馨
秘 书 长	廖国琼
副秘书长	宋朝阳
编　　委	刘满凤　杨　慧　袁红林　胡宇辰　李春根
	章卫东　吴朝阳　张利国　汪　洋　罗世华
	毛小兵　邹勇文　杨德敏　白耀辉　叶卫华
	尹忠海　包礼祥　郑志强　陈始发
联络秘书	方毅超　刘素卿

总 序

世界高等教育的起源可以追溯到1088年意大利建立的博洛尼亚大学,它运用社会化组织成批量培养社会所需要的人才,改变了知识、技能主要在师徒间、个体间传授的教育方式,满足了大家获取知识的需要,史称"博洛尼亚传统"。

19世纪初期,德国教育家洪堡提出"教学与研究相统一"和"学术自由"的原则,并指出大学的主要职能是追求真理,学术研究在大学应当具有第一位的重要性,即"洪堡理念",强调大学对学术研究人才的培养。

在洪堡理念广为传播和接受之际,英国教育家纽曼发表了《大学的理想》的著名演说,旗帜鲜明地指出"从本质上讲,大学是教育的场所","我们不能借口履行大学的使命职责,而把它引向不属于它本身的目标"。强调培养人才是大学的唯一职能。纽曼关于"大学的理想"的演说让人们重新审视和思考大学为何而设、为谁而设的问题。

19世纪后期到20世纪初,美国威斯康星大学查尔斯·范海斯校长提出"大学必须为社会发展服务"的办学理念,更加关注大学与社会需求的结合,从而使大学走出了象牙塔。

2011年4月24日,胡锦涛总书记在清华大学百年校庆庆典上指出,高等教育是优秀文化传承的重要载体和思想文化创新的重要源泉,强调要充分发挥大学文化育人和文化传承创新的职能。

总而言之,随着社会的进步与变革,高等教育不断发展,大学的功能不断扩展,但始终都围绕着人才培养这一大学的根本使命,致力于不断提高人才培养的质量和水平。

对大学而言,优秀人才的培养,离不开一些必要的物质条件保障,但更重要的是高效的执行体系。高效的执行体系应该体现在三个方面:一是科学合理的学科专业结构;二是能洞悉学科前沿的优秀的师资队伍;三是作为知识载体和传播媒介的优秀教材。教材是体现教学内容与教学方法的知识载体,是进行教学的基本工具,也是深化教育教学改革,提高人才培养质量的重要保证。

一本好的教材,要能反映该学科领域的学术水平和科研成就,能引导学生沿着正确的学术方向步入所向往的科学殿堂。因此,加强高校教材建设,对于提高教育质量、稳定教学秩序、实现高等教育人才培养目标起着重要的作用。正是基于这样的考虑,江西财经大学与复旦大学出版社达成共识,准备通过编写出版一套高质量的教材系列,以期进一步锻炼学校教师队伍,提高教师素质和教学水平,最终将学校的学科、师资等优势转化为人才培养优势,提升人才培养质量。为凸显江财特色,我们取校训"信敏廉毅"中一头一尾两个字,将这个系列的教材命名为"信毅教材大系"。

"信毅教材大系"将分期分批出版问世,江西财经大学教师将积极参与这一具有重大意义的学术事业,精益求精地不断提高写作质量,力争将"信毅教材大系"打造成业内有影响力的高端品牌。"信毅教材大系"的出版,得到了复旦大学出版社的大力支持,没有他们的卓越视野和精心组织,就不可能有这套系列教材的问世。作为"信毅教材大系"的合作方和复旦大学出版社的一名多年的合作者,对他们的敬业精神和远见卓识,我感到由衷的钦佩。

王 乔

2012年9月19日

前　言

随着数字化、智能化发展,企业经营环境发生了巨大的变化,对企业管理要求越来越高,特别是企业的市场营销面临更大的挑战。这要求市场营销人员掌握更全面、更前沿的营销知识和理论,特别是数字营销方面的最新进展。为了满足当下的需求,我们编写了此书。

本书的目的在于,帮助读者掌握市场营销学的基本内容、基本理论和前沿理论,提高市场营销实践能力。因此,本书既可以作为市场营销、会计学、人力资源管理、工商管理等管理类专业的在校本科生教材,也可以用作企业管理、会计学等管理类专业硕士研究生和MBA的教材,还可以作为教师、管理人员和市场营销管理工作人员的参考用书。

本书共分十五章:第一章介绍了市场营销学的概述、产生与发展,市场营销观念的演进,市场营销学的基本内容及组合理论;第二章介绍了企业战略管理、营销管理,以及它们之间的关系;第三章分析了市场营销的微观和宏观环境,介绍市场营销环境分析方法;第四章介绍了市场营销信息系统的构成,市场需求衡量与预测;第五章介绍了影响消费者购买行为的因素、购买行为的类型、购买决策过程;第六章介绍了组织市场、产业市场、中间商市场和政府市场;第七章介绍了市场细分、目标市场选择、市场定位;第八章和第九章分别介绍了市场竞争战略和品牌战略;第十章至第十三章依次详细介绍了产品策略、定价策略、分销渠道策略、促销策略;第十四章介绍了市场营销计划、组织、执行、控制;第十五章介绍了数字营销、关系营销、体验营销、绿色营销等市场营销理念新进展。

本书具有以下几个特点:一是体系完整,基本涵盖了市场营销学的基本理论、基本内容和最新进展;二是内容新颖,大部分内容参考和借鉴了最新科研成果,特别是数字化营销方面的最新研究进展;三是应用性强,本书不仅介绍知识和理论,还讲述了营销管理过程;四是贴近读者,每一章开始都配有开篇案例,章内有知识链接、小故事、小案例,结尾都配有知识小结、案例讨论和思考题,以增强内容的可读性和趣味性。

  本书由陆淳鸿任主编,吴忠华任副主编,大纲由陆淳鸿设计,吴忠华、赵星、钟岭、聂春艳、沈鹏熠参与大纲讨论。陆淳鸿负责组稿、审稿和最后定稿。各章撰写的具体分工为:陆淳鸿负责第一章、第二章和第十四章;吴忠华负责第三章、第十章和第十五章;赵星负责第四章、第五章和第六章;聂春艳负责第七章和第八章;钟岭负责第九章和第十一章;沈鹏熠负责第十二章和第十三章。

  本书内容参考了国内外有关论著、教材和网络资料,在此向这些资料的作者表示深深的谢意。同时也要感谢复旦大学出版社的领导和编辑的理解和支持。

  由于编者水平有限,再加上时间仓促,书中出现纰漏在所难免,敬请各位读者批评指正。

编者
2021 年 6 月 25 日

目 录

第一章 市场营销学导论 ·········· 001
　开篇案例 ·········· 001
　第一节 市场营销概述 ·········· 003
　第二节 市场营销学的产生与发展 ·········· 008
　第三节 市场营销观念的演进 ·········· 016
　第四节 市场营销学的基本内容及组合理论 ·········· 022
　本章小结 ·········· 027
　思考题 ·········· 027
　案例讨论 ·········· 028
　参考文献 ·········· 029

第二章 企业战略管理与营销管理 ·········· 031
　开篇案例 ·········· 031
　第一节 企业战略管理 ·········· 032
　第二节 营销管理 ·········· 056
　本章小结 ·········· 059
　思考题 ·········· 059
　案例讨论 ·········· 059
　参考文献 ·········· 061

第三章 市场营销环境 ·········· 062
　开篇案例 ·········· 062
　第一节 市场营销环境概述 ·········· 063
　第二节 企业微观环境分析 ·········· 065
　第三节 企业宏观环境分析 ·········· 067
　第四节 市场营销环境的分析方法 ·········· 078
　本章小结 ·········· 082
　思考题 ·········· 083
　案例讨论 ·········· 083
　参考文献 ·········· 085

第四章 市场调研与市场需求预测 …… 087
   开篇案例 …… 087
   第一节 市场营销信息系统的构成 …… 088
   第二节 市场需求衡量与预测 …… 101
   本章小结 …… 108
   思考题 …… 108
   案例讨论 …… 109
   参考文献 …… 111

第五章 消费者购买行为 …… 112
   开篇案例 …… 112
   第一节 影响消费者购买行为的因素 …… 114
   第二节 购买行为的类型 …… 127
   第三节 购买者决策过程 …… 130
   本章小结 …… 134
   思考题 …… 134
   案例讨论 …… 134
   参考文献 …… 136

第六章 组织购买行为 …… 138
   开篇案例 …… 138
   第一节 组织市场 …… 139
   第二节 产业市场 …… 142
   第三节 中间商市场 …… 151
   第四节 政府市场 …… 153
   本章小结 …… 157
   思考题 …… 157
   案例讨论 …… 158
   参考文献 …… 159

第七章 目标市场战略 …… 160
   开篇案例 …… 160
   第一节 市场细分 …… 161
   第二节 目标市场选择 …… 173
   第三节 市场定位 …… 178

本章小结 ... 184
思考题 ... 185
案例讨论 ... 185
参考文献 ... 187

第八章 市场竞争战略 ... 189
开篇案例 ... 189
第一节 竞争者分析 ... 191
第二节 竞争战略决策 ... 197
本章小结 ... 211
思考题 ... 212
案例讨论 ... 212
参考文献 ... 216

第九章 品牌战略 ... 217
开篇案例 ... 217
第一节 品牌概述 ... 219
第二节 品牌资产 ... 221
第三节 品牌塑造 ... 228
第四节 品牌年轻化 ... 234
本章小结 ... 239
思考题 ... 239
案例讨论 ... 240
参考文献 ... 241

第十章 产品策略 ... 243
开篇案例 ... 243
第一节 产品的整体概念 ... 244
第二节 产品生命周期策略 ... 246
第三节 产品组合策略 ... 252
第四节 新产品开发策略 ... 257
第五节 包装策略 ... 261
本章小结 ... 264
思考题 ... 265
案例讨论 ... 265

参考文献 ································· 268

第十一章 价格策略 ································· 270
开篇案例 ································· 270
第一节 价格概述 ································· 271
第二节 企业定价的基本方法 ································· 277
第三节 定价策略 ································· 280
第四节 价格调整与变动 ································· 289
本章小结 ································· 294
思考题 ································· 295
案例讨论 ································· 295
参考文献 ································· 297

第十二章 分销渠道策略 ································· 299
开篇案例 ································· 299
第一节 分销渠道概述 ································· 301
第二节 分销渠道设计 ································· 307
第三节 分销渠道管理 ································· 310
第四节 渠道冲突管理 ································· 313
第五节 中间商 ································· 315
本章小结 ································· 320
思考题 ································· 320
案例讨论 ································· 321
参考文献 ································· 323

第十三章 促销策略 ································· 325
开篇案例 ································· 325
第一节 促销与促销组合 ································· 326
第二节 广告 ································· 330
第三节 人员推销 ································· 333
第四节 销售促进 ································· 338
第五节 公共关系 ································· 341
第六节 直复营销 ································· 346
第七节 整合营销传播 ································· 348
本章小结 ································· 351

思考题 ……………………………………………… 351
　　案例讨论 …………………………………………… 351
　　参考文献 …………………………………………… 353

第十四章　市场营销管理 ……………………………… 355
　　开篇案例 …………………………………………… 355
　　第一节　市场营销计划 …………………………… 356
　　第二节　市场营销组织 …………………………… 361
　　第三节　市场营销执行 …………………………… 368
　　第四节　市场营销控制 …………………………… 369
　　本章小结 …………………………………………… 374
　　思考题 ……………………………………………… 375
　　案例讨论 …………………………………………… 375
　　参考文献 …………………………………………… 378

第十五章　市场营销理念新进展 ……………………… 379
　　开篇案例 …………………………………………… 379
　　第一节　数字营销 ………………………………… 380
　　第二节　关系营销 ………………………………… 383
　　第三节　体验营销 ………………………………… 386
　　第四节　绿色营销 ………………………………… 389
　　本章小结 …………………………………………… 394
　　思考题 ……………………………………………… 394
　　案例讨论 …………………………………………… 394
　　参考文献 …………………………………………… 396

第一章 市场营销学导论

【学习目标】

1. 了解市场的概念。
2. 了解并掌握市场营销的内涵。
3. 了解并掌握市场营销相关概念。
4. 了解市场营销学的产生与发展。
5. 了解并掌握市场营销观念的演进。
6. 了解并掌握市场营销的基本内容。
7. 了解并掌握市场营销组合理论。

开篇案例

百果园数字化成就水果新零售

随着移动互联网竞争的主战场逐渐从上半场消费互联网转向下半场产业互联网,企业须扎根供应链体系,巧用数字化工具,从上游生产端到下游销售端持续赋能,才能实现从传统行业到新零售的转型升级。

1. 生鲜行业新零售标杆

在水果零售领域,一家企业近日交出一份连淘宝、京东等新零售巨头都望尘莫及的成绩单:在全国43个城市建设了2 800家连锁门店、6 000多个社群店,上游拥有230多个全球优质水果基地及供应商资源,线上单月销售额突破2.5亿元,线上月度复合增长率超过25%,2017年销售额84亿元,2018年突破百亿元,成为中国连锁百强中唯一一家水果零售企业。

这家新零售标杆企业名为百果园。百果园于2001年在深圳成立,2014年以来进入发展快车道,2015年5月连锁门店数突破1 000家,2017年1月线上单月销售额突破1.2亿元。百果园已不是一家传统水果零售企业,其将线上线下融合作为企业战略的首要目标,预计2022年门店数将达到14 000家,产品海外基地直采比例高达60%。

2. 把控上游基地强化供应链管理

百果园很早就认识到把控上游生产基地,强化果品供应链是支撑生鲜新零售持续高速发展的关键因素。百果园发现国内的优质水果生产基地仅占市场总量的

5%,若能拥有优质的水果基地,就能入局产业链上游,率先抢占优势资源。因此,百果园迅速在全国展开水果基地布局,同时与多家知名水果基地合作。

2005年,百果园成立了果品供应链管理公司,不仅负责水果的统一采购,还直接参与到水果的生产种植环节,通过建立标准、技术指导,帮助种植商和果农提质增效。在深度参与种植基地各流程环节中,百果园优化乃至买断良种,并成立智果科技公司,用大数据、互联网手段指导、改造水果生产行业,打造先进的果业供应链。

百果园在区域性、地域性品类中展开水果产品改良、水果定制,参与种植过程管理、采摘周期管理、采购管理等,建立标准化流程,输出品类品牌。其首创的"四度一味一安全"标准,建立了严格的水果分级标准,根据糖酸度、新鲜度、爽脆度、细嫩度、香味、安全性等参数进行科学分级,成为国内首家对水果进行标准化分级的企业,成功破解了"水果专卖难"问题。

良好的生产基地是成功的一半,另一半取决于强大的仓储配送。百果园在20多个城市设有大型综合配送中心,基于"配送中心+落地配"模式实现最优覆盖模型。在线上线下一体化策略下,如今百果园可以基于门店提供3公里范围内的59分钟配送服务,消费者可以自行选择"线上下单""到店自提""一小时到家"等配送模式。

3. 数字化赋能全渠道营销

人们熟悉的传统零售模式是消费者经过水果店铺,主动进店购买。新零售时代,企业通过时间、空间、场景来引流,吸引消费者购买。百果园在大量布局线下实体店后,迅速顺应网购趋势,大力推广线上商城。2008年,百果园筹建了全国首家B2C水果电商平台"网上百果园",但当时并不为行业看好。直至2016年,其吞并了生鲜电商一米鲜,一年后,线上销售额破亿元,成为水果领域的新势力。同时,百果园开启"线上线下一体的新零售社区小店"新模式,从前台支付到后台ERP,建立起统一闭环的数据库。为了与消费者建立信任感,让扎根社区的数千家门店与当地社区居民融为一体,百果园通过贴近居民的社区店店长、加盟商微信圈、小程序等全方位引流,引导居民到店消费购物。随着线上线下一体化,百果园线上APP于2016年3月开通,并建立起以门店为单位的微信社群,打造了线上线下一体化的会员体系,在会员权益层级、积分商城等方面进行了大规模升级,运用游戏化奖励机制,综合考虑APP与门店用户体验,增强认同感、归属感等。

2017年12月,百果园推出线上APP 3.0版本。已拥有超过500万用户的线上会员。百果园的各种营销活动均通过门店和社群同步推进,让消费者在体系内循环,不断激发新消费,满足不同场景的消费需求。

在全渠道营销方面,百果园通过"门店+外卖平台+APP+小程序+社群+公众号"协同发力,让产品在会员体系、商品体系、库存体系、营销活动体系中得到全方位推广、一体化运营,从而实现海量传播。

百果园把拼团分为陌生人拼团和熟人拼团,前者"带流量",后者"促交易"。每周选出低价爆品,利用低价拉新,增加成团效率,拉大增量市场。百果园"任性"的退款政策也大大提升了消费者的购买体验和消费满意度。

百果园将"好吃"定为营销口号,如何证明"好吃"?必须将"试吃"战略推行到极致:一是"三无退款",消费者若觉得不好吃,可"无实物、无小票、无理由"任性退款;二是"瞬间退款",无论线上线下购买,消费者只要认为水果质量不好,可以不经过店员,直接通过APP自行退款。另外建立服务、交易、金融和BI数据分析4大平台,试点智能导购、人脸识别、便捷支付提升了顾客的尝试欲望和满意度。

百果园不断利用大数据、AI为用户提供精准服务。2017年7月,百果园开始开发标准化种植、供应链、销售、营销等新技术,意在标准化种植、交易、供应链、销售、营销和金融体系方面实现产业互联、精准营销。

百果园利用大数据、AI对客户消费金额、消费层次、年龄、表情等信息进行搜集、归纳、判定,只要顾客进店消费一次,下次进入任何一家百果园门店,店员都可以通过系统快速识别,为该顾客提供相应的个性化服务。

无人零售网络也是百果园新零售创新的一亮点。近日北上广深等地的很多居民楼中,出现了一种专卖水果的智能冰柜"百果盒子",这正是百果园无人零售战略的"先锋部队"。百果园首先立足华东、华南地区进行无人柜铺设。

综观百果园新零售战略布局:从生产基地布控,到配送"一小时到家"门店+外卖平台+APP+小程序+社群+公众号全渠道营销,从线上线下一体化、大数据AI精确营销到水果标准分级、无人零售探索,百果园正通过全方位的数字化赋能,成为水果新零售领域的领跑者。

资料来源:吴勇毅.百果园数字化成就水果新零售[Z/OL].[2020-10-20].https://www.toutiao.com/a6885541827664052749/?channel=&source=search_tab.作者修改了部分内容。

第一节 市场营销概述

一、市场的含义

市场是随着社会分工细化和经济不断发展而产生的。传统的市场是买卖双方聚集在一起进行交换的有形场所。随着信息技术的不断发展,逐渐形成了空间市场,空间市场只存在于虚拟的网络空间里,空间市场与传统市场一样也包括进行交易的买卖双方。

经济学界定的市场是买卖双方进行的一切交换关系集合。管理学界定的市场是供需双方在共同认可的条件下所进行的产品或劳务的交换活动。营销者经常用市场来指代各种各样的顾客,他们通常把卖方的集合称为行业,把买方的集合称为市场。它们之间的关系如图1-1所示。

买卖双方通过四种流连接起来:卖方将产品或服务提供给买方,并与买方进行沟通,因此,卖方可以获得货币和信息;买方将货币和信息传递给卖方,因此,买方可以获

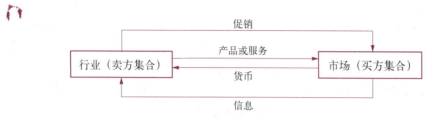

图 1-1 简化的市场营销系统

（资料来源：[美]菲利普·科特勒,[美]凯文·莱恩·凯勒.营销管理(第14版·全球版)[M].王永贵,等译.北京:中国人民大学出版社,2012:9）

得产品或服务和信息。图 1-1 中的内圈表示货币与产品或服务的交换,外圈表示信息的交换。

美国市场营销协会(American Marketing Association,AMA)把市场界定为"一种产品或劳务的所有潜在购买者的需求总和"(王永贵,2019)。菲利普·科特勒(Philip Kotler)认为"市场是由一切具有特定欲望和需求,并且愿意和能够以交换来满足需求和欲望的潜在顾客组成的,市场规模的大小,由有购买意愿、具有支付能力的人群组成"(陈理飞、赵景阳,2017)。因此,营销学中的市场通常特指顾客群体的有效需求,也就是某种产品的实际购买者和潜在购买者的集合。

从宏观上来看,市场由用于交换的商品、提供商品的销售者和商品的购买者三个要素组成。用于交换的商品包括有形的物质产品,也包括无形的服务,以及资金、技术、信息、土地、劳动力等资源要素。用于交换的商品不会自动交换,必须由它的所有者,即提供商品的销售者,提供到交易场所进行交易。商品的购买者是既有需求又具备支付能力的购买者。只有三个条件同时具备,才能形成市场。

从微观上看,市场的大小包括人口、购买力、购买欲望等三个要素,可用公式表示为：

$$市场 = 人口 + 购买力 + 购买欲望 \tag{1-1}$$

人口因素由人口数量、年龄、性别、家庭、家庭人口数、文化程度、地理分布、职业等因素组成。购买力是消费者支付货币购买产品或服务的能力,购买力由消费者手中的货币量决定,购买力受个人收入、个人可支配收入、平均消费水平、消费结构等因素影响。购买欲望是消费者购买产品或服务的愿望程度,它是促使消费者购买的动力,购买欲望越强,购买量就越大,市场容量就越大。这三个因素一起决定市场容量,它们之间相互制约,缺一不可,只有三者结合才能构成现实的市场,才能决定市场容量大小。相对宏观市场而言,营销者更关注微观市场。

二、市场营销的含义

市场营销处理与顾客相关的一切。市场营销的含义是不断发展的,随着市场营销实践的发展而发展,在不同阶段,营销学者对市场营销的界定有所不同,对市场营销的认识也表现出不同的发展。

美国市场营销协会在1960年把市场营销界定为"引导产品或劳务从生产者流向消费者的企业营销活动"(王永贵,2019)。该定义开始把市场营销看作独立的职能部门,目的是为顾客创造更多价值,更好地销售,企业获得更多的利润。此后,该协会在1985年把市场营销界定为"对创意、商品和服务的概念、定价、促销和分销进行策划和执行的过程,以便推动和促进能够实现个人和组织目标的交易"。这个定义把营销看作一种管理职能,开始关注顾客需求满足的过程。该协会在2004年把营销定义为"一种组织职能,是为了组织自身及利益相关者的利益而创造、沟通、传递客户价值,管理客户关系的一系列过程"。这个定义开始关注价值,并以价值为核心开展营销活动。该协会在2007年将市场营销界定为"创造、沟通、传递和交换那些对顾客、委托人、合作伙伴乃至整个社会有价值的供应品的一系列活动、机制和过程"。该定义进一步扩展了市场营销的范围,涉及所有与交易相关的活动、机制和过程。

菲利普·科特勒在1994年将市场营销定义为"个人或集体通过创造并同别人交换产品和价值,从而使个人或集体满足其欲望或需要的一种社会管理过程"。该定义强调顾客与企业之间的价值交换。他在2012年认为市场营销就是识别并满足人类和社会的需要,最简洁的定义是"满足别人并获得利润"(科特勒、凯勒,2012)。他在2015年认为广义上市场营销是一种通过创造和与他人交换价值实现个人和组织的需要和欲望的社会和管理过程,狭义上市场营销涉及顾客建立价值导向的交换关系,之后把市场营销定义为"企业为从顾客处获得利益回报而为顾客创造价值并与之建立稳固关系的过程"。

市场营销是通过满足消费者的需要而获得利润的一切交换活动过程。市场营销的内涵至少包括:① 市场营销是顾客导向的,必须识别和满足顾客需求;② 交换是市场营销的核心,交换过程是一种积极主动的过程,是满足双方需求的管理过程;③ 市场营销过程从构思产品创意开始,经历产品销售全过程,直到产品的自然生命结束为止,包括售前、售中、售后的所有过程。

市场营销与广告和促销是不同的,市场营销活动主要包括市场研究、营销战略(包括STP战略、竞争战略)、营销策略(包括产品、定价、渠道、广告、销售促进、人员推销、公共关系)、售后服务等活动,由此可知,广告和促销只是市场营销活动中的一部分。甚至著名管理学家彼得·德鲁克(Peter Drucker)认为:"可以这样说,推销往往是有需要的。然而市场营销的目的却是使推销成为多余。市场营销的目的就在于深刻地认识和了解顾客,使产品和服务完全适合特定顾客的需要,实现产品的自我销售。因此,理想的市场营销可以自动生成想要购买特定产品或服务的顾客,剩下的工作就是如何使顾客可以购买到这些产品或服务"(科特勒、凯勒,2012)。

三、市场营销的相关概念

(一)需要、欲望、需求

需要是市场营销的起点。需要是指人类感知到的实际与理想之间的差异,即一种感到缺乏的状态。需要是人类与生俱来的,是人类最基本的要求,人类既对空气、水、食物、衣服、住房等有需要,也对安全、归属、社交、自我实现等方面有需要。这些需要存在于人类自身生理和社会之中,营销者可用不同方式去满足它们,但是不能凭空创造。

当人们趋向某些特定的目标以获得满足时,需要就变成了欲望,欲望是人类需要的表现形式。欲望因人而异,人们受不同文化、个性、经历等影响,表现出不同欲望。中国人需要食物,可能通过豆浆、油条、米饭、饺子等来满足自己的欲望;美国人需要食物,可能通过汉堡、炸薯条、牛排、软饮料等来满足自己的欲望。欲望由一个人的社会背景所决定,是明确表达的满足需要的指向物。营销者不能创造需要,但是可以影响欲望,通过研发和销售相关的产品和服务来满足这种欲望。

需求是指人们有能力购买而且愿意购买某个具体产品或服务的欲望。例如有人想购买劳斯莱斯车,却没有足够的钱购买,这只能算是有欲望,不能看成需求。如果一个人有足够的钱购买,却没有购买意愿,这也不能算是现实需求。一般而言,欲望是无限的,需求是有限的。

需要可能引起欲望,欲望可能产生需求。市场营销者的任务是立足需要,创造欲望,满足需求。市场营销者不仅要关注消费者的实际需求,还要挖掘客户的潜在需求。

知识链接

八种需求

负需求:消费者对某个产品感到厌恶,甚至愿意花钱去回避它。

无需求:消费者对某个产品不了解或不感兴趣。

潜在需求:消费者可能对某个产品产生了强烈的需求,而现有产品不能满足其需求。

下降需求:消费者逐渐减少或停止购买某种产品。

不规则需求:消费者的购买可能每个季节、每个月、每周甚至每小时都发生变化。

充分需求:消费者恰如其分地在市场上购买自己所需要数量的产品。

过度需求:消费者想要购买的数量超过了市场供应的数量。

不健康需求:产品可能吸引消费者,但却会对社会产生不良后果。

资料来源:[美]菲利普·科特勒,[美]凯文·莱恩·凯勒.营销管理(第14版·全球版).王永贵,等译.北京:中国人民大学出版社,2012:8.

(二) 产品和服务

产品和服务是指提供给市场,能够满足人们需要、欲望、需求的任何东西,它给消费者带来满足,包括有形的产品和无形服务,例如,衣服、食品、房子、手机等属于有形产品,银行、旅馆、维修、餐馆、保险、零售等属于服务,服务基本上是无形的且不涉及所有权转移。广义而言,产品和服务可包括有形产品、服务、事件、体验、场所、产权、组织、信息、想法等十大类(科特勒、阿姆斯特朗,2015)。

(三) 交换和交易

人们可以通过四种方式获得一种产品:一是自产自用,例如种植粮食、饲养家禽、养鱼等。二是向人乞讨,例如乞丐乞讨食物、钱财、衣物等。三是巧取豪夺,例如抢劫、偷盗等。四是交换，以让渡一定的利益从对方获得价值相当的产品或服务，例如用自己养的鸡换别人的粮食。

交换是指把自己的东西给别人，别人把他的东西给自己。交换与自产自用、向人乞讨、巧取豪夺不同，它是经济社会最基本的活动，是营销活动的核心。要实现交换，需要具备五个条件：① 至少要有两方；② 每一方都有被对方认为有价值的东西；③ 每一方都有沟通信息和传递货物的能力；④ 每一方都有可以自由接受或拒绝对方产品的权利；⑤ 每一方都认为与另外一方交换是适当的，是称心如意的。

能否发生交换，需要双方找到合适的交换条件，也就是通过交换后，双方能否得到新的价值满足。交换后通常双方都比之前变得更好，因此，交换是一个价值创造的过程。

交换是一个活动过程。当交换双方克服了各种交换障碍，达成了交换协议，就称为交易。交易是达成意向的交换活动，交易的实现需要双方对意向和承诺的履行。交易既包括货币与产品的交换，也包括物与物之间的交换。一次成功的交易至少包括两个有价值的产品或服务、买卖双方的承诺、交换的时间和地点等。

（四）顾客价值和顾客满意

在市场营销中，顾客选择购买产品或服务，取决于产品或服务能否为顾客带来最大化价值，因此，为顾客创造价值是市场营销的基础。然而顾客对价值的感知是高度个性化的，不同顾客之间的差异很大。

顾客价值是顾客获得的利益与顾客为此付出成本之间的比较。顾客获得的利益是指顾客在产品或服务上所获得的利益。顾客付出成本是指顾客为获取利益而付出的代价。顾客在购买过程中，不仅会考虑企业为其提供的利益，也会考虑相关的成本构成。顾客总利益包括产品利益、服务利益、形象利益、人员利益等，顾客总成本包括货币成本、体力成本、时间成本、精力成本等。顾客总利益与顾客总成本之差，通常被称为顾客让渡价值。市场营销甚至被视为识别、创造、传播、传递和监控顾客价值的过程。

顾客在购买产品时，希望将总成本降到最低，同时得到的实际利益尽可能多。顾客通常对比利益和成本，选择顾客让渡价值最大的产品。因此，为了战胜竞争者，吸引更多顾客，企业应该向顾客提供更多的顾客让渡价值的产品，这样才能让企业的产品被顾客关注，从而使顾客购买本企业的产品。企业可以通过改进产品利益、服务利益、人员利益、形象利益来提高产品的总利益；当然也可以通过降低生产成本与销售成本、减少顾客购买产品的时间、精神与体力的消耗，从而降低货币成本和非货币成本。

顾客满意是顾客对产品或服务使用后的绩效评价与期望绩效的比较。顾客对产品表现与其期望值的比较产生满意程度的大小。当顾客对产品或服务使用后的绩效评价大于期望绩效时，顾客的满意度高；顾客对产品或服务使用后的绩效评价等于期望绩效时，顾客就满意；当顾客对产品或服务使用后的绩效评价小于期望绩效时，顾客满意度低，或者会不满意。

（五）市场营销者

市场营销者是指希望从别人那里取得资源并愿意以某种有价值的东西作为交换的人。市场营销者可以是卖主，也可以是买主。只要在交换过程中，比另一方更积极、主动地寻找交换的，就将其称为市场营销者，不积极的一方则称为潜在顾客。如果双方都积极寻求交换,那么把双方都称为市场营销者,并将这种情况称为相互市场营销者。市场营销者承担的职能非常广泛,包括市场调研、制定营销战略、设计营销策略、提供售后服务等一切与交换相关的活动。

案例分享

王永庆卖米

王永庆15岁小学毕业后,到一家小米店做学徒。第二年,他用父亲借来的200元钱做本金自己开了一家小米店。为了和隔壁那家日本米店竞争,王永庆颇费了一番心思。当时大米加工技术比较落后,出售的大米里混杂着米糠、沙粒、小石头等,买卖双方都是见怪不怪。王永庆则多了一个心眼,每次卖米前都把米中的杂物挑拣干净,这一额外的服务深受顾客欢迎。王永庆卖米多是送米上门,他在一个本子上详细记录了顾客家有多少人、一个月吃多少米、何时发薪水等。他给顾客送米时,并不是送到就算了,他先帮人家将米倒进米缸里,如果米缸里还有米,他就将陈米倒出来,将米缸刷干净,然后将新米倒进去,将陈米放在上层。这样,米就不至于因陈米放得太久而变质。他这个小小的举动令不少顾客深受感动,成为他的忠诚顾客。就这样他的生意越来越好。从这家小米店起步,王永庆最终成为台湾工业界的领袖。

资料来源:白崇贤.观念:工作可以更快乐[M].北京:清华大学出版社,2006:203.

第二节 市场营销学的产生与发展

市场营销的实践和对市场营销实践的思考从人类文明的开端就已经有了,它伴随着人类文明发展的进程,有数千年的历史。但是市场营销学作为一门学科,发展至今只有百余年的历史。市场营销学是一门建立在经济学、管理学、行为学等学科基础上的综合应用性科学,具有实践性、经验性、综合性等特点。市场营销学是建立在对企业管理实践经验的概括和总结基础上的,企业管理实践的发展推动着营销理论的发展,反过来营销理论的发展也对企业管理起指导作用。市场营销学是一门不断发展的学科,可以分为形成、成长、成熟、创新四个阶段。

知识链接

市场营销学发展的影响因素

影响市场营销学发展的因素有:

供求关系:当供求关系由相对过剩演变为绝对过剩时,产品即使价格合理也不可能自行销售。于是,与顾客沟通越来越重要。

> 需求性质：生理需要得到基本满足后，精神需要成为需求的主体。和生理需要是同质的、客观的不同，精神需要是异质的、主观的。因此，需求可以创造。
>
> 消费行为：随着社会经济的发展，人们从希望拥有物质到希望摆脱繁重的劳务、享受生活再到参与过程、体验生活。这时营销已经成为企业经营的核心。
>
> 信息对称性：在产品相对简单、变化缓慢的时代，交易双方信息基本不对称。现在营销信息基本对称，通过营销沟通建立与顾客间信任是企业生存的必要条件。
>
> 社会关系：当社会和谐成为影响人们幸福感的重要因素时，个体顾客观演变为整体顾客观。在生产力高度发达的年代，一味索取意味着破坏、生态恶化，社会观成为必然。
>
> 人与自然的关系：当环境破坏严重到危及人类自身的生存时，人们开始重视人与自然的和谐关系。营销也开始关注人与自然的关系。
>
> 资料来源：陈理飞.市场营销[M].西安：西安交通大学出版社，2017：28.

一、市场营销学的形成阶段

市场营销学于 20 世纪初在美国创建，之后传播到欧洲、日本和其他国家，它在实践中不断完善和发展。市场营销学的形成大约在 1900—1930 年。

人类的市场活动是从人类文明开始就存在的，但是直到 20 世纪之前，还没有成为一门独立的学科。随着工业革命对生产力的解放，机器不断代替手工，使得劳动生产率大幅度提高，商品生产的增长速度超过市场需求增长的速度，市场竞争日益激烈，产品销售开始成为企业关心的问题。一些企业开始重视市场研究，开展了一些以市场为导向的营销活动。企业界在经营观念和经营策略上的变化，引起了学术界的关注，一些经济学家开始研究产品的销售问题。此时，市场营销学进入初步创立阶段。

在此之前，有些学者对推销、产品、广告、定价、包装、实体分配等营销行为进行了研究。到 20 世纪初，一些学者比较系统研究了促销、分销方面的相关理论，市场营销一词开始在美国一些大学讲堂上出现。1905 年，宾夕法尼亚大学的克鲁西(W. E. Kreusi)第一次教授了"产品营销"课程，出现了"市场营销"这个词。1910 年，威斯康星大学的巴特勒(Ralph Start Butler)教授"市场营销方法"，在此之前，他已经出版过 6 本相关的小册子。1918 年，克拉克(Fred E. Clark)编写了《市场营销原理》的讲义，被多所大学用作教材，并于 1922 年出版。

这期间也发表了许多有关市场营销的理论文献。1901 年约翰·克罗威尔(John F Crowell)所写的《产业委员会农产品分销报告》是最早与营销相关的理论文献。霍林沃(H. L. Hollingworth)、海斯(H. W. Hess)、霍尔(S. R. Hall)等出版了广告学，马克斯威尔(William Maxwell)、道格拉斯(A. W. Douglas)等出版了推销学，弗雷德里克(J. G. Frederic)、巴特勒等出版了销售管理，尼斯托姆出版了零售学。

市场营销学形成阶段的研究主要是建立在卖方市场基础上的,与现代营销原理、概念不尽相同。这一阶段的市场营销学研究内容范围比较小,主要研究推销、分销、广告、零售等问题,市场营销学的理论还没有明确,理论体系还不完整。

知识链接

美国早期的营销学派

美国早期市场营销学的主要学术流派大致分为威斯康星学派、哈佛学派、中西部学派三大学派。

一、威斯康星学派

威斯康星大学是在市场营销思想发展史上的开路先锋。吸引了许多市场营销的先驱,例如希巴德、麦克林、尼斯托姆、巴特勒等,他们把市场营销领域的概念加以集中,并首先在课程和著作中使用了"市场营销"一词,第一次讲授农产品市场营销课程,并向外界传播了市场营销知识,对美国早期市场营销的发展作出了重要贡献。

1. 本杰明·H.希巴德

他观察到农民总是以很低的价格销售产品,但是产品被转售时,价格提高了许多。1902年,希巴德对谷物市场进行了研究,取得较好成果。1903年,在威斯康星大学负责市场营销的调查研究,并开设了第一门农产品市场营销课程。1921年,出版了《农产品市场营销》一书,并成为著名的市场营销学家。

2. 西奥多·麦克林

麦克林于1913年到威斯康星大学任教,1915—1916年和1918—1919年讲授农业市场营销,1921年出版了《有效的农业市场营销》。

3. 保罗·H.尼斯托姆

1913年尼斯托姆在威斯康星大学任教,出版了《零售与商店管理》,1914年出版了《零售经济学》,1929年出版了《消费经济学》。他在市场营销发展成为一门管理学科的过程中起了奠基性作用。

4. 拉尔夫·斯达·巴特勒

巴特勒于1910年出版了《市场营销方法》一书。1911年出版了《卖与买》,之后,改名为《市场营销》,并且在威斯康星大学教授这门课程。虽然其他学校也开设了类似课程,但是巴特勒是第一个在教材中使用"市场营销"一词的。

威斯康星大学的学生和教师为市场营销学科的最终建立做出了贡献。他们最先使用市场营销这一词,并最早在学校讲授农产品市场营销,传播市场营销知识,对美国早期市场营销思想的发展作用很大。

二、哈佛学派

哈佛大学的教师是市场营销理论早期发展的重要参与者,主要贡献是对市场营销问题的编辑整理。早期哈佛大学为市场营销思想做出贡献的教师有:彻林顿

(Cherington)、科普兰(Copeland)、博登(Borden)等。

1. 保罗·T.彻林顿

彻林顿1908年在哈佛大学教授市场营销,并投入市场营销的研究工作。1912年出版了《广告的商业作用》,1920年出版了《市场营销概论》。

2. 梅尔文·T.科普兰

1912年在哈佛大学教授《商业组织》课程,两年后改为《市场营销》。1920年出版了《市场营销中的若干问题》,1924年出版了《商业原理》。

3. 尼尔·H.博登

1922年在商业研究所一度专门收集市场营销案例,1923年,他在科普兰的领导下讲授市场营销,并以科普兰的《市场营销中的若干问题》为教材,还讲授广告学,并开始进行案例教学,1927年出版了《广告问题》。

三、中西部学派

中西部学派对美国早期市场营销思想发展贡献巨大。主要贡献在于对市场营销理论的集成和提炼,开展了市场营销职能和原理的研究,不断丰富和发展了市场营销理论体系。主要代表人物有韦尔德、克拉克、艾维、康沃斯、韦德勒。

1. L. D. H.韦尔德

韦尔德在明尼苏达大学工作时,研究了产品离开农场后的市场营销过程,并讲授农业市场营销课程。1914年,他在美国经济联合会上宣读了论文《市场营销》,这是第一次将市场营销理论公之于众。1918年,他联合56位对市场营销感兴趣的人共同探讨教学问题。小团体以后每年聚会讨论一次,并迅速壮大,成为日后全国市场营销教师协会的核心。1916年出版了《农产品市场营销》。

2. 弗雷德·E.克拉克

克拉克1918年为自己的课程准备了第一份油印讲稿《市场营销原理》,同年在其任教的密执安大学采用。他的讲稿被密执安大学、明尼苏达大学和西北大学用作教材,并于1922年出版。

3. 保罗·W.艾维

艾维1923年在西北大学工作,之后又到南加利福尼亚州大学任教,出版了《市场营销原理》一书,之后,又出版了一系列著作,尤其是零售推销方面的著作。

4. 保罗·D.康沃斯

1915年康沃斯在匹兹堡大学讲授市场营销课程。1921年出版了《市场营销方法与政策》,主要研究了中间商的作用。

资料来源:杨慧.市场营销学(第3版)[M].北京:中国社会科学出版社,2011:24-30.

二、市场营销学的成长阶段

从20世纪30年代到第二次世界大战结束,是市场营销学的成长阶段。在1929—

1933年的经济危机中市场萧条、商品积压严重、大量企业倒闭、失业率上升，此时，企业界最关心的问题是如何将产品销售出去，而不是扩大生产降低成本。为了解决企业的产品销售问题，企业家们开始关注市场研究，重视顾客需求，扩大销售途径，并在实践中积累了丰富的经验。

学者们对市场营销学进行了广泛的研究。一些著名大学的教授对市场营销的很多方面进行了研究，提出了一些新理论。例如，1932年，克拉克(F. E. Clark)和韦尔德合著了《农业产品市场营销》，该书对美国农产品市场营销进行了研究，提出了市场营销系统的主要目标是使产品从种植者那里顺利地转移到使用者手中，包括集中（购买剩余农产品）、平衡（调节供求）、分散（将农产品化整为零）三个重要和相互关联的过程，此外，还详细研究了营销者的集中、存储、标准化、销售、融资、承担风险、运输等7种市场营销职能。1940年，亚历山大(Ralph W. Alexander)、萨菲斯(F. M. Surface)、埃尔德(R. F. Elder)和奥尔德森(W. Alderson)合著了《市场营销》，该书强调市场营销要适应顾客需要，销售就是帮助或者说服潜在顾客购买产品或服务的过程。

美国市场营销协会成立于1937年。参加该协会的成员包括从事经济研究的学者和经营管理者。该协会经常组织会员共同探讨市场营销学的理论和应用的相关问题，也开设了培养企业管理人员的市场营销学讲习班，培训了很多市场营销人才，从而确立了市场营销学的地位。

这一时期的市场营销学理论框架体系基本形成，但是市场营销学的研究范围仍然局限在流通领域，主要集中在研究如何将大规模生产出来的产品推销出去，比较重视推销和广告的研究，还是在以生产观和推销观为导向的市场营销观念阶段，没有进入以市场需求为导向的营销观念阶段。

三、市场营销学的成熟阶段

第二次世界大战之后到20世纪80年代初，是市场营销学的成熟阶段。战争结束后，因战争开发的一大批科技成果转向民用工业，促使社会生产力水平大大提高，产品数量极大增加，品种不断丰富。虽然人们的消费需求提高了，但是劳动生产率的提高远远超过人们消费水平提高所带来的实际消费能力。

消费需求的复杂多变使得企业面临非常复杂的需求市场，加上市场供给大大增加，买方市场在大多数领域形成。在这种复杂的市场环境下，原来的市场营销学理论完全不适应企业的需要，许多研究者开始研究以顾客需求为中心的市场营销学理论，纷纷提出生产者生产的产品或服务要适应消费者的需求，市场营销活动的实质是企业对环境动态变化的创造性适应。

20世纪50年代初，迪安最先提出产品生命周期的概念，此概念在市场营销理论中占有很重要的地位，此后，该概念得到了多次修正。1955年，利维(Sydney Levy)提出了品牌形象概念。1959年，舒克曼(Abe Shuchman)提出了营销审计的概念。1957年，哥伦比亚大学教授霍华德(J. Howard)出版了《营销管理：分析和决策》一书，从管理视角研究市场营销，提出了市场营销的实质是企业不断适应环境变化的过程。

1960年，美国营销学者麦卡锡(E. J. McCarthy)出版了《基础营销学》，该书发展了霍华德的理论，提出了市场营销的管理导向，突出了市场营销战略管理的重要性。在该书中麦卡锡把营销要素进行整合，提出了著名的4P理论，即产品(Product)、定价(Price)、渠道(Place)、促销(Promotion)。1961年莱维特发表了《市场营销近视症》，该文认为的营销近视是指企业在经营中视野狭隘、目光短浅，看不到消费者需求的不断变化，看不到市场的动态发展，不能按照消费者需求变化而调整企业经营策略，企业过于重视产品，而不重视顾客需求，导致经营陷入困境，因此，企业一定要用顾客导向代替产品导向，才能预防和治疗营销近视症。1967年，世界著名的营销学者科特勒出版了《营销管理：分析、计划与控制》，提出了一套全面、系统的现代市场营销管理理论，认为营销管理是通过创造、建立和保持与目标市场之间的有益交换和联系，以实现组织的各种目标而进行的分析、计划、执行和控制的过程。1969年科特勒提出了广义市场营销概念，认为市场营销不仅适用于产品和服务，还适用于组织、人员、地点、理念等。市场营销是与市场有关的人类活动，既可用于营利组织，也可用于非营利组织。该理论不断扩大市场营销的研究范围和应用领域，使市场营销理论在更大范围产生更大作用。

1971年，扎博(M. Zober)出版了《市场营销原理》，论述了营销战略(宏观)和战术(微观)的问题。从宏观角度，营销战略是为了提高整个社会的利益而分析营销环境，评估营销机会；从微观角度，营销战术是企业为了执行产品分销所必需的营销结构及其用途，对企业的资源配置进行规划、识别和评价。1971年，扎特曼(G. Zaltman)和科特勒提出了社会营销的概念，使人们将市场营销学运用于环境保护、安全等领域。1975年科特勒出版了《非营利组织营销》，将营销原理应用于健康服务、公众服务、教育服务以及政治选举等领域。1972年里斯(Al Ries)和特劳特(Jack Trout)提出了定位理论。1977年，肖斯塔克(G. Lynn Shostack)提出服务营销应从产品营销中解脱出来。

在此阶段，市场营销学的研究已经突破了流通领域，深入了生产领域和消费领域，进入了企业生产经营的全过程。市场营销的研究方法不断丰富，从静态研究转为动态研究，强调了供给与需求之间的整体协调。市场营销以消费者为中心，既要考虑企业的外部环境，又要制定与之相匹配的营销组合策略，通过实施策略满足目标市场的需求，实现企业经营目标。市场营销学的概念和理论不断丰富，市场营销学越来越走向成熟。

四、市场营销学的创新阶段

20世纪80年代至今，市场营销理论进入了创新阶段。80年代之后，国际竞争日益激烈，市场营销环境更加复杂，原有的市场营销理论、方法表现出了某些局限和不足。

为了适应环境变化的需要，许多研究者提出了新的重要概念和理论。1981年，科特勒和辛格(Levy Singh)出版了《新竞争：Z理论未涉及的营销理论》，该书运用军事理论分析了日本开拓国际市场的成功经验，考察了营销战略这一概念。1986年，里斯和特劳特出版了《营销战》，该书认为企业的市场营销应该以"竞争者第一"，取代"消费者第一",如果许多公司都向同一批消费者提供类似的产品或服务,那么,了解顾客需求就没有什么意义了,因此,市场营销需要用军事理论来指导,帮助公司战胜其他竞争对手。

1981年,格罗鲁斯(Christian Gronroos)提出了内部营销的概念,认为公司实施营销导向的关键问题是培养公司经理和雇员接受以顾客为导向的理念,在公司创造一种营销文化,培养和训练员工以满足顾客需求为宗旨和准则,并产生认同感。1983年,莱维特提出了全球营销的概念,提出跨国公司应向全世界提供统一的产品,并采用统一的营销手段。20世纪80年代直复营销受到了关注,美国直复营销协会认为直复营销是一种为了任何地方产生可度量的反应和达成交易而使用的一种或多种广告媒体的营销体系。

1984年科特勒提出了大市场营销理念,把原来的麦卡锡提出的4P理论(产品、价格、渠道、促销)扩大为包括权力(Power)和公共关系(Public Relations)的6P理论,增加的两个新要素的目的是打开被封闭或被保护的市场,也就是说通过经济、心理、政治和公共关系等手段,获得其他国家或者地区各有关方面的合作与支持,从而进入某个特定的市场或在特定市场上经营。之后又把6P发展为10P,即增加了探索(Probing)、市场细分(Partitioning)、目标选择(Prioritizing)、市场定位(Positioning)四个要素,原来的6P是战术性市场营销组合策略,新增加的4P是战略性市场营销组合。大市场营销组合理论把原来市场营销组合理论由战术营销转向了战略营销。1985年,杰克逊(Barbara Bund Jackson)提出了关系营销,是与交易营销相对称的,关系营销是买卖双方之间创造更亲密的工作关系与相互依赖关系的艺术,其核心是发展消费与产品之间的一种连续性的关系。

20世纪90年代劳特朋针对4P组合理论提出了新的4C组合理论,4C包括消费者的需求(Consumer's Demand)、消费者获取满足所支出的成本(Cost)、购买的便利性(Convenience)、沟通(Communication),希望用站在消费者角度思考的4C组合理论代替站在企业角度思考的4P组合理论。

在这一过程中,研究者还提出了品牌营销、质量营销、管理营销、战略营销、整合传播营销、知识营销、文化营销,还提出了绿色营销、网络营销、新媒体营销、数字化营销等新概念。

知识链接

我国的市场营销理论发展

一、市场营销理论在中国的传播

1949年之前,虽然我国学者对市场营销学有过一些研究(当时称"销售学"),但是仅限于几所设有商科或管理专业的高等院校。1949—1978年,除了我国台港澳地区学术界、企业界对市场营销学有广泛的研究和应用外,在中国大陆地区,市场营销学的研究是停滞的。在这长达30年的时间里,国内学术界对国外市场营销学的发展情况知之甚少。党的十一届三中全会以后,党中央提出了对外开放、对内搞活的总方针,从而为重新引进和研究市场营销学创造了有利环境。1978年一些学者和专家开始着手市场营销学的引进研究工作。虽然当时还局限在很小的范围内,而且名称上还称为外国商业概论、销售学原理等,但是在市场营销学的引进上迈出了第一步。经过30多年的时间,对于市场营销学的研究、应用和发展,已经取得了很大的进步。大致经历了以下几个阶段:

1. 引进阶段(1978—1982年)

在此期间,通过对国外市场营销学著作、杂志和国外学者讲课的内容进行翻译介绍,选派学者、专家到国外访问、考察、学习,邀请外国专家和学者来国内讲学等方式,系统地介绍和引进了国外市场营销理论。但是该学科的研究还局限于部分大专院校和研究机构,从事该学科引进和研究工作的人数还很有限,对于西方市场营销理论的许多基本观点的认识也比较肤浅,大多数企业对该学科还比较陌生。然而,这一时期的努力为国内市场营销理论的传播打下了基础。

2. 传播阶段(1983—1985年)

经过一段时期的努力,全国从事市场营销学研究、教学的学者开始意识到,必须成立市场营销学研究团体,以便相互交流研究成果,扩大市场营销学的影响,推进市场营销学的发展。1984年1月成立了全国高等综合大学、财经院校市场学教学研究会,此后,全国各地成立了各类市场营销学学会。这些学会定期举办各种活动,推广了市场营销学知识,又扩大了学术团体的影响。在此期间,市场营销学在学校也受到重视,有关市场营销学的著作、教材、论文在数量上和质量上都有很大的提高。

3. 扩展阶段(1986—1994年)

1985年以后,国内经济体制改革进一步加快,市场环境得到改善,为企业应用市场营销原理提供了条件。各行各业都不同程度应用了市场营销原理。与此同时,市场营销教学研究队伍,市场营销教学、研究和应用的内容都有了极大的扩展。全国各地的市场营销学学术团体,开始吸收企业界人士参加。学者们开始对市场营销学各分支学科进行深入研究,取得了一定研究成果。

4. 国际化阶段(1995—2000年)

1995年6月由中国人民大学、加拿大麦吉尔大学和康克迪亚大学联合举办的第五届市场营销与社会发展国际会议在北京召开。来自46个国家和地区的135名外国学者和142名国内学者参加了会议。25位国内学者的论文被收入《第五届市场营销与社会发展国际会议论文集》(英文版),6位国内学者的论文获得国际优秀论文奖。从此,中国市场营销研究者开始与国际学术界、企业界进一步合作。

5. 创新阶段(2000年至今)

在这个过程中,营销理论并非要求一定要有创造发明,只要能够适应环境,赢得消费者购买,同时能被企业接受,那么这种营销创新就是成功的。我国企业快速发展,形成了很多具有特色的实践经验,为理论界研究提供了很多案例。

市场营销学

> **二、中国市场营销的走向**
>
> 现阶段,中国营销进入了创新中国营销的新阶段。在未来一段时期,中国市场营销的发展将呈现以下走向:
> (1) 规范和创新在未来一段时间是中国企业营销的主旋律。
> (2) 营销注意力从关注竞争对手和渠道,转移到关注消费者,研究消费者行为是关键。
> (3) 企业目标市场从大众市场走向真正的细分市场。
> (4) 企业营销体系从简单、稚嫩走向系统、成熟。
> (5) 通路经销商小型化与终端供应商规模化并存。
> (6) 营销组织体系从单兵作战走向专业分工的集群作战。
> (7) 单纯线下和线上营销模式走向线上线下混合模式。
>
> 资料来源:陈理飞.市场营销[M].西安:西安交通大学出版社,2017:17-21.作者修改了部分内容。

第三节 市场营销观念的演进

市场营销哲学是企业开展营销活动的基本指导思想,是处理企业、顾客、社会等利益相关者之间利益关系的态度、信念和观念。市场营销哲学是随着企业营销活动实践改变而改变的,了解市场营销哲学的演变对于企业更新营销观念,实施营销活动,适应市场环境,有重要的意义。

市场营销哲学经历了从以生产为中心转变为以顾客为中心的演变,从交易营销到关系营销再到合作营销。现代企业市场营销哲学可分为生产观念、产品观念、推销观念、市场营销观念、社会市场营销观念、关系营销观念、数字化营销观念。

一、生产观念

生产观念是一种不太注重市场需求而注重企业内部能力的经营哲学。生产观念在产业革命完成之时产生,是一种比较早的营销思想。当时经济与技术都比较落后,消费者不富裕,需求量大而购买力不高,处于生产不能满足消费需求的状况,消费者没有选择机会,整个社会处于供不应求阶段。企业经营哲学是从生产出发,不是从消费者需求出发,销售和消费只是被动地适应生产。

生产观念是企业生产什么,商家就销售什么,生产多少就销售多少。生产观念认为厂家只有生产顾客买得起的产品,才可以达成销售,而且消费者也只喜欢那些价格便宜又可以随处买得到的产品,因此,企业应该集中力量提高生产效率,扩大产量,降低成本,提供价廉的产品,并扩大销售渠道。企业的重点不是市场而是生产。美国福特汽车公司是生产观念的典型代表,亨利·福特(H. Ford)曾宣称:"不管顾客需要什么颜色的汽车,我只生产黑色的汽车。"在这种观念的指导下,福特公司发明了流水线生产技术,使汽车产量大幅度增加,生产成本极大降低,使汽车大幅降价,从而使汽车开始走进千家万户。

生产观念产生于卖方市场,是一种轻市场营销重生产的经营哲学。生产观念有以下五个特点:① 生产是企业经营活动的中心和基本出发点;② 经营手段是扩大产量、提高生产效率,降低成本;③ 经营目标是追求短期利润;④ 不考虑消费者需求,忽视产品品种、质量,轻视推销;⑤ 经营思想是"厂家生产什么,商家就卖什么,消费者就买什么"。

生产观念适合以下两种情况:一是卖方市场时;二是产品成本过高导致价格居高不下时。生产观念是在消费需求水平较低、社会生产力水平不高时期产生的。它的经营观念是扩大产量、降低成本,符合了当时经济发展的需要,对企业的发展和社会进步有重要的促进作用。当然,生产观念是特定历史时期的产物,存在一定的历史局限性。

二、产品观念

产品观念是顾客喜欢高质量、功能多的产品,也愿意支付更多的钱,而企业重视提供高质量、功能多的产品的经营观念。产品观念产生于20世纪30年代之前,比生产观念出现得稍晚点。当时西方社会基本脱离贫困,衣食无忧,人们开始追求高品质的生活。市场上产品开始丰富,顾客已经有一定的挑选机会,也对产品功能和质量提出更高的要求。因此,提高质量、增加功能,成为企业经营思想。

产品观念也是以生产为中心而忽视市场的存在,产品观念把绝大部分精力放在提高产品质量、增加产品功能,改善各种生产技术上。产品观念认为消费者喜欢质量高、功能多、有特色的产品,即使消费者受购买力的限制,也希望购买到的产品是高质量的产品,质量好坏、功能多少会直接影响消费者的购买,因此,企业应该致力于生产高质量、多功能的产品,并不断加以改进,使产品达到完美。

产品观念产生于产品供不应求的卖方市场。产品观念有以下特点:① 企业经营活动的基本出发点是生产高质量、多功能的产品,不是顾客第一而是质量第一,面向技术质量标准而不是需求标准;② 经营手段是提高产品质量、增加产品功能;③ 经营目标是追求短期利润;④ 忽视消费者需求,不重视推销活动;⑤ 坚持只要生产高质量产品就拥有消费者的经营思想。

这种追求绝对高质量、多功能的产品观念很快被证明是一种偏激的观念。不管是质量还是功能都不是越高越好,也不是越多越好,成熟的顾客不会为多余的质量和功能支付更多的钱。产品观念也会导致由美国哈佛大学的西奥多·莱维特(T. Levitt)教授提出的"营销近视症"。"营销近视症"是指管理者在营销过程中缺乏远见,只关注自己的产品,认为只要生产出优质产品,顾客就会来购买,不关注市场需求的变化。

"市场营销近视症"只关注产品,很少关注市场需求,只关注产品质量,不关注市场需求变化,在市场营销管理过程中缺乏远见,经常使企业经营陷入困境。但是"市场营销近视症"也是可以预防和治疗的,步骤是:① 了解消费者的市场需求;② 分析消费者需求,找到企业能够满足的部分;③ 确定满足需求的具体产品形式;④ 购进必需的原材料;⑤ 确定生产工艺;⑥ 生产产品;⑦ 将产品推向市场,满足消费者需求。

三、推销观念

推销观念是消费者通常表现出购买惰性或抗衡心理,企业必须积极推销才能刺激消费者购买本企业产品。推销观念源于 20 世纪 30 年代之后,由于工业化发展,生产处于无政府状态,不适销的产品堆积如山,企业大量倒闭,大量工人失业,人们的购买力急剧下降,市场出现产品供应量远远大于市场实际需求的现象,由此,买方市场逐渐形成。销售积压产品已经成为企业的首要任务,企业的工作重心由生产转向销售,开始重视广告、推销术。推销观念逐渐代替生产观念和产品观念。

由于产品销售不出去,不断积压,一些企业开始尝试通过中间商销售产品;运用各种推销手段和大量广告宣传,招揽顾客;加强推销人员的推销技巧培训,招聘大量推销人员。推销观念认为成功的关键是用各种销售手段把产品卖出去,与卖什么产品、以什么价格出售、产品质量如何关系不大。

推销观念认为当消费者不愿购买时,通过强力推销才能把产品卖出去。"我卖什么,顾客就买什么"是推销观念最典型的表现。推销观念有两种假设:一是顾客在销售人员的强力推销下会购买产品,并且会喜欢产品;二是顾客会很快忘记上次的上当而再次购买。由此可知,这种推销观念是不对的,是一种不正确的营销观念。

推销观念是生产得到更大发展,产品过剩,形成买方市场的情况下而产生的。推销观念的特点有:① 现有产品是企业经营活动的中心与出发点;② 经营手段是宣传促销与大力推销;③ 经营目标是追求短期利润;④ 忽视消费者需求,注重现有产品的推销;⑤ 坚持"好坏都要吆喝"的经营思想。

现在还有很多企业用推销观念销售一些非渴求产品。与生产观念和产品观念相比,推销观念前进了一步,开始重视广告宣传和推销技巧,推销观念本质上是以生产为中心的观念。

四、市场营销观念

市场营销观念是以满足顾客需求为出发点的,即"顾客需要什么,企业就生产什么"。尽管市场营销观念很早就出现了,但是直到 20 世纪 50 年代中期才基本定型。当时社会发展迅速,出现供过于求的买方市场,人们可支配收入不断提高,对产品做出选择,企业之间竞争持续加剧,一些企业开始转变经营观念。市场营销观念认为企业要研究目标市场的需要和欲望,比竞争者更有效地提供目标市场需要的产品,比竞争者更好地满足目标市场的需要和欲望。

市场营销观念使企业经营观念发生了根本性改变，使市场营销学发生了革命性变化。市场营销观念与推销观念相比具有很大差别：① 推销观念关注卖方市场，市场营销观念重视买方市场；② 推销观念以卖主需要为出发点，市场营销观念考虑满足顾客的需要。由此可知，推销观念由厂商、产品导向、推销术、赢利四个核心要素组成；市场营销观念由市场中心、顾客导向、协调的市场营销、利润四个核心要素组成。它们之间的区别如表1-1所示。

表1-1 推销观念与市场营销观念的区别

	起 点	焦 点	手 段	目 标
推销观念	工厂	产品	推销和促销	通过增加销售量，实现短期利润增长
市场营销观念	目标市场	客户需要	整合营销	通过提高客户满意度，实现长期利润增长

资料来源：杨慧.市场营销学(第3版)[M].北京：中国社会科学出版社，2011：35.作者做了一些调整。

从本质上说，市场营销观念是以顾客为导向的经营哲学，是消费者主权论在营销领域的表现。市场营销观念有以下特点：

（1）以消费者需求为企业经营的出发点。市场营销观念从一开始就重视消费者需求，视消费者需求为企业经营活动的出发点。按照消费者需求组织生产，生产出来的产品才能满足消费者需求。因此，企业在进行产品生产之前，会花费大量的人力、物力、时间调查和研究消费者需求的特点和变化，甚至一些企业专门成立市场调研部门，培养专门市场调研人才，负责市场研究工作。市场营销观念指导下的产销过程是需求、生产、销售、消费。

（2）手段是完整市场营销。市场营销观念认为只有通过市场营销各种手段的合理配合，满足顾客需求，才能实现企业的市场营销目标。市场营销活动主要包括市场研究、营销战略、产品策略、分销渠道管理、定价策略、人员推销、广告宣传、销售、公关等各方面活动。

（3）目标是追求企业长远利润。市场营销观念下，企业追求利润的目标没有变化，不过开始关注企业的总体长期利润。企业经营者开始认识到，企业追求利润的营销手段是建立在满足消费者需求上的。消费者需求被满足程度越大，消费者再次购买的可能性就更大，企业盈利的可能性也越大。

五、社会市场营销观念

社会市场营销观念是对市场营销观念的进一步补充。它产生于20世纪70年代西方国家出现能源短缺、环境污染严重、通货膨胀、失业增加、消费者保护运动开始盛行的时期。1971年，杰拉尔德·扎尔特曼(Gerald Zaltman)和菲利普·科特勒最早提出了社会市场营销(Social Marketing)概念，使人们将市场营销原理运用于保护环境、计划生育、改善营养等具有社会意义的方面。

由于市场营销观念回避了消费者利益、企业利益和长期社会福利之间隐含着冲突的现实,社会市场营销观念认为,企业的任务是确定目标市场的需要、欲望和需求,并以保护消费者或提高社会福利的方式,比竞争者更有效、更有利地向目标市场提供能够满足其需求的产品或服务。社会市场营销观念要求市场营销者在制定营销政策时,要统筹兼顾企业、消费者和社会三者利益。

绿色市场营销是社会市场营销观念的代表之一。绿色市场营销是指企业在进行市场营销活动过程中要重视保护生态环境,防治污染,利用并回收再生资源等来造福子孙后代。1987年联合国环境与发展委员会发表的题为《我们共同的未来》的宣言和1992年联合国环境与发展大会通过的《21世纪议程》,促进了绿色市场营销理论的形成和发展。

绿色市场营销要求企业在开展市场营销活动时,努力消除和减少对生态环境的破坏和影响。企业的生产技术、原料、制造程序,都要符合环境保护标准;产品设计和包装设计要减少产品浪费,以降低对环境的不利影响;在销售过程中,应注意节省资源,减少污染。由此可知,绿色市场营销努力把经济利益与社会环境利益结合起来,尽量保持人与环境的和谐,并不断改善人类的生存环境。

六、关系营销观念

关系营销观念产生于20世纪70年代欧洲的服务营销学派。关系营销观念主张通过发展长期稳定的顾客关系来建立顾客忠诚,提高企业的市场竞争力。关系营销观念突破了交易营销思想的局限,推动了市场营销哲学的发展,企业将在市场上竞争制胜的焦点转向忠诚顾客的培养和关系资产的积累。

关系营销观念的演变经历了三个阶段(陈理飞、赵景阳,2017)。第一阶段是单一客户关系论,该阶段的理论重视构建客观存在的客户与商家关系。第二阶段是单纯多元关系论,该阶段包含:由顾客、供应商、分销商组成的三元论;由顾客市场、供应商市场、内部市场、竞争者市场、分销商市场、利益相关者市场组成的六元论;以及由顾客、员工、供应商、分销商、零售商、广告代理人、其他人等利益相关者组成的多元论。第三阶段是交易与关系结合论,该阶段的理论认为营销应该是从交易到关系的一个连续、系统的过程。

关系营销观念认为企业应通过建立长期稳定关系来实现共赢。因此,顾客终身价值、顾客资产和关系生命周期等逐渐成为关系营销观念研究和实践的主题。

七、数字化营销观念

数字化营销观念兴起于2000年前后,是随着数字时代到来而产生的,是以数字技术发展为基础的营销观念。菲利普·科特勒在演讲中多次提到市场营销经历了从传统市场营销到数字市场营销的转变过程,即从市场营销1.0时代发展到现在的市场营销4.0时代,如表1-2所示。

表 1-2 营销时代的演进和对比

	1.0 时代	2.0 时代	3.0 时代	4.0 时代
营销导向	产品导向	消费者导向	价值驱动	共创导向
营销目的	产品销售	满足消费者需求	精神和价值追求	消费者自我价值实现
营销动力	工业技术	信息技术	互联网等科技	互联网、大数据、人工智能等
营销方针	产品细化	企业和产品定位	企业价值观	数字技术、社交媒体、社群构建
营销形式	一对多	一对一	多对多	参与和整合网络

资料来源：王赛.营销的进化卷轴：从营销 1.0 到营销 4.0[Z/OL].[2018-05-24].http://wemedia.ifeng.com/62582703/wemedia.shtml.

营销 1.0 时代的营销涉及以生产和产品为中心的生产观念和产品观念。营销 2.0 时代以消费者为中心，企业不再只为消费者提供产品和服务，开始向消费者传递品牌形象、企业形象等。营销 3.0 时代以价值为导向，企业的营销活动以价值驱动，在满足消费者需求时，企业更加关注消费者价值、期望和精神层面的问题，目的在于迎合消费者的心智，凸显企业的价值观(王赛,2017)。营销 4.0 目的在于满足消费者对自我实现的需求。随着互联网、大数据、人工智能等技术的不断发展，越来越多的社交媒体的出现，使消费者更容易随时随地接触到产品、品牌、企业等的信息，更容易与其他消费者和企业进行沟通。

数字化营销的核心要素是数字技术和数据信息。在数字化时代，企业能够依据技术与数据双重驱动，通过数字化平台为消费者提供产品和服务。数字化营销可分为以下五个阶段：① 第一阶段为 2000—2004 年，该阶段将个性化网络、搜索和决策支持工具以及智能营销工具视为数字化营销。② 第二阶段为 2005—2010 年，该阶段的研究主要集中于在线口碑营销，也开始关注用户内容生成。③ 第三阶段为 2011—2014 年，该阶段出现了大量社交媒体平台，借助社交媒体的智能营销成为研究的重点。④ 第四阶段为 2015—2016 年，该阶段搜索广告、数据分析工具成为研究热点。⑤ 第五阶段为 2017 年以后，该阶段学者们开始深究数字化营销的碎片化问题，更加关注消费者为何使用社交媒体、数字化时代消费者的决策过程如何转变等问题的消费者行为背后的原因研究(王永贵,2019)。

数字化营销的特征有：① 大数据驱动产品生产。在数字化时代，用户参与产品开发的全过程，利用大数据，企业为客户定制个性化产品和服务。② 定价由标准化向动态转变。数字化时代的定价是以市场需求为依据，依据客户数据挖掘分析做出产品或服务定价决定。③ 点到点渠道兴起。数字化时代促成了点到点渠道营销，产品和服务提供形式由企业-企业(B2B)、企业-消费者(B2C)扩展到个体-个体(P2P)，产品和服务提供方式更加便捷。④ 多元互动式促销。社交媒体兴起，使促销不再由企业单方面向顾客传递信息，顾客也参与到企业促销活动中，可以与其他顾客进行沟通交流，而且促销手段和渠道更加丰富。

第四节 市场营销学的基本内容及组合理论

一、市场营销学的基本内容

市场营销学是一门应用性、交叉性和边缘性的学科。在发展过程中,市场营销学不断吸收经济学、管理学、心理学、社会学、行为学等学科的相关理论,逐渐形成了市场营销学的理论体系。

市场营销理论体系将市场营销界定于交换和实现潜在交换,并将之作为市场营销者的基本职能。该理念体系认为满足消费者的需求是产品价值创造与实现的必要条件,积极适应环境、实施整体营销是产品价值创造与实现的充分条件。市场营销理论体系包含的主要内容有市场营销哲学演变、市场调研、市场环境分析、消费者行为、组织购买行为、STP(Segmenting、Targeting、Positioning,即市场细分、目标市场和市场定位)战略、竞争战略、市场营销组合策略、营销管理等。

本书的市场营销理论体系分为,营销概述篇、市场机会篇、营销战略篇、营销策略篇、营销管理与进展篇。如图1-2所示。

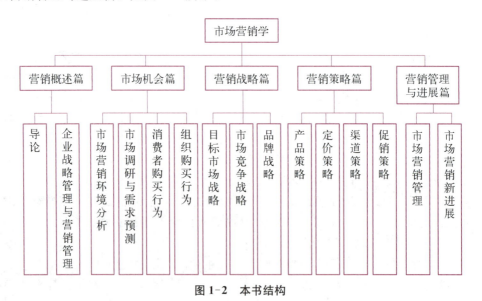

图1-2 本书结构

二、市场营销组合的扩充与演变

市场营销组合是市场营销理论的一个重要组成部分,是企业将可控的营销手段组合成一个整体综合运用。1953年,尼尔·博登(Neil Borden)最早提出市场营销组合

(Marketing mix),认为市场需求受到营销变量的影响,为了达到市场营销目标,企业需要对营销要素进行有效组合。博登的市场营销组合包括产品计划、定价、厂牌、供销路线、人员销售、广告、促销、包装、陈列、扶持、实体分配、市场调研十二个因素。此后,一些学者围绕市场营销组合展开了研究,并从各自研究角度提出了对市场营销组合的不同理解,使市场营销组合不断扩充与演变。

(一)市场营销组合的扩充

市场营销组合中包含很多可控变量,学者们对这些市场营销要素进行了归纳总结,提出一些营销组合理论,最有影响的是1960年麦卡锡提出的市场营销4P组合理论。其他市场营销组合理论都是在此基础上扩充而来。菲利普·科特勒将4P扩充为大市场营销的6P组合,又进一步将战略营销扩充进来形成10P组合。

1. 市场营销经典4P组合

(1)市场营销4P组合构成要素。麦卡锡提出的市场营销4P组合是最基本的框架,包括产品(Product)、价格(Price)、渠道(Place)、促销(Promotion)四大类要素,4P是由于这四个单词的英文首字母都是P。

产品是企业提供给目标市场的商品和服务的组合,包括产品质量、产品功能、设计、包装、品牌名称、商标、型号、安装服务、售后服务等要素。

价格是顾客购买产品时所付出的代价,包括产品价格、折扣、折让、支付条件、价格调整、信用条件等。

渠道是企业将产品传递到目标市场的所有活动,包括渠道设计、渠道成员选择、渠道成员评价、渠道成员激励、渠道管理、仓储、物流配送、运输等。

促销是企业把产品相关信息传递到目标市场,促进顾客购买产品的所有活动,包括广告、人员推销、销售促进、公共关系等。

(2)市场营销4P组合的特点。市场营销4P组合的特点如下:

① 4P组合中的要素是企业可控的。根据目标市场的需求特点,企业可以依据自身情况决定提供的产品质量、产品品牌、产品包装等产品策略,制定相应价格、付款条件、价格调整等价格策略,选择合适的中间商、中间商数量、对中间商的管理、物流运输等渠道策略,确定广告、人员推销、公共关系、销售促进等促销策略。企业可以自主决定这些要素的运用和搭配,但是不能随心所欲,因为这些要素的运用还受到企业自身资源、文化、目标等因素的制约,也受各种外部的微观和宏观因素的影响和制约,而且这些外部因素是企业不可控的。市场营销人员的任务就是合理利用营销组合要素,适应企业外部环境变化。

② 市场营销4P组合是一个复杂结构。4P中的每个P都包含很多要素,每个要素还可能包含要素,4P组合包含多层次要素组合。企业在确定市场营销4P组合时,不仅要求4P之间形成最佳搭配,还要注意每个P内部要素之间的匹配,使所有层次的要素达到灵活运用和最佳组合。

③ 市场营销4P组合是一个动态组合。企业在实施市场营销4P组合时,每个P可能都发生变化,相互之间也可能存在影响。同时,每个P中的要素都在不断变化,各要素之间可能互相影响,每个要素之间可能存在效果替代。只要某个要素发生变化,其他

要素可能也要调整,这样市场营销4P组合就发生变化,形成新的4P组合。

④ 市场营销4P组合受其他因素影响。市场营销4P组合受企业的市场定位影响,也就是说市场营销4P组合必须均衡在定位上,而定位又受竞争环境和企业战略等因素的影响。因此,企业根据内外部环境制定好企业战略,在此基础上确定营销战略,之后再制定STP战略,从而确定定位,定位制定后4P组合要素均衡在定位上。

2. 大市场营销6P组合

(1) 大市场营销6P组合要素。市场营销可分为可控因素与不可控因素,其中4P要素为可控因素,即企业能操作和控制的要素。随着企业国际化发展,国际市场竞争日益激烈,很多国家干预加强。在这种情况下,菲利普·科特勒于1984年提出,企业不只是顺从和适应环境,应该影响和改造自身所处的营销环境。因此,提出在4P基础上增加权力(Power)和公共关系(Public Relations),形成6P组合。企业通过运用政治力量和公共关系,打破国际或国内市场上的贸易壁垒,为企业的市场营销开辟道路。科特勒把它称为大市场营销(Mega-marketing)。

(2) 大市场营销6P组合的特点。大市场营销6P组合的特点如下:

① 大市场营销6P组合的目的是打开封闭的市场之门,进入原来的封闭市场。在大市场营销条件下,企业首先要解决的问题是如何进入封闭的市场,然后通过营销活动影响和改变顾客、中间商、其他利益相关者的态度,使企业市场营销活动能顺利开展。

② 大市场营销6P组合涉及更广泛。大市场营销6P组合除了涉及与顾客、经销商、资源供应商、广告代理商、市场研究机构之间的关系,还涉及与更广泛的政府部门、政党、工会、宗教组织、社会团体等社会组织与个人之间的关系。企业只有争取各方面的支持与合作,才能使企业营销活动顺利进行。

③ 大市场营销6P组合的手段更多样。大市场营销6P组合比经典4P组合多两个P,其中包含很多手段。权力是进入特定市场很重要的手段,要通过一定的手段找到有权打开市场之门的人,这些人可能是有影响力的企业高级管理人员、立法部门或政府部门的官员等。市场营销人员通过高超的游说本领和谈判技巧使这些重要人物采取积极合作态度,以达到预期目的。除了使用权力外,还可以通过各种公共关系活动使企业进入市场,在公众中树立良好的企业形象,从而巩固市场地位。

④ 大市场营销6P组合投入较多。因为要打开设有各种壁垒的市场之门,并在市场上立住脚,企业需要与多个方面打交道,所以必须投入较多的人力、物力、财力、时间等。

3. 服务市场营销7P组合

随着服务业的快速发展,产品市场营销组合的构成要素不能完全用于服务营销。学者们开始研究对产品市场营销组合进行调整以适应服务营销。由于服务生产和消费的同步性,顾客通常会加入服务生产过程,并与服务员工直接接触。由于服务的无形性,顾客经常会寻找任何有形的线索来帮助自己评价和体验服务。布姆斯和比特纳将服务市场营销组合调整为7P,在经典4P组合之上再加上参与者(Participants)、有形展示(Physical Evidence)、过程(Process)而形成。

(1) 参与者。参与服务并影响购买者的所有人员。包括服务提供者、顾客、其他顾客。在顾客看来服务提供者是服务产品的一部分,服务提供者的仪表、态度、行为等与个人相关的因素都为顾客认识服务提供了证据。服务提供者也兼有营销功能。顾客本身也参与服务的提供过程,从而影响服务质量和满意度。顾客与顾客之间的关系也会影响服务质量和顾客的满意度。

(2) 有形展示。有形展示的要素包括有形环境(装潢、颜色、陈设、声音、气味、形状、温度等)、服务提供时所要用到的实物设施、其他任何便于服务履行和沟通的有形物。

(3) 过程。过程是指服务提供的实际程序、机制和作业流程。服务过程要素包括服务系统的运作流程和步骤、服务供应中器械化程度、给予员工何种程度的授权、顾客参与操作过程的程度、顾客的控制感、咨询与服务的流程、预订与等候制度等。

4. 市场营销战略 10P 组合

随着对市场营销战略的重视,科特勒又提出了先制定营销战略,再设计营销战术的观点。制定营销战略过程可用探查(Probing)、细分(Partitioning)、择优(Prioritizing)、定位(Positioning)4 个 P 来表示。营销战术用大市场营销 6P 组合表示,这样两者加到一起就称为市场营销战略 10P 组合。

(1) 探查。探查是指对市场的调查研究,是以满足顾客需求为中心,利用科学的方法,系统地收集、记录、整理、分析有关市场的情报资料,得出市场调研的结论,为解决问题提供参考依据。探查不仅包括对政治、经济、文化、技术、自然环境等宏观环境研究,还包括对供应商、分销商、潜在加入者、替代品、互补品、竞争者等行业环境研究,特别是对消费者和组织市场的研究。

(2) 细分。细分是指市场细分,是利用消费者需求的相似性和差异性原理,根据总体市场中不同消费者的地域、购买行为、心理、需求和习惯等,将其细分为若干相类似的消费者群体。即把某一产品市场,根据某个标准,将整体市场细分为一个个小市场,然后针对不同的细分市场采取相应的整套的市场营销策略,满足消费者需求,达成企业营销目标。

(3) 择优。择优就是对目标市场的选择,在市场细分的基础上,利用市场发展前景、现有竞争状况、企业资源等方面对每个市场进行客观评价,根据评价结果和企业目标来选择所要进入的市场,或者需要优先最大限度地满足的消费者群体。

(4) 定位。定位是市场定位,是根据市场上竞争对手所处的位置,树立企业产品在目标顾客心目中的形象,使企业所提供的产品具有一定特色,符合顾客的需要和偏好,并与竞争者的产品区分开来。简单而言,定位就是要在顾客心智中实现区隔。

(二) 市场营销组合的演变

在一些学者将市场营销经典 4P 框架进行扩充和完善时,另一些学者认为,随着市场营销外部环境发生很大变化,消费个性化、多样化等日益突出,4P 组合已经越来越难适应新的形势。为此,他们从不同角度提出了新的市场营销组合来取代 4P 组合,下面主要介绍其中最有影响的 4C 组合理论和 4R 组合理论。

1. 市场营销 4C 组合

美国营销专家罗伯特·劳特伯恩(Robert Lauterborn)于 20 世纪 90 年代提出要用新的 4C 组合理论取代 4P 组合理论。4C 指顾客需求和欲望(Customer Needs and

Wants)、顾客的成本和费用(Cost)、顾客购买的便利性(Convenience)、企业与顾客的沟通(Communication)。4C组合理论的提出引起了营销界的广泛关注。4C组合理论是与4P组合理论一一对应的。

(1) 顾客需求和欲望。消费者是企业一切经营活动的核心,企业重视顾客要更甚于重视产品。在进行产品生产之前,企业要进行深入的市场调查和研究,了解顾客的需求和欲望,不要只卖企业能生产的产品,要卖顾客想购买的产品。因此,企业要树立创造顾客比开发产品更重要,满足消费者需求和欲望比产品功能更重要的理念。

(2) 顾客成本。顾客成本是指顾客在整个购买和消费过程中所付出的所有成本之和。不仅包括购买产品的货币支出,还包括购买产品和消费产品过程中的时间、体力、精力消耗以及风险承担等成本。也就是说,企业在制定价格之前,先要了解顾客在满足这种需求和欲望时愿意支付的成本,在此基础上确定价格和其他营销要素。

(3) 顾客便利。顾客便利是方便顾客购买和消费。企业提供给消费者的便利比营销渠道更重要。顾客便利应贯穿市场营销的全过程。企业在建立渠道之前,要考虑顾客购买产品的便利性,在此思想指导下,加强销售网络建设,提供优质服务。

(4) 顾客沟通。顾客沟通是指企业与顾客之间的双向交流。企业要采用顾客乐于接受的方式促销,与顾客进行双向沟通交流,通过各种渠道积极主动为顾客提供信息,建立感情,培养忠诚顾客。

由上述可看出,4C组合理论以顾客为导向,4P组合理论以企业为导向,两者没有优劣之分。企业进行市场营销活动可以把两种理念结合起来用,用4C组合理论思考,用4P组合理论执行,即企业在考虑产品、价格、渠道、促销之前先站在顾客角度用4C组合理论思考,之后用4P组合要素执行来实现之前的思考。

2. 市场营销4R组合

美国学者唐·舒尔茨(Don E. Schultz)在关系营销思想基础上提出了市场营销4R组合理论。4R是指关联(Relevance)、反应(Response)、关系(Relationship)、回报(Return)。

(1) 与顾客建立关联。企业营销是把企业与顾客看作一个命运共同体,在需求、业务、经济利益等方面与顾客建立长期联系。企业应与顾客建立互惠互利的伙伴关系,认真听取顾客提出的各种建议,提高顾客的让渡价值,更大程度上满足顾客的需求。

(2) 提高市场反应速度。在市场竞争中,企业要站在顾客角度倾听顾客的心声,了解顾客的需求,迅速做出反应,满足顾客的需求。因此,企业要根据顾客需求变化,建立快速反应机制,提高反应速度和回应力。

(3) 关系营销日益重要。在企业与顾客关系发生了根本变化的市场中,获得市场的关键已经变为与顾客建立长期而稳定的关系。从交易变成关系,从顾客变成朋友,从管理营销组合变成管理与顾客之间的互动关系。

(4) 回报是营销的源泉。市场营销的真正价值在于其为企业带来短期或长期的收入和利润的能力。追求回报是营销发展的动力,而回报是维持市场关系的必要条件。

4R组合理论也存在不足和缺陷,例如与顾客建立关联、关系,需要实力基础或某些特殊条件,并不是所有企业可以轻易做到的。

4P、4C、4R 组合理论都从不同角度提出了较好思路,不能简单说哪个理论好,哪个理论不好,只是适用的场合不同而已。三个组合理论比较如表 1-3 所示。

表 1-3 4P、4C、4R 三大营销组合理论比较

类别	4P 组合		4C 组合		4R 组合	
关注	企业、产品		市场、顾客		双赢、关系、竞争对手	
阐释	产品(Product)	产品体系,包括产品线宽度、广度等	顾客(Customer)	研究顾客需求和欲望	关联(Relevance)	与顾客建立关联,提高其忠诚度
	价格(Price)	价格体系,包括各环节的价格策略	成本(Cost)	了解顾客愿意支付的成本与费用	反应(Response)	提高市场反应速度,适应快速变化的市场
	渠道(Place)	渠道销售策略	便利(Convenience)	考虑顾客购买的便利性	关系(Relationship)	与顾客建立关系,实现长期拥有顾客
	促销(Promotion)	促销组合包括广告、公共关系、人员推销、销售促进	沟通(Communication)	采取顾客乐于接受的方式促销	回报(Return)	为顾客和股东创造价值,回报是源泉
时间	20 世纪 60 年代(麦卡锡)		20 世纪 90 年代(劳特伯恩)		20 世纪 90 年代(舒尔茨)	

资料来源:陈理飞.市场营销[M].西安:西安交通大学出版社,2017:170.

本 章 小 结

本章介绍了市场、市场营销、需要、欲望、需求、产品和服务、交换、顾客价值、市场营销者的基本概念。市场营销学是一门不断发展的学科,可以分为形成、成长、成熟、创新四个阶段,市场营销哲学可分为生产观念、产品观念、推销观念、市场营销观念、社会市场营销观念、关系营销观念、数字化营销观念。介绍了市场营销 4P 组合理论、战略营销 10P 组合理论、服务市场营销 7P 组合理论、市场营销 4C 组合理论、市场营销 4R 组合理论。

思 考 题

1. 如何理解市场?
2. 市场营销的概念是什么?
3. 需要、欲望、需求的概念是什么?它们之间的关系是什么?
4. 交换的条件有哪些?
5. 顾客价值与顾客满意的概念是什么?它们之间的关系是什么?
6. 市场营销学发展包括哪些阶段?各阶段包含哪些内容?
7. 市场营销理论体系包含哪些内容?它们之间的逻辑关系是什么?

8. 请介绍市场营销组合理论扩展情况并概述市场营销组合理论的演变情况。

案 例 讨 论

联邦快递：使每一次顾客体验都卓尔不凡

如果有一份包裹必须在24小时内送达远方某地,你首先会想到哪家公司？八成是联邦快递(Fedex)。联邦快递常常作为隔夜送达的同义词,例如,"我联邦快递给你"。从1971年起步,如今联邦快递已经成长为年收益440亿美元的全球巨人。每天,30万名联邦快递员工递送无数包裹。

从顾客需求开始。联邦快递是过去几十年里最成功的商业故事之一。它起步于20世纪60年代,当时其创立者弗雷德·史密斯(Fred Smith)还是耶鲁大学的一名本科生,正为筹集学费而打工当上了持照飞行员。驾驶公司的飞机飞过天空时,年轻的史密斯看到了一个新兴的趋势。根本没有隔夜递送的地区性和全国性服务。实际上,公司常常用自己的专机作为内部运输系统——成本高得惊人——运送关键零部件,以尽量减少停工时间。

史密斯为耶鲁的经济学课程写了一篇论文,提出了全国隔夜递送服务的想法。但是,直到他毕业后在公司任职时,他才决定付诸实施。史密斯知道企业快速递送包裹的需求随着时间的推移越来越旺。基于此,联邦快递公司成立了,有8架飞机提供隔夜送达35个城市的服务。

将顾客放在首位。从一开始,联邦快递就以顾客为中心。联邦快递的首个定位口号是——联邦快递：需要隔夜送达时的必然选择。为确保联邦快递能够信守承诺及时送达,史密斯不遗余力地追求其目标。他用全国分拣设施及自有的飞机和车队开始运营联邦快递,让公司对整个运输过程有完全的控制。

在联邦快递早期阶段,公司执着地满足顾客需求,导致如今在公司中被称为"紫色承诺"的提出。每一位联邦快递的员工都必须记住的承诺："我将使每一次联邦快递体验都卓尔不凡。"履行这一承诺要求优质服务的因素,例如,"以专业、高能、礼貌和关怀的方式"对待顾客。它要求所有员工,不论工作岗位,都认识到他们做了什么会影响顾客如何感知联邦快递品牌。

联邦快递的紫色承诺促使公司在整个系统内采取了干净利落的改变,使确认者们感到放心。公司在柜台后面设置了一面五个按邮政编码预先分拣窗口的墙。训练员工对顾客道谢后,转过身将包裹通过这些窗口滑到后面。对确认者而言,这仔细和有组织的包裹处理方式是一种明显的确认,包裹会安全递送出去。

今天的紫色承诺以顾客为中心的文化要求公司灵活和动态,调整战略和策略适应顾客趋势。联邦快递接受社交媒体的程度,就是它如何针对顾客的担心而随时改变的好例子。在联邦快递,客户服务部门负责通过卓越和及时的服务让顾客开心。既然如今各种移动设备和社交媒体在顾客生活中具有举足轻重的地位,联邦快递的客户服务部门常常追求通过社交渠道愉悦顾客的目标,包括推特、博客和在线聊天等社交网络。

如今,通过社交和移动媒体的营销是时髦。但是,联邦快递却行胜于言。不仅仅是倾听顾客的心声,它吸引他们和帮助他们解决问题。

百密一疏。尽管联邦快递在以顾客为中心上表现几乎痴迷,但每天有1 000万包裹送往世界各地,难免偶尔出现小疏漏。社交媒体是福音,也会是魔咒。在过去几年里,网上也流传一些联邦快递的视频,显示其员工不当处理包裹。联邦快递在马里兰州的一位司机被一户居民的安保录像拍下,在大约20英尺之外将包裹扔到门廊上。后来又有司机将装有三星电脑显示屏的包裹抛过6英尺高的铁栅栏,落在顾客的车道上,背景中联邦快递的卡车清晰可见。

如果说员工被录像拍了现行还不算最坏,一位费城的联邦快递司机被抓到从客户包裹中盗取iPhone。他最终被起诉和判刑,发现总共盗取了价值4万美元的商品。另一起事件影响更大,联邦快递公司被诉对商业客户每份包裹多收3美元,时间长达3年之久。公司不得不花2 150万美元平息了这场诉讼。

尽管这些行为都不正当,但是联邦快递承担了应尽的责任,解雇了犯事的员工,赔偿和弥补了损失。在乱扔三星显示屏的事件中,联邦快递高级副总裁甚至亲自登门拜访受委屈的顾客,向他致歉。他谴责这种不当行为,声称"这完全违背了联邦快递的价值观"。

现在联邦快递继续聚焦其"让每一次联邦快递体验都卓尔不凡"的目标。根据公司最近的承诺,"联邦快递的所有员工都致力于将顾客的需求置于一切行为的中心"。这一誓言可不是空口的应酬话。联邦快递一直在MSN Money的"客户服务名人堂"和《财富》杂志"全球最受尊敬的公司"排行榜中位列前10名。

资料来源:[美]菲利普·科特勒,[美]加里·阿姆斯特朗.市场营销:原理与实践(第16版)[M].楼尊译.北京:中国人民大学出版社,2015:34-37.作者有修改。

讨论题:

1. 通过联邦快递案例,区分需要、欲望和需求。
2. 联邦快递为顾客提供什么价值?它是如何与顾客建立关系的?
3. 根据顾客满意理论评价联邦快递的表现情况。
4. 在竞争日益激烈的当今,联邦快递如何才能继续在竞争中获胜?

参 考 文 献

1. 四重奏.网红雪糕——钟薛高.华财营销公众号[Z/OL].[2020-10-12].https//mp.weixin.qq.com/s/xfmcduxv86QbvireKj - HkQ.
2. [美]菲利普·科特勒,[美]凯文·莱恩·凯勒.营销管理(第14版·全球版).王永贵,等译.北京:中国人民大学出版社,2012.
3. 王永贵.市场营销[M].北京:中国人民大学出版社,2019.
4. 陈理飞.市场营销[M].西安:西安交通大学出版社,2017.
5. 白崇贤.观念:工作可以更快乐[M].北京:清华大学出版社,2006.
6. 杨慧.市场营销学(第3版)[M].北京:中国社会科学出版社,2011.
7. 王赛.营销的进化卷轴:从营销1.0到营销4.0[Z/OL].[2018-05-24].http://wemedia.ifeng.com/62582703/wemedia.shtml.

8. 王赛.营销 4.0：从传统到数字，营销的"变"与"不变"："现代营销学之父"菲利普·科特勒专访.清华管理评论,2017(3)：60-64.

9. ［美］菲利普·科特勒,［美］加里·阿姆斯特朗.市场营销：原理与实践(第 16 版)[M].楼尊译.北京：中国人民大学出版社,2015.

第二章　企业战略管理与营销管理

【学习目标】

1. 了解并掌握战略的定义。
2. 了解并掌握战略管理的定义。
3. 了解并掌握公司层战略、业务层战略、职能层战略。
4. 了解并掌握企业战略管理程序。
5. 了解并掌握业务组合。
6. 了解并掌握营销管理过程。

开篇案例

"三只松鼠"的差异化战略

三只松鼠股份有限公司成立于2012年,是中国第一家定位于纯互联网食品品牌企业,也是当前中国销售规模最大的食品电商企业。三只松鼠成立短短几年时间就已经成为中国销量最大的食品电商企业,2016年销售额超过55亿元,2019年销售额达到101亿元。三只松鼠主要通过以下两种方式来进行差异化营销:

一是以互联网技术为依托,利用B2C平台实行线上销售。凭借这种销售模式,三只松鼠迅速开创了一个以食品产品的快速、新鲜为特征的新型食品零售模式。这种特有的商业模式缩短了商家与客户的距离,确保让客户享受新鲜、完美的食品,开创了中国食品利用互联网进行线上销售的先河。以其独特的销售模式,三只松鼠在创立的2012年"双十一"当天销售额在淘宝、天猫坚果行业成为第一名,日销售额近800万元,2019年"双十一"当天销售额为10.49亿元。

二是通过品牌差异化,三只松鼠成功在消费者心目中树立了互联网第一坚果品牌的形象。三只松鼠的理念特点十分鲜明,其核心是忠于信仰,表现方式是萌。品牌标志是萌态十足的三只松鼠,并且有各自个性十足的名字,分别为鼠小贱、鼠小酷、鼠小美;它的办公室被装修成森林中松鼠之家;产品包装、购物网站页面均以松鼠系呈现,甚至企业内每个人都有一个以鼠开头的花名,创始人章燎原被称为"松鼠老爹"。在三只松鼠,员工就是家人,把客户叫主人,当客服跟顾客沟通的时候,会演化成宠物和主人的关系,以萌系沟通方式拉近与顾客的距离。这种情景化的设定有效地增强了企业凝聚力和员工归属感,更重要的是使企业文化与品牌文化真正成为企业的基因。

资料来源:魏江.战略管理[M].北京:机械工业出版社,2018:159.

第一节 企业战略管理

一、战略及战略管理

（一）战略

战略一词来源于军事领域，指将帅的智谋和对军事力量的运用，它要确定在一定时期内进攻的主要方向、兵力的总体部署和所要达到的基本目标。战略于 20 世纪五六十年代被引入企业经营管理，之后在企业界得到广泛重视和应用。

人们重视战略是因为认为战略是规划未来，只要掌握一些分析工具及做一些预测就可能赢得未来。对战略的理解大家都有各自的看法，见仁见智，还没有形成公认的定义。但是学者们都会给出自己对战略的定义。

肯尼斯·安德鲁斯（Kenneth R. Andrews）认为，战略是目标、意图或目的，以及为达到这些目的而制定的主要方针和计划的一种模式，这种模式界定了企业的业务范围与经营类型。安索夫认为，战略是贯穿于企业经营与产品及市场之间的一条共同经营主线，它包括产品与市场范围、增长向量、竞争优势、协同作用。伊丹敬之认为，战略决定企业业务活动的框架并对协调活动提供指导，以使企业能应付不断变化的环境，战略将企业偏好的环境与其希望成为的组织类型结合起来。波特提出，制定竞争战略就是规划一个更广义的模式，即一个企业怎样去竞争，需要采取什么样的经营策略来实现自己的目标。戴维认为战略就是实现长期目标的方法。

亨利·明茨伯格（Henry Mintzberg）提出了战略 5P 模式，认为：如果从企业未来发展的角度来看，战略表现为一种计划（Plan）；从企业过去发展历程的角度看，战略表现为一种行为模式（Pattern）；从产业层次来看，战略表现为一种定位（Position）；从企业层面来看，战略表现为一种期望（Perspective）；战略也表现为企业在竞争中所采用的一种计谋（Ploy）。

由于战略的多维性和权变性，使得人们对战略的定义难以达成完全的共识。不过人们对战略的理解也达成了一些共识：战略关注组织与环境的动态匹配性，组织用战略来应付变化的环境，环境变化给组织带来新的组合，战略必须灵活变化，等等。

一般而言，企业战略包括以下四个组成要素。

(1) 经营范围。经营范围是指企业从事生产经营活动的领域。它反映了企业目标与其外部环境相互作用的程度，也可以用来反映企业计划与外部环境发生作用的要求。对于大多数企业而言，应该根据自己所处的行业、自己产品系列的特点来确定经营范围。

(2) 资源配置。资源配置是指企业过去和目前资源和技能配置的水平和模式。资源配置的好坏会极大影响企业实现自己目标的程度，是企业的一种特殊能力。企业资源是企业现实生产经营活动的支撑点，企业只有以其他企业不能模仿的方式取得并运用适当的资源,进而形成自己的特殊技能,才能很好地开展生产经营活动。如果企业资源缺乏或处于不利的情况,企业的经营范围会受到很大限制。企业能够用的资源包括企业自己掌控的资源、企业可以借用的资源、企业可以利用的资源。因此,企业资源配置不仅包括对企业自己掌控资源的配置,还包括对一切可利用资源的配置。

(3)竞争优势。竞争优势是企业通过其资源配置的模式与经营范围的决策在市场上所形成的与其竞争对手不同的竞争地位。竞争优势既可以来自企业在产品和市场上的地位,也可以来自企业对特殊资源的正确运用。竞争优势是经营范围和资源配置的结果。

(4)协同作用。协同作用是指企业从资源配置和经营范围的决策中所能寻求到的各种共同努力的效果,也就是说1+1>2。企业作为一个系统,不是各种资源、要素的简单相加,而是遵循一定规律的整合。

企业战略与一般企业管理活动相比具有全局性、长远性、纲领性、竞争性、风险性、外部性、动态性等特征。

第一,全局性。全局性是企业战略最根本特征,是指企业战略以企业全局为研究对象来确定企业的总体目标,规划企业的总体行动,追求企业的总体效果。

第二,长远性。长远性是指企业战略是关注企业未来的,为企业谋求长远利益的,规划了未来相对较长一段时间的发展方向和工作重点。战略至少对企业未来3—5年的发展做出计划,甚至可以规划长达10年或更长时间的发展方向。

第三,纲领性。纲领性是指企业战略所确定的战略目标和发展方向是总体性和原则性规定,是对企业未来的一种粗略设计,是对企业未来发展的总体谋划。

第四,竞争性。竞争性是指企业战略要考虑与竞争对手之间的竞争关系,关注如何在竞争过程中战胜竞争对手。

第五,风险性。风险性是指企业战略是考虑企业未来的,未来具有不确定性,也可以说,企业战略考虑的是多种环境不确定性的多种应对方案,因此,企业战略必然具有风险性。

第六,外部性。外部性是指企业战略是企业对外部环境变化所做的反应,通过自身努力赢得外部市场中的竞争优势。

第七,稳定性。稳定性是指企业战略规定企业未来较长一段时间的经营方向,具有相对的不变性。

总之,企业战略是指企业在经营过程中为了在同竞争对手的竞争中立于不败之地而制定的事关全局的计划谋略。企业战略是企业面对激烈变化的外部环境时,为求得长期生存和不断发展而制定的总体性计划。

知识链接

战略认识误区

迈克尔·波特在《什么是战略》一文中指出:真正的战略,应以竞争性定位为核心,对运营活动进行取舍,建立独特的战略配称。该文观点破除了管理界多年来对战略的认识误区,不断被引入企业界和政府的实践活动中。而在中国,业界对战略的认识还普遍处于模糊之中,对战略认识最常见的误区有以下几种:

1. 战略认识误区之一:错把运营效益当战略

中国许多企业一直把运营效率当作战略来对待。具体表现就是,企业进行战略规划时,涉及的内容往往是KPI、组织架构、管理体系、流程改造、资本效益、事业部规划等。而这些内容本质上是改善和提升运营效率的需要,并不是战略。

实际上,定位才是战略的核心。波特指出运营效益不等于战略,运营效益必要但不充分,企业唯有建立起一种可长期保持的差异化,才能战胜竞争对手,战略定位就是要进行不同于竞争对手的运营活动,或者以不同方式进行和竞争对手相似的运营活动。没有定位支持的战略是绝对不可行的。

2. 战略认识误区之二:错把对手当战略榜样

战略所要解决的问题并不是内部运营问题,而是外部竞争问题。就是说,战略是竞争导向的,是打败竞争对手从而获得竞争主动权的方法。中国企业普遍存在的一个误区是认为市场领导者既然获得了成功,那么它的做法就是对的,后进者要想取得成功,自然要按照成功者的方法去做。

这种误区错在两个方面:首先,行业领导品牌之所以成功,与其当时的外部市场环境有关。其次,以行业领导品牌为榜样时,不可避免要与领导品牌竞争。

3. 战略认识误区之三:认为战略存在于企业内部

持有这种观点的人认为,战略就是企业自己制定的发展目标。因此,他们会把企业目标、愿景、规模预期作为战略制定流程的起点和最终战略指向的结果。实际上,战略的出发点在于外部竞争环境,制定战略的本质就是根据竞争地位确定竞争战略,而不是根据企业愿景规划业务领域或增长目标。

资料来源:徐飞.战略管理(第2版)[M].北京:中国人民大学出版社,2014:2.

(二)战略管理

战略管理是指对一个组织未来方向制定决策并实施这些决策。艾尔弗雷德·钱德勒(Alfred Chandler)认为战略管理决定企业基本的长期目标与任务,制定行动方案,配置必要的资源以实现这些目标,战略主要关注企业的长期健康,措施更多是处理日常经营活动以保证经营的高效与顺畅。魏江等认为战略是一个组织长期的发展方向和业务范围,战略管理是指组织根据环境变化动态配置资源,不断满足利益相关者的期望,构筑组织持续竞争优势。

战略管理是一个动态过程,企业要时刻审视环境与企业内部的变化并敏捷地对变化做出反应,战略管理的目标就是使企业长期有效地适应环境。企业战略管理的主要特征如下:

(1)企业战略管理属于高层管理范畴。企业战略管理主要是对企业未来的整体经营活动实行战略性的管理,是一种关系企业长远生存与发展的管理,不是企业日常管理,也不是企业各项职能管理。企业战略必须由企业的高层领导制定,由高层领导推动实施。一些企业专门成立战略委员会来进行战略管理，企业高层领导都是战略委员会成员，还会邀请企业外人士及重要职能部门负责人参与其中，这样既能保证战略制定的科学性、前瞻性，又能保证战略实施的适合性、可行性。

（2）企业战略管理要求整体管理。战略管理不是制定企业进攻、防守、成长等策略，也不是市场营销、研究开发、财务管理、生产管理等职能战略，它是一项涉及企业所有部门以及所有相关因素的管理活动，追求企业整体功能和效率的发挥，它要求加强职能部门和业务单元之间的联系，进行协同。

（3）企业战略管理需要动态应对。企业战略管理的目标是使企业内部因素与外部环境因素相适应，从而实现企业的目标。企业外部环境是不断发生变化的，因此，企业战略管理活动也必须时时随之调整，企业就要具备相当的柔性来应对环境变化。

由此可以看出，企业战略管理与企业战略是有一定区别的。企业战略是企业应对外部环境变化的一种计划或谋划方案，而战略管理是对计划或谋划方案的制定、实施和控制的过程。

企业战略管理与企业经营管理也存在一定的区别。企业经营管理是在既定的企业规模、组织结构和有关业务的战略计划框架内，确保资源的取得以及有效利用资源的全过程，是现有资源充分利用的最优化过程。企业经营管理的决策权在中层管理手中，由相应的职能部门去组织实施，与由企业高层管理者决定的全局性的战略管理不同。企业经营管理是企业对目前的投入、物质转换和产品产出的管理，而战略管理则从时间上和范围上扩大了投入产出的管理过程。二者具体区别如下：

（1）面临的经营环境不同。企业战略管理是应对外部环境的反应，所面临的环境不确定性越来越大，具有外向性的特点。企业战略管理是以不确定、不连续的经营环境为前提，注重监控企业外部环境变化，制定有效的战略计划来应对环境变化带来的机会，避免环境变化带来的威胁，保证企业在动态变化的环境中生存和发展。企业经营管理是以稳定的经营环境为前提，将管理重点放在日常生产经营活动上，强调各种活动的优化，追求效率与效益的提高，较少考虑应对外部环境变化。

（2）管理范围不同。战略管理关注企业整体综合管理，它超越一般的职能管理范围，目的是把握企业发展的总方向、总目标，要求管理者能够运用各种知识，将市场营销、研究开发、财务、人力资源、生产等职能性管理活动综合起来、协调一致，最后实现企业的总目标。企业经营管理侧重于具体的职能管理，完成某一项特定的经营目标，例如，营销管理活动对整体性综合管理不太重视。

（3）追求目标不同。企业战略管理追求企业长期生存、发展以及战略竞争能力的提高，要求企业高层管理者能够有效实施适应环境的战略，重视企业长期的经济效益和发展潜力。企业经营管理常常把着眼点放在短期经营成果和利益上。

（4）对环境变化的反应不同。企业战略管理是一种预测与反应式管理，高层管理者要具有战略思想和眼光，能够洞察、预测、分析外部环境，对环境变化不仅能够迅速做出反应，还要能预判未来环境。企业经营管理是反应式管理，对某种环境变化做出一般反应，往往不能及时利用外部环境变化带来的机会，也很难避免外部环境带来的危险。

虽然企业战略管理与企业经营管理有很大的差异,但在企业实际工作中,企业战略管理与企业经营管理的联系是很紧密的。首先,企业经营管理是企业战略管理的基础,战略管理是企业经营管理发展到一定阶段为适应外部环境变化而产生的,没有经营管理及其发展,不会产生企业战略管理。其次,企业管理如果缺少有效的企业经营管理基础,就很难完成战略管理要达到的目标和任务。有效的企业经营管理是实施企业战略管理的重要前提条件。最后,战略管理为企业经营管理提供了实施框架,战略管理关乎企业发展方向、目标及路径规划,企业经营管理应该围绕企业战略管理规划的方向展开和实施。

知识链接

著名企业家谈战略管理

马云:我们是通过多年布局慢慢形成网络效应的,这就是战略的威力。上市前我们做了几次收购,很多人都惊呼看不懂。再过三五年,有几个人看得懂我在买楼?连老太太都看得懂的战略我七八年前就在看了。凭什么现在我买,你们就能看懂?我在2008年就讲过,一幢真正的大楼,是由建它的窗户、门拼起来的。只有建小房子,才是一砖一瓦从零开始建起来的。像摩天大楼,貌似主材还没有做,突然一下子那么大的东西就出现了,那是因为之前都已经做好了。阿里巴巴的战略就是履带战略,没有一家互联网公司能够保持3—5年的优势。所以,阿里巴巴的战略就是一家退下来另一家上,形成循环。其中,淘宝是第一阵营,然后是天猫,接下来是支付宝,再之后是云计算、菜鸟等,然后来回修复,开始轮换。

任正非:任正非用"河流"比喻华为的战略方向,认为眼下无线与有线的合流只是信息技术发展的一个河口,"提供传输信息的技术"才是华为的持久战略。"以前有人批评我们,说你们有线也做、无线也做,怎么能成功呢?我当时回答说,有线、无线将来都是个传输信息的东西,我那时还想不到信息技术后来会发生这么大的变化。基于这样的认识,我们坚持了下来,走到今天。往前走,有线、无线这两条河流就合拢了;继续往前走,还会有一个河口……这个世界就是不断地把下一个河口告诉你,实际上还是这条河流。不认识到这一点,大家以为公司战略总在变,长江流到宜昌了,大家喊我们到宜昌啦,三峡多美啊!到武汉了,大家喊我们到武汉啦,江汉平原多富饶啊!到上海了,大家说我们终于走向大海了!……我们回顾整个过程,其实还是长江,这个主航道并没有变化。"

柳传志:联想的核心竞争力就是有一个非常好的管理基础。这个管理基础就是联想的"管理三要素",即"建班子""定战略"和"带队伍"。建班子的内容保证了联想有一个坚强的、意志统一的领导核心。定战略是如何有指导思想地建立远、中、近期的战略目标,制定可操作的战术步骤,分步执行。带队伍是如何通过规章制度、企业文化、激励方式,最有效地调动员工积极性,保证战略实施。

资料来源:魏江.战略管理.[M].北京:机械工业出版社,2018:48.

二、战略层次

根据企业的经营活动范围,可以把企业战略分为公司层战略、业务层战略、职能层战略三个层次(图2-1)。公司层战略关注协调、整合、收缩、扩张、维持业务单元的发展,是对整个公司层面做出决策和布局。业务层战略又称竞争战略,是事业部或分公司层面的战略,是在公司层战略的统领下制定的,服务于公司层战略。职能层战略是企业各个职能部门的战略,把业务层战略落实到具体的职能部门当中去。

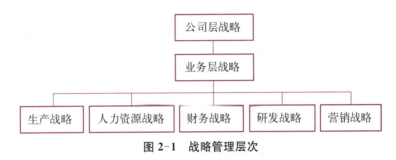

图2-1 战略管理层次

(一) 公司层战略

公司层战略是指导企业一切行动的最高纲领。在企业宗旨和目标的指导下,企业根据自身的使命选择参与竞争的业务领域,合理配置资源,并努力使各项业务尽可能地实现协同。公司层战略的主要任务是确立企业使命和目标、企业的业务范围和发展方向、企业获取资源的能力培养、企业业务之间的协同、企业组织结构等。

公司层战略是由企业最高管理层负责制定和落实的,是涉及企业全局性、整体性和长远性的战略,会对企业的发展产生深远影响。从业务范围,公司层战略分为集约化成长战略、一体化战略、多元化战略和平台化战略四种。

1. 集约化成长战略

集约化成长战略可以通过市场渗透、市场开发、产品开发等途径将时间、精力、资源等集中到企业关键产品上。集约化成长战略的优点是能够集中优势资源于某些局部领域,就是集中优势兵力,在此领域建立起较强的竞争优势。集约化成长战略的局限性是将所有的资源集中于单一领域使企业经营缺少灵活性,在适应市场变化方面弹性不足,增加企业经营的风险性。

2. 一体化战略

一体化原意是指将独立的若干部分加在一起成为一个整体。一体化战略是指企业充分利用自己在产品、技术、市场上的优势,根据物质流动的方向,使企业不断地向深度和广度发展的一种战略。一体化战略有利于深化专业分工协作,提高资源的利用深度和综合利用效率。一体化战略分为纵向一体化战略、横向一体化战略。

(1) 纵向一体化战略。纵向一体化战略也称垂直一体化战略,是通过降低产业链上下游各个环节之间的交易成本的方式,加强企业在行业中的市场地位与竞争优势。

按照物质流动的方向,可分为前向一体化和后向一体化。

前向一体化是指企业与用户企业之间的联合,目的是为了促进和控制产品的需求,例如汽车制造商与中间商合作就是一种前向一体化。后向一体化是指企业与供应企业之间的联合,目的是为了确保产品或服务所需的全部或部分原材料的供应,加强对所需原材料的质量控制,例如汽车制造商与上游轮胎企业的合作就是后向一体化。

实现纵向一体化战略的方式包括企业内部积累、与其他企业实现契约式联合(也称为联营)、兼并其他企业三种方式。

纵向一体化战略既能给企业带来益处,也会给企业带来坏处。益处主要有:

一是实现范围经济,降低经营成本。通过将技术有区别的生产运作放在一起,企业可以提高效率。在制造企业,可以通过减少生产过程的环节数量,降低成本,减少运输费用,又由于产成品和零部件并成一个系统,在生产、设计、营销等环节上,更容易控制和协调,从而提高企业的生产效率。

知 识 链 接

范围经济与规模经济

范围经济是指因同时生产(经营)几种相关的产品或服务而引起的节约。根本思想是依赖生产的相似性,以尽可能少的投入实现生产的多元化,从而达到扩大经营、规避市场风险的目的。例如,生产电视机的厂商同时制造计算机显示器,该厂商就可以获得更高的效率。范围经济也可能存在于与物理生产过程非直接相关的活动中,如研究与开发、市场营销活动、运输活动、管理费用等方面。无形资源在范围经济中也很重要,例如企业声誉可以延伸到一系列市场之中并发挥作用。企业要获得范围经济需要满足:企业的产量增加或联合生产两种或更多种类的产品,企业的上述活动确实能够导致较低的成本、较高的质量或二者都有,较低的成本、较高的质量能够扩大企业的规模或范围。

规模经济是指随着生产的产品或服务的数量的增加而平均成本不断下降。规模经济既可能存在于公司的经营活动中,也可能存在于产业中。单点经济性经常存在于物理生产过程中,主要与制造单位的规模有关,例如,如果存在技术规模经济,那么生产能力就能够以高于工厂和设备成本的速度获得增长。专业化也可以提高规模,由于生产数量的增加,单个工人可以将注意力集中在较窄的活动范围内,从而开发出或者利用更多的专业化技能,而且只有达到足够的生产规模,高技能和高成本的劳动力才能得到充分利用。多点经济性经常存在于企业经营多个工厂或多处设施的情况中。研究与开发和市场营销活动中经常存在多点经济性。例如,分销系统和品牌名称可以用来销售和分销来自多个不同地点的产品或服务。多点经济性也可以从风险分散经济和较低的资本成本中获得益处。较大型企业在吸引和留住人才方面也具有更大的机会。

二是稳定供求关系,避免价格波动。纵向一体化使上下游企业之间紧密联合,不会随意终止供求关系,不管是产品供应紧张还是总需求降低,都能保证充足的货源供应,减少市场供求的不确定性,也避免价格的波动。

三是提高差异化能力,建立经营特色。纵向一体化扩大了企业规模,降低了成本,加强了控制,提高了进入壁垒;由于强化了对关键零部件设计的控制,能更好满足不同市场顾客的特殊需求,增加了顾客黏性;也可以通过使用特殊原材料、零部件或技术等途径与同行业竞争对手的产品区别开来,形成特色。

纵向一体化战略的坏处有:

一是弱化激励效应。纵向一体化意味通过固定关系进行购买与销售,把市场交易内化为企业内部管理,这样就会减弱激励效应,降低企业内部的运作效率。

二是加大管理难度。实施纵向一体化战略后,两个或多个原来不同的企业要合并或联合在一起,企业管理的层级和管理幅度都会加大,管理职能更加复杂,管理难度也相应增加。

三是降低经营灵活性。纵向一体化后企业的规模会迅速扩大,设备、技术等专用化程度就会提高,从而降低企业经营的灵活性。

(2) 横向一体化战略。横向一体化战略也称水平一体化战略,是指与处于相同行业、生产相似产品的企业进行联合。横向一体化的实质是资本在同一产业或部门集中,目的是扩大规模、降低产品成本、巩固市场地位。横向一体化战略可采用契约式联合、合并同行业企业等方式。

横向一体化战略有益处同时也存在坏处。横向一体化战略的益处有:

一是获得规模经济。横向一体化通过收购同类企业实现企业规模扩张,可以使企业获得充分的规模经济,大大降低成本,获取竞争优势。

二是减少竞争对手。横向一体化是通过收购兼并同类企业而实现增长的战略,这样就可以通过减少竞争对手数量,同时扩大企业规模,减少产业内相互竞争,提升企业竞争优势。

三是生产能力得到扩张。由于是同类企业的联合,横向一体化使企业规模迅速扩大,可以很快获得生产能力的扩张。

横向一体化战略的坏处有:

一是管理复杂化。横向一体化战略通过兼并收购同类企业来实现,这样就把历史背景、人员组成、业务风格、企业文化、管理体制等方面存在较大差异的企业合在一起,增加了管理协调上的复杂性和难度。

二是政府法规限制。横向一体化战略可以迅速扩大企业的规模,这样就容易形成产业垄断,而各国法律都对此做出了某种程度的限制,例如一些国家制定的反垄断法。

3. 多元化战略

多元化战略的目的是有效利用现有资源。开展多元化战略可以规避风险,实现资源共享,创造协同效应,产生"1+1>2"的效果。如果企业为了更多地占领市场和开拓新市场或避免单一经营的风险,就会进入新的领域,这就是多元化战略。多元化战略又称多元化经营战略或多元化经营。根据新增业务与现有业务之间的相互联系情况的不同,可把多元化战略分为相关多元化战略和不相关多元化战略。

(1) 相关多元化战略。相关多元化战略是指进入与公司现有业务相关的新业务。相关多元化战略将存在于不同的经营业务价值链之间的战略匹配关系转变成竞争优势。

相关多元化战略是指企业将专有技能、生产能力或者技术由一种经营转到另一种经营中去,将不同的经营业务的相关活动合并在一起、降低成本,在新的经营业务中可以利用现有公司品牌信誉以及其他无形资产。

根据现有业务与新业务之间关联内容的不同,相关多元化战略可以分为同心多元化战略和水平多元化战略。同心多元化战略是企业利用原有技术、特长、经验等开发新产品,增加产品种类,从同一圆心向外扩大业务经营范围。同心多元化战略适用于原有产品与新产品具有较强的技术关联性。水平多元化战略是指企业利用原有市场,采用不同的技术来开发新产品,水平多元化战略适用于原产品与新产品之间具有较强的市场关联性。

(2) 不相关多元化战略。不相关多元化也称集团多元化战略,是指企业通过收购、兼并其他企业的业务,或者在其他企业进行投资,把业务领域扩展到其他行业中,而其产品、业务与企业现有业务、技术、市场等都没有关系。

(3) 多元化战略的好处与坏处。多元化战略会给企业带来好处,也会给企业带来坏处。多元化战略的好处有:

一是协同效应。协同效应是两个事物有机结合在一起,发挥出超过两个事物简单总和的联合效果。多元化战略会给企业带来管理上的协同效应、市场营销上的协同效应、生产上的协同效应、技术上的协同效应等。

二是分散经营风险。多元化战略可以通过减少企业利润的波动来达到分散企业经营风险的目的,使企业风险最小、收益最大的产品组合得以实现。选择产品价格波动上是负相关的产品组合,最有利于分散风险,相反高度相关的产品组合,最不利于分散经营风险。

三是增加市场力量。实施多元化战略的企业将拥有更多的市场力量。多元化企业可以通过掠夺性定价获得市场力量,也就是多元化企业凭借其在不同业务领域经营的优势,在某一业务领域实行低价竞争,从而获得竞争优势。通过互利销售获得市场力量,即企业通过多元化经营可以实现互利销售,从而扩大企业市场份额。互利销售是企业与其主要客户签订长期合同,互相提供所需的产品,以实现相互利益的最大化。通过相互制约获得市场力量,两个多元化经营企业在竞争时,可能会在多个市场上进行竞争,这众多市场接触会减弱相互之间的竞争,一个企业在一个市场上采取的进攻行为,可能招致另一个企业在其他市场上的报复行动,这样就会形成制约,因而企业可以在一个竞争相对缓和的环境中生存。

多元化战略的坏处有:

一是管理冲突。实行多元化战略的企业在不同领域经营,企业的管理与协调工作就变得十分复杂了,不同企业在管理方式、经营文化上都有很大的差别,而在不同领域内同时经营可能造成经营管理理念上的冲突,使管理效率大大降低。多元化经营企业对不同业务单位的业绩评价、集权与分权的界定，可能造成不同业务单位间的协作等内部管理复杂化。

二是新业务领域的进入壁垒。多元化战略需要克服产业进入壁垒，需要付出额外的成本。企业进入一个完全陌生的产业环境中经营，常常要冒很大的风险。又因为新进入一个产业时，企业缺少相关经营经验，缺乏必要的人才、技术等资源，就很难在此产业中获得竞争优势。

三是分散企业资源。企业的资金、人才、设备、土地等有形资源和商誉、品牌、专利、专有技术、管理能力、销售渠道等无形资源都是有限的。实行多元化战略，必然要把这些有限的资源分散到不同的企业，这样就减少了原有企业资源，影响其生产经营，严重的时候可能会使新旧企业同时陷入困境，造成经营上的失败。

4. 平台化战略

平台正成为一种普遍的市场形式或组织形式，它逐渐成为企业获得竞争优势的重要途径。平台化战略是一个生态系统，指以组织和个人相互作用为基础的经济联合体，具体是供应商、生产商、销售商、市场中介、投资商、政府、消费者等以生产商品和提供服务为中心组成的群体。平台化企业会设计一个多方的联合行动计划，为系统中的每一方创造不同的价值，使供应商、最终用户、广告商，甚至平台企业自身等多个用户群体实现资源共享，互利共存，注重社会、经济、环境综合效益，共同维持系统的发展，最终实现多方共赢。

平台化战略（魏江，2018）的存活基础是"客观需求"，核心价值是"竞合"，依托是"网络效应"。根据功能可将平台化战略分为市场制造者平台化战略、用户制造者平台化战略和需求协调者平台化战略。

（1）市场制造者平台化战略。市场制造者平台化战略可以吸引平台双方或者多方加入平台进行交易。平台一方种群成员增多，其需求也随之增多，由于平台可以提高交易配对成功率、减少交易配对时间，那么另一方种群也会随之加入平台。

（2）用户制造者平台化战略。用户制造者平台化战略主要连接观众、广告商等各种用户。一般情况，平台首先以免费或者低价的商品和服务吸引用户加入，当用户数量增多并对平台提供的内容做出有效的回应时，广告商就会看中平台带来的客户源；反过来，当有用的信息越来越多时，用户就会越来越依赖这样的商品或服务。

（3）需求协调者平台化战略。需求协调者平台化战略通过提供产品或服务引起平台双方或者多方的间接网络外部性。网络外部性是指商品价值随着消费者购买某种产品或者其兼容产品的数量的增加而不断提升，而商品价值的提升，反过来促使更多的消费者购买。网络外部性的大小取决于商品的用户规模，即网络规模。用户的规模越大，网络规模也越大，网络外部性的效应也就越强。

（二）业务层战略

业务层战略是指公司在某一特定产品市场上通过价值创新以获得竞争优势的一整套互相协调的使命和行动。业务层战略体现在事业部或分公司层面，一般是以产品领域、市场领域或产业领域来划分的。业务层战略也称为竞争战略，是在公司层战略的统领下制定的，服务于公司层战略。业务层战略包括波特竞争战略的成本领先战略、差异化战略和聚焦战略三种，如图2-2所示。

图2-2 三种基本竞争战略

(资料来源：[美]迈克尔·波特.竞争战略[M].陈小悦译.北京：华夏出版社,1997：107)

1. 成本领先战略

成本领先战略是指在内部加强成本控制，在研究开发、生产、销售、服务和广告等领域内把成本降低到最低限度，成为行业中的成本领先者的战略。采用成本领先战略的企业会向这一产业的最典型消费者提供标准化的产品或服务，这些产品或服务必须具备有竞争力的质量，能够为顾客创造价值。一般情况下，成本领先战略是以大规模生产和经营来降低成本，再以低成本所支持的低价格来赢得市场，增加收入，最终实现盈利。

企业获得成本优势就必须低于竞争对手的成本，实现成本优势的目标可以通过比竞争对手更有效地开展内部价值链管理活动，从而降低成本；也可以通过改造企业的价值链，省略或跨越一些高成本的价值链活动，从而降低成本。具体可以通过简化产品、改进设计、节约原材料、实行生产革新和自动化、降低管理费用等方法来降低成本。

成本领先战略既有益处也存在坏处。成本领先战略的益处有：一是成本领先企业对供应商具有较强的讨价还价能力。成本领先战略通常通过大规模生产和销售建立成本优势，较大的购买量使得企业对供应商具有较强的议价能力，企业可以获得更低的采购价格，从而进一步降低成本。

二是成本领先地位可以抵御竞争对手的进攻。成本领先企业有成本优势，可以减轻来自对手的降价压力，能够有效抵御竞争对手的价格竞争，从而可以避开激烈的价格战。

三是成本领先企业可以对抗购买者的降价要求。购买者可能会要求企业降价或者以更高质量提供产品，而成本领先企业可以提供最低价格，吸引购买者，确保企业能够获得一定水平的利润。

四是成本领先企业可以防止替代品竞争。为了争取顾客，成本领先者有更大的空间降低价格，足够低的价格能保持现有产品对替代品的吸引力，从而有效应对来自替代品的竞争。

五是成本领先企业可以防御潜在加入者。成本领先企业可以通过规模经济获得更低成本，使潜在进入企业具有成本劣势，这样成本领先企业就建立起了成本壁垒，从而可以阻止潜在企业加入。

成本领先战略要得以实现，要具备能够实现大规模生产，市场是完全竞争，产品是标准化或同质化的，产品具有较高的价格弹性，购买者具有很强的议价能力等条件。成本领先战略的坏处有以下三个方面。

一是成本领先企业过度关注成本,忽视消费者需求与偏好的变化。成本领先企业对成本控制的执着,会使企业经营重点过分集中在成本上,而忽略价格以外的产品因素。成本领先企业过分专注于降低成本,对顾客需求的改变视而不见,可能会产生严重的问题。

二是技术变革的突破可能使企业过去的成本优势地位下降。产业技术上的重大突破可能会使过去的成功战略失去效力,或者竞争对手有可能采用更新的技术、更好的设备,具有更低的人工成本,形成新的成本优势,使企业原有的优势不复存在。

三是成本领先战略会引起其他企业的学习模仿。产业的新加入者或者其他企业通过模仿或者投入更高科技设施,用较低的成本进行学习,使得整个产业的盈利水平降低。

案 例 分 享

沃尔玛的成本领先战略

一、低成本经营理念

沃尔玛实行"天天平价,始终如一"的经营理念。沃尔玛在零售这一微利行业,力求比竞争对手更节约成本,这一看似平实但实际上效果显著的经营理念,成为沃尔玛在零售行业保持领先的关键所在,为其确立并成功实施成本领先战略提供了先决条件,它使沃尔玛在采购、存货、销售和运输等各个商品流通环节想尽一切办法降低成本,并能够在包含高科技的计算机网络方面和信息化管理方面不惜代价,投入重金打造其有助于降低整体物流成本的高科技信息处理系统。

二、物流成本控制

物流成本控制水平是衡量零售企业经营管理水平的重要标准,也是影响零售企业经营成果的重要因素。快捷的信息反馈和高效的物流管理系统,可以使商品库存量大大降低,资金周转速度加快,企业成本自然降低。沃尔玛将涉及采购、存货、运输等在内的物流循环链条,作为实施成本领先战略的载体,并通过对该链条的集中管理,把整个链条中各个点的成本降至行业最低。

(一)采购环节成本控制

1. 直接向工厂购货

很多商家采取的是代销的经营方式,以规避经营风险,沃尔玛却实施直接买断购货政策,而且对于货款结算采取固定时间决不拖延的做法。沃尔玛的平均应付期为29天,竞争对手凯玛特则需45天。这种购货方式虽然使沃尔玛需要冒一定的风险,但是供应商的利益得到了保护,大大激发了供应商与沃尔玛建立业务往来的积极性,沃尔玛赢取了供应商的信赖并同供应商建立起友好融洽的合作关系,从而保证了沃尔玛的最优惠进价,大大降低了购货成本。根据沃尔玛自己的统计,沃尔玛实行向生产厂家直接购货的策略,使采购成本降低了2%—6%。

2. 统一购货

沃尔玛采取中央采购制,尽量由总部实行统一进货,特别是那些在全球范围内销售的高知名度商品,如可口可乐等,沃尔玛一般将一年销售的商品一次性签订采购合同,由于数量巨大，其获得的价格优惠远远高于同行，形成他人无法比拟的低成本优势。

3. 辅助供应商减少产品成本

沃尔玛通过帮助供应商改进工艺、提高质量、降低劳动力成本、分享沃尔玛的信息系统等，辅助供应商实现最低成本，从而提高收益率。

（二）存货管理环节成本控制

沃尔玛的商品多以大包装出售，以减低单独包装的成本。同时，将信息系统运用于分销系统和存货管理。公司总部有一台高速电脑，同20个发货中心及1 000多家商店连接。通过商店付款柜台扫描器售出的每一件商品，都全自动计入电脑。当某一货物减少到某一数量时，就会发出信号，使该店及时向总部要求进货，总部安排货源后，送往离商店最近的分销中心，再由分销中心的电脑安排发送时间和路线。在商店发出订单后48小时，所需的货品就会全部出现在货架上。这种高效的存货管理，使公司既能迅速掌握销售情况，又能及时补充存货不足；既不积压存货，又不使商品断档，加速资金周转，大大降低了资金成本和库存费用。

（三）分销配送环节成本控制

在整个物流链条中，运输环节是最昂贵的部分，如果运输车队省下的成本越多，那么整个物流链条节省的钱就会越多。为降低运输成本和提高效率，沃尔玛采取了自身拥有车队的方法，并辅之以全球定位的高科技管理手段，保证车队总是处在一种准确、高效、快速、满负荷的状态。沃尔玛各店铺从向总部订货到实现补货，仅需2天，而竞争对手需要4至5天才能实现补货一次。据沃尔玛自己的统计，沃尔玛的商品运往商店的成本，即进货费用占商品总成本的比例只有3%，而竞争对手则需要4.5%—5%。这就保证了沃尔玛能以快速的服务和低廉的价格获得与竞争者同样的利润。

三、通过信息处理系统控制成本

沃尔玛的高科技信息处理系统不仅包括发达的计算机网络体系，还包括全美最大的私人卫星通信系统和世界上最大的民用数据库。沃尔玛所有店铺、配送中心的购销储存以及运输车队的详细信息，都可以通过与计算机相连的通信卫星传送到总部的数据中心，数据中心为沃尔玛各店铺、配送中心、供应商和车队进行通信联系和信息交流提供了便利。在先进的高科技信息处理系统的支持下，各店铺、配送中心、供应商和运输车队利用信息轨道及时联络，使快速移动的物流循环链条上的各个点实现了光滑、平稳、顺畅的低成本衔接。

四、与供应商建立战略伙伴关系控制成本

企业如果能够打破供应链伙伴之间传统的交易关系，积极寻求与供应商、分销商、顾客等供应链外部参与者的合作或联盟，就可以以广泛的团队，通过共担风险、共享收益、共享信息、共同完成长期目标，实现对顾客需求的快速反应和供应链总利润的最大化。沃尔玛与供应商建立战略伙伴关系，整合零售企业的上游价值链，促进零售企业与供应商双赢：一方面增强了供应链的管理；另一方面又降低了物流费用、交易费用，提高了物流效率、顾客满意度。

资料来源：沃尔玛成本领先战略[Z/OL].[2021-01-30].https://baike.so.com/doc/9109273-9441775.html.

2. 差异化战略

差异化战略是提供与众不同的产品或服务，满足顾客特殊的需求，形成竞争优势的战略。差异化战略是以了解顾客的需求为起点，以创造高价值满足顾客的需求为终点。差异化战略依靠产品或服务的特色，而不是成本。企业应该不断提升顾客重视的差异化特性，满足顾客与众不同的独特需求。差异化战略获得比成本领先战略更高的利润率。差异化战略通过提供目标客户偏好的产品特性，通过非价格竞争，降低顾客对价格的敏感性，培养顾客对品牌的忠诚度，从而获得超过行业平均水平的收益。

差异化战略以顾客需求为核心。差异化可以来自产品差异化、渠道差异化、服务差异化、人员差异化、形象差异化、定位差异化等各个方面。

成功的产品或服务差异能够降低环境威胁，利用环境机会。差异化战略可以满足日益差异化的顾客需求，可以缓和竞争关系，实现错位经营，可以构成对潜在进入者的进入壁垒，可以创造垄断获得高额垄断利润，还可以增强顾客对品牌的忠诚度，降低顾客对价格的敏感性。

差异化战略存在如下风险：企业过度差异化，从而使得产品价格相对于竞争对手过高；企业差异化的方式已经不能为顾客创造更多价值，顾客不愿为此多付钱；忽视差异化特征的有效传播，无法获得消费者的认可与青睐；企业未能准确定位顾客真正的需求，无法形成消费者认可的差异化优势；差异化产品的高附加值会吸引众多仿冒者等。

案 例 分 享

顺丰的差异化战略

王卫在创业之初就将市场细分战略注入顺丰，他研究市场情况和客户需求，并进行细分：中国国内的高端市场是四大国际快递的地盘，低端的同城快递不在考虑范围内，王卫因此选择中端客户群作为自己的业务范围。通过观察，中端客户大多以小件快递或者商务文件为主，因此顺丰战略聚焦，以运送小件快递为主，那些体积庞大、重量过重的大件物品，价格再高也不接。

接着，王卫又根据客户需求和贡献度对市场内部业务进行细分。锁定了目标群体，王卫又制定出相应的服务项目和价格。在快递业务上，只接手商业文件和小件物品的派送，对于体积大重量高的大件物品，一单超过5 000元的则不予理会。价格是一千克20元，差不多是其他快递公司的一倍还多。

顺丰针对不同的客户也细分了服务项目，包括了最基本的服务，如下单、快件跟踪、理赔、投诉、建议和需求、网络以及短信服务；增值服务，如物料直接配送、电子账单、客户自助服务、业务主动推荐以及积分主动兑换服务；专享服务，如分支机构集中付款、国内第三方支付、指定时间收派、绿色服务通道以及服务流程简化等。

随着业务的扩展，王卫又将原有的客户划分进行了调整：以现有的客户为基础，排名在前4%的为大客户,包括项目客户和VIP客户;排名在大客户后面15%的为中端客户;中端客户之后的80%为普通客户;剩余的为流动客户。针对不同的客户群体,王卫制定了不同的服务:

表2-1 差异化服务

	项目客户	VIP客户	中端客户	普通客户	流动客户
贡献度	10万以上	1万—10万	2 000—1万	300—2 000	300以下
服务需求	在增值服务的基础上提供专享服务	在标准服务的基础上提供专享服务	便捷、质量稳定的服务	便捷的服务	基本服务

对市场需求的精准定位和明显的差异化是顺丰能够从众多快递公司中脱颖而出的获胜之道。王卫也说道:"顺丰能够走到今天,有一些和其他快递不一样的地方,那就是差异化的竞争策略。我们所提供的快递服务和自身的市场定位与其他快递公司是不太一样的,并且我们能够让消费者很清楚地知道,顺丰所提供的服务和其他快递有什么不同。"

资料来源:李芝巍.没有翅膀,就要努力奔跑:顺丰快递创始人王卫的12堂创业励志课[M].北京:台海出版社,2015:176.

3. 聚焦战略

聚焦战略又称为集中化战略,是针对某一特定购买群、产品细分市场或区域市场,采取成本领先或差异化策略以获取竞争优势的战略。聚焦战略是利用狭窄的目标市场,其目的是比竞争对手,特别是定位于更广泛市场范围的竞争对手更好地服务目标细分市场上的顾客。聚焦战略成功的基础是要么能以比竞争对手更低的成本服务小市场(聚焦成本领先战略),要么能为小市场上的顾客提供更好的产品(聚焦差异化战略)。聚焦战略的本质是对一个狭窄的目标市场通过低成本或差异化为顾客创造价值。聚焦战略针对目标市场采用"小而精""小而专""小而强""小而特"等方式,使企业在行业中获得高于一般水平的收益。

聚焦战略一般是中小企业采用的战略。要比竞争对手更好地服务目标市场的顾客。聚焦战略是企业专为某一特定细分市场提供某一特定产品。聚焦战略可分为聚焦成本领先和聚焦差异化。聚焦成本领先战略是通过向特定市场提供比竞争对手更低价格的产品或服务创造竞争优势。聚焦差异化战略是通过向特定的市场提供比竞争对手更具有特色的产品或服务获取竞争优势。

聚焦战略适用于企业的资源和能力有限,难以在整个产业中实现成本领先或差异化,只能在某个特定细分市场通过聚焦成本领先或聚焦差异化为顾客创造价值。聚焦战略适合于以下情况:目标细分市场有一定规模,可以盈利;目标细分市场具有较大的需求空间或增长潜力;目标细分市场不是主要竞争企业争夺的重点;中小企业能够满足该目标细分市场;中小企业可以凭借其建立的产品声誉和顾客忠诚来防御挑战者。

对于中小企业而言,聚焦战略是一种比较好的竞争战略。聚焦战略的成功取决于以下条件:具有完全不同的用户群;在相同的细分市场上,其他竞争对手不打算实行聚焦战略;企业资源不允许追求广泛的细分市场;没有其他竞争对手在相同的目标市场上进行专业化经营;目标市场具有足够规模,有一定的成长性;企业拥有有效服务目标市场的资源与能力。

企业在实施聚焦战略时,也可能面临以下一些风险:如果聚焦的细分市场非常有吸引力,竞争对手可能会参与争夺目标市场,形成激烈竞争;由于技术创新、替代品出现、价值观念的更新,目标市场的顾客需求偏好可能会转向大众化市场或其他细分市场,从而导致消费者需求下降;由于目标市场与其他细分市场的差异过小,大量竞争者进入细分市场,从而导致企业的竞争优势丧失。

(三) 职能层战略

职能层战略是在业务层战略指导下,按照专业职能将业务层战略进行具体落实和具体化,是将企业的公司层战略和业务层战略转化为职能部门具体行动计划的过程。根据这些行动计划,职能部门的管理人员可以更清楚地认识到职能部门在实施上一层战略中的责任和要求。职能层战略主要包括生产战略、人力资源战略、财务战略、研发战略、营销战略等。

1. 生产战略

生产战略是企业根据所选定的目标市场和产品特点构造生产系统时所遵循的指导思想,以及在此指导思想下的一系列决策、规划和计划。生产战略是在生产领域内取得某种竞争优势以支持企业业务层战略,不局限在处理和解决生产领域内部的问题。

生产战略强调对产品竞争力的保障,通过目标优先级的决策实现产品竞争优势;也强调系统各要素间在生产类型结构框架下的协调性;强调对企业竞争优势的贡献,通过对产品目标明细化,使生产系统功能具有优先级,从而为企业竞争提供坚实的基础和后援保障。

生产战略的决策由生产系统功能目标决策和生产系统结构的决策两部分组成。生产系统功能目标决策包括根据用户的需求特性和企业的竞争战略来定义产品的功能,再将这些产品功能转换为生产系统的功能目标。生产系统结构的决策是根据既定的系统功能目标和生产系统固有的结构功能特性,进行生产类型的匹配,这种匹配过程是通过调整系统结构与非结构化要素来实现的。

2. 人力资源战略

人力资源是企业最重要的资源,最具创新性的资源,正确制定和选择人力资源战略,开发人力资源,充分发挥各类人力资源的积极主动性,是企业成功的关键。人力资源战略是根据公司层战略和业务层战略的要求,为适应企业生存和发展的需要,对企业人力资源进行开发,提高人力资源的整体素质,从中发现和培养大量优秀人才所进行的长远性的谋划和方略。人力资源战略是为公司层战略和业务层战略服务的,必须以其要求来确定人力资源战略的目标。

人力资源战略主要包括人力资源开发战略、人力资源使用战略、人力资源优化配置战略三大部分。人力资源开发战略是指有效发掘企业和社会上的人力资源,积极提高员工的智慧和能力所进行的长远谋划。企业首先应该树立正确的、宏大的人力资源开发战略观。人力资源开发战略应包括人才引进、借用人才、招聘人才、自主培养人才、定向培养人才、鼓励自学成才等内容。

人力资源使用是人力资源管理的一项重要任务,是根据工作任务需要对企业现有各类人员的规划与安排。人力资源使用合理与否直接关乎企业的成败兴衰。人力资源使用战略包括任人唯贤、岗位轮换、提升使用、大胆授权使用、破格提拔使用等内容。

人力资源优化配置是指企业对各类人力资源进行优化,使其结构合理、配置科学。企业各种人力资源应当比例恰当,形成合理的结构,应该树立正确的人力资源观念,避免人力资源浪费,也要避免人才岗位不协调。

3. 财务战略

企业的人、财、物、信息四大类资源中,财务资源成为引导其他资源流动的关键要素,企业所需要的劳动力、生产资源、信息资源都可以用资金购买,因此资金的使用效果将决定企业的经营效果。财务管理的重要职能是有效地筹集、调配、使用资金。

财务战略是在对现有的资金市场充分认识的基础上,根据企业财务的实际情况,选择企业的投资方向,确定融资渠道和方法,调整企业内部财务结构,保证企业经营活动对资金的需要,以最优的资金利用效果来帮助企业实现战略目标。

财务战略主要包括财务结构战略、筹资战略、利润分配战略、投资战略四个方面。财务结构战略也称资本结构战略,是关于企业资产和负债的结构构成战略。筹资战略是关于企业采用什么渠道、用什么方式获取资金,也就是如何以较低的代价、较低的风险筹集到更多的资金,支持企业战略目标的实现。利润分配战略是通过对利润的合理分配,正确处理企业与社会各方面的经济关系,调动各个方面的积极性,增加企业自有资金的来源,增强企业的竞争实力。投资战略是决定企业资金投放方向、投放规模,以提高资金运用效果的战略。投资也是资金的运用,目的是在未来时期内获得更多收益,有长期投资和短期投资两类。

4. 研发战略

研发战略是根据企业外部环境和内部条件,依据公司层战略和业务层战略,决定如何通过研究开发活动来分配企业资源,以实现企业战略目标。企业研究开发战略分为进攻型战略、防御型战略、技术引进战略、部分市场战略四种。

进攻型战略是要通过开发或引入新产品,全力以赴地追求企业产品技术水平的先进性,抢占市场,在竞争中保持技术与市场的强有力地位。包括通过科研创新开发新产品,集中力量促使技术知识转化为新产品,企业家的创新偏好促进技术创新,并由此开发新产品三种方式。

防御型战略又叫追随战略,是指企业不抢先研究和开发新产品,在市场上出现成功的新产品时,立即对别人的新产品进行仿造或加以改进,并迅速占领新市场。这种战略的优点是研发费用低大大减少了投资的风险。这种战略对新产品加以改造后推向市场,克服了新产品开始时的缺陷而后来居上。虽然这种战略没有重大的发明创造,但是以见效快、成本低、高性能、高质量来占领市场,赢得利润。

技术引进型战略是利用别人的科研力量来开发新产品,通过购买高等院校、科研机构的专利或科研成果来为本企业服务。通过购买专利许可进行模仿,把他人开发的成果转化为本企业的商业收益。该战略可以达到收效快、成本低、风险少的效果。

部分市场战略也称依赖型战略,是为特大型企业服务,企业用自己的工程技术满足特定的大型企业或者母公司的订货要求,不再进行除此以外的其他技术创新和产品研究开发。只要不失去与大企业的合作关系,就不必追求各种创新,能安稳经营。

5. 营销战略

营销战略是指在确定的公司层战略和业务层战略的指引下,企业根据市场环境和自身营销条件的动态变化趋势,对自身营销工作做出全局性的谋划。营销战略具有全局性、长期性、方向性、外部性等特征。

营销战略主要包括营销目标、顾客选择、主要市场业务、营销资源分配等。具体包括市场细分、目标市场选择、市场定位三个营销战略过程,也包括市场营销竞争战略。根据市场占有率大小可以把市场的参与者分为市场领导者、市场挑战者、市场追随者和市场补缺者四种类型。

市场领导者是指在市场上有最大的市场占有率,并在价格变动、新产品开发、分销渠道、促销等方面都居领导地位的企业。市场领导者采用扩大现有市场占有率、发现空白市场和扩大市场规模、保护现有市场占有率等三种策略。扩大现有市场占有率可以通过增加新产品、提高产品质量、增加开拓市场的费用三种策略。保护现有市场占有率可以通过创新策略、筑垒策略、正面对抗策略三种策略实现。

市场挑战者是指市场地位仅次于市场领导者,为取得更大市场份额而向领导者和其他竞争对手发起攻击和挑战的企业。市场挑战者的竞争对手有市场领导者,规模相同但经营不好的企业,规模不大、经营不好的企业等三类。市场挑战者可以采用正面进攻、侧翼进攻、包围进攻、迂回进攻、游击进攻等策略。

市场追随者是指满足于现有市场地位,只是跟随市场领导者的战略变化而做出相应战略调整的企业。市场追随者可分为紧密追随、有距离追随、有选择的追随三种类型。紧密追随者是在尽可能多的细分市场和营销组合策略中模仿市场领导者,不过不会发动任何进攻,只是期望能够分享市场领导者的开拓成果,避免发生冲突。有距离追随者会从市场领导者那儿模仿一些成功经验,这种模仿常带有差异性。有选择的追随者通常生产与市场领导者相似的产品,不过都会对其做改良,它会有自己不同的市场规划,避免直接与领导者发生冲突。

市场补缺者是市场营销能力较弱,为求得生存而填补其他企业的空隙的企业。它的竞争战略通常以避实击虚、集中力量为原则,将目标市场确定为竞争对手相对不足或未注意的细分市场,可以是单一补缺,也可以是多种补缺。市场补缺者应该在最终用途、顾客规模、特殊顾客群、地理区域、产品、加工服务、质量、价格、分销渠道等方面实现专业化。

三、企业战略管理程序及主要内容

企业战略管理是企业为了达到自己的战略目标而制定和执行计划所进行的一系列决策和行为过程。企业战略管理程序如图 2-3 所示。对应于企业战略管理的程序,企业战略管理的主要内容包括：明确和制定企业的使命和愿景；分析企业内部条件，找出企业的优劣所在；评估企业外部环境，发现企业的机会和威胁所在；将企业内外部环境相匹配，确定企业的发展目标和发展战略；根据企业的发展目标和发展战略，确定企业各业务单元的竞争目标和竞争战略；确定职能部门运营目标和战略；执行职能部门的战略；对战略执行的成功与否进行评估，通过反馈机制进行纠偏。

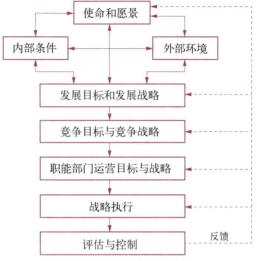

图2-3　企业战略管理的程序

（资料来源：庄贵军.营销管理：营销机会的识别、界定与利用[M].北京：中国人民大学出版社，2011：82）

（一）使命与愿景

1. 使命

使命（Mission）是对企业终极目的的一个独特描述，常常称为企业宗旨或信条。界定企业使命就是阐明企业的根本性质与存在理由，说明企业的宗旨、哲学、信念，反映企业组织的价值观和努力为自己树立的形象，揭示本企业与其他企业的差异，界定企业的业务范围，以及企业力图满足顾客基本需求与其他利益相关者的需要。

企业使命规定了企业发展的总体方向和组织的基本特征，是企业确定战略目标和选择战略方案的基础。好的企业使命应该粗细得宜，既要为企业的未来确定发展方向，又要有一定的弹性，以便在环境发生变化时调整企业的发展战略；易于沟通，有利于各职能部门和全体员工了解和认同；具有激励作用，能够用于激励和鼓动企业员工和利益相关者；符合实际，不仅要充分反映企业的追求，还要企业经过努力就可以做到。

企业使命可以协调各利益相关者的冲突。企业使命是对有关经营理念、经营原则的整合，促使所有人员明确方向并对重大问题达成共识，为企业运行营造良好的氛围、提供有效激励。企业使命可以明确企业发展方向与业务定位，为企业目标界定、资源能力配置与协调相关活动提供依据。企业使命要使顾客、股东、社会、员工等利益相关者满意，突出顾客指导思想。

知 识 链 接

企业或组织的使命表述实例

腾讯：一切以用户价值为依归，将社会责任融入产品及服务之中；推动科技与文化传承，助力各行各业升级，促进社会的可持续发展。

阿里巴巴：让天下没有难做的生意。

苏宁：引领产业生态、共创品质生活。

国美：成就品质生活。

三只松鼠：1. 让天下主人爽起来。2. 以数字化推动食品产业进步，以 IP 化促进品牌多元发展。

当当：为顾客提供网上购物的高品质体验！

微软：以赋能为使命。我们的使命是予力全球每一人、每一组织，成就不凡。

格力：弘扬工业精神，掌握核心科技，追求完全质量，提供一流服务，让世界爱上中国造！

美的：联动人与万物，启迪美的世界。

安踏：将超越自我的体育精神融入每个人的生活。

资料来源：各公司网站。

2. 愿景

愿景（Vision）是企业对其未来发展成就的一个设想，即企业对其未来形象的一个描述（想成为什么）。企业愿景要回答：我们要到哪里去？我们的未来是什么样的？目标是什么？其核心是要解决"我们希望成为什么"的问题。

愿景是关于企业生存和发展的基本哲学问题，体现了企业发展的使命感、方向性和探索性。使命感是企业经营内容和目标方向在相当一段时间的内外部承诺，回答的是企业是什么。方向性是关注企业未来往哪里去，能指导企业全体员工朝着同一个方向前进，回答的是企业将是什么。探索性是环境和条件变化，要求企业动态寻找和发现新的使命和方向，回答的是希望成为什么。

企业愿景是企业股东、董事会、经营层就不同利益相关者期望达成的单个或多个目标而进行的综合设想。企业愿景是介于理想与现实之间的梦想。企业愿景是检验战略责任主体的行为是否符合长远发展方向的基本准则，应该在相当长时期内保持相对稳定。

企业愿景有利于强化企业的存在价值，终极目标就是将企业的存在价值提升到极限。企业愿景可以加深与外部利益相关者之间的沟通。企业愿景可以协调好企业内外个体与组织价值利益，员工愿景与组织愿景的协同是激发员工努力的内在动力，通过企业愿景来整合个人愿景。企业愿景可以规范企业的发展方向，愿景能描绘出企业将来的形态，引导企业资源投入的方向。

企业愿景表述要非常简明且富于想象力，要言简易懂，要有想象空间，要有激励作用。

知识链接

企业或组织愿景实例

华为：把数字世界带入每个人、每个家庭、每个组织，构建万物互联的智能世界。

腾讯：用户为本，科技向善。

阿里巴巴：活102年，我们不追求大，不追求强，我们追求成为一家活102年的好公司；到2036年，服务20亿消费者，创造1亿就业机会，帮助1 000万家中小企业盈利。

国美：成为备受信赖的世界级零售企业。

三只松鼠：1.活100年。2.进入全球500强。3.服务全球绝大多数的大众家庭。

当当：成为股东、员工、顾客成就梦想的最佳伙伴。

格力：缔造世界一流企业，成就格力百年品牌。

美的：科技尽善，生活尽美。

安踏：成为受人尊重的世界级多品牌体育用品集团。

资料来源：各公司网站。

（二）企业战略目标

企业战略目标是企业使命的具体化与明确化，是企业实施使命过程中所追求的最终结果。战略目标是反映一定时期内经营活动的方向和所要达到的水平，既可以定性描述，也可以定量计量。战略目标是管理者和组织中所有成员的行动指南，规定企业在特定时期内要完成的具体任务，使整个组织的工作能在特定时期完整地整合在一起。

企业战略目标的制定要根据企业使命要求，选定目标参数，体现目标之间的协调性，兼顾目标的可衡量性、可操作性、可分解性及其激励效果。企业战略目标制定可以依据 SMART 原则。SMART 原则是指具体性（Specific）、可衡量性（Measurable）、可实现性（Attainable）、相关性（Relevant）、时间性（Time-bound）。

企业战略目标通常由一些指标体现，例如：企业盈利能力指标，包括利润额、投资收益率、销售利润率、股东收益率等；企业业务组合与发展指标，包括新利润增长点的培育、业务的整合与重组、关键业务的发展或调整等；企业竞争地位指标，包括销售额、技术先进性、市场占有率、行业领导地位、产品竞争力以及研发投入与产出等。

（三）业务组合

业务组合不仅标志着企业成长的结果，而且预示着企业未来的发展方向。企业会重点发展有市场潜力、有竞争优势的业务，而淘汰市场潜力不大或者没有竞争优势的业务。由于企业的人力、财力、物力等资源是有限的，因此，企业有必要对各种业务状况进行评估，确认其前景和潜力，进一步决定投资结构和资源分配。也就是说，企业一般同时拥有多种业务，每种业务的增长机会各不相同，在资源有限的情况下，企业必须对各种业务进行分析和评价，确定哪些业务应当发展、哪些业务应该维持、哪些业务应该缩减或淘汰。

企业业务组合分析的工具主要有波士顿（BCG）矩阵和通用电气公司（GE）矩阵。

1. 波士顿矩阵

波士顿矩阵是美国波士顿咨询公司在1960年提出的一种产品结构分析方法，根据"市场增长率——相对市场份额矩阵"来分析企业所拥有的战略业务投资组合，如图2-4所示。市场增长率是指战略业务单位所在市场或行业一定时期内销售增长的百分比，一般以10%为界线，划分出高和低两个等级。相对市场占有率是指战略业务单位在该市场全部销售额中所占的份额。一般用相对市场占有率来表示市场占有率，它是指与本市场最大竞争对手的市场占有率之比，相对市场占有率的分界线是1.0，以此为基础划分出高和低两个区域。在图2-4中，每个圆圈代表一个战略业务单位或一项业务，其面积大小代表战略业务单位或业务的销售额多少，圆圈的位置由各战略业务单位或业务的市场增长率和相对市场占有率共同决定，这样就可以把企业的所有战略业务单位划分为四种基本类型。

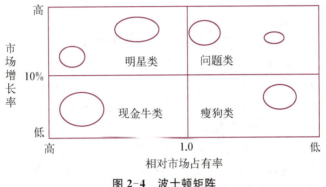

图 2-4　波士顿矩阵

（1）明星类业务。明星类业务是高市场增长率、高相对市场占有率的业务。明星类业务处于快速增长阶段，业务的高增长率要求企业投入大量资金，高相对市场占有率说明未来可以创造大量现金流。随着业务不断发展，明星类业务最终会转变为现金牛类业务。可见，最好的战略是对明星类业务进行必要的投资，从而维护或强化其有利的竞争地位。

（2）现金牛类业务。现金牛类业务是低市场增长率、高相对市场占有率的业务。现金牛类业务为公司带来大量现金流量。由于市场增长率下降，公司不必大量投资抢夺市场，因为该类业务是市场领导者，享有规模经济和高边际利润的优势。公司经常用现金牛类业务的利润来支持明星类业务、问题类业务和瘦狗类业务的发展。显而易见，应维护现有的市场占有率，采取维护战略保持地位。

（3）瘦狗类业务。瘦狗类业务是低市场增长率、低相对市场占有率的业务。一般而言，瘦狗类业务的利润很低，甚至可能给企业带来亏损。由于市场增长率低，用追加投资来扩大市场占有率往往不可取，因此，瘦狗类业务有可能成为资金陷阱。针对此类业务，常常采用清算战略或放弃战略。

（4）问题类业务。问题类业务是高市场增长率、低相对市场占有率的业务。问题类业务的市场需求很高，同时该业务在市场上的竞争力相对较弱。高市场增长率说明公司需要投入大量资金来维持高增长率，而低市场占有率意味公司在该市场上还没有形成竞争优势，可以获得的收入较少。对问题类业务而言，战略重点是决定是否对该业务进行投资，扩大市场占有率使其转变为明星类业务。当市场增长率降低后，此业务可以进一步转变为现金牛业务。当然，如果认为该业务不可能转变为明星类业务，则应该尽早放弃。

波士顿矩阵作为业务组合的分析工具也存在一些局限性。企业要确定各业务的市场增长率和相对市场份额是比较困难的,有时数据与现实不符,如果数据不准确,容易造成判断失误。通过市场增长率和相对市场占有率把战略业务单位分成四种类型,相对简单了些。企业要对自己各种业务进行战略评价,只有市场增长率和相对市场份额是不够的,还应加入其他一些指标。把各业务单独进行分析,没有考虑它们之间的综合效益。

2. 通用电气公司矩阵

通用电气公司(GE)矩阵是美国通用电气公司在波士顿矩阵的基础上加以改进而形成的一种矩阵。通用电气公司认为,评价公司业务组合时,不能只考虑市场增长率和相对市场占有率两个因素,这两个指标很难全面反映产业吸引力和公司的竞争地位。因此,GE矩阵认为应以市场吸引力和业务实力两个综合指标来评价公司的战略业务单位。每个指标都包括多种不同的因素,并且市场吸引力分为大、中、小三个层次,业务实力分为强、中、弱三个层次。

市场吸引力的因素通常有市场规模、增长速度、竞争强度、利润率、技术、通货膨胀、周期性、政府补贴、原料成本、政治(法律)环境、经济环境、社会环境等。业务实力的因素通常有市场占有率增长速度、市场份额、份额成长情况、产品质量、品牌知名度、价格、研发能力、生产能力、营销能力、管理能力等。

在实践中,可采用焦点小组访谈、头脑风暴法等方法来确定具体应该考虑的因素,以及每个因素的影响大小,从而确定衡量业务实力和吸引力的评价标准。之后根据得出的市场吸引力和业务实力情况,将该战略业务单位标注在矩阵上。再通过战略业务单位在矩阵上的位置分析,选择相应的战略举措。

根据市场吸引力和业务实力两个综合指标可以分成九个区域的矩阵,分别对应三类战略带,如图2-5所示。这样就可以把公司现有业务标注在矩阵中,根据划分的战略带选择相应的战略。

图2-5 通用电气公司矩阵战略带

(资料来源:[美]菲利普·科特勒,[美]凯文·莱恩·凯勒.营销管理(第14版)[M].王永贵等译.上海:格致出版社,2012)

(1) 发展战略带。发展战略带由市场吸引力和业务实力组合的大强、中强、大中三个区域组成,市场吸引力和业务实力都处于较高水平。该战略带企业往往采用继续投资的发展战略。具体是在市场吸引力大和业务实力强的区域尽量扩大投资并谋求主导地位;在市场吸引力中和业务实力强的区域采用选择细分市场并大力投入战略;在市场吸引力大和业务实力中的区域进行市场细分并追求主导地位。

(2) 稳定战略带。稳定战略带是由市场吸引力和业务实力小强、中中、大弱三个区域组成,市场吸引力和业务实力都处于中等水平。这个战略地带,可采用维持稳定战略。具体是市场吸引力小和业务实力强的区域采用维持地位战略;市场吸引力中和业务实力中的区域采用选择细分市场并进行专门化经营战略;市场吸引力大和业务实力弱的区域采用基于并购的专门化战略。

(3) 撤退战略带。撤退战略带是由市场吸引力和业务实力小中、中弱、小弱三个区域组成,市场吸引力和业务实力都处于弱小地位。该战略带常采用撤退或放弃战略。具体是市场吸引力小和业务实力中的区域采用减少投资战略;市场吸引力中和业务实力弱的区域采用专门化经营并谋求小块市场份额战略;市场吸引力小和业务实力弱的区域采用聚焦或放弃战略。

(四) 企业的发展方向

企业确定业务组合的过程,就是选择企业未来发展方向的过程,业务组合确定以后,企业就明确了重点发展的业务和应该淘汰的业务,企业的未来发展方向也就基本确定了。

美国加利福尼亚州美国国际大学的战略管理教授安索夫认为,企业的经营战略方向有市场渗透(现有产品和现有市场的组合)、市场开发(现有产品和未来市场的组合)、产品开发(新产品和原有市场的组合)和多元化经营(未来产品和未来市场的组合)四类,如图2-6所示。

	现有产品	新产品
现有市场	市场渗透	产品开发
新市场	市场开发	多元化经营

图 2-6 企业的发展方向

(1) 市场渗透战略。市场渗透战略是由现有产品和现有市场组合而产生的战略。在这两个因素的作用下,企业通过产品使用数量和使用频率来提高销售量。企业可以通过尽可能地把非消费者转化成消费者,努力发掘潜在的消费者,把竞争者的消费者吸引过来等方法扩大产品使用数量。企业可以通过增加某一产品的使用次数,增加每次使用的数量,改进产品的质量、性能,增加产品的新用途等方法提高消费者使用频率。市场渗透战略通过对现有产品进行改善,从现有市场上赢得更多的顾客,这种战略风险最小。

(2) 市场开发战略。市场开发战略是由现有产品和新市场组合而产生的战略。它是发展现有产品的新顾客或新地域市场,从而扩大产品销售量的战略。企业通常可以通过注重市场开发,也就是将本企业原有产品打入别的企业的市场上去,在新市场寻找潜在的用户,或者增加新的销售渠道等方法提高销售量。市场开发战略比市场渗透战略风险更大,不过获得效益的机会也存在。该战略是一个短期战略,它不能降低因客户减少或技术落后而带来的风险。

(3) 产品开发战略。产品开发战略是由企业原来市场和其他企业已经开发的、本企业正准备投入生产的新产品组合而产生的战略。也就是对企业现有市场投放新产品或利用新技术增加产品的种类,以扩大市场占有率和增加销售量的战略。产品开发战略包括产品革新战略和产品发明战略;产品革新战略是指企业在原有的目标市场上推出新一代产品,比传统产品发展进步了一点,企业的重点是通过新技术的运用,提高产品的性能;产品发明战略要求企业发明别的企业从未生产过的新产品,并进入别的企业已经成熟的市场,该战略具有创新开拓精神,具有较高风险,但也可能有高收益。

(4) 多元化经营战略。多元化经营战略是指企业同时生产和提供两种以上用途不同的产品或服务的经营战略。以上已经有详细论述。

第二节 营销管理

营销管理是指为了实现企业目标,创造、建立和保持与目标市场之间的互利交换关系而对设计方案进行分析、计划、执行和控制的过程。营销管理是企业为实现其目标而发现、分析、选择和利用机会的管理过程。市场营销管理包括分析环境、制定营销战略、设计营销组合策略、管理营销活动四个过程。

一、环境分析

环境分析包括企业外部环境和企业内部条件分析。也就是进行 SWOT 分析,即评价企业的优势(Strengths)、劣势(Weaknesses)、机会(Opportunities)、威胁(Threats)。优势包括有助于企业为目标顾客服务并实现目标的内部能力、资源以及积极的环境因素;劣势包括损害企业业绩的内部局限性和负面的环境因素;机会是企业能够利用其优势的外部环境中的有利因素或趋势;威胁是对企业业绩构成挑战的不利的外部因素或趋势。

外部环境又可以分为合作环境、竞争环境、经济环境、社会环境、政治环境、法律环境。在对外部环境分析时要寻找环境提供的机会或者带来的威胁。营销机会常常来自环境变化所带来的未被满足的新机会,环境同样也会对营销产生威胁。

1. 合作环境

合作环境包括所有与公司实现其目标利益相关的企业和个人。市场营销的利益伙伴包括供应商、经销商、公司其他部门、市场营销部门的分部和员工。合作环境中的机会主要是与不断提高效率的方法有关,威胁可能来自各相关利益之间的冲突而造成的效率损失。

2. 竞争环境

竞争环境主要包括行业中争夺资源和市场的其他企业。竞争环境中的机会有收购竞争企业，为消费者提供更好的价值并从竞争者那里把他们吸引过来，将竞争者逐出行业。此环境中的限制是竞争企业的需求刺激行为和无法从竞争者那里吸引足够数量的消费者。

3. 经济环境

宏观经济状况和变化既给企业带来机会，也会造成威胁。例如高通货膨胀率、失业率等会限制高端产品的市场规模，但是会为制造廉价产品的企业提供机会。技术的改变会带来巨大的威胁和机会。

4. 社会环境

社会环境包括一般的社会文化、社会传统、规范、态度等。这些价值观变化虽然很缓慢，但往往带来对新产品和服务的需求。与这些价值观相悖的企业活动也会受到限制。

5. 政治环境

政治环境是指影响企业市场营销的外部政治形势。稳定的政治局面会给市场营销活动营造良好的外部环境。政府制定的人口政策、能源政策、物价政策、财政政策、货币政策等政策方针对企业市场营销活动产生很大影响。它既能给企业带来机会，也会给企业带来威胁。

6. 法律环境

法律环境是指政府制定的法律法规及其他有关规定，特别是涉及市场营销活动的有关法律法规。法律环境可能限制市场营销活动，同时可以采用一定措施，使法律环境朝有利于企业发展的方向转变。

企业内部条件分析主要包括企业资源、企业能力等情况，具体可以分为有形的物质资源、资产资源，无形的品牌资源、信誉资源、技术资源以及企业能力等资源。通过企业内部条件分析可得出企业优势和劣势。

结合企业内外部环境分析的结果可以匹配各种战略，可以利用 SWOT 分析工具进行分析和战略匹配。匹配战略的原则是利用自身优势抓住外部环境提供的机会，避免企业劣势配上外部环境的威胁。

二、制定营销战略

在环境分析的基础上，制定企业营销战略，主要是制定 STP 战略。公司不可能满足市场上的所有消费者，而消费者有许多类型，他们的需求千差万别。公司必须将整体市场划分成细小的市场，选择其中最好的细分市场，为之设计营销战略和策略，获得利润。这个过程包括市场细分、目标市场选择和定位。

1. 市场细分

市场细分是将市场划分为独特的购买者群体的过程。市场由各种各样的消费者、产品和需求构成。市场营销者必须决定哪些细分市场为自己提供最好的机会。市场细分可以根据地理、人口统计、心理和行为因素对消费者进行划分，有针对性地提供服务。

2. 目标市场选择

目标市场选择是指在市场细分之后，对每个细分市场进行评价，选择其中一个或几个细分市场的过程。企业应该选择自己能够通过创造最大化顾客价值而盈利，并长期保持竞争优势的细分市场。小企业可以只服务一个或几个专门的细分市场或缝隙市场，经常为大企业轻视或忽略的细分顾客群提供产品或服务。企业也可以选择为几个相关联的细分市场提供服务。一些企业先服务某个细分市场，取得成功后，再扩张到一个新的细分市场，之后继续扩张到更多的细分市场。

3. 定位

企业选定了目标市场之后，要确定自己在目标市场上占据什么位置。定位是相对于竞争者而言，企业设法使自己的产品在目标顾客心目中占据一个清晰、独特而理想的位置。市场营销者要策划能够使自己的产品与竞争性品牌相区别，并在目标市场中具有最大竞争优势的定位。企业首先要确定顾客重视的差异点，这些差异点是定位的关键。

三、设计营销组合策略

企业选择了理想的定位，就必须采取强有力的措施向目标顾客传递和沟通这一定位，因此，企业要制定整合营销方案来支持既定的定位战略。市场营销组合是指企业为使目标顾客产生预期反应而整合使用的一系列策略性营销工具。企业为营销产品所采用的一切措施构成了营销组合，营销组合的整体要均衡，且要均衡在定位点上。营销组合策略包括产品、价格、渠道、促销四个 P 组合策略。

1. 产品策略

产品是指企业向目标市场提供的商品或服务的组合。产品策略包括产品种类、产品质量、产品设计、产品特征、品牌名称、包装、服务、产品生命周期阶段等策略工具。

2. 价格策略

价格是指顾客为获得产品必须支付的货币数量及其他成本。价格策略包括标价、折扣、津贴、折让、付款期、付款条件、信用条件、价格调整等策略工具。

3. 渠道策略

渠道包括企业使自己的产品送达目标顾客的各种通道。渠道策略包括渠道、覆盖面、种类、网络渠道、地点、存货、运输、物流等策略工具。

4. 促销策略

促销是向目标顾客沟通产品价值，说服其购买的活动。促销策略主要包括广告、人员销售、销售促进、公共关系、社交媒体、直复营销等策略工具。

市场营销组合的所有要素协调成一个整合营销方案，由此向目标顾客传递价值，实现企业的营销目标。

四、管理市场营销活动

市场营销管理活动包括市场营销计划、组织、执行和控制。这是整个市场营销管理过程的一个关键性的、极其重要的步骤。企业若没有周密的市场营销计划,市场营销活动就会失去方向和目标。市场营销计划制定后还要靠有效的组织系统去执行和实施,才有可能达到目标。在执行过程中还要不断对计划目标与实际执行的效果进行比较,纠正出现的偏差,保证计划的落实。

本章小结

本章介绍了战略的基本概念、包含的要素和特征;战略管理的概念,战略管理与企业经营管理在经营环境、管理范围、追求目标、对环境变化的反应几个方面的区别;企业战略的公司层战略、业务层战略和职能层战略,并进一步介绍了集约化成长战略、一体化战略、多元化战略和平台战略四种公司层战略,成本领先战略、差异化战略和集中化战略三种业务层战略,生产战略、人力资源战略、财务战略、研发战略、营销战略等职能层战略;介绍了企业战略管理的程序;营销管理的环境分析、制定营销战略、设计营销组合策略、管理营销活动四个过程。

思 考 题

1. 战略的要素和特征是什么?
2. 如何理解战略管理?
3. 企业战略管理与企业经营管理之间有何区别?
4. 企业战略包含哪些层次?这些层次之间的关系如何?
5. 公司层战略包括哪些?它们的优缺点有哪些?
6. 业务层战略包括哪些?它们有哪些益处和坏处?
7. 请简要说明波士顿矩阵与通用电气公司矩阵,并分析它们的优缺点。
8. 企业战略管理包含哪些程序?
9. 营销管理包含哪些过程?它们之间的关系如何?

案 例 讨 论

百花齐放的格力

2015年3月18日,格力手机的曝光印证了董事长董明珠之前关于"格力可能做手机"的言论,引发了公众舆论的关注;而之后诸如格力手机目标是1亿台等市场消息更是引爆了公众舆论,网上充斥着对格力手机的各种调侃,一时间格力做手机这件事从产业新闻变成了娱乐事件。在此之前,格力也曾多次进行公关活动,推广宣传旗下多款产品,如晶弘冰箱、大松小家电等。这一系列高调公关活动的背后,其实是这家一度以"专业化"自我标榜的空调行业巨头为谋求增长、适应市场环境变化而做的多元化转型的努力。

格力电器目前是全球最大的家用空调生产商,是家用电器类全球第一名。在过去相当长的时期内,格力电器的主营业务集中于空调产品的设计、生产和制造,并且多次强调自身是一家"专业化的家电企业",明确表示不会像业内竞争对手海尔和美的那样开展多元化经营。在专业化的十多年里,格力取得了非凡的成就。

然而近年来,家用空调市场经过多年持续增长后,市场需求开始放缓。一方面,国内空调市场存量巨大,市场饱和,需求不足,行业内的各家企业库存高企。这种庞大的存量,使得空调市场短期内难以出现井喷式的换代需求。房地产市场难以消化库存压力也为空调行业的发展蒙上了一层阴影。面对市场需求的下滑,格力电器作为家用空调行业的老大,首先感受到市场变化所带来的严寒,开始探索自身的多元化道路,以期突破主业单一带来的行业"天花板"效应,维持企业的增长。

格力的多元化路线始于其经营目标的调整。在2012年坚持单一家电品类20余年的格力年营收突破1 000亿元,董明珠为格力提出"五年再造1 000亿元"的经营目标。当时业内人士就曾分析,格力仅靠单一品类家电销售很难实现每年200亿元营收增长目标,必须要依靠产品多元化来扩大营收。此后数年内,格力迅速完成了一系列多元化战略布局。2012年,格力电器同晶弘冰箱达成战略合作,正式在其销售渠道推出晶弘冰箱;同年,格力开始布局自动化装备研发和制造,为自动化设备投入巨资,逐步掌握了工业自动化核心技术,并正式进军机器人产业;2013年,格力重启已经搁置十多年的小家电业务,推出全新小家电品牌大松,标志着格力正式布局小家电市场;2014年,格力发布智能环保家居系统,积极布局智能家居产业;2015年,格力正式宣布进入手机行业,推出格力手机;2016年格力提出收购珠海银隆新能源有限公司,正式进入新能源汽车领域,并且通过收购银隆,格力获得了业内领先的储能技术,业内专家认为结合格力自有的光伏技术,其有望打通创能、储能和家电能源管理等整个新能源产业链条。

通过实施一系列积极的多元化战略,格力在短时间内快速地实现了多元化经营,然而多元化的道路并非一帆风顺,格力的多元化也出现了种种问题。被格力寄予厚望的晶弘冰箱在完成了从0到100万台的跨越式发展,借助格力空调全国数万家专营店突破了年销售规模100万台之后,从100万台到200万台、500万台的跨越过程中却遭遇了阶段性增长瓶颈。原有的格力空调销售渠道和营销体系,只能解决晶弘冰箱快速切入市场的问题,却无法帮助晶弘冰箱在市场上更上一层楼。大松小家电缺乏品牌美誉度和核心竞争力,很难同美的、海尔等小家电巨头竞争。格力手机也没有达到理想的目标。格力重金布局的新能源和智能家居领域尽管发展势头良好,但由于这些产业仍处于商业开发和探索阶段,短期内很难收到回报。

市场对于格力的多元化战略议论纷纷。有人认为格力的多元化战略分散了单一经营的市场风险,把握住了智能家居和清洁能源两大热点业务;也有人认为格力的多元化战略跨度过大、范围过宽、速度过快,在消耗其积累多年的专业化品牌价值的同时没有创造相应的价值,很难取得成功。

资料来源:[美]杰伊·B.巴尼,[美]威廉·S.赫斯特里.战略管理[M].李新春,张书军译.北京:机械工业出版社,2017:169-170.

讨论题：
1. 企业为何要开展多元化战略？
2. 企业应当如何制定并成功实施多元化战略？
3. 应该如何评价企业多元化战略的成果？

参 考 文 献

1. 魏江,邬爱其等.战略管理[M].北京：机械工业出版社,2018.
2. 徐飞.战略管理(第2版)[M].北京：中国人民大学出版社,2014.
3. [美]迈克尔·波特.竞争战略[M].陈小悦译.北京：华夏出版社,1997.
4. 庄贵军.营销管理：营销机会的识别、界定与利用[M].北京：中国人民大学出版社,2011.
5. [美]菲利普·科特勒,[美]凯文·莱恩·凯勒.营销管理(第14版)[M].王永贵等译.上海：格致出版社,2012.
6. [美]杰伊·B.巴尼,[美]威廉·S.赫斯特里.战略管理[M].李新春,张书军译.北京：机械工业出版社,2017.
7. 360百科.沃尔玛成本领先战略[Z/OL].[2021-01-30].https://baike.so.com/doc/9109273-9441775.html.
8. 李芷巍.没有翅膀,就要努力奔跑：顺丰快递创始人王卫的12堂创业励志课[M].北京：台海出版社,2015.

第三章　市场营销环境

【学习目标】

1. 掌握营销环境的概念,认识营销环境和企业营销行为的关系。
2. 掌握微观营销环境的构成要素及对营销行为的影响。
3. 掌握宏观营销环境的构成要素及对营销行为的影响。
4. 了解营销环境分析的基本方法。

开篇案例

肯德基进军香港地区的几度沉浮

肯德基公司为了在香港地区一炮打响,在开业的同时配合了声势浩大的宣传攻势,在新闻媒体上大做广告,采用该公司的世界性宣传口号"好味到舔手指"。凭着广告攻势和新鲜劲儿,肯德基还是红火了一阵子,很多人都乐于一试,一时之间门庭若市。可惜好景不长,3个月后,就"门前冷落车马稀"了。

在进军香港之前,肯德基在世界各地的连锁店就有数千家了,为什么唯独在香港地区遭受了如此厄运呢?经过认真总结经验教训,他们发现,是中国人固有的文化观念决定了肯德基的惨败。

首先,在世界其他地方行得通的广告词"好味到舔手指"在国人的观念里不容易被接受。舔手指被视为不文明的行为,味道再好也不会去舔手指。人们甚至对这种广告起了反感。其次,肯德基的味道和价格不容易被接受。肯德基为了迎合香港市民的口味,采用的是当地的鸡种,但其喂养方式仍是美国式的。用鱼肉喂养出来的鸡失去了中国鸡的特有口味。此外,美国式服务也难以吸引回头客。在美国,顾客一般是驾车到快餐店,买了食物回家吃。因此,店内是通常不设座位的。而中国人通常喜欢一群人或三三两两在店内边吃边聊,不设座位的服务方式难寻回头客。

10年过去了,肯德基东南亚,如马来西亚、新加坡、泰国和菲律宾都先后取得了成功,积累了一些经验,因此准备卷土重来,再度进军香港地区。经历了一次惨痛的失败,这次进军已是有备而来。在文化上的分析使得肯德基明白了许多道理。所以在广告上,带上了明显的港味,把"好味到舔手指"改为"甘香鲜美之口味",易被香港市民所接受。在新店开业时,也不像过去那样搞得惊天动地,例如佐敦道分店开张时颇为低调,只在店外拉了横幅和放置了一块广告牌。经营者扩大各个分店的营业面积,适应香港市民的消费习惯。经营者还严格要求炸鸡的质量,要求所有的鸡都以美国配方烹制,炸鸡在45分钟后仍未售出便不再出售。针对香港市民的价格承受能力,将肉类产品以较高溢价出售,而薯条、粟米等则以较低的竞争性价格出售,这样就分开档次,形成特色。

营销策略大幅调整之后,效果真是立竿见影。1986年,香港肯德基新老分店的总数为716家,占世界各地分店总数的十分之一强,成为香港地区快餐业中,与麦当劳、汉堡王、必胜客并称的四大快餐连锁店。

肯德基在香港地区市场上的浮沉正体现了一个市场规律:只有了解市场才能适应和利用市场。

资料来源:尹武泉.肯德基进军香港几度沉浮[Z/OL].[2021-02-01].https://www.sohu.com/a/383418698_100198624.

第一节 市场营销环境概述

一、市场营销环境的概念及特点

美国著名市场营销学专家菲利普·科特勒将市场营销环境定义为:市场营销环境是由企业营销职能外部的各种因素和力量所组成,这些因素和力量影响营销管理者成功地保持和发展同其目标市场顾客交换的能力。市场营销环境的影响力量内容多、复杂、层次多,对企业市场营销影响非常大。市场营销环境有以下特点。

(一)市场营销环境的多变性与企业的能动性的统一

市场营销环境具有多变性的特点,导致企业很难控制,这样要求企业根据环境变化随时调整其营销策略。但是调整策略时不是被动的,企业可以发挥其主观能动性,在变化的环境中发现市场机会,利用自身条件,调整营销战略,并把不利的因素改变为有利的因素,从而创造出更多的经济效益和社会效益。

(二)市场营销环境的差异性与同一性的统一

市场营销环境的差异性指的是相同的环境对不同的企业影响不同,环境的差异对企业的营销策略影响也不同。因此,环境的差异导致不同企业采取的营销策略有很大的差异。但是市场营销环境也有同一性的特点,表现在同一区域或同一行业中,企业所处的环境有其共性。市场营销环境的同一性,使企业有了一个公平竞争的前提和保证,由此也可以揭示和反映企业之间生产经营的优劣,是否充分发挥了其内部能量和优势。

(三)市场营销环境的关联性与其相对分离性的统一

从长远来看,市场营销环境的各种因素总是相互联系的。比如,消费者的需求受到其自身的收入水平、个性、心理的影响,同时也会受到经济发展水平、物价水平、通货膨胀水平的影响。但是,在一定的时期内,这些因素又是相对分离的,有些因素对企业的市场营销活动影响较大,有些因素对企业的影响不是很大。各种环境因素的影响程度的不同,导致市场营销环境的相对分离性。正是这种相对分离性为企业分清主次环境威胁和机遇提供了可能性。

(四)市场营销环境的多变性与相对稳定性的统一

一般来讲,宏观环境方面的政治、法律、科技、经济等因素的变化相对其他因素变化要快一些和强一些,这些因素对企业营销策略影响更迅速。随着现代科技的发展,科技因素变化非常快,是促使企业技术改造和产品创新的主要动力。而自然、社会和人口因素的变化则相对慢一些、弱一些,但它们对企业市场营销的影响则相对较长期和稳定。市场营销环境相对稳定性的特点,使企业对调查其现状和预测其变化并采取相应的对策提供了可能。

二、市场营销环境的主要内容

企业面临的市场营销环境非常广泛,内容非常多。各国学者从不同的角度对市场影响环境进行分类,一般分为一般环境、策略环境、科技环境、国际环境和市场总体环境;美国营销学家麦克塞将其分为公司目标及资源环境、竞争环境、组织与技术环境、文化与社会环境;著名营销专家菲利普·科特勒则把市场营销环境概括为微观环境和宏观环境两大类。

按照菲利普·科特勒的分类方法,根据直接影响和间接影响不同,市场营销环境包括微观环境因素和宏观环境因素两大部分。其中:微观环境因素包括企业、供应者、营销中介、顾客、竞争者和公众;宏观环境因素包括人口环境、经济环境、自然环境、技术环境、政治和法律环境、文化环境等(图3-1)。

图3-1 市场营销环境

(资料来源:杨慧.市场营销学(第3版)[M].北京:中国社会科学出版社,2011:55)

三、市场营销环境分析的重要性

(一)是企业市场营销活动的立足点和根本前提

企业为了更好地经营,能在市场上取得较好的优势和地位,必须要分析其所面临的市场营销环境,深入调查分析影响企业经营的各种因素,认真研究消费者的需求,仔细把握竞争态势,发挥优势,克服不足,根据市场环境的变化,及时调整营销策略,才能在市场上取得主动权,获取更好的经济效益和社会效益。实践表明,市场营销环境分析是企业市场营销活动的立足点和根本前提,成功的企业都非常重视市场营销环境的分析。

(二)是企业经营决策的基础

企业经营决策要通过市场调查,了解政治、经济、法律、科技、自然、消费者等各种宏观微观环境的变化。通过分析这些因素,决策者可以做出比较准确的决策。企业市场营销环境的分析直接关系到企业投资方向、投资规模、技术改造、产品组合、广告策略、公共关系等一系列生产经营活动的成败。

(三)有利于企业发现新的经营机会,及时采取措施

企业营销环境是不断变化的,企业可以在动态的环境中发现、捕捉营销机会,争取更好的竞争优势和差别利益。但是,在经营过程中,机遇和威胁并存,且可能相互转化,好的优势企业没有把握好,可能会变成劣势,反之,劣势也可能会变成优势。因此,企业要仔细分析市场营销环境,并善于抓住机会,化解威胁,使企业在竞争中求生存,在变化中谋稳定,在经营中创效益,充分把握未来。

第二节 企业微观环境分析

企业的经营活动受到宏观和微观环境的影响。而与宏观环境相比微观环境因素更能够直接地给一个企业提供更为有用的信息,同时也更容易被企业所识别。微观环境因素主要包括企业、供应者、营销中介、顾客、竞争者和公众(图 3-2)。

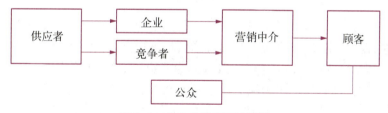

图 3-2 企业的微观环境因素

(资料来源:杨慧.市场营销学(第 3 版)[M].北京:中国社会科学出版社,2011:57)

一、企业

企业内部状态是营销环境第一要素。企业市场营销活动不是企业营销部门单独的行为,是企业内部各个部门相互协作的行为,只有各个部门通力协作,发挥各自优势,密切分工、互通有无才能把市场营销活动做好。单独靠市场营销部门是不可能把营销做好的,因此,企业市场营销能力是企业制造能力、销售能力、财务能力、采购能力、管理能力、科研能力的综合体现,也是各部门管理人员和员工密切合作的结果。企业内部状态

如何，是搞好企业市场营销活动的关键所在，因为其他微观环境因素和所有宏观环境因素的影响，都是要通过这一因素而起作用。

二、供应者

微观环境因素中的第二个因素是供应者。企业持续经营需要供应者提供各种资源，包括原料、材料、燃料、机器设备、技术、信息、资金和劳务等。良好、稳定的供应者对企业市场营销活动影响非常大，因此，企业要严格挑选供应者，建立健全供应者渠道，建立规范的管理制度，不断拓宽供应渠道，与供应者保持良好的生产协作关系，这对于企业的生产经营有着重要意义。

三、营销中介

微观环境因素中的第三个因素是营销中介，是指协助企业促销、销售和配销其产品给最终购买者的企业或个人，包括中间商、实体分配机构、营销服务机构和财务中介机构。营销中介是市场营销不可缺少的环节。营销中介与企业的关系是一种销售协作关系。营销中介通常包括渠道中间商、物流机构、营销服务机构（例如调研公司、咨询公司、广告公司等）、金融机构（例如银行、保险公司、信托投资公司等）。营销中介可以提高企业营销活动的效率，降低企业运营成本。随着科技与网络信息技术的发展，营销中介的形式未来还将发生重大变化。

四、顾客

微观环境因素中的第四个因素是顾客。顾客是企业重要的资源，企业的市场活动的对象是顾客。企业需要仔细研究顾客需求，推出符合市场需求的产品，才都获取较好的经济效益和社会效益。顾客市场一般可分为消费者市场、生产者市场、卖者市场（中间商市场）、政府市场和国际市场等。企业生产的目的是为了满足顾客的需要。因此，顾客及其需求是企业生产经营活动的出发点，是企业生产经营决策的根本依据，也是市场营销活动的基点。

五、竞争者

微观环境因素中的第五个因素是竞争者。竞争者是指那些与本企业提供的产品或服务相类似，并且所服务的目标顾客也相似的其他企业。竞争者分析，可以从竞争者一方发现其优势和劣势，企业根据自身的资源来取得更好的竞争优势，获取更好的市场地位。从消费需求的角度看，企业的竞争者包括愿望竞争者、平行竞争者、产品形式竞争者和品牌竞争者。"愿望竞争者"是指提供不同产品以满足不同需求的竞争者。"平行竞争者"是指提供能够满足同一种需求的不同产品的竞争者。"产品形式竞争者"是指生产同种产品,但是提供不同规格、型号、款式的竞争者。"品牌竞争者"是指产品相同,规格、型号等也相同,但是品牌不同的竞争者。

六、公众

微观环境因素的第六个因素是公众。公众必须是对某一组织具有现实或潜在的利益关系,并且对组织的目标与政策具有相当影响力的个人和团体。公众一般可以分为政府公众、金融公众、媒介公众、群众团体、当地公众、一般公众和内部公众等七大类。

(1)"政府公众"是指政府有关机构。

(2)"金融公众"是指关心并可能影响企业获得资金能力的团体,例如银行、保险公司、信托投资公司等。

(3)"媒介公众"是指网络媒体、报社、杂志社、电视台和广播电台等大众传播媒介。

(4)"群众团体"是指消费者组织、环境保护组织及其他群众组织。

(5)"当地公众"是指企业所在地附近的居民和社区组织。

(6)"内部公众"是指企业内部的公众,包括高级管理人员、一般管理人员和普通员工等。

(7)"一般公众"是指除企业所在地附近的居民和社区组织以及企业内部的公众以外的居民、员工或组织团体。

第三节 企业宏观环境分析

企业宏观环境,是指企业所在国家或地区的政治、经济、法律、科技、社会文化等状况及其发展变化趋势。这些因素对企业及其微观环境的影响力较大,一般都是通过微观环境对企业间接产生影响的。宏观环境主要包括自然环境、人口环境、经济环境、政治和法律环境、技术环境、社会文化环境等。菲利普·科特勒指出,宏观环境是影响企业微观环境中所有行为者的大型社会力量。构成这种大型社会力量的各因素既相互独立又相互作用,对企业的市场营销活动既是威胁又是机会。同时,宏观营销环境对微观营销环境有着制约作用。宏观营销环境除了直接对企业的营销活动有一定的威胁和提供一定的机会外,也大量地通过用户、竞争企业等对企业的营销活动发生作用;社会的规范、价值观、信念等影响着消费者的消费态度、兴趣爱好、对产品的好恶,增大或减少消费者对商品的选择机会。

一、自然环境

自然环境是企业赖以生存的基本环境。自然环境对企业的市场营销活动影响非常大,同时对其他的宏观环境也有直接的影响,例如自然环境影响当地的经济发展水平、产业结构、人口结构,这些因素也间接影响企业的市场营销活动。因此,企业首先要适应自然环境,但也要规避自然环境的不利影响,发挥能动优势,把不利环境转化为有利环境。

(一) 自然资源短缺的影响

随着经济的发展,人们生活水平的提高,自然资源的消耗日趋严重。面对资源日益紧缺的自然环境,应从长计议企业生存和发展,企业市场营销活动应该积极努力寻找替代品或降低资源的消耗,这样就可以减轻或避免某种自然因素对企业生产经营的不良影响。同时,研究和开发新的资源和原料,这又给一些企业制造了新的市场机会。

(二) 自然环境污染的影响

近年来,环境污染问题成为一个热点话题。随着工业化和城市化的发展,自然环境污染问题日益严重,占世界人口总数15%的工业发达国家,其工业废物的排放量约占世界废物排放总量的70%。此外,自然环境的破坏会导致世界流行病暴发,例如埃博拉病毒、新冠肺炎病毒。随着各国对环境保护的重视,企业环境意识的提高,企业分析顾客的需求,推出污染少、环境友好的产品,从而提高市场机会。

(三) 政府对自然资源管理干预强化的影响

有限的自然资源与自然环境恶化的状况,例如酸雨、臭氧层破坏、海洋赤潮、全球气温升高、噪声污染、水土流失和沙漠化、畜牧业养殖污染等,使各国政府日益认识到可持续发展战略的重要性。可持续发展战略的核心内容,是以经济、技术、社会、人口、资源、环境的协调发展为目的,在保证经济高速增长的前提下,实现资源的综合和持续利用,不断改善环境质量,而不要以牺牲后代人的利益为代价来满足当代人的利益。政府对自然资源管理干预的强化,使得绿色产业、绿色消费、绿色市场营销迅速崛起。

二、人口环境

人口环境是影响营销过程及其效率的外部因素之一。市场是由人组成的,企业或组织在营销过程中首先应当注意的外部影响因素就是人口环境。一个特定市场的人口规模及其增长率、年龄分布和种族组合、人口密度、教育水平、家庭类型、地区特征和迁移活动等都会影响市场的规模与结构、特征与变动趋势。企业营销部门应当密切关注上述人口特性及其发展动向,及时抓住机会,而在出现威胁时,及时、果断地调整市场营销策略,以适应人口环境的变化。当前,世界人口环境的主要变化特点有以下方面:

(一) 世界人口增长迅速

随着科技进步、社会生产力发展和人民生活条件改善,人民平均寿命大大延长,发展中国家的人口出生率上升,人口增加迅速。随着人们收入水平的提高,消费需求的增长,市场潜力巨大。《2019年世界人口展望》报告预测,世界人口数量很可能在2050年,从77亿增长到97亿。在未来30年全球新增的20亿人口中,将有超过一半集中在印度、尼日利亚、巴基斯坦、刚果(金)、埃塞俄比亚、坦桑尼亚、印度尼西亚、埃及和美国这九个国家,其中,近10.5亿将来自撒哈拉沙漠以南的非洲,另有5.05亿来自中亚及南亚。从整体趋势来看,世界人口的增长速度正在放缓。1990—2019年,全球生育率已从3.2降至2.5,预计到2050年还将进一步降至2.2,而一般来讲,生育率至少要达到

2.1，人口才不会随着世代更替而下降。

(二) 人口的流动性大

许多国家人口流动均具有以下两个主要特点：一是人口从农村流向城市，随着经济发展、农业生产水平的发展，社会的分工，农村人口就业机会减少，必然导致农村人口向城市转移；二是人口从城市流向郊区，城市污染加重、交通拥挤，郊区基础设施完善，消费者更趋向于在环境更好的郊区居住。有些发达国家人口有从"大城市→中等城市→小城市"迁移的趋势。在国内，随着消费升级的加快，中产阶层消费者也趋向往郊区转移。随着经济的发展和交通网络的完善，特别是高速铁路和城市轨道交通的发展，我国人口流动的特点是：农村人口大量流入城市，特别是一线特大城市人口净流入不断加大；中西部人口迁往沿海经济发达地区，例如珠三角和长三角地区；经商、学习、观光、旅游等使人口流动加速。

(三) 家庭结构发生变化

第二次世界大战后，西方国家的家庭结构模式为"两个孩子、两辆汽车、郊区家庭"，而随着经济水平发展，人们的观念发生了巨大变化，晚婚晚育，少育，甚至不要孩子，加之离婚率的上升，家庭结构发生很大变化，市场需求相应在变，企业的市场营销策略也发生了很大变化。随着我国经济水平不断发展，计划生育政策的改变，家庭结构发生了很大变化。"四世同堂"的现象很少，父母和已婚孩子不在一起居住越来越普遍。目前"三口、四口之家"的家庭模式已很普遍，并逐渐由城市向乡镇发展。家庭小型化导致市场营销策略发生巨大变化。家庭房产需求结构、款式、大小都跟以往有所不同，以往的大面积住房需求逐渐萎缩，消费者更趋向于三居室、小户型的房产。人口因素分析要考虑到家庭生命周期的变化，家庭生命周期指一个以家长为代表的家庭生活的全过程，按年龄、婚姻、子女等状况，可划分为七个阶段：

(1) 未婚期：年轻的单身者。

(2) 新婚期：年轻夫妻，没有孩子。

(3) 满巢期一：年轻夫妻，有六岁以下的幼童。

(4) 满巢期二：年轻夫妻，有六岁以上(含六岁)儿童。

(5) 满巢期三：年纪较大的夫妻，有已能自立的子女。

(6) 空巢期：身边没有孩子的老年夫妻。

(7) 孤独期：单身老人独居。

(四) 家庭观念正发生变化

随着经济发展，女性走出家庭，年轻一代的婚恋观念发生了巨大变化。晚婚、晚育、少子女或不要子女，独身、高离婚率和更多的已婚妇女就业，对原来家庭观念产生了巨大的冲击，非家庭住户(包括单身成年人住户、两人同居者住户、集体住户)迅速增加。家庭观念的变化和家庭结构的变化对消费者的消费习惯产生巨大影响，企业要认真分析相关的影响因素，及时调整策略，获得市场的主动权。

(五) 发达国家人口出生率普遍下降

由于消费者家庭观念的变化，生育意愿降低，很多国家人口出生率不断下降，例如俄罗斯、日本，有些国家的人口还呈现负增长，婴幼儿减少，导致婴幼儿相关的玩具市场、服装市场、奶粉市场、儿童早教市场、儿童培训市场受到很大影响。但是年轻夫妇有更多的闲暇时间旅游、娱乐等,为旅游业、航空业、饮食业、酒店业、体育娱乐业等提供了难逢的市场机会。

(六) 许多国家人口趋于老龄化

由于科学技术的进步、医疗保障水平的提高以及人们生活质量和工作环境的不断改善等,人类的平均寿命大大延长,人口老龄化是未来人口发展趋势的一个显著特征。在发达国家,目前60岁老龄人口已超过15岁以下儿童的人口数目,到2050年,老龄人口将是儿童人口的一倍。联合国人口司司长兹劳特尼克表示,2005年,世界老龄人口为6.7亿,但到2050年时,这一数字很可能会突破20亿,而80岁以上的老人将增长5倍,到2050年时将达到4亿人。人口老龄化为给老龄人提供商品或服务的企业制造了扩大市场的条件,为该类企业的发展提供了巨大的机会。

案 例 分 享

"帮宝适"一次性纸尿布

1956年初,宝洁公司开发主管米尔斯在给孙子洗尿布的烦恼启发下,产生了开发一次性纸尿布的灵感。其实当时已有一次性的纸尿布出现在美国婴幼儿制品市场了。但是经过市场调研发现,这些纸尿布仅占整个美国婴儿用品市场的1%。原因首先在于产品价格太高,其次是父母们认为这种一次性产品平常并不好用,只是在旅行时或不便于正常换尿布时,才会作为替代品使用。而且报告显示,美国和世界上许多国家正处于战后的生育高峰期,巨大的婴儿出生数量乘以每个婴儿每天所需的换尿布的次数,这是多么大的一个市场,蕴涵着多么大的消费量! 于是宝洁公司研究出了一种既好用又价格低廉的一次性纸尿布,并命名为"帮宝适"(Pampers)。直到今天,"帮宝适"一次性纸尿布仍然是宝洁公司的拳头产品之一。

资料来源:吴健安.市场营销学(第2版)[M].北京:高等教育出版社,2003:7.

三、经济环境

企业的市场营销活动离不开外部经济条件,国家和社会的经济状况、发展水平、全球的经济动态和发展变化趋势会直接或间接影响企业的市场营销活动。经济环境主要包括消费者收入水平、消费者支出模式与消费结构、消费者储蓄和投资机会与信贷水平等。

(一) 消费者收入水平

消费者收入水平直接影响市场容量大小和消费者支出模式,从而决定市场的购买力水平。可以从宏观和微观两个层面分析消费者收入水平。从宏观层面看,国民收入和人均国民收入两大指标,可以反映一个国家的发展状况和发达程度;从微观层面看,主要是消费者的个人收入、个人可支配收入以及个人可任意支配收入。个人可支配收入是指个人收入中扣除税款和非税性负担后所剩下的余额,即个人能够用于消费支出或储蓄的部分;个人可任意支配收入是指从个人可支配的收入中再减去维持生活所必需的费用(例如衣服、食物、住房等)后剩余的部分。个人可任意支配收入是影响消费者购买力的重要因素,是市场要素中重要的构成部分,企业营销活动要重点分析消费者可任意支配收入,开发出适销对路的产品来满足顾客的需求。

(二) 消费者支出模式与消费结构

消费者收入一定的情况下,其支出模式和消费结构有很大的不同,德国统计学家恩斯特·恩格尔(Ernst Engel)于1857年发现了家庭收入变化与各方面支出变化之间的规律性。它通常用恩格尔系数来表示,即:

$$恩格尔系数=食物支出金额/家庭消费支出总金额 \quad (3-1)$$

式(3-1)通常又称为食物支出的收入弹性。它反映了人们收入增加时支出变化趋势的一般规律,即在一定条件下,当家庭个人收入增加时,收入中用于食物开支部分的增长速度要小于用于教育、医疗、享受等方面的开支增长速度。食物开支占总消费数量的比重越大,恩格尔系数越高,生活水平就越低;反之,食物开支所占比重越小,恩格尔系数越小,生活水平越高。所以,它通常被用作衡量家庭、阶层乃至国家的富裕程度。但是仅以恩格尔系数作为判断家庭富裕程度的标准是不够的,因为它并不能完全反映任何一个国家居民的消费结构。比如我国,因为长期以来居民在住房、医疗、交通等方面享受着国家福利补贴,这就导致了家庭在此方面开支较少。

消费结构是指各类消费支出在总支出中所占的比重。它是目标市场宏观经济的一个重要特征,能够反映一国的文化、经济发展水平和社会的习俗。优化的消费结构是优化的产业结构和产品结构的客观依据,也是企业开展市场营销的基本立足点。第二次世界大战后,西方发达国家的消费结构呈以下趋势:① 恩格尔系数明显下降;② 劳务消费上升较猛;③ 住宅消费比重增长较快;④ 消费总开支占国民生产总值和国民收入的比重呈上升趋势。我国总体的消费结构反映了发展中国家的一般特征,但是由于经济改革的不断深化,市场消费也呈现出多层次性,少数家庭的消费已达到富裕型、比较富裕型,一部分家庭达到小康型,多数为温饱型,还有一部分家庭的消费为贫困型。消费结构的特征决定目标市场产品需求的构成,从而影响企业的产品经营决策。

(三) 消费者储蓄和投资机会与消费者信贷水平

在收入一定情况下,消费者收入主要支出在消费、储蓄、投资三个部分。消费越多,储蓄和投资就越少,储蓄越多,消费就越少,投资机会就越多。一般来说,影响储蓄的因素主要有:① 收入水平。收入水平越高,储蓄能力越强。② 通货膨胀率。通货膨胀使得货币贬值,这将刺激消费、抑制储蓄。③ 利率。利率的高低将直接影响储蓄,利率降低,将刺激消费和投资。④ 对未来消费和当前消费的偏好程度。例如消费者偏好当前消费,则储蓄下降;反之则上升。⑤ 市场商品供求状况。如果市场上商品不能满足消费者需求,消费者购买意愿降低,则储蓄上升;反之,如果商品能够满足消费者需求,或者通过市场营销活动刺激消费者购买,消费者购买意愿就加强。企业营销人员要及时分析消费者的储蓄意愿、消费意愿,分析其动机和原因,推出合适的营销策略来促进消费意愿。

所谓消费者信贷,就是消费者凭信用先取得商品使用权,然后按期归还贷款以购买商品。消费者信贷的历史由来已久。我国有些商店平时常常会赊销,逢年过节再收账,这也是消费者信贷。随着经济发展,消费理念的变化,超前消费逐渐被国人接受。消费信贷的主要种类分为:① 短期赊销。指消费者购买商品时无需立即付清,可以在较短的时间内付清,在约定的时间内付清不需要支付利息,超过约定期限就要支付利息。② 分期付款。指消费者在购买所需商品时,可以约定分期支付货款,双方通过书面或电子合同形式约定付款期数、利率。③ 信用贷款。信用贷款是指以借款人的信誉发放的贷款,借款人不需要提供担保。其特征就是债务人无需提供抵押品或第三方担保,仅凭自己的信誉就能取得贷款,并以借款人信用程度作为还款保证。信贷可分为三大类:一类是由大百货公司、超级市场发给顾客的,顾客可凭卡在其下属商店赊账购物;另一类是金融机构印发的信用卡,全球通用,其中最常见的有运通卡、维萨卡和万事达卡等;还有一类是互联网公司提供的网络信贷产品,例如阿里巴巴的花呗、京东的京东白条。消费者的购货款由发卡银行或互联网金融公司先予垫付,以后再向赊欠人定期收回货款并收取一定费用,过期付款或透支现金还要收取利息。④ 住房按揭(公积金)以及分期付款。消费者在购买住宅时,必须先支付一部分房款,再以购买的住宅作为抵押,向银行借款支付剩余的房款,以后按照借款合同的规定在若干年内分期偿还银行贷款和利息。买主用这种方式购买的房屋,有装修改造及出售权。

(四) 经济发展状况

企业的营销活动受到国家和地区发展水平的影响和制约,特别是全球化的今天,国际经济形势对企业营销活动影响巨大。

1. 经济发展阶段

经济发展阶段的不同,直接影响企业市场营销活动。美国学者罗斯托(W. W. Rostow)的经济成长阶段理论,把世界各国经济发展归纳为五种类型:① 传统经济社会;② 经济起飞前的准备阶段;③ 经济起飞阶段;④ 迈向经济成熟阶段;⑤ 大量消费阶段。凡属前三个阶段的国家称为发展中国家,而处于后两个阶段的国家称为发达国家。

2. 经济形势

我国1978—2020年的42年间,GDP年均增长8%,人均GDP年均增长7.8%。2019年人均GDP突破1万美元大关。经济的高速发展,极大地增强了中国的综合国力,显著地改善了人民生活。同时,国内经济生活中,也还存在一些困难和问题,如经济发展不平衡、产业结构不尽合理、就业压力很大等等。所有这些国际、国内经济形势,国家、地区乃至全球的经济繁荣与萧条,对企业市场营销都有重要的影响。问题还在于,国际或国内经济形势都是复杂多变的,机遇与挑战并存,企业必须认真研究,力求正确认识与判断,制定相应营销战略和计划。

> **知识链接**
>
> **旧经济与新经济的主要差异——市场营销视角**
>
> 菲利普·科特勒通过市场营销市场从七个方面分析了旧经济与新经济的主要差异。
>
> 表3-1 旧经济与新经济的主要差异——市场营销视角
>
> | 旧 经 济 | 新 经 济 |
> | --- | --- |
> | 以产品单位为基础进行组织 | 以细分顾客群体为基础进行组织 |
> | 关注营利性交易 | 关注顾客终身价值 |
> | 主要考虑财务状况 | 同时关注市场营销记分卡的各个方面 |
> | 关注股东 | 关注利益相关者 |
> | 市场营销人员从事营销活动 | 所有人从事市场营销 |
> | 通过广告打造品牌 | 通过绩效壮大品牌 |
> | 关注获取顾客 | 关注挽留老顾客 |
>
> 资料来源：[美]菲利普·科特勒，[美]凯文·莱恩·凯勒.营销管理（第14版）[M].王永贵等译.上海：格致出版社，2012：26.

四、政治和法律环境

政治和法律环境是指强制和影响社会各种组织和个人的政府机构、群众利益团体和法律。政治法律环境的变化往往是突变的，企业必须密切注意国家的每一项政策和立法及其对市场营销所造成的影响，根据政治法律环境来制定营销活动的战略，维护企业的正当利益。

（一）政治环境分析

政治环境是指影响企业市场营销活动的各种政治因素和状况的总和。其主要内容包括一个国家的政治制度、政治局势、经济体制与宏观经济政策、企业所处的地方政府的方针政策，等等。对国内政治环境的分析要了解党和政府的各项方针、路线、政策的制定和调整对企业市场营销的影响。对国际政治环境的分析要了解"政治权力"与"政治冲突"对企业营销的影响。例如美国特朗普政府为了维护其霸权，不断对中国的企业施压，市场营销管理者要审时度势，及时研究对策。政治局势是指企业所处的国内政治体制稳定与否的状况以及国际政治气候等。政治体制分析包括三个方面的内容：① 所有制的形式；② 管理机构的形式；③ 组织经济运行的方式。每个国家的政治体制不一样，地方政府会依据自己的特点制定特殊的政策，企业要随时了解、掌握地方政府的政策，必要时可以争取对本企业营销活动有利的政策，获得竞争优势。

(二)利益团体发展状况分析

在社会生活中,一些有某种共同利益要求的社会成员,为了实现共同目标而组织起来的正式或非正式的社会组织叫利益团体。利益团体常常倾听消费者诉求,给政府或企业施加压力,从而使消费者利益和社会利益得到保护。它通过收集消费者投诉、第三方检测产品等形式监督企业的营销活动,与企业的不当行为做斗争,为消费者争取利益。当前消费者运动已成为一种强大的社会力量,例如国外的绿色和平组织等已形成不可忽视的影响力。中国消费者协会及地方协会,在受理消费者投诉、监督企业行为等方面正日益发挥重要作用。

(三)法律环境分析

法律环境指影响和制约企业市场营销活动的法律因素和条件,主要包括法律制度、法律体系、经济立法、经济司法、经济法规、公民的法制观念等一系列因素。法律作为国家强制力保证实施的行为规范,是社会经济有序运行的基本保证,也是维持贸易良性发展的前提条件。法律也是经济关系的反映。对国内市场营销法律环境的分析,主要指国家主管部门及省、市、自治区颁布的各项法规、法令、条例等。与企业市场营销最为密切的经济立法,内容十分广泛,既包含保护竞争,保护消费者利益方面的,也包括防止环境污染,保护社会利益等方面的内容。我国日益重视经济立法与执法。我国颁布了许多与市场营销活动有关的法律法规,如《中华人民共和国产品质量法》《中华人民共和国反不正当竞争法》《中华人民共和国商标法》《中华人民共和国环境保护法》《中华人民共和国专利法》《中华人民共和国广告法》《中华人民共和国食品安全法》《中华人民共和国消费者权益保护法》等等。企业开展市场营销活动,必须了解并遵守国家或政府颁布的有关经营、贸易、投资等方面的法律、法规。如果从事国际营销活动,企业就既要遵守本国的法律制度,还要遵守所在国的法律法规。这样才能使企业营销人员全面了解、熟悉企业所处的外部环境,避免威胁,寻找机会。

五、技术环境

技术环境是指一个国家或地区的技术水平、技术政策、新产品开发能力以及技术发展动向等。近些年来,以电子、光纤、生物工程、新能源技术等为代表的新技术得以迅速发展与运用,特别是以电子、光纤技术为核心的信息产业迅速发展,使人类迎来了知识经济时代和信息网络时代。2020年7月15日,中国互联网络信息中心(CNNIC)在京发布的《第45次中国互联网络发展状况统计报告》显示,截至2020年3月,我国网民规模为9.04亿,互联网普及率达64.5%,截至2020年3月,我国网络购物用户规模达7.10亿,2019年交易规模达10.63万亿元,同比增长16.5%。数字贸易不断开辟外贸发展的新空间。2019年,通过海关跨境电子商务管理平台零售进出口商品总额达1 862.1亿元,增长了38.3%。数字企业加速赋能产业发展。截至2019年12月,我国已经建成5G基站超过13万个,5G产业推动人工智能与物联网结合发展到智联网。人工智能技术在我国实现快速发展,将成为赢得全球科技竞争主动权的重要战略抓手。2019年,我国人工智能企业数量超过 4 000 家,位列全球第二,在智能制造和车联网等应用领域优势明显。实现基于人工智能的智能制造将是个长期过程,我们需要将管理创新和技术创新并重,来应对发展中的挑战,推动数字经济发展。新时代背景下,互联网络等新技术会迅速延伸到包括生产、金融、商务以及各种服务在内的所有社会经济领域,不仅影响其他环境因素,而且对企业市场营销活动产生直接的革命性影响。

(一) 对顾客需求的影响

随着科技推动世界经济飞速发展,产品日益丰富,消费者的需求结构和层次得到很大的改善和提高,对产品品质和服务水平有更高需求,信息技术革命使得消费者的潜在需求成为可能。此外,科学的进步,使新产品不断出现,家庭消费品的现代化程度也日趋提高,例如智能家电、智能门锁。

(二) 对产品策略的影响

技术革命对企业生产、经营产生重要影响,是推动企业产品革新、换代的重要力量。因此利用技术革命对产品实行技术创新,提高产品的技术含量是企业的重要竞争策略。市场一体化和竞争激烈化,企业要在市场立于不败之地,必须利用新技术不断对产品进行创新以及不断地提高品质。技术发展日新月异,产品的设计、开发和使用周期缩短,时间成为产品策略成败的要害。因此,企业要及时跟踪市场技术发展现状和趋势,及时推出新的产品满足顾客需求。

(三) 对交易方式的影响

互联网信息技术革命,使得全球经济呈现出网络化、数字化特征,传统的以实物交换为基础的交易方式被以数字交换为基础的无形交易所代替。网络化和数字化技术使得世界各地市场被无形地连接在一起,在不同地区市场之间进行交换是透明的,不受地理位置和时间约束,信息的交换变得非常容易和成本低廉,通过网络获取市场信息和开展营销变得异常便捷,同时营销中的交易活动也变得更加灵活、直接。因此,信息技术发展推动交易的全球化、直接化和便捷化,开展市场营销必须充分利用网络进行信息交互和沟通,降低市场交易的费用和交易风险。

(四) 对竞争战略的影响

技术革命的加速发展,企业组织形式、管理形式、营销模式发生了巨大改变,竞争战略必然要做出相应的调整。现代经济环境多变,企业要想在市场上获取更多竞争优势,必须注重与相关企业建立战略合作联盟,因而,使传统的单纯竞争形式变成既是竞争对手又是合作伙伴、相互依靠相互竞争的形式,例如字节跳动公司和阿里巴巴、京东互相合作,共同享受成果。同时由于知识经济的发展,市场的竞争由传统的对资本等低层次资源占有的竞争,转变为对知识生产、占有和利用能力的竞争。

知 识 链 接

人工智能技术

人工智能(Artificial Intelligence),英文缩写为 AI。它是一门全新的技术科学,主要用于对人进行模拟和扩展,包含与之相关的一系列理论、方式、技术和应用系统。人工智能技术通过分析人的思考、行为、动作,做出相关的推荐和分析。人工智能核心技术之一即是训练计算机学习人类的行为、思考方式,通过不断的训练,改善其学习能力和储存的新技术和知识,再通过计算机语言对储存的知识进行完善以丰富自身技能。计算机可以利用其记忆永久的特点储存大量的过往信息,不断优化其应用程序以提高性能标准。

资料来源:屈娟娟.人工智能及大数据技术在数字营销中的应用[J].商业经济研究,2020(10):78-80.

六、社会文化环境

社会文化环境是指一定社会形态下的社会风俗和习惯、信仰和价值观念、行为规范、生活方式、文化传统、审美观念等被社会所公认的各种规范。

社会文化环境对企业市场营销活动影响巨大。消费者的消费观念、消费行为、购买方式、生活方式必然受到价值观念、行为方式、伦理道德规范、审美观念、宗教信仰及风俗习惯的影响,对企业营销活动产生直接影响。任何企业都处于一定的社会文化环境中,企业应详细了解和分析社会文化环境,及时了解消费者需求,制定合理的营销策略。

(一)教育水平

教育水平反映消费者对产品知识的掌握程度、理解水平,一定程度上也反映消费者的消费观念和经济状况。教育水平对企业营销策略的制定、实施有重要影响。例如市场调研问卷设计,针对不同教育背景的潜在消费者,在问题描述、表达方式、提问方式、调研方式方面有很大的不同。对教育水平较高的消费者,可以设计比较书面化的问题,通过移动终端获取调研数据;对于教育水平不高的消费者,问卷设计采用消费者更容易理解的语言,通过入户访谈的形式来获取数据。不同教育水平的消费者对商品的需求也会不同,因而决定企业选择的目标市场也就不同。教育水平的不同,使得企业在进行产品目录和产品说明书的设计等方面采取不同的经销方式,例如针对教育水平较低的目标市场,就不仅需要文字说明,更重要的是配以简明图形,并派专人进行使用、保养等方面的现场演示。例如共享单车、微信、支付宝等互联网产品,老年群体需要其子女或专人培训才会使用。

(二)价值观念

价值观念是指人们对社会生活中各种事物的态度和看法。生活在不同社会环境下,人们的价值观念会相差很大。消费者对商品的需求和购买行为深受价值观念的影响,对于不同价值观念的消费者,企业市场营销人员必须采取不同的策略。对乐于变革、喜欢新奇、富有冒险精神的消费者,企业应重点强调产品的新颖和奇特;对于那些注重传统、喜欢沿袭传统消费方式的消费者,企业在制定有关策略时应把产品与目标市场的文化传统结合起来。例如,我国出口的黄杨木刻一向用料考究,精雕细刻,以传统的福禄寿星或古装仕女形象销往亚洲一些国家和地区。后来出口至欧美一些国家时,结果销路不佳,其内在原因就在于东西方人民的价值观念和审美观不一样。因此,我国出口公司一改过去传统做法,采取适当的艺术雕刻,涂上欧美人喜爱的色彩,并加上适合于复活节、圣诞节、狂欢节等的装饰品,很快便打开了市场。

(三) 消费习俗

习俗是指风俗习惯。一般来说,风俗是指世代相袭固化而成的一种风尚。习惯则是指由于重复或练习而巩固下来的并变成需要的行动方式。消费习俗是人类各种习俗中的重要习俗之一,是人们在长期经济与社会活动中所形成的一种消费习惯。它在饮食、服饰、居住、婚丧、信仰、节日、人际关系等方面,都表现出独特的心理特征、道德伦理、行为方式和生活习惯。不同的消费习俗,具有不同的商品需要。例如中国人有喝茶的习惯,另外中医的"去火"文化深入中国消费者心中,王老吉利用这一特点,主打凉茶概念,迅速打开国内市场。现在,外国企业进入中国市场以后注重培养中国人的消费习惯。研究消费习俗,不但有利于组织好消费用品的生产与销售,而且有利于正确、主动地引导健康的消费。了解目标市场消费者的禁忌、习俗、避讳、信仰、伦理等,是企业进行市场营销的重要前提。

(四) 宗教信仰

宗教信仰对民族消费习俗产生和发展变化影响非常大,是影响人们消费行为的重要因素,有时甚至有巨大的影响力。一种新产品的出现,宗教组织有时会提出限制或禁止使用的强制规定,原因可能就是因为该产品与宗教信仰相冲突;相反,有的产品更符合宗教信仰所倡导的观念,例如中国出口中东食品,严格按照清真的规定生产,这就得到宗教组织的赞同与支持,甚至主动号召教徒购买、食用,从而起到了一种特殊的推广作用。

(五) 亚文化群

亚文化群又称副文化群、次文化群,是指不同于社会整体文化价值体系,而是个体相同的周围环境中,因共同价值体系发展而成的社会团体。一般认为是指处在不同社会文化环境中的一群人。他们同有自己特殊的价值观。亚文化群不仅可以划分为种族的、民族的、宗教和伦理的团体,而且还可以按年龄(例如老年人、中年人、青年人)、活动爱好(例如跑步爱好群、瑜伽爱好群、糕点 DIY 爱好群等)或者其他标准来划分,如微信里面的单位群、家族群、同学群、校友群、经销商群。亚文化群实质上是一种非正式组织,但是它对企业市场营销却有着重要的影响。企业可以把每一个亚文化群作为一个细分市场,采取不同策略进行市场营销活动,以更好地满足消费者需求。有时企业选择亚文化群这种非正式组织进行市场营销活动也许会产生意料不到的好效果。

案 例 分 享

"农夫山泉"巧用广州人的文化习俗

如何送出泉水,本身也是个很令人头痛的问题。怎么办呢?"利用粤式文化呗!"一个员工提出了建议。对,就是用文化,"以水为财"!策划人听到广东人这样一句俗

语:"送水"就是"送财"。"送水送财,好水旺财"的广告语,于是脱口而出,既切合了当地文化,又强调了水的品质。而且广东有互派利市的新春习俗,亦可被巧妙借用。"送水"方案就这样设计出来了:

(1)印制 15 万封设计新颖的"农夫山泉/送水送财,好水旺财"派利封,内封 4 升瓶装水水票一张。

(2)在学生放寒假前,向事前锁定的广州市 15 万小学生发放派利封,由小学生向他们的家长派利市,并要求在小学生家长的支持下,由小学生前往各大中型超市,完成一桩家务事——领水。

(3)集中金额在 7 位数以上的广告火力,发起强势宣传攻势,说服大中型超市铺货,并占据重要位置进行堆头装饰。

(4)在一切准备妥当后,集中两三天全面领水,造成"农夫山泉漫羊城"的壮观场面。

仅仅用了 4 天时间,方案中的"财水"全部送出,经销商开始上门谈判,第 5 天,市场开始进货,随后的一两个月,街头开始传出"农夫山泉有点甜"的话题,不到一年时间,"农夫山泉"已被广州人欣然接受。

资料来源:杨丽佳.市场营销案例与实训[M].北京:高等教育出版社,2010:10.

第四节　市场营销环境的分析方法

市场营销环境分析常用的方法为 SWOT 法,SWOT 分别代表:优势(Strengths)、劣势(Weaknesses)、机会(Opportunities)、威胁(Threats),下面予以介绍。

一、外部环境分析

环境机会的实质是指市场上存在着"未满足的需求"。它既可能来源于宏观环境,也可能来源于微观环境。随着技术的进步、消费者需求的变化,要求开发新产品来满足消费者的需求,从而市场上出现了许多新的机会。

环境机会对不同的企业是不对等的,相同的环境机会对有些企业来说是有利的,对有些企业来说是威胁。环境机会能否成为企业的机会,要看此环境机会是否与企业资源、目标、任务相匹配,企业能否有效利用这些机会,获取更多的竞争优势。

环境威胁是指环境中对企业营销活动的不利因素,对企业形成挑战,对企业的市场地位构成威胁。环境的变化对企业营销会形成冲击和挑战,其中,有些冲击和影响是共性的,有些对不同的产业程度不同,即使是同处一个行业、同一环境中,由于不同的抗风险能力,所受的影响也不尽一致。这种环境威胁,主要来自两方面:一方面,是环境因素直接威胁着企业的营销活动,例如政府颁布某种法律,如《环境保护法》,它对造成环境污染的企业来说,就构成了巨大的威胁;另一方面,企业的目标、任务及资源同环境机会相矛盾,如人们对燃油汽车的需求转为对电动汽车的需求,使燃油汽车厂的目标与资源同这一环境机会造成矛盾。燃油汽车厂要将"环境机会"变成"企业机会",需淘汰原来产品,更换全部设备,必须培训、学习新的生产技术,这对燃油汽车厂无疑是一种威胁。电动车的需求量增加,燃油车的销售量必然减少,给燃油车厂又增加一种威胁。

二、内部环境分析

企业能否正确识别环境中的机会很重要,但是抓住机会获得成功所需要的竞争力更重要,企业在营销活动中要定期检查自己的优势与劣势,这可通过"营销活动优势/营销活动劣势绩效分析检查表"的方式进行。管理层或咨询机构可以利用这一表格详细全面检查企业的营销能力、财务能力、生产制造能力、管理能力,并按照特强、稍强、中等、稍弱、特弱五个层次划分等级。

在营销实践中,任何企业都存在劣势和优势,企业不应该刻意去纠正其所有的劣势,而应该充分利用其优势或获取一些优势以找到更好的市场机会。企业发展过程中,各个部门发展水平、发展速度不一样,各个部门的优势不一样,这就要求各个部门取长补短、协同一致才能把营销活动做好。

三、市场机会分析

市场机会是指一定的有吸引力、持久市场空间下,企业通过营销活动获取一定的利益。企业赢得利益大表明市场机会大,市场机会有价值。变化的市场环境是市场机会的源泉。例如自然环境的变化、新政策的发布、消费者的变化、新兴市场的出现、竞争对手的失误、新产品新工艺的采用等等,都可能产生新的待满足需求,从而为企业提供市场机会。明了市场机会的特点,分析市场机会的价值,有效地识别市场机会,对于避免环境威胁及确定企业营销战略具有重要的意义。

(一)市场机会的特点

市场机会作为特定的市场条件,是以其利益性、针对性、时效性、公开性四个特征为标志的。

1. 利益性

企业发展满足市场需要外,还要带来一定的经济或社会效益,这是企业持续发展的动力。企业寻找的市场机会必然要有利益性。市场机会的利益特性意味着企业在确定市场机会时,必须分析该机会是否能为企业真正带来利益、能带来什么样的利益以及利益的多少。

2. 针对性

特定的营销环境条件只对于那些具有相应内部条件的企业来说是市场机会。因此,市场机会是具体企业的机会,市场机会的分析与识别必须与企业具体条件结合起来进行。确定某种环境条件是不是企业的市场机会,需要考虑企业所在行业及本企业在行业中的地位与经营特色，包括企业的产品类别、价格水平、销售形式、工艺标准、对外声誉，等等。例如，拼多多平价销售方式的出现，对生产价低、量大产品的企业来说是一个可以加以研究利用的市场机会；对在顾客心目中一直是生产高质、高价产品的企业来说，就不能算作是一个市场机会。

3. 时效性

经济全球化的今天，营销环境的发展变化越来越快，市场机会从产生到消失的过程非常短暂，即企业的市场机会往往稍纵即逝。同时，企业自身条件与环境条件相匹配的时间也不会很长，在市场机会从产生到消失这一短短的时间里，市场机会的价值也快速经历了一个逐渐增加、再逐渐减少的过程。市场机会的这种价值与时而变的特点，便是市场机会的时效性。

4. 公开性

市场机会客观存在于市场营销环境中，每个企业都可以去挖掘和共享，市场机会是公开的，是所有企业共有的，与企业特有的专利技术和生产工艺不同，是企业不能独占的。公开性的特点就要求企业善于及时捕捉市场机会，结合自己的内部资源条件和外部环境条件，及时做出市场营销策略调整，使企业的利益最大化。

（二）市场机会的价值分析

不同的市场机会可以为企业带来的利益大小也不一样，即不同市场机会的价值具有差异性。为了在千变万化的营销环境中找出价值最大的市场机会，企业需要对市场机会的价值进行更为详细具体的分析。

1. 市场机会的价值因素

市场机会的价值大小可以由市场机会的吸引力和可行性两方面因素判定。

（1）市场机会的吸引力。市场机会对企业的吸引力可以通过该市场机会可能创造的最大收益来判断。它表明了企业在理想条件下充分利用该市场机会的极限。反映市场机会吸引力的指标主要有利润率、市场需求规模、发展潜力。

① 利润率。利润率是指市场机会提供的市场需求中单位需求量当前可以为企业带来的最大经济利益。企业不同经营现状其利润率是不一样的。利润率反映了市场机会所提供的市场需求在利益方面的特性。它和市场需求规模一起决定了企业当前利用该市场机会可创造的最高利益。

② 市场需求规模。市场需求规模指的是市场机会当前所提供的待满足的市场需求总量的大小，通常用销售金额或销售数量来表示。由于市场机会的公开性和共享性，企业只能拥有部分市场规模，因此，这一指标可以通过该企业获得的最大市场份额来代替。

③ 发展潜力。发展潜力反映市场机会所反映的市场需求规模、利润率的发展趋势及其速度。发展潜力是评估市场机会吸引力大小的重要依据。即使企业当前面临的市场机会所提供的市场需求规模很小或利润率很低，但是市场份额或利润率有迅速增大的趋势，则该市场机会对企业来说仍可能具有相当大的吸引力。

（2）市场机会的可行性。市场机会的可行性是指企业利用市场机会获得可观的利益的可能性。由于企业自身资源条件的限制，企业不能很好地利用这一市场机会，成为其发展的催化剂，那么这一市场机会就是无效的，没有价值的。例如，某公司准备进入云端市场,意识到尽管该市场潜力很大(吸引力大),但是公司缺乏必要的技术能力(可行性差,市场机会对该公司的价值不大),所以开始并未进入该市场。后来,公司通过收购另一家公司具备了应有的技术(此时可行性已增强,市场机会价值已增大),这时公司才正式进入该市场。

市场机会的可行性是由企业内部环境条件、外部环境状况两方面决定的。

① 内部环境条件。企业内部环境条件对企业能否抓住市场机会影响非常大。主要体现在三个方面:首先市场机会只有符合企业的战略目标、企业资源、管理水平,才会具有较大的可行性。例如,三胎政策的推出,婴幼儿相关产品的市场机会出现,对主营方向为非婴幼儿产品的企业来说,可行性就不大,其转型的障碍就非常大。同时,对于不同发展水平的企业,市场机会对于企业的可行性也不一样。实力强的企业比实力弱的企业更有机会,机会大的市场,竞争也更激烈,而实力弱、规模小、科技水平低的企业就没法和实力强的企业竞争。所以,它对实力较差者来说,可行性可能并不大。其次,市场机会必须有利于企业内部差别优势的发挥才会具有较大的可行性。所谓企业的内部差别优势,是指该企业比市场中其他企业更优越的内部条件,通常是先进的工艺技术、强大的生产力、良好的企业声誉等等。企业应对自身的优势和弱点进行正确分析,了解自身的内部差别优势所在,并据此更好地弄清市场机会的可行性大小。此外,企业还可以有针对性地改进自身的内部条件,创造出新的差别优势。最后,企业内部的协调程度也影响着市场机会可行性的大小。市场机会的把握程度是由企业的整体能力决定的。针对某一市场机会,只有企业的组织结构及所有各部门的经营能力都与之相匹配时,该市场机会对企业才会有较大的可行性。

② 外部环境条件。客观上讲,企业的外部环境决定着市场机会可行性的大小。市场机会的可行性受到宏观、微观环境每一个要素的影响。例如,某企业已进入一个吸引力很大的市场。在前一段时间里,由于该市场的产品符合企业的经营方向,并且该企业在该产品生产方面有工艺技术和经营规模上的优势,企业获得了相当可观的利润。然而,企业当前许多外部环境要素已发生或即将发生一些变化。首先,随着原来的竞争对手和潜在的竞争者逐渐进入该产品市场,并采取了相应的工艺革新,该企业的差别优势在减弱,市场占有率在下降。该产品较低价的替代品已经开始出现,顾客因此对原产品的定价表示不满,但是降价意味着利润率的锐减。其次,环保组织在近期的活动中已经把该企业产品使用后的废弃物列为造成地区污染的因素之一,并呼吁社会各界予以关注。最后,政府即将通过的一项关于国民经济发展的政策可能会使该产品的原材料价格上涨,这也将意味着利润率的下降。针对上述情况,该企业决定逐步将一部分的生产能力和资金转投其他产品,即部分撤出该产品市场。这表明,尽管企业的内部条件即决定市场机会可行性的主观因素没变,但是由于决定可行性的一些外部因素发生了重要变化,也使该市场机会对企业的可行性大为降低。同时,利润率的下降又导致了市场吸引力的下降。吸引力与可行性的减弱最终使原市场机会的价值大为减小,以致企业部分放弃了当前市场。

2. 市场机会价值的评估

综合市场机会的吸引力与可行性这两个方面对市场机会进行评估。吸引力大小为纵轴,可行性强弱为横轴,构成市场机会的价值评估矩阵,共有四个市场机会价值区域,

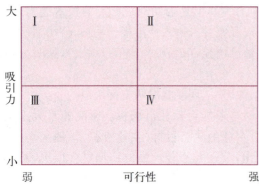

图 3-3 市场机会价值评估矩阵

如图 3-3 所示。

区域 I 为吸引力大、可行性弱的市场机会。处在这个区域的市场机会的价值不大。除了少数偏好冒险的企业，一般企业不会将主要精力放在此类市场机会上。但是，市场机会是动态的，可行性和吸引力是时刻变化的，企业应时刻注意决定其可行性大小的内外环境条件的变动情况，并做好当可行性变大进入区域 II 时迅速反应的准备。

区域 II 为吸引力、可行性俱佳的市场机会，处在这种区域的市场机会的价值最大。通常，此类市场机会很稀缺，同时又非常不稳定。企业营销人员要及时分析该营销环境的变化，准确地发现有哪些市场机会进入或退出该区域。一旦发现有该机会出现，及时判断，根据企业自身条件，调整营销策略，获取经营优势和竞争优势。

区域 III 为吸引力、可行性皆差的市场机会。这类市场机会价值最低。大部分企业不太关注该市场机会。该类市场机会发展态势不是很好，不大可能直接转变到区域 II 中，一般需经由区域 I、IV 才能向区域 II 转变。当然，有可能在极特殊的情况下，该区域的市场机会的可行性、吸引力突然同时大幅度增加。企业营销人员也要时刻关注，时刻做好准备，及时调整营销策略。

区域 IV 为吸引力小、可行性大的市场机会。处在该区域的市场机会的风险低，获利能力不大，追求稳健的企业和实力一般的企业把该类市场机会作为其常规营销活动的主要目标。对该区域的市场机会，企业应时刻观察市场需求规模、发展潜力、利润率等方面的变化情况，以便在该类市场机会进入区域 II 时可以立即有效地予以把握。

不同的企业，市场机会带给企业的市场规模、利润率、发展潜力是不同的，同一市场机会的价值评估的模型也是不一样的，每个企业要根据自身的情况分析各自的市场机会价值，制定符合自身条件的营销策略。

市场机会价值矩阵中，市场机会的吸引力与可行性大小可以采用量化的方法。目前通行的做法是采用加权平均估算法。该方法将决定市场机会的吸引力（或可行性）的各项因素设定权重，再对当前企业这些因素的具体情况确定一个分数值，最后加权平均之和即从数量上反映了该市场机会对企业的吸引力（或可行性）的大小。

本 章 小 结

市场营销环境是由企业营销外部的因素和力量所组成，这些因素和力量影响营销管理者成功地保持和发展同其目标市场顾客交换的能力。企业营销外部的因素和力量的内容广泛，它是一个多因素、多层次且不断变化的综合体。市场营销环境有以下特点：市场营销环境的多变性与企业的能动性的统一，市场营销环境的差异性与同一性的统一，市场营销环境的关联性与其相对分离性的统一，市场营销环境的多变性与相对稳定性的统一。市场营销环境包括企业宏观环境和企业微观环境。市场营销环境分析常用的方法为 SWOT 法。

思 考 题

1. 论述市场营销环境分析的重要性。
2. 网络时代对企业市场营销活动有哪些革命性影响？
3. 试述政治和法律环境对企业市场营销活动的影响。
4. 试举例说明社会文化环境对企业市场营销活动的影响。

案 例 讨 论

芯外之战：美国升级华为禁令背后的图谋

一、切断华为的芯片供应

2020 年 8 月 17 日晚间，美国商务部发文称，商务部下属的工业和安全局（BIS）将进一步限制华为使用美国技术的权限，并且将 38 家华为子公司列入"实体清单"，同时还修改了四个现有的华为实体清单条目。在新增的 21 个国家/地区的 38 个华为子公司中，大部分为云计算、OpenLab 平台相关的公司。

公告也直接挑明，此次修改将限制华为获得芯片供应，修订的对象正是 5 月 16 日刚升级过的《外国直接产品规则》（Foreign-produced Direct Product Rule，FDPR）。

具体如何设卡？

一方面，外国生产商品若以美国软件或技术为基础，且被并入或用于华为子公司（实体清单中）的"产品"或"开发"中，不论华为研发生产的是零件、组件还是设备，只要是华为生产、购买、订购的，就要受到限制，需要获得许可。

另一方面，若实体清单中的华为子公司是该交易的当事方，不论身份是"购买者""中间收货人""最终收货人"或"最终用户"，同样也将需要获得许可证。

这意味着，美国进一步限制了华为获得芯片的渠道，对于使用美国软件、技术开发或生产的国外厂商的芯片，直接进行了限制。芯谋首席分析师顾文军向 21Tech 记者表示："这是美国针对限制华为政策的打补丁，全面封杀华为获得芯片的可能性。"

5 月 16 日的那次 FDPR 修改，核心是美国境外为华为生产芯片的厂商们，只要使用了美国半导体生产设备，就需要申请许可证。随后就有观点指出，该规则存在"漏洞"和不明确之处，华为仍可以向美企之外的联发科、三星、展锐等企业购买芯片。

现在，美国商务部直接堵上"漏洞"，简单来说，就是要切断美国芯片厂商之外的第三方芯片企业对华为的供应。美国制裁的环节直接从芯片生产端，延伸到了芯片设计厂商，以及 EDA 等设计软件的使用，并且打击的对象也从华为手机端、通信设备端，延伸到了新兴的云计算产业。

商务部称，新的措施立即生效。目前华为并未对此进行回应，联发科方面则对 21Tech 记者表示，公司正密切关注美国出口管制规则的变化，并咨询外部法律顾问以确保相关规则之遵循，根据现有信息评估，对公司短期营运状况无重大影响。

受此消息面影响，今天联发科的股价一度下跌 10%。美国半导体行业协会（SIA）

主席兼首席执行官约翰·诺伊弗(John Neuffer)在其官网上发声称,对商用芯片销售加以广泛限制将给美国半导体行业带来严重破坏。

二、芯片之外的凶狠

但是值得注意的是,这一新规更凶狠的地方在于,言下之意,只要是使用了美国软件、技术的产品,没有美国的允许,就不准供应给华为。

一方面,新规针对的不仅仅是芯片了,还可能影响到手机、电脑、基站等产品中的元器件、软件,只要使用了美国软件或技术,严格来说都需要向美国申请许可。

美国打击伊始,华为去"A"化行动一直在进行,比如基站可以不使用美国元器件。手机方面,日本调查公司 Fomalhaut Technology Solutions 的统计显示,华为的最高端智能手机"Mate30"的5G版与制裁前的原机型相比,中国造零部件的使用比率按金额计算从约25%提高至约42%,美国造零部件则从约11%降至约1%。成为代替的是华为自主设计的产品和来自日本等美国以外供应商的采购。

但是,以现在的条例来看,即使是日韩供应商,接下来也有可能受到限制,在各种元器件和软件产品中,总有部分包含着美国技术,可见美国对于非美企业和华为的交易进一步收紧了控制。

另一方面,对于美国软件和技术的溯源的尺度还是把握在美国手中,公告的原文是"… U.S. software or technology is the basis for a foreign-produced item …",有分析师指出,需要看"basis"(要素、基础)的定义。也就是说,需要判断在国外产品中,美国的软件和技术是否构成基础要素。

在多位业内人士看来,对新制裁的解决之道就是自己生产。这在外界看来,是一个看似不可能完成的任务,但是当下的非常时刻,总需要提前做准备,放手一搏。不过,随着美国大选临近,还需要看政策层面的变化。

今年3月的财报会上,华为轮值董事长徐直军就曾表示,(新的出口管制措施)会后患无穷,"潘多拉盒子一旦打开,对于全球化的产业生态可能是毁灭性的连锁破坏,毁掉的可能将不止华为一家企业。我们希望全球产业链合作,为全球客户提供可信任的产品"。波士顿咨询(BCG)在今年3月发布的一份报告中指出,美国对中美技术贸易的限制可能会终结其在半导体领域的领导地位,如果美国完全禁止半导体公司向中国客户出售产品,那么其全球市场份额将损失18个百分点,其收入将损失37%,这实际上会导致美国与中国技术脱钩。

在中美之外,不知其他国家是否会被美国强力的手段所威慑,或者对产业重新规划?

三、华为处境:严厉限制和持续应对

从近期的动态来看,受到打击的华为正在挣扎着求生存。

8月7日,华为消费者业务CEO余承东在中国信息化百人会上表示,目前国内半导体工艺没有赶上来,Mate 40麒麟9000芯片,很可能成为麒麟高端芯片的最后一代。由于美国的制裁,华为领先全球的麒麟系列芯片在9月15日之后无法制造,将成为高端芯片的绝版。

除了手机芯片外,华为的基站芯片、AI芯片(昇腾)、服务器芯片(鲲鹏)等在高端制造上也都会受到波及。同时,美国商务部发布的供货华为的临时通用许可证(TGL)已经过期,这也是美国对 TGL 最后一次延期,不论美国的通信设备业务,还是谷歌的 GMS 服务,华为都不能够继续合作。此外,5G 的海外市场也处在不确定当中,有明确拒绝华为者,也有支持者和摇摆者。

拉长时间线看,2018 年是这一波猛烈进攻的关键时点,当年 8 月,美国《2019 财年国防授权法案》获得通过,该法案第 889 条要求,禁止所有美国政府机构从华为购买设备和服务。紧接着,2019 年 5 月 16 日,一声惊雷,美国直接将华为纳入实体清单,隔断了一些美国企业和华为的合作。华为不得不重新调整方向,并拿出潜心研究已久的备胎,旗下的芯片设计公司海思进入大众视野。今年美国则直指海思,欲掐断芯片的供应。

如果说 2019 年 5 月 16 日将华为及其附属公司列入实体清单是试探的话,2020 年出口限制升级可谓是美国的一张王牌了。半导体是支持通信、5G 发展的底层基础,美国已经拿出了半导体产业链上的撒手锏。

美国在科技场上步步紧逼,华为在短期和长期也应有预判和准备。

顾文军向记者表示:"短期一是靠库存,华为的库存应该有超过一年,然后就是准备自力更生。长期要靠自己的自力更生和未来政治形势的变化,国内产业链的发展。"

华为也进行了多方面的应对,包括法律层面反诉、舆论层面更透明开放、提前预备库存、备胎响应、拓展新业务线、储备现金流、坚持多供应商策略等等。目前我们并没有看到华为大幅裁员,反而在继续高薪招聘科技人才。

同时,华为继续扎根半导体产业,参与培养国内的半导体产业链。美国的猛烈攻击,看似对中国半导体打击很大,但是将会为国内软件和半导体行业带来更广阔的成长空间。难度确实很大,但是国产替代、打造自主半导体产业链是长期趋势。

虽然整体事件看似在往不可思议的方向发展,但事实上,美国对于华为的打压并不是这两年突然心血来潮,在过去的近 20 年间一直不间断地针对华为进行调查、起诉。然而在这些过程中,华为不仅没有变弱,反而茁壮成长为通信行业领军者,这么多年以来,美国并没有举出华为的"实锤",反而通过另一种方式"洗白"了华为。

资料来源:芯外之战:美国升级华为禁令背后的图谋[N].21世纪经济报道,2020-08-18.

讨论题:

1. 政治环境如何影响华为手机运营?
2. 华为手机如何在复杂多变的营销环境中取得主动权?

参 考 文 献

1. 杨慧.市场营销学(第3版)[M].北京:中国社会科学出版社,2011.
2. 晁钢令.市场营销学(第5版)[M].上海:上海财经大学出版社,2019.
3. 王永贵.市场营销[M].北京:中国人民大学出版社,2019.
4. 吴健安,聂元昆.市场营销(第6版)[M].北京:高等教育出版社,2017.
5. 郭国庆.市场营销学(第6版)[M].北京:中国人民大学出版社,2019.
6. [美]查尔斯·W.小兰姆等.营销学精要[M].杨洁等译.大连:东北财经大学出

版社,2000.

7.[美]菲利普·科特勒,[美]加里·阿姆斯特朗.市场营销:原理与实践(第16版)[M].楼尊译.北京:中国人民大学出版社,2015.

8.[美]菲利普·科特勒,[美]凯文·莱恩·凯勒.营销管理(第14版)[M].王永贵等译.上海:格致出版社,2012.

9.李晓楠.网络营销环境下客户关系管理的对策分析[J].武汉冶金管理干部学院学报,2019(1):18-20.

10.李刚.新媒体的营销环境与营销策略的创新探讨[J].新闻研究导刊,2018(19):156-172.

11.侯银莉.浅析网络营销环境下消费者行为变化和企业应对策略[J].现代营销(下旬刊),2018(6):60-61.

12.利炜.新营销环境下企业营销渠道的变革与创新[J].现代营销(下旬刊),2016(6):62.

13.孙云飞.企业在市场营销环境变化下的发展战略[J].商场现代化,2016(17):60-61.

14.陈颖.企业营销活动与营销环境分析[J].合作经济与科技,2015(12):131-132.

15.吴健安.市场营销学(第2版)[M].北京:高等教育出版社,2003.

16.杨丽佳.市场营销案例与实训[M].北京:高等教育出版社,2010.10.

17.尹武泉.肯德基进军香港几度沉浮[Z/OL].[2021-02-01].https://www.sohu.com/a/383418698_100198624.

18.芯外之战:美国升级华为禁令背后的图谋[N].21世纪经济报道,2020-08-18.

第四章　市场调研与市场需求预测

【学习目标】

1. 了解营销信息系统的含义。
2. 知晓解决营销问题的方法。
3. 掌握营销调研的基本步骤。
4. 了解获得第二手和第一手资料的方法。
5. 理解不同的研究方法在营销调研中所扮演的角色。
6. 了解如何进行市场需求的衡量与预测。

开篇案例

可口可乐公司的新可乐

20世纪70年代中期以前，可口可乐公司一直占据着美国软饮料市场上的最大份额。然而好景不长，70年代中后期，百事可乐公司的迅速崛起令可口可乐公司感觉到了威胁。针对软饮料市场上最大的消费群体——年轻人，百事可乐公司不仅推出了"百事新一代"广告系列，而且进行了"百事挑战"的推销活动。盲测的结果表明，80%以上的被测试者认为百事可乐的口感优于可口可乐。这些营销活动刺激了百事可乐的销量。80年代中期，全美软饮料市场份额中百事可乐已开始领先于可口可乐。

为了理解百事可乐公司迅猛发展的原因，可口可乐公司推出了一项代号为"堪萨斯工程"的市场调研活动。它在美国10个主要城市中，进行了大约2 000次的访问。在问卷中，公司询问了例如"你想试下新饮料吗？""可口可乐口味变得更柔和一些，您是否满意？"等问题。调研最后结果表明，顾客普遍愿意尝试新口味的可乐。这一结果坚定了可口可乐公司决策者们的想法——秘而不宣的可口可乐配方已不再适合现今消费者的需要了。于是，满怀信心的可口可乐开始着手开发比老可乐口感更柔和、口味更甜、泡沫更少的新口味可乐。

在新可乐推向市场之初，可口可乐公司还倾资400万美元进行了又一轮的口味测试。在美国的13个城市中，19万余人被邀请参加了对无标签可乐的口味测试活动。结果60%的消费者认为新可乐比原来的口味好，52%的人认为新可乐比百事可乐的口味更好。此测试打消了可口可乐决策者们原有的顾虑，又一次投入巨资帮

市场营销学

助装瓶商们重新改装生产线以加大新可乐推向市场的力度。1985年4月23日,可口可乐公司在纽约城的林肯中心举办了盛大的记者招待会,宣告可口可乐公司进入变革"时代"。

起初,新可乐销路不错,有1.5亿人试用了新可乐。然而好景不长,顾客的愤怒情绪就开始犹如火山爆发般扩散。顾客之所以愤怒是认为秘不示人的可口可乐配方代表了一种传统的美国精神,而热爱传统配方的可口可乐就是美国精神的体现,放弃传统配方的可口可乐意味着一种背叛。在西雅图,一群忠诚于传统可乐的人组成"美国老可乐饮者"组织,宣告发起全美范围内的"抵制新可乐运动"。在洛杉矶,有些顾客则写信威胁将再也不买可口可乐。即使是新可乐推广策划经理的父亲,也开始批评起新可乐。每天,可口可乐公司都会收到来自愤怒的消费者的成袋信件和1 000多个电话。可口可乐公司也不得不开通80余部热线电话,雇请大批公关人员来安抚愤怒的顾客。

面临如此巨大的批评压力,公司决策者们不得不稍做动摇。在之后又一次推出的顾客意向调查中,30%的人说喜欢新口味可口可乐,而60%的人却明确拒绝新口味可口可乐。故此,在保留新可口可乐的生产线和生产能力的同时,可口可乐公司又一次恢复了传统配方的可口可乐的生产。今天,传统配方的可口可乐依旧占据了美国软饮料市场约17%的份额,而新口味可口可乐却早已退出了市场。

资料来源:[美]菲利普·科特勒等.市场营销原理(亚洲版)[M].何志毅等译.北京:机械工业出版社,2006:89.

第一节 市场营销信息系统的构成

信息是决策的基础。很多经营决策的失误都是企业缺乏内外部信息或者是对信息评判失误而引起的。营销信息不能保证决策的正确性,但是高质量的营销信息却可以帮助决策者降低不确定性,从而提高成功的可能性。

一、市场营销信息系统的含义

为了更好地服务于消费者,并与其建立长期有价值的关系,营销者需要在市场上收集各类信息。但在信息爆炸的时代,如何有效地收集和处理相关信息,以便做出正确的营销决策却成为一个难题。没有良好的信息收集和处理系统,营销者只能靠猜测来了解变化复杂的市场,这极有可能导致失败的结果。

有些公司已经建立了有效的营销信息系统,向营销人员提供关于购买者、竞争对手、公司内部等各种详细信息,以便于遇到营销问题时,能够及时做出反应。但是有些公司由于种种原因,例如资源不足等,对于信息的处理还不够精细。例如,有的营销人员面对海量的数据,却发现这些数据只能用于例行的预测和销售分析而难以用于解决突发问题。有的营销人员则不知道所需的数据在何处或是需要花费大量时间收集和整理他们认为重要的信息,这就使得决策过程过于漫长,错失市场机会。在以信息为基础的当今社会中,信息不仅仅只是做出更好决策的基础,更成为重要的战略资源和竞争优势。因此,如何开发出高效的信息系统,从而使得营销决策者能够在正确的时间,得到以正确形式出现的信息,进而做出正确的营销决策,就成为一个公司的管理者必须考虑的问题。

一个营销信息系统是由人员、机器设备和计算机程序所构成的一个相互作用的连续复合体。其基本任务是收集、分类、分析、评价和分配恰当的、及时的和准确的市场营销信息,供市场营销决策者用于制定或修改市场营销计划,执行和控制市场营销活动。

图4-1展现了营销信息系统的运作过程。首先,由于外部环境的变化,营销经理要依据所面对的问题来评估信息需求;接着,企业营销信息系统内的各子系统(内部数据系统、营销情报系统、营销调研系统和营销分析系统)将根据信息需求去收集和处理相关信息;然后,营销信息系统将在适当时间,按所需形式,将整理好的信息送至有关主管;最后,营销经理做出的决策再回流市场,作用于环境。

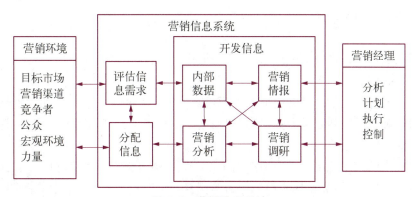

图4-1 营销信息系统

(资料来源:杨慧.市场营销学(第3版)[M].北京:中国社会科学出版社,2011:76)

二、评估营销信息需求

营销信息系统主要为企业营销人员和其他决策者服务。同时,它也可能为供应商、经销商或营销机构等外部合作者提供所需信息。例如,沃尔玛的Retail Link系统就会向重要的供应商提供有关顾客购买行为和各店存货水平的信息。在设计信息系统时,企业必须全盘考虑所有这些使用者的需要。

公司必须优先考虑公司的营销主管或决策者所需的信息,然后才是外部合作者。有时决策者并未仔细思考他们具体需要何种信息就做出索要所有可以得到的信息的要求。但过多的信息和过少的信息一样,都可能会对管理决策造成负面影响。有时决策者则可能会忽略掉一些他们应该知道的信息,或者可能不知道去索取他们应该明了的某类信息。例如,营销经理应该知道公司所面对的竞争者将在近期推出的一系列新产品的特征。但是他们并不知道,自然也不会索要此方面的信息。营销信息系统需帮助决策者监测所面对的营销环境,从而给他们提供关于决策制定的关键性信息。

运行良好的营销信息系统需要统筹考虑使用者想要的信息、真正需要的信息和可能提供的信息。有时营销信息系统无法提供全部所需信息,可能是收集不到,也可能是受营销信息系统所限。例如,营销经理可能想知道竞争对手在接下去的一年打算如何调整其广告预算,以及这些调整将如何影响公司的市场份额。关于广告预算水平的信息可能无法收集。但即使收集到了,公司的营销信息系统可能还不够先进,难以预测到相关调整可能带来的市场份额的变动。

最后,获取、分析、存储和传递信息的成本也应被仔细考量。信息本身并没有价值,它的价值来源于对它的利用。在许多情况下,额外的信息对改变或改进管理者决策的作用甚小或是根本没有影响,但是获取这些额外信息的成本却相对较高。那么,营销人员就不能假定,获取新增信息总是值得的。相反,他们应该仔细衡量从新增信息中获得的价值是否超过提供该信息的成本。

三、获取营销信息

营销人员可以通过内部数据系统、营销情报系统、营销调研获取所需要的信息。

(一) 内部数据系统

许多公司都建立了自己的内部数据库,以便于从企业自身的数据源中获取相关信息。营销管理者可以随时进入数据库,利用这些信息确定营销的问题与机会,制定营销计划和评估营销绩效等。

数据库中的信息主要来自内部的销售、生产、财务等部门。营销部门提供有关顾客交易频率、人口统计特征和具体购买行为等信息;销售人员汇报竞争者的活动、经销商销量和广告效用等数据;生产运作部门则备有生产进度、运输和存货信息;会计部门会记录销售额、成本和现金流等信息。相比其他信息源,内部数据通常能更快且更便宜地获得。而利用好这些信息也有助于企业获得强大的竞争优势。例如,淘宝就根据顾客的浏览记录向消费者推送相关产品信息以促进成交。沃尔玛则会根据消费者的购买行为向供货商提出相应的品牌联合促销建议。

但是这个系统也存在一些问题。首先,很多企业每天都会产生海量的信息,这些信息必须很好地整合以便管理者能够快速获取进而有效利用。这就对内部数据系统的设计提出了较高要求。其次,内部信息经常出于其他目的而收集,所以对制定营销决策而言可能存在不完整,或在形式上不适合的问题。例如,会计部门的成本和销售数据必须经过调整才能用于评估新产品的销售前景或顾客细分市场的价值。最后,内部数据很快就会过时,保持数据库的实时更新还需花费大量的人力和物力。因此,公司应着眼于设计一个能够提供给营销管理者想要的信息、实际需要的信息和可以经济地获得的信息三者有效统一的内部数据系统。

> **案例分享**
>
> **宝洁和沃尔玛的内部数据共享体系**
>
> 为了保证沃尔玛各分店里宝洁产品的销售,宝洁公司负责客户服务的副总裁拉尔夫·德雷尔(Ralph Drayer)和沃尔玛的老板山姆·沃尔顿(Sam Walton)坐在一起建立了"宝洁-沃尔玛模式"。双方决定将企业部分内部数据借助于"持续补货系统"进行分享。宝洁公司除了能迅速知晓沃尔玛物流中心内的宝洁产品库存情况外,还能及时了解相关产品在沃尔玛店铺的销售量、库存量、价格等数据,这样不仅能使宝洁公司及时制定出符合市场需求的生产和研发计划,同时也能对沃尔玛的库存进行单品管理,做到连续补货,降低由于滞销商品库存过多或畅销商品断货所造成的结构性机会成本。而沃尔玛则从原来繁重的物流作业中解放出来,可以专心于经营销售活动,同时在获得相关信息的基础上实行自动进货,并及时决策排布商品的货架位置。
>
> 资料来源:王桂花.简析沃尔玛与宝洁公司的商业关系从破裂到实现共赢的实例及启示[J].对外经贸实务,2014(12):77-79.

(二)营销情报系统

内部数据系统提供的是企业内部的各类信息,而营销情报系统主要提供外部营销环境变化的各种资料。营销情报系统试图通过系统地收集和分析有关竞争对手和市场变化的各类信息来改进战略决策,评估和跟踪竞争者行为,从而尽早提供关于机会和风险的警示。因此,它可以理解为是营销人员用以了解外部营销环境发展趋势信息的各种手段与程序。

越来越多的企业正积极地监测市场变化和打探竞争对手的行为,这使营销情报收集技术的发展异常迅速。其手段包括了解竞争对手的产品销量,研究竞争者新产品,在行业展会打听新产品信息,收集竞争对手的垃圾桶等。许多情报可从竞争者内部人员那里收集到,例如部门主管、工程师和生产人员、采购代理和销售人员等。不同公司人员之间的一次普通谈话就可能泄露一些商业秘密。例如,几名销售人员之间关于最近各自公司所进行的培训活动的谈话,就有可能使得一个新产品推广计划得以曝光。有些情报则来自供应商、经销商和顾客。竞争对手更换主要供应商可能不仅仅出于成本的考量,更是技术更新换代的一个主要指标。当然,公司也可以通过仔细观察和监测竞争者来获得更多的情报。它可以通过购买并分析竞争者产品,监视其销售渠道和过程,检查新申请的专利,以及调查各种实物证据来收集信息。例如,一个超市通过定期检查竞争对手的停车场就可以预测其业务繁忙程度。有些企业甚至将目标瞄向了竞争者的垃圾桶,因为很多打印不成功的或是多余的纸质文件会混杂其中。历史上,雅芳公司曾雇佣人员去搜寻过其竞争对手玫琳凯公司的垃圾桶,加拿大航空公司也曾试图在西捷航空公司的垃圾桶中发现其非法接入自己公司电脑系统的证据,宝洁公司也承认对竞争对手联合利华公司总部的垃圾箱进行过细致的搜查,以发现有关竞争品牌的最新策划信息。通过年度报告、行业出版物、宣传片、会展、广告和网页来收集信息的手段也并不罕见。今天,企业网站和网店信息已成为竞争性情报的一个主要来源。营销者可通过网络搜索到具体的企业名称、发生的事件和发展的愿景。多数企业现在还将大量信息置于网站上,并提供细节参数信息以吸引顾客、合作伙伴、供应商、投资者等。这就提供了大量关于竞争战略、营销渠道铺设、新产品推广和其他事件的有用信息。营销情报搜集者还可以借助成千上万的在线数据库来收集或免费或收费的信息。例如,各大证券交易所的数据库就披露了上市公司的大量财务信息,各国专利局的数据库中也能找到不同公司所拥有的专利。如果付费,企业还可订购许多在线数据库和信息搜索服务,例如英国的 Mintel 公司就定期收集各超市中各产品类别和产品品牌的销量信息以供出售。

面对竞争者大力开展的营销情报努力,很多企业也正竭力保护自己的信息。很多公司编撰了员工手册以告知员工如何保守商业秘密。有些公司甚至还和关键性技术人员在劳动合同中签订有关离职的条款,以确保离职员工不会在离职后的短期内服务于其竞争对手。联合利华公司也在企业内实施了广泛的培训课程,不仅教授员工如何收集情报信息,更教他们如何保护企业的信息不被竞争对手所窃取。

知识链接

营销情报的广泛收集引发了许多道德问题。尽管前面谈到的多数手段是合法的,但还有一些做法所涉及的道德和法律问题值得仔细考量。显然,企业应利用公开可得的信息,而不应该刻意窥探甚至窃取信息。管理有方的企业更应采取正规的步骤来提高所收集情报的质量和数量,例如训练和鼓励销售人员收集情报,鼓励中间商及其他合作者定期通报各类重要信息,聘请专家收集营销情报,建立定期的顾客咨询小组,向专业调查公司购买有关竞争对手的市场动向情报,准时参加各种行业展览会,安排专人查阅主要的出版物、网站,并编写简报等。

资料来源:[美]加里·阿姆斯特朗,[美]菲利普·科特勒.市场营销学(第 9 版)[M].吕一林等译.北京:中国人民大学出版社,2010:92-93.

(三)营销调研

内部报告系统和营销情报系统的功能都是收集、传递和报告日常的和经常性的情报信息。但营销者经常还需要针对特定情境进行模拟,以获得制定有关营销决策所需的信息。例如,私立中学的营销人员就想知道学费提高到多少能让学校的利润最大化;华为公司也想知道哪类消费者,以及有多少消费者愿意为其新设计的高像素手机镜头付出高价;百货公司想知道广告活动中哪类诉求最能打动消费者。这些问题的答案在内部数据系统和营销情报系统中都不能找到。营销人员需要进行市场调研来收集相关信息,以便于做出相关决策。

营销调研是对企业面临的特定营销问题系统地、客观地收集、整理、分析和报告各类资料和数据的过程。其作用是帮助营销管理人员制定有效的市场营销决策。这里所谓"系统"指的是对市场营销调研必须要有详细的计划和安排,使调研工作能够有条理地开展下去。"客观"则指面对所有的信息或资料,调研人员必须以中立无偏见的态度进行记录、整理和分析,尽量减少歧义和错误。"帮助"指调研所获得的信息以及根据信息分析后所得出的结论,只能作为市场营销管理人员制定决策的参考,而不能替代决策本身。

企业在很多情况下都会用到营销调研。例如,有关顾客动机、购买行为和支付意愿的调研,有助于营销人员评估市场潜量和市场份额,或者衡量促销活动的效果等。其中,在寻找新的市场机会时,寻找某种问题的产生原因时,要对营销决策的实施进行监测、评价和调整时,以及预测市场前景时,营销调研所扮演的角色尤其重要。为了做出更高效的决策,一些大型企业设立了自己的调研部门。这些部门与营销人员通力合作,共同开展营销调研项目。如宝洁公司很早就成立了自己的营销调研部门来研究消费者的喜好以及购买习惯,进行新产品的市场测试,以及调查广告投放效果等。此外,一些企业还会雇用外部调研专家,为具体的营销问题或营销调研的实施提供咨询服务。有时,企业干脆购买外部调研数据,用于制定决策。

一般认为,有效的营销调研应该包括四个步骤:确定问题和调研目标、制定调研计划、收集信息、分析信息并陈述调研结果。

1. 确定问题和调研目标

定义调研的问题和目的通常是调研过程中最难的一步。但是,这一步的明确非常重要。在错误的问题上做得再好也可能只是徒劳。营销经理必须首先回答,为何要调查、想要知道什么、知道了之后有何用处、谁想知道、向谁说明等问题。然后,他们才能关注一些低层次的操作问题。定义问题的步骤看起来很简单,实际上却非常复杂。问题经常和症状相混淆。假设一个企业的营销信息系统表明,某个地区的新产品推广计划受阻,销量急剧下滑。如果营销经理的问题是,"我们如何制止此地区的销量下滑?"这会是一个合适的问题吗?答案可能是否定的。营销经理并不知道特定地区销量下滑的原因,也就不可能找到解决这个问题的方法。找到正确的问题所在就几乎等于解决了问题,不然只是在错误的问题上浪费时间和金钱。

在营销人员确认问题之后,就要求助于精通各种调研方法的调研人员,在考虑信息的可获得性、费用、时间等之后,共同确定调研目标。营销调研的目标可以分为三种类型:探索性调研,其目的是收集初步信息,以帮助界定问题并提出假设;描述性调研,其目的是描述现象,如某推销行动的效果,或是购买该产品的消费者人口特征和态度;因果性调研,其目的是测试因果关系。例如,某产品价格15%的下降会带来销量上升多少以及是否足以高于原有的总销售额?营销经理们经常从探索性调研开始,然后再开展描述性和因果性调研。

对调研问题和目标的陈述会引导整个调研过程。营销经理和调研人员应该在实施具体调研步骤之前将两方面的共识写下来,以确保调研目的和结果与预期无偏差。

2. 制定调研计划

确定了调研问题与目标之后,调研人员就应该制定有效的信息收集计划。调研计划一般应写明数据的来源、调研方法、调研工具和抽样计划。

(1) 数据的来源。为了回答调研问题和达到调研目标,调研可能需要收集一手资料、二手资料或二者兼顾。一手资料也称原始数据,指因近期特定目的而直接收集的信息。二手资料则是出于其他目的而收集并保存的信息。主要包括从企业内部搜集的资料(如企业内部的业务资料、销售、库存、成本、来往账目等);从公开发行的刊物、消息中获取的情报(如报刊、年鉴、文献、书籍以及各种统计数字、各类文件、广告等);社会机构和组织搜集的资料(如银行、统计部门、各种业务咨询机构、新闻单位等);各类学术文献中的资料(如学术数据库、论文数据库、图书馆等)。二手资料的收集对调研项目而言是一个很好的起点。研究人员通常从收集二手资料开始调查工作,并依据这些二手资料判断调研问题是否已部分解决,如果没有那么还需要什么信息。二手资料的收集通常比收集原始数据更快,费用更低。而且,二手资料有时能提供单个企业无法收集或收集成本过高的数据,比如某一地区的消费者收入和人数。当然,二手资料也有不足之处,主要是需要的信息可能并不存在、相关性不够(不符合调研目标的需要)、准确性不强(数据收集过程不够客观,分析报告可信度低)和时效性差(数据没有及时更新)。这就使得研究人员必须收集一手资料以达成调研目标。

(2)调研方法。第一手资料是通过实地调查而获取的资料,所以也称为原始资料。搜集第一手资料一般采用观察法、访谈法、实验法,或多种方法同时采用。

知识链接

　　观察法是指通过观察相关人员、活动和情景来收集原始数据的方法。它是最古老的收集数据的方法之一,常常在田野研究中被采用,可以用来研究所有可见的现象。这种方法是在自然的状态下采集被观察者所不能够或不愿意提供的数据。例如,消费者在进入超市之后,哪些货架位置和标签颜色容易吸引其注意力,这是超市营销人员所关注的。但这种关注难以通过询问获得,因为消费者自己也难以察觉自己的行为模式。故此,观察法更能客观地记录顾客行为以便于营销人员做出判断。当然,也有的消费者,如婴儿,无法表述自己对产品的喜好,观察法在这种情形下的采用就势在必行了。但采用这种方法需要大量的时间,也有一些事情是难以观察的,如情感、态度和动机,并且观察结果常常不易解释。因此,调研人员通常将观察法和其他数据收集方法一起在实践中使用。

　　资料来源:郭国庆.市场营销学通论(第7版)[M].北京:中国人民大学出版社,2017:89-90.

案例分享

婴儿洗浴产品的推出

　　数年前,正在金恬利公司准备推出一条婴儿洗浴产品线时,其婴儿湿巾的销售额却开始下滑。当传统调研无法得到任何重大的进展时,金恬利的营销者决定通过观察顾客的日常生活来获取更多的有用信息。他们在消费者家中装上摄像头,以便调研人员能够看见他们想看到的事物。不久,调研人员就发现了问题。尽管被调查的女性说她们是在尿布台上给婴儿换尿不湿的,但事实上她们却在床上、地板上和洗衣机顶盖上给孩子换尿不湿。调研者发现,妈妈们需要两手并用拿湿巾盒和润肤露。于是该公司重新设计了湿巾的包装(增加了单手式按钮分片器)和润肤露的瓶子,使消费者单手就能轻易地抓住和使用。

资料来源:[美]加里·阿姆斯特朗,[美]菲利普·科特勒.市场营销学(第9版)[M].吕一林等译.北京:中国人民大学出版社,2010:97.

知 识 链 接

访谈法是应用最广泛的原始数据收集方法,该方法最适于收集描述性信息。企业要想知道人们的习惯、经验、动机、价值观、态度、偏好和购买行为,通常可通过直接询问获得结果。访谈法的主要优点是灵活,可以在不同情况下通过不同的方法(电话、邮件、人员或网络)来得知人们内心的想法。访谈法也并不单一,它包括很多种形式,如单独面对面的访谈,面对面的集体访谈,德尔菲法访谈等。但访谈法也有一些不足。例如,访谈问题没有很好地准备的情况下,整个访谈可能出现偏差,难以达到预期目的;因为想不起来或从未想过他们所做的事情及原因,被调查者可能无法适当地回答相关问题;被调查者可能不愿回答陌生访问者的提问,或是谈论他们认为的个人隐私;受访者也可能在他们不了解问题的情况下仍回答被调查的问题,以显得聪明或学识渊博;最后,忙碌的人们还可能不愿花时间回答提问或提供他们认为可能会取悦调查者的答案来帮助调查人员。

资料来源:[美]菲利普·科特勒,[美]凯文·莱恩·凯勒.营销管理(第15版)[M].何佳讯等译.上海:格致出版社,2016:115-116.

观察法最适合做探索性研究,访谈法则适用于描述性研究,而实验法是收集因果性信息的好方法。实验法是通过排除结果中带有矛盾性的解释来捕捉因果关系的一种方法。如果挑选两组实验小组,给予他们不同的选择,通过控制相关因素和检查小组反应的差异是否具有统计学意义,就能在把外部因素剔除或控制的情况下,得出实验结果和变量的相关性的结论。例如,肯德基在中国全面推出一些新产品之前,就曾采用实验法检测顾客对这些新产品的反应,以便决定是否推出这些新产品。它在一个城市推出某种新产品,而在另一城市不推出。如果两个城市很相似,且他们对各自门店其他产品的营销努力也相同,那么两个城市的销售额差异便可能与新产品推出与否相关。

(3)调研工具。调研人员在收集资料时,尤其是收集一手资料时,可能会用到各种工具,主要是仪器(摄像机、眼相机和电流计等)和调查问卷。

随着科学技术的发展,各种先进的仪器、仪表等被逐渐地应用到收集市场数据的过程中。市场调查人员可以借助摄像机、眼相机、电流计、交通计数器、现金扫描机、卫星图片等来观察或记录被调查对象的行为。例如,收视器就是用来评估电视收视情况的仪器。通过记录收视时间、收看频道和节目等数据,调查人员可以分析和判断不同节目的收视率。电流计可以测量被调查者在看到特定广告和图像后所表现出的兴趣和感情强度。调查人员可以凭此分析广告对人体生理的影响以及个体对促销感染力的反应。眼相机则用来调查人眼活动情况。通过观察被调查者的眼光最先落在何地以及在指定项目中逗留多长时间,调查人员可以分析不同颜色和图形对消费者的吸引力。卫星图片近年来更是大量用在超市和医院等人流密集地的高峰时段分析上。但是,借助仪器观察人体反应的调查需要取得被调查者的同意和协作,而且必须在特定环境中进行。这也是借助仪器的观察法不同于其他种类观察法之处。

知识链接

调查问卷

调查问卷是迄今为止最普遍的调查工具。它的设计和使用皆有很多种方法。首先,调查问卷有很多种提问题的方法。结构性问卷中,所有的问题都是被预先准备好的,并都以相同的次序在调查过程中一一出现。而问题的答案也常常被预先设置,被调查者只要做出相应选择即可。这样一来,除了一些开放性问题(没有具体答案的问题),被调查者做出个性化回应的机会就被剥夺了。无结构问卷则试图在数据收集的过程中基于不同的情境询问不同的问题,而被调查者也可以就自己不熟悉的问题或是独特的看法与调查者一起讨论。但这种问卷也需要进行事前的问题组织,不然调查人员就可能在调查的过程中难以将问题集中在研究目标上或难以避免个人"偏见"影响以至于最终得到不需要或有偏差的数据。为了更好地控制访谈过程以及收集到足够多的有用数据,半结构性问卷就出现了。它是调查者用预先准备好的问题引导整个调查过程,同时被调查者仍然有发挥个人意见自由的一种问卷设计方法。半结构性问卷中的一些特征(如问题的预先设计)与结构性问卷类似,而它的另一些特征(如新问题的出现和调查中的讨论等)与无结构问卷类似。在调查领域,这种问卷不仅能够保证调查者在一定的时间内接触到足够多的样本而且能够深入收集被调查者的个人意见及习惯等数据。和结构性问卷相比,后两种问卷形式费时较长,并且对调研人员把控调研节奏的要求较高。

资料来源:赵星.中国食品危机与地理标志体系——社会经济学实证研究[M].北京:经济管理出版社,2014:94-96.

3. 收集信息

调研者在决定了调研的方法和工具后,还需要设计一个取样计划以及决定和样本接触的方式,以便于将营销计划转变为行动。

即使调研者想了解市场上总体(他们感兴趣的所有单位)的信息,但往往由于时间成本和人员成本的限制,他们不得不仅仅研究一组样本,即相对于总体来说的一部分单位。样本,即是指在营销调研中从总体中挑选的可从整体上代表总体的那部分群体。理想状况下,样本应该具有很强的代表性,这样,调研者才能根据样本数据来估算总体相应的状况。如果代表性不足,则调研结果给出的就不是真实的总体反映。为了使抽样的样本具有代表性,调研者必须做出三方面的决策。

第一,总体是谁。总体是所要研究对象的全体。它是根据一定研究目的而设定的所要调查对象的全体。调研人员必须在抽样前确定目标调查者。但这并不是一项简单的工作。例如,调查人员想要知道一条航线的顾客满意度,那调研者应该调研商务旅客还是去旅游的乘客?或是两者兼有?是否应该包括儿童?年长者是否也要考虑进来?一旦抽样总体被确定,其中各抽样单位就应被仔细考量,接着设计样本框架,以保证每一个抽样单位都有均等机会。

第二,样本大小。大样本得出的结论比小样本更加可靠。但样本规模越大成本越高,也没有必要为了取得可靠结果将总体的大部分作为样本来进行调查。样本大小的设计应遵循适度原则。选取得当的话,1%的样本可靠性也很高。当然,样本大小也与调查总体的特性有关。当总体特性差异不大时,样本数目可少一些;相反,当总体特性差异很大时,样本数量就要多一些,否则,误差就会过大。

第三,抽样程序。确定样本大小之后,如何选择被调查者就成了调研人员应该考虑的问题。

抽样技术主要分为随机抽样技术与非随机抽样技术两大类。随机抽样技术一般可划分为简单随机抽样、分层随机抽样、等距离抽样等。简单随机抽样技术又称单纯随机抽样法,是在总体中不进行任何有目的的选择,而是按随机原则,用纯粹偶然的方法抽取样本。总体中每一个单位都有均等机会被选择。市场调研中常常采用抽签法和乱数表法。分层随机抽样技术又叫分类随机抽样法,是把调查总体按其属性不同分为若干层次/类型,然后在各层次/类型中随机抽取样本。例如在调查消费者时,可按年龄、收入、职业、性别等标准划分不同的层次。在分层时应该注意各层次之间应有明显的差异,不致发生混淆。等距离抽样技术又称系统抽样法或机械抽样法。它是在总体中先按一定的标识顺序排列各单位,并根据总体单位数和样本单位数计算出相应的抽样距离/间隔,然后按相同的距离/间隔抽选样本单位的方法。标识可采用与调查项目有关的特性,如在购买力调查中,按收入多少由低至高排列;也可采用与调查项目无关的特性,如按居住地域由南至北分区排列。非随机抽样技术一般可划分为任意抽样、判断抽样、配额抽样等。任意抽样技术又称便利抽样法,是调研人员选择总体中最容易接触的单位以获得信息的方法。例如进行拦截调查,任意在街边选择消费者进行谈话,了解他们对某个商品的看法。这种方法简便易行,节约时间和费用。但抽取的样本可能与总体偏差较大,使得获取的数据可信度低。判断抽样技术又称目的抽样法,是指根据调查人员或某些专家的经验来选定能提供准确信息的理想单位的抽样方法。判断抽样技术适用于调查总体中各调查单位差异较小,调查单位比较少,选取的样本有较大的代表性的情形。配额抽样技术则是按照一定标准将总体分为数个类型,然后在每一类型内由调查人员任意抽选规定数额样本的一种抽样方法。这种方法简便易行,但实际选择样本时容易受到调研者个人倾向性的影响。

一旦抽样计划被确定之后,调研者还必须决定如何接触样本。一般有邮寄问卷法、电话调查法、人员访谈法、专家调查法和网络调查法等。

① 邮寄问卷法。这种调查方法是将调查问卷寄给被调查者,请被调查者按问卷要求填写后再寄回调查部门或调查公司的一种调查方法。被调查者地址一般来自现有的

客户档案、各种通讯录、电话簿等,有时调查问卷也会在报刊和书籍上刊登或夹附,请读者填写后寄回。为了提高回收率,可承诺或附寄礼品或礼券等。邮寄问卷的人均成本很低,且相对于访谈法而言,被调查者不会受到访谈者的影响因而对某些问题(如私人收入问题等)的回答更为真实可靠。然而,邮寄问卷一般采用的是结构性问卷(所有的被访者以相同的顺序回答相同的题目),响应率(寄回有效问卷的人数)通常很低,且通常无法知晓样本情况(如被调查者在何时何地完成的问卷),这极易导致调查结果的偏差。而且,由于邮寄的速度较慢,被调查者寄回问卷的时间无法控制,这使得邮寄问卷法难以用来解决急待处理的调研问题。

② 电话调查法。这种调查方法是指调查者根据抽样要求,用电话按调查问卷要求询问意见、收集信息的一种方法。电话访谈是快速收集信息的最好方法之一。如果采用电脑辅助的电话调查,数据及时的录入还可以大大缩减分析时间。其灵活性也大大高于邮寄问卷,可以采用任何一种调查问卷的形式。调查者可以解释复杂的问题,并根据所得到的回答,跳过某些问题或调查其他问题。电话调查的响应率往往要高于邮寄问卷,且访谈者可以要求只与具备期望特征的被调查者通话,甚至按姓名调查。但电话访谈的人均成本比邮寄问卷高。此外,人们可能不愿与调查者讨论私人问题。这种方法收集到的信息还可能会受到调查者说话方式、提问方式和其他方面的影响。不同调查者对信息的记录和解释也不尽相同。如果被调查者时间紧张,他们甚至会提供虚假答案。今天,由于人们越来越倾向于谢绝电话骚扰,调查对象也越来越多地挂断调查者的电话,拒绝与其交谈。因此,如何从被调查者的特点出发选择合适的时机和提高被调查者的兴趣,以提高调查效率越来越成为调查人员需要仔细考虑的事情。

③ 人员访谈法。这种调查方法是指调查人员以谈话的方式与单个或同时数个普通消费者接触以收集信息的方法。人员访谈主要有两种形式:单人访谈和群体访谈。单人访谈指调查者在被调查者的办公室或家中(入户调查)、大街或购物商场(拦截调查和定点调查)与单个被调查者交谈的一种调查方式。这种方式和电话调查一样,具有很强的灵活性,可以采用任何一种调查问卷的形式。训练有素的访谈者可以对访问加以控制,不仅可以解释复杂的问题,还可以根据现场情况发现新问题。例如,他们可以向被调查者展示真实产品和广告宣传单页等,并通过观察其反应来询问不同的问题,收集多方面的信息。然而,单人访谈需要被调查者抽出个人时间,有时会打断被调查者的日常生活进程,因此需要调查者控制好访谈时间。而且,面对陌生人,被调查者很容易拒绝回答私人问题,如收入等。单人访谈的人工成本也远远高于电话访谈。群体访谈一般邀请5—10人与一名训练有素的调查者/主持人一起谈论某一产品、服务或组织。参与者通常会得到小额的奖励作为参与讨论的补偿。在自由和轻松的氛围下,通过小组互动,调查者希望能捕捉到真实的情感和想法。同时,调查者/主持人还要控制讨论的焦点,由此也称焦点小组访谈。调研人员可以参与讨论也可以观察焦点小组讨论,并将谈论内容以书面或视频的方式记录下来,用于日后的分析。当然,群体访谈法也面临着一些挑战。例如,少数样本虽然可以节省时间和降低成本,但讨论的结果可能因此而难以推广。同时,在其他人面前,小组中的被访谈者对其真实情感的表述并非总是保持坦率和诚实。鉴于人员访谈法的成本较高,视频会议和互联网技术也逐渐被使用以降低

数据收集的成本。在线焦点小组比传统的小组有许多优势,如参与者通过互联网能很好地聚在一起,没有时间空间的限制,调研人员可以节省差旅和住宿费用等。在线小组可以是实时的也可以是非实时的,但由于缺乏现实世界中的眼神接触、肢体语言和直接的人员互动,这种方式是否能得到和传统方式一样的深入且全面的信息还有待考量。

④ 专家调查法。这种调查方法是指以在某个领域或某个问题上有独特造诣、专门知识或特长或有丰富实践经验的研究人员和管理人员为调查对象,依靠专家的知识和经验,对调研问题做出主观判断、评估和预测的一种方法。与其他方法相比,专家调查法的特点是简单直观,无须建立烦琐的数学模型就能够比较精确地依据专家的主观判断得出结论。主要适用于研究资料少、未知因素多、客观数据难以获取、要靠主观判断和估计来确定的调研问题。按照不同的调查形式,主要有头脑风暴法和德尔菲法两种方式。头脑风暴法是一种借助专家无拘无束的思想,来获取关于问题的创造性建议、进行风险评估、对未来进行预测的一种方法。一般采用小组座谈会的形式,邀请10—20名专家参加。专家的人数取决于项目的特点、规模、复杂程度和风险的性质,没有绝对规定。与群体访谈不同的是,调查人员一般只在开场对调查问题进行准确而简明的阐述(必须还提供相关参考资料),并明确会议目的,然后由参加会议的各位专家公开发表各自的意见或设想,不对其他专家的主张进行讨论,也不进行私下的交流,以免阻碍个人的思考。独特的看法和视角可以互相启发,在各自的头脑中掀起思考的风暴,形成智慧的碰撞和激荡,进而产生新的思想火花,促使专家进行即席发言。调查者通过记录和整理,就可以获得相关结论。有时,在结论不够明确的情况下,还要组织二次会议。德尔菲法则是专家坐在一起面对面地交谈讨论改为背对背地征询意见。其本质是一种反馈匿名咨询法,大致流程是在对所要调研的问题征得专家的意见之后,进行整理、归纳、统计,再匿名反馈给各专家,再次征求意见,再集中,再反馈,直至得到一致的意见的过程。调查一般需要进行3—5轮次。每次都要请调查对象回答内容基本一致的问卷,并要求他们简要陈述自己回答的理由或根据。每轮次调查的结果经过调研人员整理之后,都会在下一轮调查时向所有被调查者公布,以便他们了解其他专家的意见,进而调整自己的看法,并最终得到趋于一致的结论。德尔菲法要求专家彼此互不往来,只能与调查人员发生关系,这就使得专家们能够充分发表自己的意见,最终得出的一致结果也因此具有一定的客观性。但这种方法也要求各参与专家对被调研问题有一定认识,且调研人员要做好意见甄别和判断工作。但有时,此种调查方法也不一定能形成一致结论,这就更需要调查人员对收集来的意见进行仔细的分析和鉴别。

⑤ 网络调查法。调研数据收集阶段是一个花费最多也最容易出错的阶段。例如,在被随机抽样后,样本被调查者正好不在家或者拒绝合作。何时重新拜访或者如何重新选择合适的样本就成为必须解决的问题。互联网的发展为这些问题的解决提供了一个新的思路。调研人员越来越多地通过在线营销调研来收集一手数据,如在网络上发放调查问卷以及进行在线人员访谈和小组座谈等。在线发放调查问卷有多种形式。企业可以将网页作为调查媒介,将问卷放在其网站上,采用网站链接或弹出式广告等方式邀请人们回答问题,并提供完成问卷的奖品或优惠券等。调研人员还可以将调查问卷放在专门的问卷发放网站上,如中国的问卷星网站和美国的 survey monkey 网站等。

在这些网站上,调研人员甚至可以指定被调研人员的人口学特征,如性别、收入、年龄和居住区域等。除了在线问卷,调研人员还可以进行在线人员访谈和专家小组座谈,以契合被调研者的时间,降低调研成本的同时提高调研效率。2020 年初新冠病毒的流行更加加强了这一趋势。由于很多被调研人员被限制出行,在线调研甚至成为调研人员的唯一选择。这也进一步增强了一些网络软件,如钉钉和 Zoom 等在线会议软件的应用。调研人员还可以开展网上实验。通过在不同网站和不同时间采用不同的促销手段等,调研人员可以测试新产品和营销计划。企业甚至还可以通过跟踪在线顾客访问其网站频率和打开其网站时的链接点击习惯来了解其行为。由于世界范围内的消费者已经越来越习惯于使用互联网,网络调查已经成为广泛接触消费者的高效渠道。而传统调查方法的响应率下降和成本上升的劣势更使得网络调查正迅速取代传统数据收集的方法。一般来看,网络调查的成本通常比邮寄调查低 20%,比电话调查低 30%,且样本规模对成本的影响很小,调研数据的整理也可在电脑终端及时整理和分享。被调研者由于回答的时间更加灵活且更少被调研人员影响,其响应率和数据的客观性往往也更高。但也应该注意到,网络调研也有其缺陷。例如,被调研人群可能会受到限制,有部分人群依然不习惯上网或者上网条件受限。由于网络调研的非真实接触性,一部分开放性问卷可能由于难以捕捉被调研者的情绪变化而不易发现后续问题,进而获得有效数据可能性就会降低。而在线收集消费者行为轨迹数据的调研行为更是广受诟病。如何处理消费者隐私的问题已经成为进行网络调研的热点问题。

4. 分析信息并陈述调研结果

调研人员应检查所收集数据的准确性和完整性,处理和分析收集到的数据,找出其中重要的信息,将结果制成表格并总结其发现。一般而言,调研者不应把庞杂的数据和复杂的统计表格直接传递给营销人员,而应在整合数据之后客观陈述重要的发现和结论,便于营销人员制定相应的决策。但是,解释工作不应由调研人员单独完成。

虽然调研人员通常是调研设计和统计技术方面的专家,但营销人员对调研问题和调研数据在营销决策中的作用更加了解。故此,如果营销人员盲目接受调研者对数据的解释而不在营销情境中加以分析,再科学的调研数据也毫无意义。但营销人员可能也存在偏见。他们往往乐意接受他们所期望的调研结果,而拒绝不愿或不希望看到的结果。在大部分时候,调研结果存在多种不同的解释方式,这就需要调研者和营销人员密切合作,共同对数据进行讨论,以防止调研结果的主观滥用,进而影响营销决策。

案 例 分 享

大数据杀熟

网络数据的收集和规范使用在近几年已经进入大众视野,成为一个涉及公共利益的问题,也引起了相关部门的重视。例如,2020 年 8 月 20 日,文化和旅游部正式发布了《在线旅游经营服务管理暂行规定》,要求在线旅游企业加强网络安全等级保护制度，不得擅自屏蔽、删除旅游者对其产品和服务的评价，不得误导、引诱、替代或者强制旅游者做出评价，不得滥用大数据分析侵犯旅游者的合法权益。不得为"不合理低价"旅游提供交易机会，并主动公示全国旅游投诉渠道，鼓励平台经营者先行赔付。如何在收集和使用数据以及保护消费者隐私方面进行平衡，还需要调研人员进行仔细考量。

资料来源：文化和旅游部.大数据杀熟[Z/OL].[2021-02-03].http://zwgk.mct.gov.cn/auto255/202008/t20200831_874550.html.

第二节 市场需求衡量与预测

企业开展营销调研的主要目的之一就是确定市场机会大小。调研工作结束以后，公司需要仔细地评价每一个市场机会，衡量与预测每个机会市场的规模、成长前景和利润。预测的数据将被财务部门用来筹集投资和经营所需的资金；被制造部门用来估算产出水平；被采购部门用来购买数量正确的原材料；被人事部门用来确定所需员工的人数。营销部门对市场需求的预测负有责任。如果预测远离实际指标，公司可能会承受过剩的库存或丧失赚钱的机会。确定市场机会的基础是需求预测。营销经理需要在仔细确定市场需求实际所包含的各项指标的基础上，运用一定的科学方法和模型，来衡量及预测市场需求及其变化趋势，为企业营销决策提供科学依据。

一、市场需求衡量

（一）市场

营销人员经常谈论的市场有潜在市场、有效市场、目标市场和渗透市场。首先，市场是某一产品的实际和潜在购买者的集合。从这个定义可以看出，市场的规模会随着产品的购买者人数而发生变化。其次，可能存在着很多对某个市场上出售的商品有某种程度兴趣的顾客。但由于种种原因，如没有足够的收入或者是没有合适的购买渠道，他们的兴趣还不足以确认一个市场。这些顾客一般被称为潜在市场。例如，政府可能禁止向18岁以下的青少年销售含酒精饮料。那么18岁以上的人群就组成了一个有效市场，即对在某一市场上出售的产品有兴趣、有收入的合格顾客组成的市场。再次，公司一旦确定了有效市场后，它可选择向整个有效市场或者集中全力向某些细分市场提供产品。目标市场是公司决定要在合格有效市场上追求的那部分市场。例如，一个旅游公司可能决定将其市场营销的努力集中到某个市。这个特定的市就成为其目标市场。最后，渗透市场是指那些已经买了这种公司产品的顾客群体。对市场的这些定义是进行营销工作的有用工具。如果一个企业对它目前的销售情况不满意，它可以考虑采取一些措施。例如从它的目标市场中吸引更大比例的顾客。它还可以降低潜在顾客的合格标准,如向其他的有效市场拓展或者降低价格,甚至还可以用大量广告使不感兴趣的消费者或并非是目标市场的消费者变为感兴趣者,从而扩大潜在市场。

(二)市场需求及市场需求函数

估计市场需求是评价和预测市场机会的重要步骤。市场需求是指某个产品在一定的地理区域、一定的时间、一定的市场营销环境和一定的营销方案下顾客所能购买的产品总量。这个概念包括了以下几个要素:

1. 产品

产品的范围往往十分宽泛。例如,为某地旅游市场做预测时,调研人员就必须确定旅游市场的含义。是否包括当地的餐饮市场?住宿市场?交通市场?如何区分当地居民市场和旅游市场?企业在进行市场需求测量时首先要明确所测量产品的范围。

2. 总量

这一数值通常直接表明了需求的规模。它可以用绝对数值表述,如用产品的数量或金额,也可以用相对数值来表述,如用某地区特定产品的需求总量占全国需求总量的百分比。

3. 购买

购买的含义不同,预测的结果也就不尽相同。因此,测量市场需求时还需要明确购买的含义,它是指订单数?装运数?付款数?收货数?还是消费数?

4. 顾客

市场需求的测量既要针对整个市场,又要确定各细分市场的需求。企业所面对的顾客可能是单个消费者,也有可能是企业。在衡量市场需求时,必须明确所面对的顾客是谁。

5. 地理区域

地理区域范围不同,产品销售额的预测结果也不会相同。企业应根据具体情况,合理划分市场区域以确定市场需求。

6. 时期

市场需求的测量和预测必须规定时期。一般说来,预测时间越长,预测结果越不可靠。

7. 营销环境

市场需求受许多不可控制的环境因素的影响。因此,在对市场需求测量的过程中,应尽可能考虑这些不可控因素的变化及其对市场需求的潜在影响。例如,人口出生率的变化就可能对生活必需品市场产生较大的影响。经济上升或下行周期对金融业的影响更是难以估量。

8. 营销方案

营销方案对市场的影响巨大。营销支出的增加、产品价格的调整、包装的变化、销售渠道的改变都有可能影响市场需求。营销人员需要在仔细考量这些因素的影响的情况下,预测市场需求状况。

市场需求的概念充分表明,它不是一个固定的数字而是一个在一组条件下的函数。因此,它也被称为市场需求函数。如图 4-2 所示。图中横轴表示在一个规定时期内营销费用可能有的不同水平;纵轴表示由此而导致的需求水平。这条曲线因此描绘出市场需求的估计水平随着营销费用而变化的函数关系。从图中可以看到,当营销费用为零时,需求表现为一个基本销售量,也称市场最低量。随着营销费用的增加,需求水平呈上升状态,但当营销费用达到一定水平后,再增加的营销费用也难以或不会激起市场需求的进一步上升。这里就存在着一个市场需求的上限,一般被称为市场潜量。

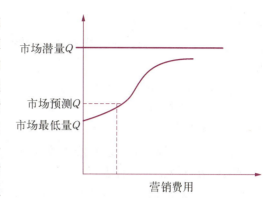

图 4-2 市场需求作为营销费用的函数
（假设在特定环境下）

（资料来源:杨慧.市场营销学(第 3 版)[M].北京:中国社会科学出版社,2011:87）

> **知 识 链 接**
>
> 　　市场潜量,是指在一定的市场营销环境条件下,当营销费用逐渐增大乃至达到无穷大时,市场需求所能达到的最大极限。市场最低量和市场潜量之间的距离表示需求的市场营销灵敏度,即市场营销对市场需求的影响力。
>
> 资料来源:杨慧.市场营销学(第 3 版)[M].北京:中国社会科学出版社,2011:88.

　　在此,可以设想两个极端类别的市场。一个是可扩张市场,如护肤品市场,其总规模受到市场营销行为水平的影响较大。一个是不可扩张市场,如食盐市场,其总规模受到市场营销行为水平的影响较小。企业如果是在一个不可扩张的市场上销售其产品,可以认为市场的规模是固定的。那它就应该集中营销努力去获得更大的市场份额。如果企业是在一个可扩张的市场上销售其产品,那么它的营销选择就会更多,如吸引更多的潜在顾客。在可扩张市场上,如果对当前市场需求水平与潜在需求水平做比较,其结果就是市场渗透率。较低的市场渗透率表明企业有巨大的增长潜力,它应该加大营销投入。较高的市场渗透率则表明要吸引少数顾客的成本很高,营销人员需要充分考虑营销投入和产出的比值。

　　需要指出的是,市场需求函数不是一个时间函数。它不随着时间的变化而变化。这条曲线只显示了现期营销力量和需求之间的关系。

二、估计目前市场需求

　　企业要估计目前市场需求,就涉及估算总的市场潜量、地区市场潜量、行业销售额和市场份额。

(一) 总市场潜量

　　总市场潜量是指在一定期间内,在一定的行业营销努力水平和一定的环境条件下,一个行业中所有企业所能达到的最大销售量。一个常用的估算方法是,首先估计潜在购买者数量,然后乘以一个购买者的平均购买量,再乘以每一单位产品的平均价格,即 $Q=nqp$。Q 为总市场潜量;n 为在既定条件下特定产品的潜在购买者数量;q 为每个购买者的平均购买量;p 为单位产品的平均价格。例如,如果每年有1亿人购买葡萄酒,平均每人每年购买5瓶,平均每瓶葡萄酒的价格为50元人民币,那么,葡萄酒的总市场潜量就是250亿元。

在此过程中最难估算的是既定条件下特定产品的潜在购买者数量。这种情况下,营销人员可以从总人口着手,例如14亿人,然后排除显然不会购买这种产品的人数。假设18岁以下未成年人不得购买,并假设他们占人口总数的25%。那么,只有75%的人属于可能的购买群体。再接着调查,发现低收入人群几乎不购买葡萄酒,他们占可能购买群体的30%以上。如果剔除不可能购买的群体和低收入人群,就能得到一个中心购物群,约7.35亿人。接下去,还可以继续剔除其他人群,如从不喝酒的人群和习惯于饮用白酒而非葡萄酒的人群等。最后得出的数字可以作为潜在购买人数,以计算市场潜量。

这种方法被称为连锁比例法,是由一个基数乘以几个修正率组成。如某酒厂开发出一种新的茶饮料,估计其市场潜量时,可借助以下方法:

新茶饮料需求量=人口×人均可任意支配收入×人均可任意支配收入中用于购买
食物的百分比×食物花费中用于饮料的平均百分比×饮料花费
中用于茶饮料的平均百分比×茶饮料花费中用于该新饮料的预
计百分比

(二) 地区市场潜量

每个企业都希望选择理想的区域进行营销活动或者在不同地区合理地分配市场营销资源。因此,在估计总市场潜量(潜在购买量)之后,还需要分别估计不同省市和地区的市场潜量。一般来说,企业可以用两种方法来估算地区市场潜量。

1. 市场组合法

市场组合法要求辨别在每个地区市场上所有潜在的购买者,并估计其潜量,然后将一个市场上所有潜在购买者的潜量加总,就可得出每个地区市场的购买潜量。但问题是企业很难拥有所有潜在购买者的清单,更难以估计每一位购买者将买什么。因此这种方法常常用来估量工业品或生产资料的地区市场潜量。假设有一家皮具车床公司,它想估计在广东省皮具车床的地区市场潜量。它要做的第一步是辨认广东省的全部潜在购买者。这个市场主要由制造业组成,特别是须将所经营的皮料进行裁剪的制造厂商。公司就要将广东省所有皮具制造企业记录在案,然后可以从企业规模大小(员工数或者销售额)来估算各公司可能需要的车床数。此估算方法也可以用来估计其他地区的市场潜量。假设全国的市场潜量是2万台,广东省的市场占总潜量的15%,那么公司就可以考虑将营销费用的15%用于广东省市场。当然,企业对各个市场的考量还应考虑其他信息,如竞争者数目、现有设备平均年龄和市场饱和度等等。

2. 多因素指数法

这是指借助与地区购买力有关的各种指数(如地区购买力占比、该地区零售额占比、该地区个人可支配收入,以及该地区的人口占比等)来估计地区市场潜量的方法。由于个体消费者人数众多,相关公司难以使用市场组合法估计地区市场潜量,故此,这种方法多适用于为消费者服务的公司。例如,一家化妆品制造商可以假设它的市场潜量直接与女性人口数有关,如果江西省的女性人口占全国女性人口的5%,则该公司就可以假设江西省市场占全国化妆品市场的5%。但单一因素不足以成为测定市场潜力的完整指标。一个地区的化妆品销售额还受到个人收入和生活习惯的影响。因此,应当构建一个多因素指数,对每个因素赋予权重数,然后计算地区市场潜量。美国研究人员曾经推出的一个著名的多因素指数测定购买力的公式为:

$$B_i = 0.5Y_i + 0.3R_i + 0.2P_i \tag{4-1}$$

式(4-1)中,B_i为该地区购买力占全国总购买力的百分比,Y_i为该地区个人可支配收入占全国的百分比;R_i为该地区零售额占全国的百分比,P_i为居住在该地区的人口占全国的百分比。这个公式可用于反映一些消费品的大致市场潜量,但在不同的境况下,这个公式中的因素和权重都应该有所改变。制造商还可以市场上的竞争者数目、地区促销成本、季节性因素和地区市场特质等更多的因素来估计地区市场潜量。例如,中国居民的平均收入和购买力至今仍与发达国家差距较大。但在权衡了各方面的因素之后,许多跨国大公司仍然坚信中国区市场潜量较大,坚持加大中国区营销投入。但应注意的是,地区市场潜量的估算反映的是相对的行业机会,而非企业机会。

(三) 行业销售额及企业所占市场份额

企业不仅要估计总市场潜量和地区市场潜量,还要了解本行业的实际销售额,换句话说,企业还要识别竞争对手并估计它们的销售额。

一些行业贸易协会虽然不会对每个公司的销售量和销售额进行统计,但是它经常收集和公布行业销售额。相关公司就能够利用这个信息估计自己在本行业中的市场份额。假如一个公司某年的销售额增长了8%,但这个行业这一年的销售额却总体增长了10%。那么,这个公司的市场份额实际是下降而非上升的。营销经理应该考虑如何提升公司的行业地位。同时,公司还能根据国家统计部门公布的数据,或向有关营销调研公司、市场调查专门机构购买研究报告来了解本行业总的销售状况,并将企业销售状况与整个行业甚至特定竞争对手的发展相比较,以考察公司在市场份额上的得失。

总体来看,面对组织用户的营销人员相对于销售个人消费品的营销人员来说,更难估计行业销售额和市场份额。一般的行业协会和咨询调查公司都不会公布企业用户资料。

三、预测未来市场需求

容易预测的产品和服务是极少的。这种容易预测的条件通常存在于一个产品的产量或消费趋势完全稳定,并且竞争关系不存在或者相对稳定的情况。在实际的市场操作中,需求、供给和竞争关系都不稳定。于是,可靠的预测就成为公司成功路上关键的一环。

市场需求预测的对象、内容、要求各不相同,所采用的预测方法也因此多种多样,目前可供使用的预测方法有 100 多种,从定性到定量的预测方法,各有其特点和不同的使用条件。但所有的预测都建立在三个信息基础上:人们说什么,人们做什么和人们做过什么。首先,人们说什么,包括对购买者或接近购买者的人(推销员、相关专家等)的意见调查。包括购买者意图调查法、销售人员意见综合法和专家意见法。其次是在人们做什么的基础上建立预测。比如将产品投入市场以测试购买者反应。最后人们做过什么,包括用时间序列分析消费者过去购买行为或用统计的方法进行需求分析。常用的市场需求预测方法有如下几种:

(一) 购买者意图调查法

这一方法就是采用各种手段,直接向购买者了解其购买倾向和意图,据以判断销售量的一种预测方法。此法由于能够直接了解潜在购买者的意向,而他们又最清楚自己未来的购买量,因此,如能获得完整资料,预测的准确性就比较高。

假设某手机生产企业为了预测其空调产品在某地区的销售量,在该地区 20 万户的家庭中随机抽取 2 000 户做购买意向调查,调查结果如表 4-1 所示。

表 4-1 购买意向调查结果

意　向	肯定购买	可能购买	未　定	可能不买	肯定不买
概率描述	100%	80%	50%	20%	0%
户　数	30	80	300	950	640

则消费者的购买期望值为:

$$100\% \times 30 + 80\% \times 80 + 50\% \times 300 + 20\% \times 950 + 0\% \times 640 = 299$$

消费者的购买比例期望值(即每户可能购买比率)为:

$$\frac{100\% \times 30 + 80\% \times 80 + 50\% \times 300 + 20\% \times 950 + 0\% \times 640}{30 + 80 + 300 + 950 + 640} = 21.9\%$$

则 20 万户的预测销售量为:

$$20 \times 21.9\% = 4.38(万台)$$

但值得注意的是购买意图调查对于工业产品、耐用品、有先行计划的产品和新产品的需求估计有一定的使用价值。但对于偶发性购买的产品,如瓶装矿泉水和薯片等,以及具有外溢性的产品,如环保纸袋,其预测数据还需用其他方法加以验证。

(二) 销售人员意见综合法

当购买者人数很多,有效接触的成本很高或者他们购买意图并不是很明确的时候,经验丰富的销售人员可能被公司要求去估计未来的销售量,即估计每位现行和潜在的顾客在一定期限内会购买多少公司的产品。

由于销售人员最接近市场上的顾客或用户,他们比较熟悉和了解消费者以及竞争对手的情况。因此,所做出的销售预测具有很大的参考价值。在一般情况下,销售人员为数众多,当企业收集了全部销售人员的估测数据后,进行汇总综合计算,就可以计算出未来一段时期的预测值。这种方法多在一些统计资料缺乏或不全的情况下采用,对短期市场预测效果好。但应注意的是,很少有公司使用销售人员综合意见法却不对预测的数据加以调整的。主要原因在于两点。首先,销售人员一般都会带有个人情绪或偏见来预测销售量。如果预测者认为所预测的数值就是未来销售定额,则他们可能会采取稳健的态度,导致预测值偏低。如果预测者是乐观主义者,他们也可能由于近期销售的成功而采取激进的态度,导致预测值偏高。其次,销售人员通常不了解经济发展趋势或者对于公司未来的营销计划不甚了解,从而不能在对全局进行通盘考虑的基础上进行理性预测。

(三) 专家意见法

公司也可以借助专家来进行预测。专家包括经销商、分销商、营销顾问和行业研究人员等。例如,汽车销售公司会向经销商进行定期调查以获得对需求的预测。然而,这种预测也像销售人员的估计一样,具有相同的优点和缺点。所以,许多公司还会邀请比较熟悉业务,能预见业务趋势的主管人员(如企业内部的经理人员和采购、销售、财务、统计、仓储、策划等部门的负责人)或相关研究人员组成小组,向他们提供有关预测的内容、市场环境、企业经营状况和其他预测资料,并要求他们根据所提供的资料,并结合自己掌握的市场动态和相关经验提出预测意见和结果。专家们或交换观点做出一个小组预计(小组讨论法),或分别做出估计最后汇总(个人估计汇总法),或提出各自的预测和预测理由,由公司汇总和返回,进而做出更深化的估计(德尔菲法)。由于专家们具有比较丰富的市场经验,平时就掌握了较为详尽的市场信息,因此,他们的预测意见会比较接近实际。同时,在集体分析和预测的基础上,还可以对那些影响未来市场需求与企业发展的因素逐一进行研究,提出本企业应采取的对策。当然,公司还可以向一些咨询预测公司购买相关预测。一般来说,这些公司的预测专家有更多的数据和更好的预测技术,可以做出更加精确的预测。

(四) 市场测试法

在被购买商品不需要消费者做出完备的购买计划时,或购买者意向变化无常时,或是专家不可得或不可靠时,可直接进行市场试销。直接的市场试销尤其适用于新产品的销售预测或者是为新产品寻找新的分销区域。市场测试不仅能够预测市场需求,而且能够获得关于市场购买者、经销商和营销方案有效性的相关信息。主要的问题是做多大规模的市场测试和选用何种方式做市场测试。

市场测试的规模,一方面受到投资和研究成本的影响,另一方面还受到时间压力的影响。企业应该在充分考虑投资额和市场风险的情况下,决定测试的成本。也应在面对竞争者推出的新产品时,充分考虑到晚推出新产品的机会成本。一般而言,面对消费者时,公司应该对影响市场销量的主要因素进行估算,如首次购买率、采用率和购买频率等。公司也可以模拟真实市场进行测试,看看在一定的营销努力下,消费者的购买意愿有多高。还可以通过控制相关因素,测试各类影响因素,如价格、货架位置、广告等,对消费者购买行为的影响,进而预测不同情境下顾客需求。

(五)过去销售额分析法

需求预测可以以过去的销售情况为基础对未来进行预测。时间序列分析是收集与整理过去的资料,从中寻找需求随时间而演变的趋势,在将过去的数据分解成数种和时间有关的成分(如趋势、循环、季节和偶发事件等)后,将它用数学模型表示出来,然后用此模型对未来进行预测。这种方法对市场商品供给、需求和销售进行不同时期的预测,是市场预测的一个重要方法。加权算术平均法考虑到近期资料对预测结果的影响程度更大,于是在计算过程中逐步加大近期实际销售量在平均值中的权数,然后予以平均,以确定预测值。权数的确定,是根据以前各期实际销售量对预测期的影响程度来确定的,各期权数之和理论上应等于1。趋势预测法则是运用市场商品需求的历史资料,从大量的统计数字中找出其倾向变动线,通过建立适合的数学模型,预测未来市场需求数量。这种方法的基本步骤是:首先,根据历史统计资料编制时间数列,然后将数列绘成相应的图形。一般分为直线趋势和曲线趋势。其次,选择一定的方法配合合适的数学模型来预测未来需求的发展趋势。

(六)统计需求分析法

过去销售额分析法是把需求看成是时间的函数,一般不考虑其他因素对需求的影响。但是实际市场中,任何产品的需求都会受到许多因素的影响,并且这些因素相互间还存在一定的联系。统计需求分析法就是试图建立一个描述整个需求系统变化过程的公式,在找出各因素和需求之间关系的前提下,进行参数吻合统计,进而预测市场需求。一般而言,简单的统计需求分析可以依赖于回归分析,较复杂的则可以依赖于离散模型等。

总而言之,市场需求预测是一项十分复杂的工作,要求营销人员熟悉各种预测方法的适用条件、步骤及优缺点,针对不同的预测情况和要求,选择最佳的预测方法。

本 章 小 结

为了履行分析、计划、执行和控制的责任,营销经理需要建立一个营销信息系统来评估信息需要,开发并及时分配满足需要的信息。营销信息系统有四个主要部分:内部数据系统,营销情报系统,营销调研系统和营销分析系统。本章第一部分主要关注营销人员用来收集信息的内部数据系统,营销情报系统和营销调研系统。在阐述了如何使用不同的系统来收集不同用途的信息后,营销调研的主要目的之一,发现市场机会,就成为本章第二部分的分析重点。

通过本章的学习,读者应了解市场营销信息系统、一手和二手数据、营销调研以及市场需求等基本概念,掌握一手信息的收集方法,明了营销调研的程序,知晓市场需求和营销力量之间的关系,学会初步估算和预测市场需求。

思 考 题

1. 简述市场营销信息系统的构成。
2. 简述营销调研的程序。

3. 简述一手信息的收集方法。
4. 试分析市场需求和营销力量之间的关系。
5. 估算地区市场潜量的方法主要有哪几种？分别适合在何种情况下使用？
6. 市场需求的预测建立在哪些信息基础上？分别衍生出哪些预测方法？

案 例 讨 论

观赏鱼在＊市消费市场的调研分析

观赏鱼因其独特的生活功能和生态功能，已经成为都市农业新的消费点。深入研究观赏鱼消费市场的现状对于相关产业升级和企业经营方向的调整具有重要的现实意义。因此，2019年，＊市经济专家团队采用问卷调查和实地走访相结合的调研方法，对本地七大观赏鱼消费市场进行了一次调研。共调研观赏鱼经销商110家，发放调研问卷110份，回收98份，回收率为89.09％，其中有效问卷92份，有效回收率93.88％。调研数据显示：

1. 经销商数量和销售面积变化

7个调研市场经销商数量由2018年的124家减少到2019年的102家，减少17.74％。其中2个市场经销商数目增加，但增幅比例不高。而剩余5个市场经销商数目均有不同程度的减少，其中1个市场减少比例最大，为66.67％。与2018年相比较，2019年经销商平均摊位面积有所增加，单位经销商平均单位面积增加3.5平方米。调研结果显示，平均摊位面积增加主要来自新加入的经销商。新人摊位面积在40.17—55.34平方米，且经营观赏鱼品种比较广泛，但与原有经销商相比较，其经营的观赏鱼养殖附属品，如水族器材、鱼药、鱼食等相对较少。

2. 销售观赏鱼品种变化

在观赏鱼种类上，除了常见的草金鱼、锦鲤、鹦鹉鱼等观赏鱼之外，宫廷金鱼、斑马鱼、神仙鱼、斗鱼等观赏鱼品种也走上了各经销商的货架。各类水族观赏动物，如观赏龟、螺、蟹等也成为观赏鱼市场的重要组成部分。

3. 观赏鱼销售价格和利润变化

受渔业整体经济发展水平影响，2019年观赏鱼销售市场发展不景气。整体上观赏鱼销售价格仅略有提高。在观赏鱼常见的9种销售品种中，银龙鱼价格涨幅最大，鹦鹉鱼价格涨幅最小。鹦鹉鱼、元宝和银龙等观赏鱼价格增加幅度高于锦鲤、草金鱼和红白泰狮金鱼等观赏鱼品种。但是观赏鱼销售利润却呈现下降趋势，常见观赏鱼销售品种销售利润下降均在10％以上，其中体长为10厘米的红白泰狮金鱼利润波动最大，下降了40.89％。其次是3厘米的丑鱼，下降了28.07％。接下来为10厘米的草金鱼，下降了27.78％。利润下降最小的是12厘米的元宝鱼，下降了11.78％。

4. 附属品销售

通过调查显示，在经营观赏鱼的同时，有84家经销商销售观赏鱼附属品，占被调查对象(92家)的91.30％。有20家经营大型水族器材，但鱼药、鱼食经营较少，附属品销售额占总销售额的比例为15.41％—40.53％，销售利润占店面总利润的10.17％—

45.28%，平均占比27.03%。64家经销鱼药、鱼食、附属品的经销商销售额占店面总销售额的22.07%—47.98%，销售利润占店面总利润的28.47%—49.18%，平均占比37.56%。通过与经销商的访谈，发现在所有经销水族器材的经销商中，各种新型材料和各类设计水族箱均有售卖，甚至根据养殖需要进行私人定制。各类鱼药、鱼食也更具有针对性，针对不同鱼种、不同规格观赏鱼具有针对性的鱼药和鱼食，有效提高了养殖的便捷性和观赏鱼成活率。各类规模经销户附属品经营业务比例较2018年均有所增加，多数经销商承认自己的固定客户均会接受相关配套产品的推荐。在考虑到观赏鱼损耗的情况下，附属品利润远高于观赏鱼销售利润。

5. 运输方式

通过对92家经销商的调研发现，所销售的温水性观赏鱼（金鱼、锦鲤、草金鱼等）多产自本地，通常用加氧活鱼运输袋进行运输，平均成活率为93.25%。热水性观赏鱼（龙鱼、血鹦鹉等）多从外地批发市场进货，在运输过程中，由于需要保持适宜的水温，故采用加氧运输袋和保温箱进行运输，平均成活率为92.20%。通过调研发现，被调查对象中，有22.74%的经销商进货渠道直接对接广州、福建甚至新加坡的境外养殖场，由于运输距离远，为提高成活率，空运则成为这些经销商的主要运输方式。根据观赏鱼种类、单体规格以及运输时间，采取不同的加氧、保温方式，观赏鱼的成活率显著高于传统加氧水箱运输方式，甚至零损耗。但由于运输费用相对较高，且由经销商独自承担运输费用，从而造成了高端观赏鱼销售价格的提升。

6. 经销商进货渠道情况

不同类型经销商的进货渠道相对固定，订货模式灵活多变。在所调研的92家经销商中，具有稳定供货来源的经销商有68家，占被调查对象的73.91%。多数经销商为稳定货源和降低经营供货风险，对于同品种观赏鱼均有两家甚至多家供货商（以中间商为主）。在订货模式上，经销商灵活多变，对于常见品种且品质一般的观赏鱼（如草金鱼、锦鲤），72.59%的经销商采用电话预约方式订货。通过调查发现，观赏鱼中间商发展迅速，且成为一般经销商对接养殖场的主要渠道。一方面由于养殖场极少对接一般零售商，无论是一般观赏鱼养殖户还是精品观赏鱼养殖户，一般不对外零售，或者整塘销售或者整网销售。一般经销商很难满足养殖户进货量要求，或者几十尾或几百尾左右，而中间商则是同时对接多个经销商，可以满足养殖户大批量销售的要求。另一方面则是进货成本考虑，尽管小规模多次进货可以减少经销过程中的损耗，但在自行承担运输费用的模式下，多批次进货造成进货成本较高，虽然中间商加价提高了进货成本，但从降低损耗和减少运输成本角度，经销商更倾向于通过中间商对接养殖场。通过调查还发现，在进货渠道上，有62家经销商有网络采购经历，占到被调查对象的67.39%。

7. 经销商销售渠道情况

通过对92家经销商的调查发现，有63.04%的经销商在淘宝、京东等第三方平台注册销售，36.96%的经销商虽未在第三方平台注册销售，但也通过微信朋友圈等自媒体推送产品信息和接受订单，然后委托第三方承担运输功能。本次调研的92家经销商通过采用网络手段销售后的销售额平均值占到其销售总额的29.24%，在网络销售中，销往外地的销售额占网络销售总额的88.67%。

资料来源：胡金有等.观赏鱼在北京市消费市场的调研分析[J].中国渔业经济,2019(5)：62-67.

讨论题：

1. 请问此次调研的目标是什么？
2. 请根据案例描述此次调研数据的来源、调研方法、调研工具和抽样计划。
3. 你觉得本次调研质量如何？是否能达到调研目标？为什么？

参 考 文 献

1. [美]菲利普·科特勒等.市场营销原理(亚洲版)[M].何志毅等译.北京：北京机械工业出版社,2006.

2. [美]加里·阿姆斯特朗,[美]菲利普·科特勒.市场营销学(第9版)[M].吕一林等译.北京：中国人民大学出版社,2010.

3. 杨慧.市场营销学(第3版)[M].北京：中国社会科学出版社,2011.

4. 王桂花.简析沃尔玛与宝洁公司的商业关系从破裂到实现共赢的实例及启示[J].对外经贸实务,2014(12)：77-79.

5. 赵星.中国食品危机与地理标志体系——社会经济学实证研究[M].北京：经济管理出版社,2014.

6. [美]菲利普·科特勒,[美]凯文·莱恩·凯勒.营销管理(第15版)[M].何佳讯等译.上海：格致出版社,2016.

7. 郭国庆.市场营销学通论(第7版)[M].北京：中国人民大学出版社,2017.

8. [美]菲利普·科特勒,[美]加里·阿姆斯特朗.市场营销：原理与实践(第16版)[M].楼尊译.北京：中国人民大学出版社,2015.

9. 王永贵.市场营销[M].北京：中国人民大学出版社,2019.

10. 文化和旅游部.大数据杀熟[Z/OL].[2021-02-03].http://zwgk.mct.gov.cn/auto255/202008/t20200831_874550.html.

11. 胡金有.观赏鱼在北京市消费市场的调研分析[J].中国渔业经济,2019(5)：62-67.

第五章 消费者购买行为

【学习目标】

1. 了解市场的分类及消费者市场的购买行为特点。
2. 理解影响消费者购买行为的主要因素。
3. 了解消费者购买类型。
4. 把握消费者的购买决策过程。
5. 理解消费者满意度的重要性。

开篇案例

拼多多的成功之路

中国全品类电商长期以来都被阿里巴巴和京东把控着,而拼多多却杀出了重围,成为近4年来最火热的线上购物平台之一。其财报显示,2020年第一季度,拼多多的收入达到65.41亿元,较2019年同期增长44%。如今,拼多多年活跃买家数已有6.28亿,阿里巴巴为7.26亿,京东则仅有3.87亿。从用户数来看,拼多多已是中国第二大电商平台。

拼多多成立于2015年9月,是一家专注于凑单、拼团的第三方社交电商平台。用户可以选择自己想要的商品,发起或参与拼团,通过微信推荐拼团链接给家人、邻居和好友,吸引对方一起来拼团购买,从而用更低的价格来购买想要的商品。"社交+电商",两者结合带来的成绩令人咂舌。但实际上,这一模式也曾被阿里巴巴和京东考虑过,但无一例外地碰壁。是什么支撑了拼多多今天的成功呢?有人说是移动支付的普及,有人说是物流基础设施的完善,也有人说是中小卖家的大量入住。但创始人黄峥却认为这是"新"社交电商和"消费下沉"所带来的机遇。

首先,由于移动终端的普及,消费者的线上购物场景已经悄然发生改变,从PC端的电商平台开始逐步向移动端迁移,尤其是智能手机终端的普及应用,进一步加快了这种流量迁移的速度。而且随着智能手机的普及,服务软件平台也随之不断发展迭代,其目的就是为消费者提供更加高效便捷、零障碍的消费体验。传统的PC端团购,如美团、百度糯米、拉手网等就是在这个浪潮中被淘汰的。而在此时,微信的横空出世更值得关注。PC端的传统交流软件QQ近年已被微信碾压。智能手机上承载的众多服务软件中,微信独大。它几乎垄断了国内绝大多数社交软件的流量。而中国消费者在城镇化进程中,由于市场监管的缺位和人们之间信任度的淡化,"人情文化"反而愈加根深蒂固。消费者在消费选择时更信任熟人而非广告的现象凸显。三者叠加,无形中形成了可以将社交和消费紧密相连的基础。试问,同样的产品,同样的价格,消费者是愿意跟熟人购买还是陌生的商家购买呢?而且消费者还能借助社交软件的杠杆效应来提升社交效率。以消费者为中心的社交覆盖网络被放大,这就形成了以个人为中心的一个消费圈。这个消费圈覆盖人群也都是消费者,消费者在消费的同时,由于社交的覆盖效应,又有可能变成传播者甚至商家。这就是所谓的消费商,兼具消费者和商人的双重角色。一个消费者背后的所有社交群体都有可能被带入商圈,这是传统单纯的电商平台所无法做到的。所以有人形容,上一代的电商是想要买某个具体东西的时候去搜,拼多多更多时候是非目的性购物,就像你在逛一个大型购物中心,你去的时候没有明确目的,走到那边感觉非常有购买欲望,然后就买下来了。拼多多就是凭借平台电商+社交的优势,利用微信流量池的庞大流量迅速崛起的一种社交零售新模式。

其次,拼多多更为精准地切入了消费群体,即:中老年消费群体,小城镇及农村消费群体。这类用户以前之所以没有暴露出来,一方面是主流商家对他们缺乏关注,是被淘宝和京东忽略的一批用户。据极光大数据统计,拼多多用户65%来自三四五线城市,来自一线城市的用户仅有7.56%。其中70%为女性,低学历用户(高中及以下)比淘宝/京东用户多12.2%,高学历用户则少了13.5%,大部分是低收入人群。从整体上看,他们休闲时间多,属于价格敏感型的客户。靠发链接赚钱还有机会免费拿商品对他们来说吸引力很大。他们关注商品本身的性价比,关注是否便宜,对于品牌或者商品质量的要求不高。另一方面,这群用户之前一直没被链接进互联网,被PC时代传统电商所忽略。因为互联网技术门槛的限制,他们被拦在了互联网之外。例如,在淘宝买东西的时候,要使用支付宝支付。但由于互联网的概念和电脑的使用还没有彻底普及到农村,大部分农村消费群体并没有接触和使用过支付宝,对在淘宝购物会产生天然的抵触。但当智能手机开启移动互联网大门,加之像微信这样的社交软件的普及,为他们营造了移动互联的条件,这部分消费人群就开始暴露出来。几乎傻瓜式操作的社交电商平台加上微信支付,在中国14亿人口中半数的农村消费群体就这样被拉入了拼多多的生态圈。

虽然拼多多在成功的同时,也被贴上假货、山寨和消费降级等负面标签。一些山寨产品如"营养快线""大白兔奶糖""康帅傅方便面"等被频频曝光。也有人提出拼多多的特征会导致其产品线过于狭窄,例如拼团的模式只适合于小金额高频次水果、干果、化妆品等日常生活的易耗品的交易。但存在即合理,整个市场中确实有需要拼多多产品的某些人群。这类用户数量之庞大和消费愿望之强烈也出乎很多人的意料。如何正确理解消费行为并找到市场上未被满足的消费需求,是营销人员需要常常思考的问题。

资料来源:极光.拼多多的成功之路[R/OL].[2021-02-05].https://www.jiguang.cn/reports.

第一节 影响消费者购买行为的因素

市场由有消费欲望和消费能力的购买者组成。因此,营销人员应该根据谁在市场上购买,而非具体的产品或服务的种类来对市场进行划分。因此,营销人员普遍将市场分为两大基本类型:个人消费者市场和组织市场。个人消费者市场由那些为满足自身及其家庭成员的生活需要而购买产品和服务的人组成。个人消费者的购买是通向最终消费的购买,这一市场庞大而分散,也是所有社会生产的终极目标。组织市场则由所有非个人消费者的团体组织构成,包括生产企业、服务企业、商业企业、政府机构、民间团体及各种非营利组织。这些企业或组织购买产品或服务,是为了从事企业经营活动,加工制造产品、转售产品或向社会提供服务。从社会再生产的角度看,它们购买后的消费属于生产性消费,构成社会再生产的一个新起点。个人消费者市场和组织市场由不同的购买者组成,有不同的购买目的,在社会再生产中所处地位不同,因此,在需求及购买行为方面也有很大差异。本章及下一章将主要围绕两类市场的需求及购买行为差异而展开。

一、消费者购买行为模式

消费者购买行为指为个人和家庭消费而购买产品和服务的行为。所有这些最终消费者构成消费者市场。当今中国消费者市场有 14 亿消费者,是世界上最具吸引力的消费者市场之一。据中新社报道,2020 年中国消费市场规模有望达到 45 万亿元人民币。而全球消费者市场有 70 多亿消费者,每年对商品和服务的消费额更是高达数百万亿元人民币。

经济学家在对消费者购买行为进行分析时,往往把消费者看作"经济人",把他们的购买看成是完全理性的购买:根据充分的市场情报,购买对自己而言最有价值的商品,并追求"最大效用"。但在现实生活中,随着商品经济的发展,市场上供应的商品和服务的品种、规格、款式日益繁多。且不同国家、不同地区的消费者在习俗、年龄、收入、受教育程度和喜好等方面差别也很大。即使面对相同的需求,不同消费者也倾向于购买各种不同的商品和服务。此时,再仅仅用经济因素已很难解释消费者需求选择的多样化了。这些消费者如何受到外部世界的影响,何种因素促使他们选择市场上不同的商品和服务,就成为营销人员需要了解的问题。

消费者每天都要做很多购买决策,解决购买什么、在哪购买、如何购买、什么时候购买等一系列问题。营销可以通过调研消费者的实际购买行为了解他们购买的种类、品牌、地点、时间和数量。然而,要了解消费者购买行为背后的原因却不是简单的事情,往往消费者自己都不知道是什么真正影响他们的购买行为。简单的询问消费者为什么购买某种产品,常常得不到可信的答案。所以,营销人员要了解的核心问题是:在外部刺激和购买决策之间,消费者的意识发生了何种变化。为研究消费者的购买行为,专家们建立了一个消费者购买行为模式来说明外界营销环境刺激与消费者反应之间的关系,如图5-1所示。在这里,营销活动和其他刺激进入了消费者意识的黑箱,然后转换成可观察的消费者决策。虽然在消费者意识的黑箱里发生的事件至今难以明了,但一般认为,消费者特性会影响他们对刺激物的感知和反应,而且消费者决策过程本身会影响消费者购买决策。本节将重点讨论第一部分消费者特性,下节则重点讨论第二部分消费者决策过程。

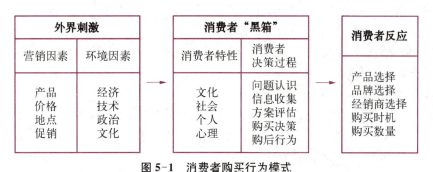

图 5-1 消费者购买行为模式

(资料来源:纪宝成.市场营销学教程(第6版)[M].北京:中国人民大学出版社,2017:52)

二、文化因素的影响

文化是在一定的物质、社会、历史传统基础上形成的特定价值观、信仰、思维方式、宗教、习俗的综合体。作为一种观念,"文化"看不见也摸不着,但人们能感受到它的存在。如东西方文化的巨大差异,同属东方文明的中日韩文化之间的差异,等等。作为其有形的一面,"文化"又常常反映在一国的建筑、城市风貌、文学艺术、衣着,甚至饮食上。

在不同文化体系中成长的消费者通过家庭、教育机构以及其他组织和个人的引导在社会化的过程中会建立一套基本的价值观、可遵循的道德规范和行为准则。这就是所谓的文化对消费者购买行为的最根本的影响。例如,红色包装的礼物在中国很受欢迎,因为这在中国文化中意味着喜庆、欢乐及好运。大家在新年互赠红色包装的礼物,给晚辈红包,但一般不会当众检视礼物或查看红包中现金多少。而西方国家的消费者更喜欢礼物的个性化包装,乐于互赠用心挑选并仔细包装的礼物,且希望收受礼物的朋友能当众拆开并表达欣喜之情。因此,东西方的消费者在选择节日礼品时,可能会表现出截然不同的购买行为。文化是消费者欲望和行为的决定性因素。

(一)亚文化群

在每一种文化中,往往还存在许多在一定范围内更具有文化同一性的群体,它们被称为亚文化群。当亚文化群不断成长,影响越来越大的时候,营销人员就需要制定特殊的营销方案为这些人提供服务。

> **知识链接**
>
> ### 亚文化群
>
> 一般而言,三种亚文化群比较常见:
>
> 1. 民族亚文化群
>
> 许多国家都是多民族的国家,不同民族经过长期历史发展形成了各自的语言,不同的风俗、习惯和爱好,他们在饮食、居住、服饰、节日、礼仪等文化生活方面各有特点,这些都会影响他们的购买行为。例如,不同民族庆贺新年的时间不同,这就使得他们集中购买新年礼物的时间有所区别。
>
> 2. 宗教亚文化群
>
> 宗教是人类社会发展到一定阶段而出现的现象,各宗教也有其发生、发展和消亡的过程。现阶段,世界上的主要宗教有基督教、伊斯兰教和佛教等。这些宗教有各自的文化偏好和禁忌,进而会影响信仰不同宗教的人们的购买行为。例如,印度教徒认为牛是神圣的,故而牛肉汉堡不会在他们考虑购买的商品之列。
>
> 3. 地理区域亚文化群
>
> 城市和乡村、沿海和内地、山区和平原等不同地区,由于地理环境和经济发展水平的差异,人们具有不同的生活方式、口味和爱好,这也会影响他们的购买行为。例如,沿海居民喜欢清淡口味的食品而内陆尤其是山区居民,经常往他们的菜肴里加入辣椒。这使得辣椒这种商品在特定地区的销量更好。
>
> 资料来源:纪宝成.市场营销学教程(第6版)[M].北京:中国人民大学出版社,2017:53.

(二)社会阶层

人们在社会中所处地位不同,几乎每个社会都存在一定形式的社会等级结构。社会阶层是社会中相对稳定和一致的群体,其成员具有相似的价值观、兴趣和行为。社会阶层常常根据对职业的社会威望、收入水平、财产、受教育程度、居住区域和其他一些指标的综合进行分类。

> **知识链接**
>
> ### 社会阶层
>
> 著名的社会学家和经济学家韦伯就将社会阶层分为:工人阶级、小资产阶级、无产阶级的知识分子和专家(技术人员、各种白领雇员、公务员等,他们成为这一阶层人士的可能性取决于培训成本)、通过继承财产和得到教育而获得特权的阶层。伦敦经济学院的Savage等人在BBC的资助下进行了英国有史以来最大规模的社会阶层调查(161 400名网络调查对象以及具有代表性的全国抽样调查)。他们通过工作以及人们拥有的各种经济、文化和社会资源/资本划分出英国现在社会中存在的七个

阶层。

资料来源：赵星.变化中的中国食品市场：中等收入人群进口食品质量感知和消费意愿[M].北京：经济管理出版社,2019：26-28.

在一些社会体系中,不同阶层的人们承担不同的角色,且难以改变各自的社会地位。在另一些社会体系中,社会阶层之间的界限并非固定和严格的,人们可以迈入更高的社会阶层,也可能跌入更低的社会阶层。营销人员之所以关注社会阶层,是因为同一社会阶层的人们因价值取向、经济状况、生活背景和受教育程度相近,其生活习惯、消费水准、消费内容、兴趣和行为也相近,以至于对某些商品、品牌、企业形象、传播媒体等都有共同的偏好。例如,不同阶层喜爱的酒类可能有所区别,营销人员就应该制作不同的广告来推销不同的酒类产品。

(三) 其他文化因素

1. 语言和文字

不同国家和地区,不同民族,甚至不同阶层都有着不同的语言和文字。语言与文字方面的巨大差异,如语言禁忌、语言歧义、习惯用法及俚语等构成了营销人员的一大障碍。从事营销活动的人员要深刻理解语言背后的文化含义以便于与消费者进行沟通和交流。

2. 社会组织

不同的社会组织,如家庭、部族、社会阶层等,都有其独特性,只有深入研究,才能使营销活动有的放矢。例如,城镇三口之家的核心家庭模式会使购买单位增多,但农村几代同堂的扩展家庭模式则会形成较大的集合购买力。从营销角度看,既要看到不同家庭之间的共性消费行为,也要考量它们各自不同的消费需求。

3. 价值观念

价值观念是文化的核心内容,是消费者选择购买行为和购买方式的精神标准。例如,对于上班族来说,购买快餐和方便食品的原因在于节约时间,提高时间利用率。而对于传统家庭来说,他们习惯于在家享用三餐,认为餐桌上的氛围有利于提高家人的亲密度,偶尔购买快餐食品只是为了变换花样。对于一个家庭妇女来说,经常购买快餐则被许多人认为是对家庭不负责任的表现。

4. 宗教信仰

从营销角度看,宗教突出地反映了消费者的某些标准、理想和追求,因此极大地影响着消费者的行为。宗教方面的规范和禁忌对营销行为形成了一定的制约,也使深入了解宗教信仰的营销人员得到开发新产品的机会。如日本精工就推出一种手表,能将世界各地的当地时间自动转换成伊斯兰教圣地麦加的时间,并且每天鸣叫5次以提醒使用者按时礼拜。此表的问世受到世界各地数以亿计的伊斯兰教徒的普遍欢迎。

5. 商业习惯和法律规范

不同国家和地区有各自不同的商业习惯和法律条文。营销人员要对此有所了解,以适应当地的商业文化环境,更好地满足消费者的不同需求。例如,不同国家对护肤品的成分规定不同。在日本,福尔马林防腐剂,视网膜酸等成分是不允许在护肤品中使用的,但这些成分在欧洲很多国家却是被允许的。在美国,眼影等用在眼周的化妆品中不可以有焦油色素成分,而在日本则没有被禁止。因此,为了在某些市场中顺利售卖,护肤品配方必须做出符合当地要求的调整,以满足该市场的特殊要求。

案例分享

拉丁裔消费者的家庭改善项目——刷墙

向家得宝跨文化高级市场经理玛莎·克鲁斯(Martha Kruse)提及草绿色,这个秘鲁人没什么反应?但如果提到 Verde Amazonas,她会立刻兴趣盎然。为了通过色彩和文化深入拉丁裔消费者市场,家得宝推出了 Colores Origenes(西班牙语的意思是来自根源的本质)系列 70 多种色彩的涂料。乍看上去,这些颜色没什么特别的。但仔细察看,会发现它们具有鲜明的色彩美感,使人联想到拉丁文化中流行的食物和图像。克鲁斯说:"每个颜色都有一个小故事。Mango Jugoso 是一种多汁的芒果(柽果);Elate 是墨西哥语的黄玉米;Horchata 是一种墨西哥大米饮料;Cafe Expreso 意指喜欢喝浓咖啡的古巴人。"克鲁斯确信:"我们知道它们都是拉丁裔喜欢的颜色。这些有着西班牙名称和特别文化联想的新色彩涂料在市场上大获成功。"

资料来源:[美]加里·阿姆斯特朗,[美]菲利普·科特勒.市场营销学(第 9 版)[M].吕一林等译.北京:中国人民大学出版社,2010:119.

三、社会因素的影响

消费者行为也会受到一系列社会因素的影响,比如消费者所处的群体、家庭、社会角色与地位等。

(一)参照群体

群体一般是指通过一定的社会关系结合起来进行共同活动而产生相互作用的集体。群体既为人的社会化提供了场所和手段,又为个体的各种社会需要的满足提供了条件和保障。离开了家庭、邻里、朋友和其他各种类型的群体,人的很多需要无法得到满足,人的社会化也无从谈起。所以,大多数人都属于或希望加入各种群体。而参照群体是指对个人的态度、意见、偏好和行为有直接或间接影响的群体。参照群体有两种基本类型:一种是个人具有成员资格并因此受到直接影响的群体,又分为主要群体和次要群体。主要群体是给个人以最大影响的群体,如家庭、朋友、邻居、同事,群体成员之间接触频繁且非正式地互相影响。次要群体则给个人以较次要的影响,如职业协会、学生会,群体之间的接触更正式而相互影响则较少。另一种是个人并不具有正式成员资格,而是期望成为群体中的一员。典型的如对明星的崇拜,这种也称为崇拜性群体。

相关群体使一个人受到自我概念、态度、行为、生活方式等方面的影响。人们从参照群体中获得大量经验和知识的同时也受群体成员观点和行为准则的影响和制约。或者因为个人相信在群体影响下做出购买决策可以减少失误,不遵守群体准则的行为会受到谴责,或者因为个人希望通过与群体交往来提高自我形象,参照群体促使人们在消费行为上做出相近的选择。群体的结合越紧密,交往过程越有效,个人对群体越尊重,参照群体对个人购买选择的影响就越大。参照群体对消费者购买不同商品的影响有所区别。它对使用时不易为他人所觉察的,主要供个体私下消费使用的食品、洗发液、纸制品等商品的购买影响较小,而对使用时会附带人际交往功能的,如聚会地点、汽车品牌、服饰等商品的购买影响较大。

在参照群体对购买行为影响较大的情况下,企业应设法识别和影响参照群体中的意见领袖。意见领袖即在参照群体中因特殊技能、知识、人格或其他特征而对他人能够施加影响的人。他们既可以是在某方面有专长的人,也可以是群体的领导人,还可以是期望群体中人们争相效仿的对象。由于意见领袖的建议和行为往往被追随者接受和模仿,他们一旦使用了某种产品,就会起到宣传和推广作用。企业应首先针对他们做广告,或请他们做代言,以对追随者起到示范或号召作用。近年来,在线社交网络渐渐流行。人们渐渐习惯通过博客、微博、微信这样的社交媒体或手机应用软件来进行社交互动、交流信息和观点。这进一步使得营销人员加强对意见领袖的招募或培养。但由于社交网络往往是用户控制内容,所以有时社交网络营销的结果会超出营销人员预计。例如,当营销人员试图基于可持续发展观念推广电力驱动的汽车时,可能会在网站上出现电池是否环保的问题的讨论。

(二)家庭

家庭是最重要的参照群体之一。家庭由居住在一起的彼此有血缘、婚姻或抚养关系的个体组成。婚前家庭对购买行为影响的重要性在于从一个人年幼时就开始施加种种倾向性的影响,这种影响可能持续其一生。婚前家庭主要包括一个人的双亲和兄弟姐妹。每个人都从其父母那里得到有关价值观、宗教、政治、经济、爱情等方面的指导。即使购买者已成年,婚前家庭对其无意识的购买影响仍然存在。对许多成年后仍与父母一起生活的子女来说,婚前家庭的影响更是巨大。当然,对日常购买行为有更直接的影响的是由夫妻双方加上子女构成的家庭。

家庭是一个消费单位和购买决策单位,也是社会中最重要的消费者群体。许多产品,如住宅、冰箱、电视机的购买是以家庭为单位的。在不同家庭中,夫妻参与购买决策的程度不同。在同一家庭中,夫妻参与购买决策的程度又因产品的不同而有很大差异。传统上,食物、日用杂品、日常衣着的购买主要由妻子承担。不过,在当今女性普遍参加工作的情况下,丈夫也加入了日常消费品购买的行列。在购买价格昂贵的耐用消费品或高档商品时,家庭决策模式也会较为复杂。在中国,很多人认为主要在丈夫影响下决定购买的产品和服务包括电脑、电视、汽车等,主要在妻子影响下决定购买的产品和服务包括珠宝、服装、厨房用具等,双方影响均等的产品和服务包括家具、住房等。丈夫一般在决定是否购买和在何时、何处购买等方面有较大的影响,妻子则一般在决定所购商品的颜色等外观特征方面有较大的影响。当然,对不同国家、地区和社会阶层来说,家庭购买行为也会有所不同,营销人员必须对具体情况和场景不断加以关注和研究。孩子对家庭购买决策的影响也不容忽视。在典型的中国三口之家,儿童常常在购买玩具、旅游、在外就餐地点等方面的家庭决策影响很大。因此,许多游乐园、餐馆和度假胜地开始在儿童媒体上打广告,以期能对家庭决策施加影响。

(三) 社会角色和地位

每个人可以同时从属于很多群体,但他们在群体中的位置由社会角色和地位决定。社会角色代表一种地位,反映了社会对这种地位的承认,由周围的人希望他做出的行为构成。比如,一个人与父母在一起时,是儿子或女儿;在自己家里,是丈夫或妻子,是父亲或母亲;在单位,是领导或职员。人们常常选择代表社会地位的产品而非相反。作为子女,购买送给父母的保健品;作为配偶,购买送给对方的礼物;作为父亲或母亲,购买送给子女的玩具;作为单位领导,购买反映其在公司角色和地位的服装和汽车。人们在购买商品时往往结合自己在社会中所处的地位和角色来考虑。营销人员也很早就意识到产品和品牌成为地位标志的潜力。故此,产品广告经常结合具体场景来展示,销售渠道也会考量目标人群的社会地位加以选择。

四、个人因素的影响

消费者的购买决策也受到个人因素的影响,如消费者的年龄、生命周期阶段、职业、经济状况、生活方式、个性和自我概念等。

(一) 年龄和家庭生命周期

不同年龄消费者的兴趣、爱好和经历不同,他们购买商品的种类和方式也随之变化。例如,儿童是糖果的主要消费者,青少年是文体用品的主要使用者,成年人是家具、住房、汽车的主要购买者,老年人是保健用品的主要消费者。不同年龄消费者的购买方式也各有特点。例如,青少年缺少经验,容易受到各种信息的影响,冲动购买产品和服务。而中年人经验比较丰富,常根据习惯和经验购买。

人们对产品和服务的购买与年龄关系很大,也与家庭生命周期的阶段有非常重要的关系。家庭生命周期是指消费者从成年后离开父母独立生活到年老时的家庭生活全过程。由于消费者在家庭生命周期不同阶段的爱好和购买行为有一定的差别,营销者应特别关注处于某一或某些阶段的消费者的需要,为各阶段开发合适的产品,制定适当的营销计划。

> **知识链接**
>
> **家庭生命周期**
>
> 根据消费者的年龄、婚姻和子女状况,一般可以把家庭生命周期分为以下几个阶段:① 独立生活的单身青年。几乎没有经济负担,追求流行时尚,娱乐导向,乐于参与文体娱乐活动,购买游戏设备。② 没有孩子的年轻夫妇。需要购买汽车、家具、冰箱等耐用消费品,时常支出一定的旅游费用,购买力最强,耐用品购买力最高。③ 有6岁以下婴幼儿的年轻夫妇。家庭用品采购高峰期,流动资产少,喜欢新产品,需要

购买婴儿食品、玩具及支付保育费等。④子女大于6岁,已入学。经济状况较好,对广告不敏感,喜欢购买大包装商品,经常购买各色食品、清洁用品、自行车、钢琴等,大量教育和娱乐支出。⑤子女已长大,但尚未独立。家庭经济状况尚好,不易受广告影响,在孩子用品和教育等方面花钱较多,耐用消费品购买力较强,开始购买非必需品,如船和珠宝等。⑥无子女同住的年纪较大的夫妇,未退休。大多拥有自己的住宅,经济富裕有储蓄,对旅游、教育、娱乐有兴趣,会购买较多的非生活必需品、奢侈品和保健用品,对新产品兴趣不高。⑦退休老人,或鳏寡。收入下降,赋闲在家,需要购买特殊食品和保健用品、医疗服务,特别需要情感关注和安全保障。

资料来源:纪宝成.市场营销学教程(第6版)[M].北京:中国人民大学出版社,2017:56.

(二)职业、受教育水平和经济状况

职业不同的消费者由于生活、工作条件不同,消费模式和购买行为也会产生差别。蓝领工人一般购买较多的工作服和工作鞋,而白领工人则购买西装和领带,公司总裁更愿意申请乡村俱乐部会员。营销人员需要识别那些对他们的产品和服务有相当兴趣的职业群体,甚至专门制造既定职业群体所需的产品。例如,牛仔裤的最初产生就是为了给淘金工人生产坚固耐磨的衣物。

受教育程度不同的人,在志趣、生活方式、文化素养、价值观念等方面都会有所不同,因此也会对购买产品的种类、购买行为和购买习惯产生影响。一般而言,受教育程度较高的消费者对书籍、报刊等文化用品的需求量较大,购买商品的理性程度较高,审美能力较强,购买决策过程较全面,更善于利用非商业性来源的信息。而受教育程度较低的消费者购买商品的感性程度较高,易冲动消费,受相关群体影响较大,对产品功能的鉴别能力不足。

个人的经济状况,取决于其可支配收入水平(包括收入的稳定性等)、储蓄和资产、债务水平、借贷能力以及其对开支与储蓄的态度。个人的购买能力在很大程度上制约着个人的购买行为,影响消费者的消费数量、质量、结构及消费方式。理性的消费者一般都在可支配收入的范围内考虑以最合理的方式安排支出,以便更有效地满足自己的需要。收入较低的顾客往往比收入较高的顾客更关心价格的高低。如果企业经营与收入水平密切相关的产品,就应特别注意个人收入、储蓄和利率的变化,甚至包括消费者对未来经济形势、收入和商品价格变化的预期。当这些指标出现变化的时候,营销人员就应该根据实际情况及时对其产品进行重新设计、定位和定价。例如,在新冠肺炎疫情期间,有些公司,如路易威登公司就决定对其经典款手提包进行提价处理,而有些公司,如护肤品生产厂商雅诗兰黛就决定将其护肤品进行打折倾销处理。

(三)生活方式

来自相同亚文化、社会阶层和职业的人们也可能有完全不同的生活方式。生活方式是个人根据自己的价值观念等安排生活的模式,是影响个人行为的心理、社会、文化、经济等各种因素的综合反映,并通过具体行为、兴趣和观念将其表现出来。生活方式分析是用来研究个人的日常生活方式的工具。目前较为完善的有 AIO 模式和 VALS 分

类方法。AIO模式通过描述消费者的活动、兴趣和态度来度量生活方式的实际形式,而VALS方法按照自我导向和资源丰缺两个标准,定义了八个类别的生活方式,将消费者细分为现实者、满足者、信念者、成就者、奋斗者、经历者、工作者和挣扎者。

生活方式分析经常被加入人文统计分析描述中去,以便于营销人员了解他们的顾客。例如,了解到消费者为35岁,已婚,住着带有3间卧室的房子,有2个孩子,这些信息对营销人员并没有多少用处。但生活方式分析表明这个35岁的消费者已经是具有环保导向的消费者,他具有传统的价值观,他喜欢自己作为旁观者的运动,并且花大量时间在家庭的其他活动中。那么,软饮料广告就可以是一个幸福的家庭在观看一场球赛的电视转播中饮用环保材料包装的软饮料。这可能会加大消费者对此广告的关注度。营销人员需要研究他们的产品与具有不同生活方式的各群体之间的相互关系。房地产售卖商或许会发现豪宅购买者具有成就导向型特质。对这类顾客,提供成功生活的前景刻画更具吸引力。而普通中产阶级住宅的购买者或许更注重"归属型"的生活方式。对这类顾客,提供价值感或许更能赢得共鸣。具有不同生活方式的消费者对商品和服务有不同的偏好。了解消费者的生活方式,可以帮助营销人员明了变化中的消费者价值观以及它们对购买行为的影响,进而提出更合理的营销方案。

案例分享

家具的选择

哈德利和她的丈夫道格一致同意为了新婚换掉道格在哈佛学生时代买的那张旧床。但他们没想到找一张新床那么难。哈德利是一位31岁的市场总监,她说:"虽然我们很想花钱买张新床,但找不到喜欢的款式。"这不是一个花合适的价钱买一款家具的问题,而是关于感情的问题:他们需要一张与他们的生活方式一致的床,能代表他们是谁,他们将去向何处。这对夫妻最终在位于波士顿的Pottery Barn商店找到了他们需要的床。发现这张床与他们荷兰殖民式的房子非常般配之后,他们又赶回商店买了配套的床头柜。后来,他们在这家商店还买了被子、摆在客厅的镜子,以及放在餐厅的凳子。哈德利承认:"我们有些上瘾了。"

资料来源:[美]加里·阿姆斯特朗,[美]菲利普·科特勒.市场营销学(第9版)[M].吕一林等译.北京:中国人民大学出版社,2010:125.

(四)个性和自我概念

个性是一个人比较固定的心理特征,它相对稳定,使一个人对环境做出比较一致和持续的反应。个性常常可以用言辞来描绘,比如自信或自卑、冒险或谨慎、倔强或顺从、合群或孤傲、主动或被动、急躁或冷静、勇敢或怯懦等。每个人的个性对他的购买行为有显著影响。喜欢冒险的消费者容易受媒体的影响,成为新产品的早期使用者。急躁的人购买决策过程较短,而缺乏自信的人购买决策过程较长。分析消费者对特定商品和服务或品牌的选择行为时,个性是一个重要的考量因素。消费者希望选择与他们有一致个性的品牌。他们认为,"我拥有的物质体现了我是谁"。但也应该注意,有研究显示,个性大概仅可以解释10%的消费行为。几十年前,宝洁公司就对个性做了很多研究,但经过数年的努力后,这项研究被放弃了。因为与其他方法相比,宝洁发现个性不能在其日化用品的品牌塑造中发挥预期的作用。

很多营销人员采用"自我概念",这一与个性相关的概念被用来进行品牌个性塑造。但值得注意的是,实际自我概念(个人如何看待自己)和理想自我概念(个人希望如何看待自己)以及他人自我概念(个人认为别人是如何看待自己的),在心理学上是截然不同的。虽然消费者总希望保持或增强自我概念,并把购买行为作为表现自我概念的重要方式,但开发基于何种自我概念的品牌个性,使之契合消费者预期,仍然是营销人员需要仔细考量的问题。苹果推出的 Mac 和 PC 系列广告就体现出截然不同的个性和自我概念。一边是年轻、穿牛仔服的人使用 Mac;一边是戴着高度近视眼镜、穿着夹克、打着领带的人使用 PC。广告显现了 Mac 青春、激情的品牌个性;而 PC 则显得循规蹈矩、公司化。如果你认为自己是年轻且富有激情的,你就需要一台 Mac,如果你认为自己是职业化且理性的,你就需要一台 PC。

五、心理因素的影响

消费者的购买行为是受到其心理活动制约的。在购买行为进行之前,消费者必然考虑为何要购买这种产品或服务?要购买哪个品牌的产品或服务?这些心理活动促发了购买行为的产生。要研究购买行为,就必须了解购买行为背后的可能心理原因。一般而言,消费者的购买行为主要受到四种心理因素的影响,动机、感知、学习、信念和态度。

(一)动机

行为是由动机支配的,而动机由需要引起。购买行为也不例外。需要是指人感到缺少些什么从而想获得它们的状态。人通常有很多需要。有些来自生理需要,如饥饿、渴、冷等;有些来自心理需要,如对认可、尊重、归属的需要。尚未被满足的需要,会让人们产生内心的紧张或不适,当它达到某种迫切的程度时,便成为一种驱使人们行动的强烈的内在刺激。这种刺激在现实中会被引向可以减弱或消除它的外界对象,即产品或服务。因此,动机是一种推动人们为达到特定目的而采取行动的迫切需要,是行为的直接原因。人们常常有许多需要,只有其中一些比较迫切的需要发展成为动机,而往往也是那些最强烈的动机才能引发行为。心理学家已经提出很多种人类动机理论,最著名的是弗洛伊德、马斯洛和赫兹伯格的理论,它们对消费者分析和营销战略有着不同的意义。

1. 弗洛伊德的动机理论

弗洛伊德(Sigmund Freud)相信随着人类的成长,许多欲望遭到了压制。然而这些欲望既无法消除,也无法被完全控制,它们有时会出现在梦里,有时会表现在无意的话语中或意念活动中,还有时会在神经质和强迫性行为中显现。根据弗洛伊德的理论,既然形成具体行为的真正因素大多是无意识的,那么人们也就难以真正明了引起其购买行为的主要动机。例如,一个人买了一辆奔驰轿车,他也许会说买这车是因为家里需要一辆车,但深层次原因可能是他想向人们展示他的成功。

动机研究是对消费者隐藏的、潜意识动机的定性研究。消费者常常不知道或无法准确表达他们为什么这样做。因此,动机研究者采用各种研究技术来发现隐藏的动机,然后再决定向市场投放何种信息和诉求。例如,有关研究发现威士忌的饮用或许和社会地位相关,而葡萄酒的饮用则更多与休闲和欢乐相关。于是,市场中就可以看到关于这两种产品不同风格的广告。

2. 马斯洛的动机理论

马斯洛(Abraham H. Maslow)试图说明在不同阶段人们为何受到各种不同需要的驱使。为何有些人最初很希望有个固定的居所,但后来更愿意买辆房车到处旅游?为何有些人最初满足于一份高薪工作,后来却更关注工作中所能获得的成就感?

经过研究,马斯洛认为人的需要可按层次排列,先满足最重要最迫切的需要,然后再是其他。这些需要依重要性不同,可以分为五个层次(图5-2):① 生理需要,即吃饭、喝水、睡眠、取暖等基本的生存需要。② 安全需要,当人们的生理需要得到基本满足之后,就会产生为避免生理及心理受到伤害而产生的被保护需要,如失业保险需要和医疗需要。③ 社会需要,即希望被群体接受从而有所归属的需要。这种需要促使人们致力于与他人联络感情和建立各种社会人际关系,如夫妻关系,朋友往来,参加某些团体或集会等。④ 尊重需要,即实现自尊、赢得好评、赏识、获得承认等需要。人们都希望自己有稳定牢固的社会地位,需要自尊及他人的尊重。自尊是人们希望对自身的事务有一定的控制力,希望能独立生活而不依赖他人。他人的尊重以名誉、地位、威信或社会成就为基础,从而获得他人的敬重。⑤ 自我实现需要。即充分发挥个人能力,实现自我理想和抱负,取得成就的需要。人们都希望自我潜能和才能得到极大发挥,取得一定成就,对社会乃至整个人类有较大贡献。这些需要的层次越低,越不可缺少,因而越重要。人们一般按照重要性的顺序,待低层次的需要基本满足后,才去追求高一层次

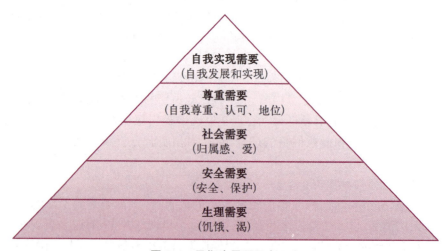

图5-2 马斯洛需要层次理论

(资料来源:[美]加里·阿姆斯特朗,[美]菲利普·科特勒.市场营销学(第9版)[M].吕一林等译.北京:中国人民大学出版社,2010:127)

的需要的满足。不过,这种需要层次结构并不是刚性的,对不同人、不同社会、不同时代来说,需要层次的顺序不同,或缺少某一层次的需要都是可能的。需求层次的划分也并非一成不变,随着社会经济水平的提高,有些原属于满足尊重需要的商品,现在可能已经变成了满足生理需要的商品,如私家汽车。需要层次理论可以帮助营销人员了解各种产品和服务怎样才能适合潜在消费者的目标和计划。

3. 赫兹伯格的动机理论

赫茨伯格(Frederick Herzberg)提出了动机双因素理论,这个理论区别了两种不同因素,即不满意(引起不满意的因素)和满意(引起满意的因素)。仅仅避免不满意因素对于营销人员来说是远远不够的,他们还必须刺激引起购买的满意因素。假使一台手机不附赠3年保单,也许就是一个不满意因素。然而,即使有了3年的保单,也不能断定它就是购买产品的满意因素或激励因素,因为保单并非是影响购买者对手机满意程度的根本性因素。手机首先必须满足使用要求,例如是否运行流畅等。

> **知 识 链 接**
>
> 赫茨伯格动机理论有两层含义。首先是营销人员应该尽最大努力避免各种不满意因素,如难以理解的使用手册和不易沟通的客服人员。尽管这些因素对产品的出售不会起到强力的促进作用,但会对消费者的购买欲望起到阻碍。其次是指在市场上,营销人员要仔细识别消费者购买产品的各种满意因素/激励因素,并尽力提供这些因素。但应该注意的是,这些因素通常会随着产品种类、品牌和消费者需求的不同而发生很大的差异。
>
> 资料来源:[美]菲利普·科特勒,[美]凯文·莱恩·凯勒.营销管理(第15版)[M].何佳讯等译.上海:格致出版社,2016:213.

(二)感知

消费者有了购买动机后,就会采取行动以满足需要。至于采取怎样的行动,则会受到认识过程的影响。消费者的认识过程,是通过感官接收各类信息并将各种信息进行初步的分析综合,使之形成一个整体"图像"的过程。一般而言,消费者总是希望有机会收集来自不同来源的信息以评估产品和服务。但并不是每个消费者都可以接触并使用所有的信息。同时,对于消费者而言,他们不仅受感官输入信息的影响,而且这些信息之间还会交互影响以形成最终感知。因此,感知是一个受到消费者主观感觉和认知的影响的一个非常主观的过程。由于每个人都以各自的方式注意、整理、解释感觉到的信息,因此不同消费者对同种刺激物或情境的感知很可能是不同的,这就是感知的三个特性:选择性注意、选择性理解和选择性记忆。

人们在日常生活中面对大量信息。有研究表明,每人每天要接触到上千个广告。但并不是每一个人对每一个广告信息都会加以注意的,其中很多都留不下任何印象。一般来说,人们倾向于注意那些与其当时需要有关的、与众不同的、反复出现的和与一般刺激物相比差异较大的刺激物,这就是选择性注意。但即使是受到关注的信息也未必能导致购买行为。每个人将接收的信息,按照自己的想法或偏见来理解。选择性理解指人们会根据自己的观念转换信息。如果消费者不信任某家公司,那该公司的所有广告都会受到质疑。选择性理解意味着营销人员要了解消费者的观念,以及这些观念如何影响其对广告和销售信息的解释。选择性记忆则是指消费者常常不能记住所获得的所有信息,但能记住那些和他们的态度、信念一致的信息。由于选择性记忆的存在,消费者会记住他们喜欢的品牌的优点,却经常忘记竞争品牌的优点。

感知的形成过程提醒营销人员,必须精心设计营销方案以突破消费者感知的壁垒从而促进购买行为的产生。因此,许多研究人员和营销人员都致力于探索纷繁复杂的感知形成过程。例如,有些营销人员提出,由于感知是一个复杂的认知过程,而且这个过程经常通过概念集合的形式来呈现,因此删除一些细节并简化复杂的信息能更好地形成感知。

案 例 分 享

潜意识广告的影响

一位研究者声称他在电影院每隔 5 秒钟会看到 1/300 秒的"吃爆米花""喝可口可乐"字样广告出现在屏幕上。他说,人们下意识地接收这些信息,爆米花和可乐的销量就会比平时分别多了 58% 和 18%。这一消息激起广告商和消费者保护组织对潜意识认知的兴趣。人们表示出对被洗脑的恐惧。美国加州和加拿大则宣布这一行为违法。虽然该研究者之后承认数据是编造的,但这一话题却并未就此结束。一些消费者仍然害怕被这类信息操控。

资料来源:[美]加里·阿姆斯特朗,[美]菲利普·科特勒.市场营销学(第9版)[M].吕一林等译.北京:中国人民大学出版社,2010:127.

(三) 学习

人们的一些行为是与生俱来的,但大多数行为是从后天经验中习得的,这种通过实践,由后天经验引起的行为变化的过程,就是学习。学习理论认为学习过程是驱动因素、刺激物、诱因、反应和强化诸因素相互影响和相互作用的过程(图5-3)。驱动因素指存在于人体内驱使人们产生行动的内在刺激力。驱动因素在某种程度上可以认为是内在需要。这种内在需要会引导消费者指向一个特定的刺激物。如,一个人自我实现的驱动因素可能会促使他去参加一个培训课程。在这种想法的支配下,他将做出报名参加培训班的反应。但何时、何地和参加何种培训课程,常常取决于周围的一些较小的或较次要的诱因,如亲属的鼓励,参加过培训的朋友的介绍,看到了有关的广告和特惠价格等信息。假设此人参加了一个初级摄影培训班,如果感到满意,他就可能再参加一个中级或高级摄影培训班,参加培训班的行为会被强化。反之,如果参加培训后感到失望,以后极有可能就不会做出参加培训班的举动。学习理论对营销人员的实践意义在于,为了扩大对某种商品的需求,他们可以反复提供诱发购买该商品的提示物,尽量使消费者购买后感到满意从而强化积极的反应。

图 5-3 学习的模式

(资料来源：杨慧.市场营销学(第 3 版)[M].北京：中国社会科学出版社，2011：107)

（四）信念和态度

通过实践和学习，消费者获得了自己的信念和态度。这些会反过来影响消费者的购买行为。

信念是人们对某种事物所持的看法，如相信某种品牌冰箱省电、制冷快、静音、售价合理。一些信念建立在科学的基础上，能够验证其真实性，如省电的信念可以通过测试证实；另一些信念却可能建立在偏见的基础上。比如相信原产德国的机械性能一定比其他产地的好。营销人员应该关注消费者对特定产品和服务的信念，因为这些信念会影响消费者的购买选择。如果因误解限制了购买，企业应开展宣传活动，设法纠正消费者的信念。

人们几乎对所有事物都持有态度，这种态度不是与生俱来的，而是在长期的学习和社会交往的过程中习得的。态度是人们对某一事物或观念长期持有的正面或负面评价、感受及行为倾向。态度使人们形成喜欢或不喜欢事物的框架，使人们接近或远离某些商品或服务。例如，环境问题正在引起消费者重视。普通灯泡因为大量消耗电力而使得许多消费者转向购买节能灯泡。这种态度一旦形成就很难逆转，要改变它需要对很多方面进行艰难调整。因此，企业应该努力使自己的产品适应消费者当前的态度，而不是试图改变这些态度。例如，当一家公司有竞争力的产品因为产地的原因而被消费者拒绝时，它可以选择与有美誉度的外国公司合作生产或者将产品的最后一道加工工序放到他国完成。改变营销方案要比改变消费者的态度容易得多。

第二节 购买行为的类型

在购买不同商品时，消费者决策的复杂程度有很大区别。一些商品的购买过程很简单，例如路过街角小店时购买一瓶矿泉水，一些则比较复杂，例如购买家庭住宅。较为复杂的决策涉及因素更多。在分析具体购买决策过程之前，先要对购买行为进行分类。划分消费者的购买行为，一般根据购买者介入度和品牌差异度两个标准。

一、购买者的介入度

购买者的介入度由两方面决定。一方面与购买过程中花费的成本(时间、价格、精力等)和面对的风险(如健康的风险)相关。另一方面和参与购买过程的人数多少相关。

根据消费者介入购买的程度,可以把消费者的购买行为分为高介入行为和低介入行为。

首先,消费者一般在购买一些较昂贵、偶尔购买、风险较高或是彰显个人外在形象的产品时介入程度较高。通常消费者需要学习大量知识,产生对产品的信念,形成态度,才能做出审慎的购买选择。例如购买一辆家用汽车时,消费者一般因为售价高,购后要使用多年而对不同的汽车的信息进行收集来评价各个产品属性。这种情况下,营销人员就需要帮助购买者了解相关信息,介绍各属性的重要性,以影响消费者的购买选择。

其次,参与购买过程的人数多少也决定了购买者的介入度。一些商品的购买过程通常由一位消费者单独完成,而有些商品的购买过程则是由充当发起者、影响者、决定者、购买者和使用者的各种不同角色的家庭成员、朋友等多人组成的决策群体共同完成的。某一购买过程的发起者是最先提出要购买某种商品的人;影响者是对最后的购买决策具有某种影响的人;决定者是最后决定部分或整个购买决策的人;购买者是进行实际购买的人;使用者是消费或使用这种商品的人。购买决策过程中参与者越多,需要考虑的因素就越多,购买者的介入程度就越高。

二、品牌间的差异程度

品牌差别小的商品大多是同质或相似的商品,而品牌差别大的商品大多是在花色、品种、款式、型号等方面差异较大的异质商品。如果消费者感知到的品牌差别小,价格和购买便利度等因素可能会对他们的购买行为产生较大影响。

三、购买行为的类型

在考虑购买者的介入度和品牌差异度的情况下,消费者购买行为可以分为以下四类(图 5-4)。但应注意的是,即使面对同样的产品购买情境,有些消费者可能介入度比其他消费者更高,有些消费者可能认为品牌之间的差异度较大而其他消费者持相反意见。例如,对于洗发水的选择,有些有脱发困扰的消费者可能会比无此烦恼的消费者介入度更高,认为品牌之间差异度很大,而更加仔细地收集相关信息以做出购买选择。

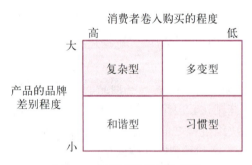

图 5-4 消费者购买行为类型

(资料来源:纪宝成.市场营销学教程(第6版)[M].北京:中国人民大学出版社,2017:62)

(一)复杂型购买行为

当消费者高度介入市场中并感知到品牌存在重大差别时,他们就会进行复杂的购买行为。复杂型购买通常发生在消费者购买住宅、汽车、珠宝等单价高、品牌差别大的耐用消费品的场合。通常情况下,他们不太了解这些商品和服务的细节差异,所以在广泛收集各种有关信息的学习过程后,会对供选择品牌的重要特性进行评价,然后建立对每种品牌的各种特性水平的信念,再形成对品牌的态度,最后慎重地做出购买选择。这种情况下,营销人员不仅需要帮助消费者了解有关产品的属性和各属性的重要性,而且需要通过大量介绍品牌利益的促销手段,来帮助消费者区别其品牌的特征。

当然,这样复杂的购买行为经常因信息收集费用高(时间成本等)、驱动因素很强、购买便利或者某种名牌商品即将售罄等原因而简化。一般而言,消费者第二次购买该类商品的行为远不如初次购买那么复杂。经过初次购买和使用,消费者已对商品有了比较深入的了解,需要进一步寻找的信息是有限的。学习和强化在重复再购买阶段起了比较重要的作用。

(二) 和谐型购买行为

这种购买行为发生在消费者介入到一个昂贵、不经常发生或高风险的购买过程中。但当品牌间差别又很小的时候,这种化解不协调的购买行为就发生了。与复杂购买行为相比,这种购买行为稍微简单些。

由于品牌差别不明显,消费者就不必花很多时间收集不同品牌的信息来进行评价,而会将主要注意力放在价格是否优惠和购买时间与地点是否便利上。因此,从引起需要和动机到决定购买所用的时间短于复杂的购买行为。但消费者购买后容易出现因发现产品缺陷或感觉其他品牌更优而心理不平衡的现象。为追求心理平衡,消费者这时才会去寻找有关已购品牌的正面信息或争取他人认同,以证明自己的购买选择是正确的。例如,消费者在购买住宅时就面临着一个高度介入的问题,因为住宅是经常使用的产品,也可以展示一个人的社会地位。但消费者可能又认为一定价格范围内的所有住宅差别都不大。在这种情况下,由于感知的品牌差异不大,消费者可能会四处逛逛,了解某一区域市场上在售的住宅种类和价格,并有可能因为特殊的优惠或促销活动而做出购买抉择。但购买之后,当他们发掘所购住宅存在一定的缺点的时候或者旁边的楼盘价格降低的时候,他们可能就会产生购买后的不协调/不适。为了应对这种状况,企业应该通过售后与购买者取得联系,及时提供信息,支持购买者的选择并使他们对自己的购买选择感到满意。

(三) 习惯型购买行为

消费者介入购买程度较低的多是价值低、需频繁购买的食品和日用品。低介入的购买行为一般是经过多次购买以后形成的常规反射行为。当感知到很少的品牌差异的情况下,他们一般出于习惯和经验而非品牌忠诚购买某个产品。

在低介入度的购买行为中,消费者的购买行为并不经历通常的信念-态度-行为的顺序。他们一般不会对品牌信息内进行收集,也不对品牌特征进行评价,介入对购买什么品牌也不重视。他们只是在和各类媒体接触时,被动地接受相关信息。比如,广告的不断重复产生的是品牌熟悉而非品牌信念,消费者不会对某一品牌形成强烈的态度。由于介入度不高,购买后也通常不会评价购买选择。由于购买者没有品牌忠诚度,品牌差别较小的低介入度产品的营销人员通常使用降价和销售促进的手段来吸引客户。做广告时,也经常强调少数关键点,突出视觉标志和形象,对简短信息反复重复。从这点上来看,电视广告比印刷品广告在这类产品上的效果更好。例如,肯德基进入中国时,就认识到中国人对鸡肉的偏好而突出宣传鸡类产品,通过与麦当劳做出简单却有用的区分来吸引消费者。

（四）多变型购买行为

在介入度很低但感知到品牌之间存在重大差异的情况下，消费者会寻求多样化的购买行为。在这类购买中，消费者会经常变换所购商品的品牌。比如，购买洗发水时，一个顾客可能在货架上选择最近接收到比较多信息的品牌，然后在消费过程中进行评估。下一次购买时，这个顾客可能会选择另一个品牌，可能是出于厌倦也有可能是想尝试不同的东西。品牌选择的转变出于寻求多样性而非不满意。在这种产品类别中，联合利华等家化公司采取的营销战略是多品牌战略。通过推出多种品牌占据货架，在满足消费者多样化需求的同时获取较高的公司整体市场占有率。

第三节 购买者决策过程

关于影响购买决策的各种因素的讨论，为分析消费者购买决策过程奠定了基础。购买决策的制定和实施其实由一系列相互关联的活动构成，如图5-5所示，消费者的购买决策过程包含五个阶段：需求识别、信息收集、方案评价、购买决定、购后行为。因此，整个过程在实际购买行为发生之前就已经开始，并且一直延续到购买行为发生之后。营销人员应关注整个购买过程而不只是购买决定这一个阶段的行为。

研究消费者购买决策过程各阶段的目的在于，使营销人员能够针对决策过程不同阶段采取不同的方案以促进购买行为的形成。但应注意的是，在一些购买行为中，如习惯性购买行为，消费者通常会省去其中的某些阶段，有时还会颠倒它们的顺序。例如，一位消费者在购买经常使用的肥皂时，通常会在需求识别之后直接进入购买决定阶段。中间的信息收集和评估阶段被省略了。然而，研究完整的购买者决策过程仍有其意义，它显示了当一个消费者面临购买情境时所有可能考虑的事项。

图5-5 消费者的购买决策过程

（资料来源：［美］加里·阿姆斯特朗，［美］菲利普·科特勒.市场营销学（第9版）[M].吕一林等译.北京：中国人民大学出版社，2010：129）

一、需求识别

购买过程从需求识别开始。购买者认识到一个问题或感觉到了一种需要。这种需要可能由内部引发，例如当消费者感觉到饿或者渴。也有可能由外部引发，例如当一个消费者看到朋友在海滩度假的照片时，可能会感觉到需要一个长假期。消费者认识到问题或需求。需求可以由内部刺激引起，当人的饥饿、口渴、性需求达到一定程度时会转变为驱动因素。需求也可以由外部刺激引起。例如，一则广告或与朋友的谈话可能激起你购买一辆新车的欲望。在这一阶段,营销者需要研究消费者产生了什么样的需求或出现何种问题,是什么激发了需求或问题,程度如何,以及如何引导消费者考虑购买某一特定产品。

二、信息收集

产生兴趣的消费者可能会收集更多信息,也可能不会。如果一个消费者的需要很强烈,让他满意的产品又唾手可得,他就很可能会立刻购买这一产品。如果不是,消费者会记住这一需求,然后搜索与需求相关的信息。例如,如果消费者准备决定购买新手机,他们一般会更关心手机广告,朋友们使用的手机,与手机相关的谈论,也可能会通过网上搜索等其他方式收集信息。信息收集量取决于动机的强烈程度、最初拥有的信息量、获取信息的难易度、更多信息的价值,以及收集信息能够带来的满意度等。

> **知识链接**
>
> **消费者的信息来源**
>
> 消费者可能从多个渠道获取信息:个人来源(从家人、朋友、邻居、同事等处得到信息)、商业来源(从广告、推销员、网站、代理商、商品包装和说明书、商业展览会等处得到信息)、公共来源(从报刊和电视等大众媒体、消费者组织、互联网上相关评论等处得到信息)和经验来源(通过处理、测试、使用产品等方法得到信息)。这些信息来源的影响,随着产品和购买者的变化而变化。对于不同产品和消费者,这些信息来源的影响各不相同。一般情况下,消费者从商业来源获得最多的产品信息,这种信息来源一般由营销者控制。随着更多信息的获取,消费者对相关产品或品牌特性的了解也在增加,进而可能会淘汰掉其中一部分产品,而更加关注另一部分能够更好满足他们需要的产品。营销人员应通过适当设计的营销组合来传递相关信息,帮助消费者了解其产品和品牌。但从消费者的角度看,由企业控制的商业来源信息仅起到了通知的作用,其他非商业性来源信息则起到验证和评价的作用。其中个人来源是最有影响力的信息来源。人们经常询问他们的朋友、亲戚、专家,要求他们推荐一些合适的产品或服务。这种信息来源对消费者来说有两个优势,可信和成本低廉。这对于营销人员来说,他们就应该通过提高顾客满意度,加强和顾客的联系,使得购买过其产品和服务的顾客变成活广告,发挥顾客的口碑效应来吸引新的消费者,增加已有顾客的重复再购买频率。
>
> 资料来源:[美]菲利普·科特勒等.市场营销原理(亚洲版).[M].何志毅等译.北京:北京机械工业出版社,2006:127.

经过信息收集阶段,消费者对市场上的产品和服务的知晓度和知识都在增加,也逐步缩小了对将要购买的产品和服务的选择范围。余下的可供选择的商品,就是消费者要进行评估并仔细甄别的对象。

三、方案评估

了解了消费者如何通过信息进行筛选之后,消费者是如何在这些可供选择的产品和服务中做出最后决策的呢?营销人员需要了解消费者的方案评估过程,即消费者如何处理信息而形成具体选项的。但不幸的是,并没有一个对所有消费者都适用的统一的评估模式或评估过程。不同人对购买选项的评估取决于消费者个人及特定的购买情境。有时,消费者会仔细计算和思考;有时,消费者冲动购买几乎不做任何评估。有时,消费者自己做出购买决策;有时,他们会征求朋友、导购或其他购买参与者的意见。营销人员还应注意到,消费者评估产品时,一般愿意为自己感兴趣的属性买单并且他们对不同品牌有不同的信念和态度。

假设某位消费者想购买手提笔记本电脑,且已将选择对象缩小到四种品牌(A,B,C,D)。再假定他对手提笔记本电脑的下列四种属性感兴趣:重量、内存大小、运行速度、价格。经过信息收集阶段,这位消费者已经对每种品牌在四种特性上的表现形成了信念。如果某个品牌在这四个方面都排第一,那么这个消费者很明显将选择这个品牌的产品。然而,通常每种品牌会在四个方面表现各异。如果这个消费者单独看重某一个方面的属性,比如价格,那么他就会购买价格最低的产品。但是,绝大多数消费者都会考虑多种属性,每种属性对他的重要程度也不相同。除非知道这个消费者赋予每项属性的权重,不然就难以预测这位消费者的选择。所以,营销人员必须了解消费者如何评估不同产品属性。如果他们能够知道消费者的评估方案,就可以采取行动来影响顾客选择。

四、购买决策

在评估阶段,消费者对产品做出评价,形成购买意愿。但购买意愿未必会形成实际的购买决策。在购买意愿和购买决策之间仍有两个重要因素值得注意。一个是他人的态度。某些人的态度会影响一个人的购买选择。旁人的否定态度越强烈且与购买者的关系越紧密,购买者就越会修改其购买意愿。例如一个与消费者关系很密切的人认为现在不是购买时机,消费者就很可能改变购买意向。购买者有时还有遵从旁人意愿的动机,对某项产品的购买意愿也会随着偏好之人的喜爱而增加。当与购买者关系紧密的人喜欢另一种产品而购买者又想要一个皆大欢喜的结局时,他也可能会改变原来的购买决策。如果一个母亲想给她的孩子买一个小熊玩具但是小孩却在商场中表现出对乐高的兴趣时,这个母亲可能就会临时改变原有的购买计划。另一个则是不可预料的未知情境因素。这些因素可能在购买行为发生前对购买行为产生影响,如失业可能会使得购买者延后购买行为。也可能在购买行为发生时对具体行为产生影响。例如,具体购买行为的实施包括何时去何地用何种方式购买产品。这就涉及购买时机的选择、经销商的选择和购买方式的选择。首先,购买时间的选择就受到消费者对产品的需要迫切性、产品存货情况和经销商营业时间、交通情况及消费者的作息时间等因素的影响。如果是满足即时需要（如下雨时需要雨伞），消费者就会及时购买，过了需要的时间段则放弃购买（天晴时就不打算买雨伞了）。如果是晚上想要买衣服，而商店已关门，则会选择第二天或另一时间购买。在网购盛行的情况下，很多消费者还会延缓消费时间，在六一八、双十一、黑色星期五等时间购买需要的产品。其次，经销商的选择也受到多种因素的影响，与路途远近、商店服务态度、可供挑选的商品品种、数量、价格等都有关。一般来说，各个商店都有各自不同的吸引力，如某商店可能可供选择的产品品种不多，但离家近、方便。网店品种齐全，任人挑选，但是对于注重体验感的商品难以获得直观的印象。通常是选购急需的日用品，就近方便购买是首选。但衣物或高档耐用品，消费者宁愿多花时间去繁华商业区或专卖店，通过试用来选购称心如意的产品。最后，消费者购买商品时的支付方式和获得产品的时间和方式也会对购买决定有所影响。现在很多消费者习惯采用电子支付方式，在经销商未开通相应渠道的情况下，消费者可能会因为无法付款而延迟购买。邮寄的购买方式在全民网购的今天也日益普遍。但出于对生鲜水果的在途时效的担忧，有些消费者还是偏向于在实体店铺选择生鲜类产品。

因此，根据消费者的消费意愿来推测购买决定并不是十分可靠。确定了购买意向的消费者往往还要做出一些具体的购买决策。营销人员需要关注影响具体购买决策的因素，以促进购买行为的实施。

五、购后行为

产品售出并不意味营销人员的工作告一段落。购买产品后，消费者会通过使用和他人的评判对其购买选择进行检验，把他所觉察到的产品实际性能与购买前对产品形成的感知进行比较。消费者如果发现产品性能与期望值大体相符，就会感到基本满意；若发现产品性能超出了期望值，就会感到非常满意；若发现产品性能达不到期望值，不能给他以预期的满足，就会感到失望和不满。消费者是否满意，会直接影响他购买后的行为。由于购后满意度和消费者预期相关，营销人员就应注意对产品进行如实宣传，以提高消费者的购后满意度。以至于一些营销人员会刻意保守地宣传产品性能水平来增加顾客满意度。如在宣传汽车节油性能时宣称百公里耗油为 8 升，实际上高速公路此车行驶时的油耗只有 7 升。这样一来，当实际比预期效果还好时，消费者就会十分满意。在再次购买的可能性提升的基础上，他们还会告诉其他潜在购买者关于此车的优势。

许多购买行为发生后，购买者还会产生认知不协调的情况。一般而言，消费者在购买之后会对所选择产品带来的利益感到满意，庆幸自己回避了未选择的其他产品的缺陷。但是，所有的购买都是权衡的结果。消费者也会对所选产品的缺陷感到不安，并对失去未选产品的优点感到惋惜。因此，消费者常常或多或少会产生某种程度的购后失调。如果这种不协调加剧，他除了可能要求退货或寻找能证实产品优点的信息来减少心理失衡感以外，还可能采取公开投诉或私下的行动发泄不满，如向生产或经营企业、新闻单位和消费者团体反映意见，向家人和朋友抱怨，劝说他们不要购买该种产品，甚至不要购买该企业生产的其他产品等。这势必会抵消营销人员为推销产品所做的努力,并影响企业的整体形象。因此,营销人员应采取各种措施,尽可能使顾客购买后感到满意。除了实事求是宣传产品外,营销人员还应经常征求顾客意见,加强售后服务,同购买者保持联系,为他们发泄不满提供适当的渠道,以便迅速采取补救措施。

消费者满意度是企业盈利的关键。满意的消费者不仅会再次购买企业的产品,而且会向他人推荐该产品。虽然负面口碑往往比正面口碑传播得更快更远且会造成消费者对企业及其产品的消极态度,但企业不能指望不满意的消费者主动提出意见。大多数不满意的消费者都不会主动反映他们的问题。这就需要企业定期测量消费者满意度,及时了解消费者对企业的态度,以便及时采取措施改进营销方案。

本 章 小 结

本章试图通过建立一个消费者购买行为模式来说明消费者特征和消费者购买决策过程是如何影响消费者决策的。首先,消费者购买行为受到文化因素、社会因素、个人因素和心理因素的影响。所有这些因素都为营销人员更有效地服务顾客提供了线索。其次,依据购买者介入度和品牌差异度两个标准,消费者购买行为被细分成四种类型:复杂型购买行为、和谐型购买行为、习惯型购买行为和多变型购买行为。通过了解不同购买行为类型,营销人员可以进一步识别出影响购买决定的因素,进而可以针对不同的消费者和产品种类开展有针对性的营销活动。最后,五个典型的消费者的购买决策阶段:需求识别、信息收集、方案评价、购买决定、购后行为,被一一分析。这使得营销人员能够了解消费者在购买过程不同阶段的行为特点,以制定有效的营销策略促进购买并提高购后满意度。

通过本章的学习,读者应了解市场的分类及消费者的购买行为特点,理解影响消费者购买行为的主要因素,明了消费者购买类型,知晓消费者的购买决策过程,并学会不同情境下对应的营销手段。

思 考 题

1. 定义消费者市场并构建一个消费者购买行为的简单模型。
2. 指出四个影响消费者购买行为的主要因素。
3. 简述弗洛伊德、马斯洛和赫兹伯格的动机理论。
4. 列出购买行为的四个主要类型。
5. 描述购买决策过程的五个阶段。
6. 形成购买意愿之后,还有哪些因素会影响购买意愿? 它们是如何影响购买意愿的?
7. 解释为何提高消费者满意度是营销人员的主要工作之一? 提高消费者满意度的手段主要有哪些?

案 例 讨 论

谁是哈雷摩托车的消费者

1903年,21岁的威廉·哈雷和20岁的阿瑟·戴维森在一间小木屋里"攒"出来了第一台哈雷摩托车,并以两个人的姓氏命名此摩托车为"哈雷戴维森"。一个多世纪以来,哈雷戴维森一直是自由大道、原始动力和美好时光的代名词。它连续多年跻身于美国十大最著名品牌,与可口可乐和迪士尼公司齐名。现今已在 70 多个国家中开展业务,并在世界各地拥有 1 000 多家授权经销商。

哈雷摩托车的发展和特定的历史环境联系在一起。1906 年,创始者们在朱诺大街建造工厂,扩大生产规模满足接踵而来的订单。1907 年,哈雷戴维森公司正式组建。第一次世界大战时,哈雷抓住时机将其产量的一半,约 2 万辆摩托车卖给了美国军方,获得了可观的利润。随着哈雷生产大量军用摩托车的惯性,哈雷车独有的颜色——橄榄绿色在战后一直沿用下来,甚至成为象征胜利的流行色,在人们心目中,它代表勇敢、活力和必胜的信念。1920 年,哈雷公司成已经成为世界上最大的摩托车制造商,产品销往 67 个国家。第二次世界大战中,哈雷又一次搭上了军火工业的快车,为美军生产了约 9 万辆 WLA 型军用摩托。1953 年,随着印第安公司的倒闭,哈雷公司成了美国唯一一家摩托车制造商。马龙·白兰度 1954 年的电影《狂野的人》使人们一提到这个品牌的摩托车,便会联想到粗壮的叛逆者。埃尔维斯·普雷斯利和终结者在各自的影片中也都骑着哈雷。公司热情地接受了这种形象,从 20 世纪六七十年代开始哈雷摩托车便成为自由、个性、叛逆、公路文化的代名词。

V 型双缸引擎、全金属材质车身、美国制造、马达的轰鸣声都是哈雷形象的组成部分。对于消费者来说,哈雷摩托车并不是生活必需品,也不是日常的代步工具。相对于作为普通休闲使用的数千美金的摩托车,哈雷的平均价格高达 15 000 多美元。从实用的角度来看,骑哈雷没有意义,哈雷的消费者谈论的是这个摩托车意味着什么。一个哈雷摩托车手经常穿戴哈雷公司自产的头盔、皮夹克、皮靴和手套。夹克上面的第一个"补丁"会告诉你,你在和谁打交道。这上面的徽章,让每个人都知道这是哈雷,不是本田,不是宝马,而是一个热血沸腾、崇尚自由的人。如果这位哈雷车手属于全球 1 400 家公司赞助的哈雷车主团体(H. O. G.)的一员,第二个"补丁"就会告诉你,车主属于哪一家哈雷车主团体。有时还会有第三个"补丁",这表明这个哈雷车主属于一个独立俱乐部。哈雷公司曾经概括过公司典型的消费者特征:家庭年收入在 70 000 美元以上,受过良好教育,社会中上阶层,有稳定的家庭组成,年龄大多数在 30—40 岁,其中 10% 左右是女性,具有张扬叛逆的个性,崇尚自由,热爱挑战,积极进取。

由于哈雷车主具有明显的共性(向往大自然并追求自由的生活),所以他们经常聚在一起,比试爱车,兜风旅游。因此,哈雷车主团体就经常设计一系列有针对性的活动,并热情地将自己称为哈雷戴维森之家。在这个团体里,公司不仅仅提供哈雷指甲刀、打火机、专用机油和哈雷苦咖啡等外围产品,还从陪驾服务到售后维修、配件供应一应俱全。据统计,哈雷公司能够提供 146 项外围产品和有偿服务。这些外围产品和有偿服务,支撑了哈雷年销售额的半壁江山。如果有人骑得起哈雷,亲朋好友可以送周边产品当配套礼物。如果骑不起哈雷,买件此品牌的夹克,展示一下自己的品位与风格也是极好的,而且价格不像保时捷同名品牌那么贵。

长期以来,哈雷摩托车的消费者都是婴儿潮(1945 年之后)出生的那一代人。但进入 21 世纪后,当年以反叛精神为傲的哈雷车主已经步入老年。千禧一代的注意力变得分散而且更加难以捉摸。这些18—35岁的年轻群体成长于经济衰退时期,这一背景影响了他们的消费习惯。虽然哈雷戴维森成功地塑造了品牌自由、反叛、冲破束缚的精神,被视作美国战后文化的标志,但它绝不属于高性价比摩托车的范畴。哈雷的品牌历史和经典元素并没有直接被年轻一代的消费者所接受,他们更加迷恋虚拟世界、网络社交,更加具有环保意识,并且更加乐于接受新鲜事物。也正因此,在美国市场,从2008年到2010年,哈雷公司的销售额下降了40%以上。2014年开始,哈雷公司的财报变得极为糟糕。2018年全年,哈雷摩托车的销量下降了6.1%,为22.8万辆。在全年净利润不到500万美元的情况下,公司付出的额外关税成本却高达1.2亿美元。为了降低未来的关税成本,哈雷称将会进一步把销往欧洲、亚洲市场的摩托车转移到泰国的新工厂生产。哈雷更进一步提出,不但要"增加美国的骑手,还要加强国际影响力,以便在每个市场都产生利润。我们下一个10年的目标是要在全球培养下一代的哈雷摩托车的消费者"。

为了提高销量,哈雷公司表示现在最重要的消费群体变成了年轻人,公司会将更多的资源放在研发能够吸引年轻人、女人和少数群体的车型上。如果已有的车型只对那些保守的消费者有吸引力,哈雷则不会再投入更多的资源。换句话说,过去经典的车型在未来可能会消失在市场上。将来的哈雷公司会将更多的注意力放在更加廉价、适合在城市骑行的摩托车以及更加环保的电动摩托车的研发上,从而改变人们对于哈雷摩托车以及哈雷车主的刻板印象。哈雷公司计划2022年之前推出16款中量级的机车,以适应年轻人对摩托车的消费偏好,使用体积更小、重量更轻、价格更便宜的摩托车作为代步工具。

其实在出行习惯上,美国的年轻人已经不太喜欢骑摩托车了,2016年摩托车的注册人数和销售额只有2006年的一半左右。骑哈雷摩托车对于年轻人来说已经是"上个世纪"的时尚了。哈雷难以与这些年轻人建立情感联系,自然也就无法用其自由和叛逆的形象来拉拢年轻消费者的心。哈雷摩托车不得不接受消费者购买产品不是出于热情而是关注实用的事实。对于哈雷来说,改走年轻人这步棋,其实并不容易。多年来,哈雷已经习惯于打造体型更大、马力更强的摩托车。当开始制造价格相对低的小型摩托车以吸引年轻消费者时,它的品牌优势其实已走下神坛。

资料来源:哈雷戴维森官网.谁是哈雷摩托车的消费者[Z/OL].[2021-02-05].https://www.harley-davidson.com/cn/zh/index.html.

讨论题:

1. 哈雷摩托车的消费者具有哪些消费者特征?这些特征如何影响了消费决策?
2. 年轻人受哪些消费者特征的影响而不再愿意购买哈雷摩托车?
3. 哈雷摩托车的购买属于哪种购买行为类型,为什么?
4. 消费者满意度对哈雷公司重要吗?为什么?公司采取了哪些方法来提升顾客满意度?

参 考 文 献

1. [美]菲利普·科特勒等.市场营销原理(亚洲版)[M].何志毅等译.北京:北京机械工业出版社,2006.

2. [美]加里·阿姆斯特朗,[美]菲利普·科特勒.市场营销学(第9版)[M].吕一林等译.北京:中国人民大学出版社,2010.

3. 杨慧.市场营销学(第3版)[M].北京:中国社会科学出版社,2011.

4. [美]菲利普·科特勒,[美]凯文·莱恩·凯勒.营销管理(第15版)[M].何佳讯等译.上海:格致出版社,2016.

5. 纪宝成.市场营销学教程(第6版)[M].北京:中国人民大学出版社,2017.

6. 郭国庆.市场营销学通论(第7版)[M].北京:中国人民大学出版社,2017.

7. [美]菲利普·科特勒,[美]加里·阿姆斯特朗.市场营销:原理与实践(第16版)[M].楼尊译.北京:中国人民大学出版社,2015.

8. 王永贵.市场营销[M].北京:中国人民大学出版社,2019.

9. 赵星.变化中的中国食品市场——中等收入人群进口食品质量感知和消费意愿[M].北京:经济管理出版社,2019.

10. 极光.拼多多的成功之路[R/OL].[2021-02-05].https://www.jiguang.cn/reports.

11. 哈雷戴维森官网.谁是哈雷摩托车的消费者[Z/OL].[2021-02-05].https://www.harley-davidson.com/cn/zh/index.html.

第六章 组织购买行为

【学习目标】

1. 了解组织市场的构成和特点。
2. 明了组织市场和消费者市场的异同。
3. 把握产业购买者的决策过程。
4. 了解中间商购买行为的类型和影响因素。
5. 理解政府采购制度对市场营销的影响。

开篇案例

波音公司和空客集团的市场竞争

2017年,法国外交部长在一份公报中表示,美国对波音公司的补贴阻碍了公平竞争,极大影响了世界商用飞机市场,尤其对空中客车集团造成严重损害,有必要撤回补贴。法国的外交行动重点是保护法国企业的利益。

空中客车集团和美国波音公司是民航领域的两大竞争对手。波音公司成立于1916年,其客户分布在全球150个国家和地区,是美国最大的出口商之一。2017年,波音公司年总收入934亿美元,其中,美国政府订单总额就高达265亿美元。2018年,波音的收入更是超过1 000亿美元,其中一半以上营收来自国际市场。相对于波音,空中客车集团则较为年轻。空客集团成立于1970年,由欧盟的法国、德国、英国和西班牙四国共同组建。它诞生于一个对建立统一欧洲理念狂热的时代。欧洲各国政要认为只有联合与集中欧洲的资源才有望赶上美国工业力量。自空客组建以来,波音在民航市场的份额就不断被空客蚕食。2017年,空客集团营收为668亿欧元,其飞机交付量也在稳步增长(2016年668架,2017年718架)。2018年,由于汇率变化剧烈,空客集团营收略有下降,为637亿欧元。

波音和空客在全球范围内展开面对面的订单争夺战的同时,还不断指控对方搞"不正当"竞争。据称,印度裔的拉蒂埃接任空客总裁后,向印度空军司令兼印度航空公司总裁拉尔推销飞机时,通过向拉尔展示自己与圣雄甘地的合影顺利从波音手中夺走订单。波音公司则多年依赖于美国联邦政府的军用飞机订单而获得高额稳定现金流。军用飞机的新技术也经常被其用于民用飞机。空客因此指责波音及其承包商获得巨额美国政府补贴,导致不公平竞争。而波音也控诉欧盟为空客提供了大量的补贴,以及为购买空客飞机的航空公司提供低息贷款,违反了世界贸易组织的有关规则。这场商业战争最终还引发了美国与欧盟之间的贸易争端。

对于中国这个全球大市场,两个公司也都在尽力争夺。从2013年以来,波音每生产的4架飞机中就有一架交付给中国的航空公司,其中每3架737就有一架交付给中国,中国市场对于波音的重要性不言而喻。2015年,中国国家主席访美第一站就签下300架波音飞机的合约,而波音公司也投桃报李,应允在中国建立唯一一个波音海外工厂。2017年11月,美国总统特朗普访华期间,波音公司又借此东风,与中国航材签署了300架波音飞机的批量采购协议。按目录价格计算,此订单总价值超过370亿美元。2017年,波音位于浙江舟山的完成和交付中心开工,2018年年底开始交付波音客机。面对波音公司的天量订单和咄咄逼人的竞争态势,空客公司也不甘示弱。其实,早在1994年,空客集团就投资8 000万美元在中国建立了一个培训及支援中心,宣告空客中国公司正式成立。2008年空客又在天津和由天津保税区和中国航空工业集团公司组成的中方联合体共同建设了一条总装线。这条欧洲之外建立的第一条空客总装生产线表达了空客集团重视中国市场、进一步深耕本土化的诚意。2017年,空客向中国各航空公司交付的民用飞机数量连续第八年超过100架。截至2017年底,在中国民用飞机市场上的空客飞机已达到1 546架。2018年在法国总统访华期间,发改委和空客更进一步签署协议,双方同意将天津A320系列飞机总装线产量逐步增加,到2020年初实现月产6架的目标。截至2019年末,中国国内的3 804架飞机来自6家飞机制造商。其中,空客在中国内地市场的份额为1 838架,占比48.32%;波音为1 786架,占比46.95%。空客超过波音,并领先一个百分点以上。面对暂时落后的局面,以及中美间自2018年开始日益紧张的贸易形势,波音公司该如何扩张中国市场成为一个不容易回答的问题。

资料来源:波音公司官网.波音公司和空客集团的市场竞争[Z/OL].[2021-02-05].http://www.boeing.cn/.

第一节 组织市场

许多企业通过一种或多种方式向市场销售产品。例如,联想和华为公司不仅仅向单个消费者销售其电脑和手机,而且将其大部分产品(如交换机等)销售给各种组织机构,如电信公司,商业企业和政府机构等。有些大型消费品生产企业,虽然它们的用户是最终消费者,但也首先要将其产品销售给其他中间商。例如,宝洁公司为把公司的日化用品销售给个人消费者,它首先要把产品销售给批发商和零售商,再由它们为消费者市场提供服务。为了提高产品的市场占有率,扩大产品销售,满足组织市场的需要,企业必须了解组织市场的类型、购买行为特征和购买决策过程。

一、组织市场的构成

组织市场是指工商企业为从事生产、销售等业务活动以及政府部门等非营利组织为履行职责而购买产品或服务所构成的市场。组织市场主要有产业市场、中间商市场和政府市场。

产业市场也称生产者市场,是指购买产品或服务用于制造其他产品或服务,然后销售或租赁给他人以获取利润的单位和个人。产业市场非常庞大,主要由以下产业构成:农、林、牧、渔业;采矿业;制造业;建筑业;运输业;通信业;公用事业;银行、金融、保险业;其他服务业。

> **知识链接**
>
> **组织市场**
>
> 产业市场的资金量和购买项目的类别比消费者市场要多很多。以汽车轮胎生产和销售过程中所包含的大量组织间交易为例。不同的供应商向轮胎生产者销售橡胶、钢铁、设备和其他生产轮胎需要的产品。然后,轮胎生产商将成品轮胎销售给零售商,再由零售商销售给消费者。另外,轮胎还可作为原始产品销售给汽车制造商,将其组装到新汽车上;也可作为后备轮胎销售给一些企业,用于维护企业自己的生产设施,如轿车、货车、巴士和其他汽车。这部分市场是"组织市场"的主要组成部分。
>
> 资料来源:[美]加里·阿姆斯特朗,[美]菲利普·科特勒.市场营销学(第9版)[M].吕一林等译.北京:中国人民大学出版社,2010:133.

中间商市场也称转卖者市场,指购买产品和服务用于转售或租赁给他人以获取利润的单位和个人。中间商不提供形式效用,而是提供时间效用、地点效用和占有效用,主要包括批发商和零售商。批发商是指购买商品和服务,并将其转卖给零售商等其他中间商以及产业用户和政府等组织机构等的商业单位。零售商的主要业务与批发商则有所不同,它们将商品或服务主要售卖给消费者。在许多场合中,批发和零售往往作为营销渠道的组成部分而非组织市场。但在购买行为和购买过程上,中间商市场和产业市场有着许多相似之处。因此,本章将其作为组织市场的重要组成部分加以介绍。

政府市场是指为了履行政府职能而购买或租用产品的各级政府单位。各国的各级政府通过税收、收费和财政预算等掌握了相当一部分的国民收入。为了开展日常政务,政府常常要采买各种物资和服务,因此形成了潜力极大的政府采购市场。政府机构是市场中的大买主,如波音公司25%以上的销售额就是美国联邦政府贡献的。在很多国家,由于学校、医院、疗养院、监狱和其他为公众提供商品和服务的部门也由政府财政支持,它们也被认为是政府市场的组成部分。这部分市场往往是以低预算和受到一定的控制为特征的,而且一般都是以竞价投标为主、非营利性的。故此,这部分市场有其独特的特点。

二、组织市场的特点

在某种程度上,组织市场和消费者市场是相似的。两者都承担购买任务、需要做出购买决策。然而,组织市场在很多方面与消费者市场又有所不同,如市场的结构和需求、决策类型和决策过程等。相比消费者市场,组织营销者面对的买家数量少、规模大。即使大型的产业市场,往往也是少数几个买家完成大部分的购买量。例如,宝洁公司在网络上面向终端消费者销售其产品时,它的潜在市场包括数以亿计的消费者。但在产业市场,它的命运只取决于寥寥数家大型零售商,如淘宝、沃尔玛等。

首先,组织市场的需求是派生需求。购买者主要是企业或社会团体,为了生产或转卖以获取利润或维持运转。如果由于种种原因,消费者对于电视的需求下降,那电视生产厂商对于电视屏幕的需求也会随之下降。因此,有时组织市场的营销者甚至会直接面对消费者投放广告,如宣称采用某新技术电视屏幕的优点。期望通过提升消费者对更细腻逼真的高清电视的需求促使其去购买采用某新技术电视屏幕的电视,以实现与商业伙伴的双赢。

其次,组织市场的购买决策过程一般由多人参与,甚至采购经理也不能不受他人影响而独立决策。与消费者购买相比,组织购买往往涉及更多决策成员和更专业的购买知识。购买越复杂,参与的人员就越多。例如,某政府机关进行电脑采购时,由于涉及保密问题,往往要由技术专家和高层管理人员组成采购委员会。因此,组织市场上的营销人员,需要懂技术而且能很好地平衡各个方面的要求和关系。

再次,组织购买者往往面对着比消费者更复杂的购买决策。由于购买金额较大,参与者众多甚至涉及政治和法律问题,产品的技术问题还很复杂,组织购买行为过程往往极为正式且会持续很长一段时间,甚至几年。了解产品详细情况,下采购订单,对供应商认真调查并选择,最终获得正式批准,都需要时间。

最后,在组织购买过程中的买卖双方往往会形成长期互相依存的合作关系。一方面,很多组织开始致力于发展供应商网络,以确保产品或原材料得到保质保量的供应。如瑞典的宜家公司就在全球建立其供应网络并与供应商一起设计和改进产品生产,以寻找更能贴合消费者需求的产品。另一方面,由于物质产品一般本身并不能完全满足组织市场的全部需求,供应商一般都需要为其客户提供定制产品、技术支持、人员培训、信贷优惠等条件和服务。例如各大高校经常需要采购电脑以满足教学和科研的需要。这些电脑网络的架构组建,不同用途电脑权限的确立,甚至后期的维修都需要电脑厂商给予长期的支持。近年来,组织市场中买卖双方的关系正从相对对立走向合作与伙伴关系。

市场营销学

第二节 产业市场

一、产业市场与消费者市场的差异

在很多方面,产业市场和消费者市场具有相似性,两方面都有人担当购买者和购买决策参与者的角色,也都需要在制定购买决策前收集信息进行多方比较。但同时,产业市场和消费者市场在市场结构与需求和购买单位的性质方面有明显差异。

(一) 购买者少,购买规模大

在消费者市场中,购买者是消费者个人和家庭。购买者人数众多,购买频率也高,但购买规模很小。在产业市场中,购买单位则相对少很多且购买次数也少。一家生产企业的主要设备要若干年购买一次,原材料与零配件大都只签订长期合同。而文具纸张等日用品常常是数月集中采购一次。较少采购次数进而导致每次购买规模较大。而且,在资本和生产比较集中的行业里,产业市场通常由少数几家大企业垄断,他们的采购量占该产品总销售量的大部分。

(二) 购买者在地域上相对集中

由于资源、历史和区位条件等原因,许多产业在地理的分布上常常有相对的集聚性。因此,产业市场的购买者往往在地域上相对集中。例如中国的重工产业在东北地区呈聚集趋势,石油钻探企业集中在东北以及西北的一些油田附近,铝材制造商在广东省相对集中,眼镜镜片的集散中心则在江西省鹰潭市。这种地理区域集中有助于降低产品的销售成本。但销售人员也应该注意到,有些产业可能随着时间的变化进行地理位置的转移。

(三) 衍生需求且需求波动大

产业市场的需求最终来源于对消费品的需求。一家奢侈品制造厂商之所以采购皮革是因为消费者要购买皮夹、手提包和其他皮革制品。一旦经济危机到来,消费者消费能力降低,那么这个制造厂商对皮革的需求也会下降。同时,由于产业市场的需求是消费者市场的衍生需求,产业市场的需求就更容易发生变化。在市场经济条件下,消费者需求的少量增加都会导致产业购买者为了增加产出而产生的设备和原材料的需求的大幅上升。经济学家将此称为加速效应。有时,消费需求 10% 的增加能引起相应产业需求上升 100% 甚至更多,而消费需求 10% 的下降则能在产业需求上引起雪崩。例如,在 2020 年疫情期间,原油的国际市场价格就由于消费者需求的减少而崩塌成负数。按一定时间规律购买原油的加工商面对消费者消费和出行意愿的大幅降低,不得不将已购买的原油进行储藏,延后加工。而原油生产企业未能及时进行减产,而导致现期生产出的原油难以寻找到储藏空间。产业购买者的购买意愿为零,储藏费用又在大幅增加,两点结合导致原油市场价格降到令人难以置信的负数。这种波动大的需求也促使产业市场中的各个企业实行多元化经营。通过增加产品品种,扩大企业经营范围来减少风险。

(四) 需求缺乏弹性

产业市场上,购买者对产业用品和服务的需求受价格影响不大。由于生产者难以短期在生产方式和技术上有所提升,且难以改变消费者市场需求,所以他们对产业用品和劳务的需求在短期内总是缺乏弹性的。例如,面对皮革价格的上升,生产者不会因此而大量减少对皮革的采购,除非他们发现了某些稳定的皮革替代品。尤其对一些占项目总成本比例很小的原材料来说,其需求几乎没有弹性。

(五) 直接销售

消费者市场的销售通常都经过中间商,但产业市场上的购买者大多直接向生产者购买。这是因为购买者数量有限,且大多属于大规模购买,直接采购的成本显然低得多。同时,产业市场的购买者一般都需要生产者提供售前及售后的技术服务,甚至要求生产者供应符合特殊需要的定制产品,因此,直接销售是产业市场最常见的销售方式。

(六) 专业购买

由于购买设备的技术要求高以及购买的规模和金额较大,产业市场上的购买者通常比单个消费者更加专业且正式地采购所需要的产品和服务。其采购过程往往是由具备专门知识的专业人员负责,例如采购代理商和经注册的采购经理人等。这些代理商和经理都受过专业训练,用专业的方法、完备的知识体系、对技术信息全面的评估能力来对产业购买者需求、商品价格质量比、售后服务、交货期等进行逻辑分析,以使购买决策更加科学、购买过程更为规范。

(七) 互惠

互惠现象在产业市场中也比较常见。由于生产资料和服务的购买者本身常常是某种产品和服务的出售者,因此,当企业在采购时就会考虑为自身产品的销售创造条件。但互惠产品购买的适用范围一般是比较狭窄的,一旦出现甲企业需要乙企业的产品,而乙企业并不想购买甲企业的产品时,就无法实现互惠购买。这样一来,互惠产品购买会演进为三角互惠或多角互惠,甚至其他形式的互惠。例如,当某布料生产厂商想将其布料卖给服装制造商时,由于产品互惠购买难以实现,服装制造公司就提出要实行销售货款延期支付3个月至半年。这种互惠形式可以为服装制造商得到额外的资金流,为其运营提供更大的活动空间。

(八) 租赁方式盛行

如今,很多产业购买者倾向于租赁而非购买机械设备、飞机、车辆等产业用品。租赁对于承租方和出租方都有诸多好处。对于出租方,当客户不能支付购买其产品的费用时,他们的出租制度为其产品找到了用武之地。通过租赁,他们也有可能获得更多的净收益。对承租方,租赁既能为他们省下了大量资金且减少投资风险,又能为他们获得最新型的设备、上乘的维修服务、税收的优惠等等。这种方式以往特别适用于电子计算机、包装设备、重型工程机械、运货卡车、机械工具等价格昂贵、磨损迅速或并不经常使用的设备。但由于优点众多,租赁业务目前在产业市场有日益扩大的趋势,甚至已扩大到洗衣机和办公室家具等小型次要设备上。

市场营销学

二、产业市场购买行为类型

产业市场的购买者不是做单一的购买决策,而是一系列有关采购批次、每次数量和规格要求、交货和支付条件等的决策。其所做决策的复杂性取决于产业购买者购买行为的类型。一般而言,产业购买者的购买行为类型主要有三种。一种是直接重购,基本上属于惯例化采购;一种是全新采购,这是最复杂的一种,需要做大量的工作;一种是处于前两种之间的修正型重购,也需要做一定的调查研究。

直接重购指企业的采购部门不做任何调整地进行例行采购。这是一种重复性的采购活动,按一定程序办理即可,基本上不用作新的决策。在这种情况下,采购人员的工作只是从以前有过购销关系的供应商列表中,选取那些供货能满足本企业的需要和能使本企业满意的供应商,向他们继续订货。入选的供应商应该努力保持产品和服务的质量,以巩固和老客户的关系。他们经常提议使用自动化再订购系统帮助采购企业节省时间和精力。而不在列表中的供应商则应试图提供新产品或服务,以便采购人员考虑从它那里购买。在设法进入供应商列表的情况下,以后逐步争取更多的订单。

修正型重购是指企业的采购部门由于种种原因希望修改以前已采购过的产品的规格、价格、交货条件或供应商等。这种行为较前一种复杂,且通常参与购买决策的人数较多。这种情况给采购列表之外的供货企业提供了机会,但给列表内的供货企业造成了威胁。列表外的供应商应将修正型采购看成是一次得到新业务的好机会。

全新采购是指企业首次采购某种产业用品或服务。这种情况下,成本费用越高,风险就越大,所需信息量和参加决策的人数也就越多,而制定决策的时间也相应延长。全新采购没有固定的供应商,所以对供货方的营销人员来说是一个机会也是一个挑战。他们应设法接触主要的决策者,获得更多的影响力。许多公司甚至设立专门的机构负责对新客户的营销,在向采购人员提供信息的同时还帮助他们解决疑难问题。

在直接重购的情况下,产业购买者所作的决策最少。而在全新采购的条件下,产业购买者必须要对供应商、产品规格、价格限制、交货条件、服务条件、支付条件、订购数量等做出一一决策。不同的决策参与者对每一选项影响不同。但现在,许多产业购买者倾向于从一个供应商那里得到解决企业供应问题的一揽子方案,有时也称"交钥匙工程",而非从不同供应商处购买不同的产品和服务。这种系统的方案能够大量节约企业的采购时间并简化采购的流程。例如,现今一些物流巨头就开始全面承接产业市场上的采购业务,为企业提供从原材料购买、存货管理到设备调试的全套服务。当然,在这种情形下,采购企业也要注意单一供应商带来的风险的上升。

案 例 分 享

为尼康公司提供一揽子解决方案的 UPS 公司

尼康公司决定进入美洲市场的时候,请运输和物流巨头 UPS 为它设计了完整的系统,以便把整个电子产品生产线从亚洲的工厂延伸到美国、拉丁美洲和加勒比海等地的零售店。现在,经过 UPS 的全权操控,尼康的产品从亚洲生产中心到达美国零售店货架的时间只需要两天。UPS 首先管理空运和海运,以及相关的顾客经纪人,把尼康的产品从韩国、日本和印度尼西亚运抵它在肯塔基路易斯维尔的处理中心。在那里,UPS 可以给尼康产品装上附件,如电池和充电器,或为其在商店的展示进行再次包装。最后,UPS 将这些产品送达遍布美国的上万家零售店,或者送到拉丁美洲、加勒比海地区的零售店和分销商。在这个过程中,UPS 一直对商品进行跟踪,为尼康提供整个供应链的"快照",确保尼康能随时告知零售商运送的时间,并根据需要调整时间。

资料来源:[美]加里·阿姆斯特朗,[美]菲利普·科特勒.市场营销学(第 9 版)[M].吕一林等译.北京:中国人民大学出版社,2010:138.

三、影响产业市场购买决策的主要因素

产业购买者在做购买决策时受到很多因素的影响。一些营销者认为经济因素是主要因素。他们认为购买者会选择提供最低价格或最优产品或最多服务的供应商,因此,他们在制定购买决策时重点考虑经济利益。但在实际操作过程中,产业购买者既看重经济因素,也看重个人因素。例如,他们倾向于向信任的供应商订购产品,以减少预估风险。当供应商的产品性能和品质非常接近时,产业购买者理性选择的空间就相对更小,个人因素就能发挥更大的作用。而当竞争产品间的差异很明显时,产业购买者就要对他们的选择更加理性,就会更关注经济因素。图 6-1 列出了影响产业购买者的主要因素:环境、组织、人际和个人因素。

图 6-1 影响产业购买者行为的主要因素

(资料来源:杨慧.市场营销学(第 3 版)[M].北京:中国社会科学出版社,2011:115)

(一) 环境因素

当前和预期的经济环境对产业购买者影响很大,如需求水平变化、经济前景预测和货币成本增加或减少等。市场营销环境和经济前景对企业的发展影响甚大,必然影响

到其采购计划。例如,当预期经济衰退时,产业购买者会减少对设备的投资,并设法减少存货。产业营销人员在这种环境下的刺激采购行为是难以奏效的,他们只能在增加或维护其份额上做出努力。另一个环境因素的影响则主要源于资源的短缺,这使得很多企业希望购买和储存更多稀缺资源以确保足够的供给。再次,国际上新技术层出不穷、政治局势风云莫测、竞争态势难以捉摸,这些都会对产业购买者造成影响。例如,2018年开始的国际间贸易摩擦(例如关税规则的快速改变)就使得一些产业购买者不得不寻找新的供应商以适应政策和法规的急遽变化。最后,文化和习俗对产业购买者的影响也极为显著,尤其是在当今的国际营销环境下。产业营销人员必须关注这些因素,了解它们如何影响购买决策,以便向不同区域的市场推出不同的营销方案。

(二) 组织因素

每个购买组织都有自己的组织目标、运行程序、组织架构和独特的政策,产业营销人员要很好地了解这些因素。例如,企业对于采购所设定的政策和限制是什么?对于产业用品的产地有没有特殊限定?对于超过一定金额的采购,最终决策者是谁?有没有"互惠"购买情况的存在?组织内部采购制度的变化也会对采购决策带来很大影响。

(三) 人际因素

谁在为购买产业需要的商品和服务做决策呢?一般而言,在产业市场中,做决策的并非个人而是一个决策单位,称作采购中心。企业内部的采购中心通常不是一个固定且正式的机构,它是由不同的人或部门为了完成不同的采购任务而形成的临时组合。通常包括产品或服务的实际使用者、做购买决策的人或部门、影响购买决策的人或部门、实际购买的人等。在组织内部,采购中心的规模和组成人员随产品和购买情境的不同而有所差异。对一些常规的采购,一个采购员就能承担采购中心的全部任务,做出购买决策。对一些较复杂的购买,采购中心也许会由几十位来自企业各个部门的人员组成。

采购中心通常包括一些具有不同地位、职权、兴趣的参与者。这些参与者之间意见是否容易取得一致,关系是否融洽,是否会在某些决策中形成对抗等等,这些人际因素会对产业购买过程造成影响。然而,对人际因素进行评估非常困难。采购中心的成员不会贴上诸如"重要决策者""没有影响力"这样的标签。他们中间级别最高的人也不一定就最具影响力。产业营销者需要了解谁参与决策,每个成员的相对影响力,每个决策参与者采用的评估标准,以便对关键人物有的放矢地施加影响,制定行之有效的方案促成交易。

> **知 识 链 接**
>
> ### 采购者的角色
>
> 采购中心的成员在购买决策过程中所扮演的角色有以下五种:
>
> 1. 使用者
>
> 使用者,是指将使用产品或服务的成员。在许多场合中,使用者首先提出购买建

议,并协助确定产品规格。

2. 影响者

影响者,是指影响购买决策的人,常常协助确定产品规格,提供并评估备选产品的情报信息。技术人员常常是非常重要的影响者。

3. 决策者

决策者,是指有权选择或批准产品和服务需求以及最终供应商的人。在常规购买的情况下,购买者往往是决策者。在重要的采购活动中,有时还涉及主管部门或上级部门的批准,构成多层决策的状况。

4. 购买者

购买者,是指拥有选择供应商并协商购买条件的正式权力的人。购买者也许会帮助制订产品规格,但他们的主要任务是选择卖主和交易谈判。在较复杂的购买过程中,购买者或许也包括高层管理人员,他们一起参加交易谈判。

5. 守门者

守门者,是指有权组织或阻止销售人员与采购中心成员接触的人,以控制采购信息的对外披露程度。例如,采购代理人可以组织销售人员在一定时间一定场合下与采购中心某些成员进行直接接触。

资料来源:杨慧.市场营销学(第3版)[M].北京:中国社会科学出版社,2011:119.

案 例 分 享

沃尔沃广告中的人际因素

沃尔沃的一则重型卡车广告中,两个司机一边掰手腕一边说:"它能解决你车队的所有问题,除了无法决定谁来驾驶它。"它想说明的是,面对整个行业范围内司机短缺的问题,车队如果拥有这款卡车,就能吸引高水平的司机。沃尔沃的这则广告强调了这款卡车的原创美、舒适和大空间,这些性能对司机很有吸引力。广告对这款沃尔沃卡车的结论是:"为车队带来更多利润,让司机更想拥有它。"

资料来源:[美]加里·阿姆斯特朗,[美]菲利普·科特勒.市场营销学(第9版)[M].吕一林等译.北京:中国人民大学出版社,2010:139.

(四)个人因素

产业购买决策过程中,每个成员都会带进各自的情感、认知和喜好。这些个人因素受到个人特征的影响,如年龄、收入、受教育程度、工作岗位、个性、对风险的态度等。而且,不同的购买者具有不同的购买风格,有些是技术型的,他们在选择某一供应商之前会对各种备选方案做深入分析;另一些购买者是天生的谈判高手,他们善于让供应商之间相互竞争,从而获得最实惠的交易。因此,销售人员应了解采购中心各参与者的个人特点,以有利于营销业务的开展。

四、产业市场购买决策过程

图 6-2 列出了产业购买决策过程的八个步骤。全新采购情境下的购买者往往会经历全部购买过程,修订性重购或直接重购的购买者会省略掉其中部分步骤。

图 6-2 产业市场购买决策过程

(一) 问题识别

购买过程始于企业中有人发现了某个问题或需要可以通过购买特定的产品或服务得到满足时,购买过程就开始了。问题的识别可以由内部或外部刺激引起。就内部而言,公司可能决定推出一种新产品,从而需要购置新的生产设备和原材料来生产这种新产品;或者企业原有设备发生故障,需要更新或需要购买新的零部件;也许是由于采购经理对现有供应商的产品或服务的质量和价格等不满意,决定更换供应商。就外部而言,或许是采购人员在某个商品展销会看到了某种新技术、新材料等;也许是公司主管看到并接受了广告宣传中的推荐;或者采购经理接受了供应商的推销员提出的可以供应质量更好、价格更低的产品的建议。因此,产业市场上的供应商应主动推销,经常开展广告宣传提醒顾客他们的公司可能存在的问题,派专人访问用户,以发掘潜在需求。

(二) 基本需求描述

识别了问题之后,采购者就要着手确定所需项目的总特征和需要的数量。如果这是简单的采购任务,这一过程并没有什么困难。采购人员可以快速决策。例如,由于接到同种化工原材料的更低报价,在请示采购经理并确认产品品质之后,采购人员可以迅速修改下期采购目录,更换供应商。但对于复杂的问题,采购人员要会同其他部门人员如技术人员、使用者和财务人员等一起来界定需要的产品和服务特征,它们可能包括可靠性、耐用性、价格及其他属性。在这一阶段,敏锐的产业市场营销人员会预先介入,通过收集和整理得到的信息来帮助购买者界定他们的需要,并提供潜在的产品或服务以供选择。例如,如果政府部门对灯泡的能耗提出了新的要求,相关企业就要组织技术人员讨论可以通过对产品做出哪些方面的改进以符合政策要求,还要组织用户估算他们对新产品价格的接受程度,以及组织财务人员讨论采用新技术或新材料在成本方面的预算限制。

(三) 详述产品规格

购买组织现在要着手制定所需产品的技术规格说明书。许多企业会在此时专门建立一个产品价值分析小组来完成这项工作。产品价值分析的目的在于降低成本。通过价值分析,对各个可能性的选择或各个部件仔细加以研究,以便确定是否需要采用新材料,如何进行重新设计,是否可以实行标准化,是否存在更廉价的生产方法来生产等问题。此小组经过研究和比对,确定最佳产品特征,并有根据地加以说明。这项产品说明书会成为采购人员拒绝那些不合标准的商品的根据。同时,供应商也可将价值分析作为一项工具,来赢得新的订单。例如,某供应商可以通过介入产品价值分析过程,向技术人员展示能使灯泡节能效果达到甚至超出政府要求的更好的方式,就有可能为自己带来获得新业务的机会。

(四) 寻找供应商

传统上来看,供应商主要来源于原有的交易目录、同行的交易目录、观看相关广告、查找交易指南、咨询商业指导机构以及参加各类贸易展览会。但现今来看,供应商最有可能的来源则是互联网。

企业有数种方式可以在互联网上寻找合适的供应商。首先,它可以在领先的B2B电子商务平台上选择,大量供应商在这些大型B2B平台上发布信息。但此类搜索带来的成本也较高。采购人员需要在浩如烟海的供应商中寻找到能满足企业要求的合格供应商殊为不易。其次,它还可以在一些行业B2B网站寻找供应商。对于机构设备类企业选择机构设备类B2B,效果会更好;而日化企业,可以选择日用品行业方面专业电子商务平台。再次,一些经常采购大量产业用品的大公司也会组成大型购买联盟,用大批量换得较低价格的订单,但并不是所有企业都能获得加入此类联盟的权限。最后,企业还可以建立自己的交易网络,定期发布采购信息,吸引供应商。过去企业的采购都是本地化(考虑到运输和收集信息的成本以及风险)且分散的。但在电子时代,除了软件的应用,企业的采购结构和战略也都发生了改变。这种改变的益处有很多,如所需的采购人员有所减少,采购的价格可以进行多方面全方位的比较以节约成本,采购人员还可以通过互联网了解某供应商的历年供货情况和顾客满意度等信息以排除生产能力不足、声誉不好的供应商。

购买任务越新、越复杂、越昂贵,采购人员搜寻合适供应商所花费的时间就越多。供应商的目标是进入买方的主要供应商清单,那么它就需要将产品列在主要的网上目录中,建立强有力的广告和促销体系,并在市场上建立良好的声誉。一个合格的供应商,还可能要面对客户代表的考查。他们一般重点检查供应商的生产设备和生产能力,会见员工了解生产流程和标准。在对潜在供应商进行仔细评估后,采购人员需要提供一份合格的供应商名单以备采购任务的下一步执行。

(五) 证求供应信息

有了潜在合格供应商列表后,采购人员会邀请各个潜在供应商提交申请书。面对简单的采购要求,供应商有时仅仅需要递交一份目录,或派一名销售员即可。但如果采购的产品或服务比较复杂或昂贵,采购人员就会要求每一位潜在供应商提供内容详尽的申请书,或正式的报告。因此,产业市场的营销人员必须对购买的征询做出正确反应,善于研究、撰写和陈述申请书。申请书不仅仅是技术文件,而且也是营销文件。报告要激发信心,让自己的企业从竞争者中脱颖而出。在口头表示意见时,要能取信于人,重点表述自身的生产能力和资源优势。

(六) 选择供应商

和普通消费者一样,采购小组也有自己的标准来评价潜在供应商。他们也会列出自己看重的属性,然后给不同的属性赋予不同的权重。在对供应商加以评分后,再做出选择,例如,产品和服务质量、声誉、及时交货的能力、企业道德行为、诚实的沟通和有竞争力的价格,就经常被列入重点考量的属性范畴。当然,不同属性的相对重要性随着购买情况类型的差异而有所不同,对经常性重复购买的产品而言,交货的可靠性、价格和供应商的信誉较为重要。对购买后要重复使用的产品,如计算机和复印机等,技术服务和产品的可靠性比较重要。而对于可能受政策影响的产品,如计算机软件系统等,供应商信誉、产品及服务的可靠性和供应商灵活性比较重要。

传统上,采购中心为了获得更好的价格和交易条件,在做出最终选择之前,还会同优先考虑的供应商进行谈判,最后再选定一个或几个供应商。营销人员一般可从几个方面来抵制采购人员的压价。如从所能提供的服务入手,强调其服务价值优于竞争对手;从所能提供的产品品质入手,强调其单位价值比竞争对手的低等。许多企业一般倾向于有几个供应来源,以免受制于人,还能促使供应商有竞争意识。这些公司为更新合同每年谈判一次,并且尽量常常给各个供应商调换一定数量的业务,以促进竞争意识。例如,某公司将某项产品第一年60%的供应量安排给第一家供应商,剩下的30%和10%安排给第二和第三家供应商。第一家供应商要在下年谈判时保持第一的位置,第二和第三家供应商想努力扩大其份额,都需要他们圆满完成第一年的订单。然而,这种方式也使得采购中心在每年的订单中耗费大量时间,也容易使供货质量参差不齐。因此,一些公司也开始逐渐减少其供应商,建立与供应商的合作模式。

20世纪90年代以后,一些公司已经在减少其供应商数目,但同时也要求供应商负责提供更加系统的服务。在提供连续的质量保证和绩效改进的同时,还要降低供应价格。例如,企业不再将复印机和复印纸的采购业务分开。它要求供应企业供应复印机的同时,通过观察和估算,及时补充耗材,进行统一采购计划。这些供应商在实际上已成为企业的合作伙伴。由于供应量加大,这些供应商在产品开发时已和采购企业紧密结合,为其提供全面的供应计划。但这也要求采购企业确定严格的资格标准,如较高的技术水平和创新能力、较好的财务状况和品控观念等,来选择合适的供应商。

(七)签订合约

选择了合适的供应商之后,双方就进入合约签订阶段。内容一般包括产品的规格、数目、预期交货时间、退货政策和担保等。对于保养、维修、经营等项目,双方通常会采用一揽子合同或称无存货采购合同,而不是分阶段的购买订单。无存货采购合同是指供货商答应在特定时间内根据需要按照协议价格向买方持续供应产品。这种合同避免重复签约的麻烦,为双方建立起长期的关系,促使买方更多地向一个供应商采购产品和服务。但也将购买企业的订货和库存的职责转给供应商。这就要求双方共享部分信息,如库存信息。供应商对库存进行监控,在需要时自动补充库存。

(八)评估绩效

完成上述工作之后,采购合同开始履行,采购人员也会对各具体供应商的绩效进行评价。一般来说,这种评价通过三种方法得出:直接接触最终用户,征求他们的意见;应用不同的标准进行加权计算;或者把绩效不理想的开支加总,以修正包括价格在内的采购成本。这种绩效评价的结果决定了是否维持、修改甚或终止与供应商的合约。营销人员在这一步需要监控购买者与最终用户的标准是否一致以及最终用户满意度如何,以确保它们提供的产品或服务能达到令顾客满意的程度。

以上八个步骤的购买过程模型是对产业采购阶段的简单探讨。一般而言,在直接重购和修正型重购的情况下,有些步骤可能被简化或者跳过。而实际发生的,在全新采购情境下可能出现的过程可能更加复杂。例如,采购中心的不同成员可能会参与采购过程的不同步骤,购买人员在采购过程中可能会增加一些环节,也常常重复某一些步骤。

第三节 中间商市场

中间商在地理分布上比产业购买者更为分散,但比消费者集中。它在采购数量上一般低于产业购买者,但高于消费者。产业市场的大部分特征也在中间商市场上得到体现,如同样受到环境因素、组织因素、人际因素和个人因素的影响。但中间商购买产品和服务的目的却与产业购买者并不一致,它并不是购买产品或服务用于制造其他产品或服务,而是为了转卖或租赁。因此,它的购买行为和决策有其独特之处。

一、中间商购买决策的主要类型

中间商的购买行为可分为三种主要类型。首先,购买全新品种,即中间商第一次购买某种从未采购过的新品种。在这种购买行为情况下,中间商通常根据其市场前景的好坏、买主需求强度、产品获利的可能性等多方面因素,决定是否购买。购买决策过程的主要步骤与产业购买者的大致相同。其次,选择最佳卖主,即中间商对将要购买的产品品种已经确定,但需考虑选择哪家供应商,确定从哪个卖主那里进货。当中间商拟用中间商品牌销售产品时,或由于自身条件限制不能经营所有供应商而只能是其中一部分供应商的产品时,就需要从众多的供应商中选择最合适的一个或多个。最后,寻求更佳条件,即中间商并不想更换供应商,但试图从原有供应商那里获得更为有利的供货条件,如更及时的供货、更合适的价格、更积极的促销合作等。

二、影响中间商购买决策的主要因素

中间商作为组织购买者之一,其购买行为也会受到环境因素、组织因素、人际因素和个人因素的影响。但由于中间商的经营目标和经营内容与产业市场有异,其购买决策又有自身的特点。在其制定购买决策时,还主要会受到三个因素的制约。首先,受到消费者需求的制约。为顾客购买是中间商的一个显著特点,它也常常被称为顾客采购代理人。中间商购买什么、购买多少、何时购买、以什么价格购买,都必须考虑其购买者(消费者个人及家庭)的愿望和需求,按照他们的需求制定相应的采购决策。在某件商品,如呼啦圈流行时加大采购量,而在其不受消费者欢迎时减少采购量。其次,受到存

货管理的制约。储存是中间商的基本职能之一。基于有限仓库容量和商品流转速度的考虑,储存什么、储存多少是影响中间商购买行为的一个重要因素。最后,受到供应商策略的制约。中间商购买商品是为了转售或租赁给他人,供应商的策略、供货条件、价格折让、运费折让、促销津贴等对其商品转售有直接关系,因而影响中间商的购买决策。例如,每年年底是汽车经销商与汽车生产厂商进行结算的时间。如果生产厂商在此时适时推出针对销量的价格折让,就会使得汽车经销商考虑加大存货以获得更高的年终利润。

三、中间商主要购买决策过程

产业市场中,生产企业采购相关产品和服务进行再生产,采购过程经过问题识别、基本需求描述、详述产品规格、寻找供应商、征求供应信息、选择供应商、签订合约和评估绩效等八个阶段。在中间商市场中,中间商采购产品用于转售或租赁。与生产企业一样,中间商采购后并不用于个人消费,而是最终要满足消费者的需要。因而,中间商的购买决策过程与产业市场的购买决策过程相似,也经历八个主要步骤,但在具体环节上还存在着一些差异。

(一) 问题识别

当通过市场分析和预测,发现某种产品需求量将上升,或现有产品滞销,或消费者对新产品的需求欲望可能会加剧(如天热可能导致对空调的购买量激增),或现有商品组合不尽合理时,中间商就会产生采购欲望。一般而言,中间商的购买需求直接来自消费市场中的消费需求,是一种直接性的派生需求。因而,对中间商来说应加强消费市场的需求调查、分析与预测,以便合理购买产品和服务。

(二) 基本需求描述

中间商的主要购买需求包括配货需求和供货条件需求。配货需求是指需要决定经营的花色品种,即中间商的产品组合。供货条件需求是指需要决定具体采购时所要求的价格、交货期、相关服务及其他交易条件。在这两项需求中,最基本、最重要的需求是配货需求。因为中间商经营的货色和品种会影响到从哪家供应商进货即中间商的供应商组合,还影响到中间商的市场营销行为。

中间商的配货策略主要有四种:独家配货,即中间商决定在同类产品中只销售同一品牌或同一厂家的产品;深度配货,即中间商决定同时经销不同厂商、不同品牌、不同规格型号、花色、款式的同类产品;广泛配货,即中间商决定经营经销某一行业的多个系列、多品种的产品,比深度配货的产品组合要宽;综合配货,即同时经销多家厂商生产的互不相关的多种类、多规格的产品,如百货商店、超级市场、仓储式商店等都属于综合配货。与广泛配货相比,它的产品组合的关联度要弱。

(三) 详述产品规格

中间商需要编写采购说明书,详细写明所要采购产品的品种、规格、质量、价格、数量、进货时间等。由于中间商对商品的需求由消费者市场需求决定,因此中间商购买商品对时间和数量往往有相当苛刻的要求,采购活动计划性强,中间商总期望既能及时、适时、按量满足市场需求,又能最大限度地减少库存,加速资金周转,提高资金效益。

(四)寻找供应商

采购人员根据采购说明书寻找合适的供应商。由于中间商采购计划性强,因而对供应商的选择比较慎重,品牌、声誉、价格、商品质量、品种规格、供货能力和及时性、合作诚意等都是他们甄选供应商时常常考虑的因素。

(五)征求供应信息

指要求合格的供应商提供供应建议书和一些相关的产品图片等,为下一步选择供应商做参考。

(六)选择供应商

中间商的采购需求是派生需求,它们也不需要对采购的商品进行加工,因此其收益取决于进货价格与销售价格。首先,市场瞬息万变造成的风险压力迫使中间商期望从供应商那里获得尽量多的优惠购买条件,如价格折扣、促销津贴、广告折让、运费折让等。供应商价格高低和价格折扣程度,就成为中间商选择供应商时考虑的重要方面。其次,由于中间商对采购的时间和数量有严格要求,因而,选择供应商时还常常会考虑供应商供货能力和及时性。最后,供应商的合作意愿和态度、诚信状况、促销支持、售后服务等也是中间商选择供应商时考虑的重要因素。

(七)签订合约

除了全新采购,中间商也期望与供应商建立长期友好的合作关系,这样,中间商可以减少采购成本,稳定货源。对供应商来说,产品有了稳定的销路,也可以稳定生产,降低市场风险。

(八)评估绩效

中间商会记录供应商的货品供应状况,然后进行分析,以掌握供应商履行合约的质量、信誉、合作态度等状况,并据此进行评价,为是否继续交易和改变交易策略提供依据。

第四节 政府市场

前面两节讨论的都是商业购买者的购买行为。这些行为在很大程度上也适用于政府市场的购买实践。但这类非商业市场有着另外的特征和需要。因此,本章的最后一节将讨论政府市场的特征。应该注意的是,在不同国家,还存在许多公共机构或称非营利机构,一般包括学校、医院、监狱等。它们有各自的赞助者和赞助机构,以低预算和受到赞助人控制为特征。例如,医院的病人只能吃医院提供的食物,几乎没有选择的余地。医院的采购人员需决定病人的食物品种和质量,并作为整体服务的一部分来提供。尽管医院不是以盈利为目的的,但严格意义上的成本最小化也不能在医院采购中作为标准而使用。食用低劣质量食物会对病人病情有影响病人也会向其他人抱怨而损害医院的声誉。因此,医院的采购人员必须寻找到合适的食品供给商,其食品质量达到或者超过一个特定的最低标准,并且价格在医院的控制范围之内。因此,很多市场营销者会成立单独的部门来满足这些机构购买者的特性和需要。例如,李锦记就将它的调味料有差别地生产、包装和定价,从而满足公共机构和商业市场的不同需要。

而在我国，绝大部分公共服务由政府提供，而且，为了加强对政府采购的管理，提高财政性资金的使用效益并促进公开公平交易，我国使用财政性资金采购物资和服务的行为在近些年受到了严格的法律约束和规范。这种情况下，本节将重点关注政府市场的采购行为而非其他类型公共机构。研究政府的采购行为，对于满足政府市场需求，扩大企业销售收入有着重要意义。

一、政府市场的采购特点

政府市场对许多公司都提供了大量的机会，包括大企业，也包括小企业。政府采购和商业购买有许多相似之处。但是对于要将商品和服务销售给政府的公司而言，仍然有很多不同点需要注意。为了在政府市场上获得成功，销售人员必须能够区分政府市场上的不同角色，认识采购的限制和特点，识别影响购买者行为的主要因素，并且理解购买决策过程。

首先，政府市场上存在着采购人、政府采购机构、招标代理机构、供应人等基本角色。政府财政部门是政府采购的主管部门，负责管理和监督政府采购活动。采购人，是指使用财政性资金采购物资或服务的国家机关、事业单位或者其他社会组织；政府采购机构，是指政府设立的负责本级财政性资金的集中采购和招投标组织工作的专门机构；招标代理机构，是指依法取得招标代理资格，从事招标代理业务的社会中介组织；供应人，是指与采购人可能或者已经签订采购合同的供应商或承包商。

其次，政府采购的主体是国家机关、事业单位和团体组织，而不是一般的个人或企业。它们采购的主要目的是为了满足开展日常的政务活动或为社会公众提供公共服务。政府采购并不包括所有的商品和服务，而是有所限定的。就我国来说，就是采购"依法制定的集中采购目录以内"以及"标准以上"的商品和服务。所以，政府采购实际上是一种纳入法制管理范围的组织购买行为。销售人员必须首先确保自己的产品和服务进入相关目录。同时，政府采购的资金来源是财政性的资金。这里所说的财政性资金，不仅包括预算内资金，也包括预算外资金。这也导致政府采购必然会受到法制的监管并接受社会的评估。现今，政府采购过程已成为一个行政性的运行过程，严格遵守相关程序，代表政府的意志并遵循组织原则。由于这些原因，政府机构常常要求供应商完成大量的文书工作。供应商也因此经常抱怨政府采购中的超额文书工作、官僚主义、规章制度、决策拖拉以及采购人事的经常变换，使得它们必须精通整个系统而且找到合适的方法才能得到政府订单。

再次，政府是对国家和社会实行管理和服务的机构，其涉及的事务范围极其广泛，如政治、经济、军事、教育、医疗卫生、资源开发、环境保护等方面。所以，其采购的领域也十分广泛，与货物、工程和服务与众多的产业有关。其采购的标准也不仅仅限定于经济。例如，政府采购人员可能更倾向于扶持经济不景气地区的公司或者某些民族企业；在牵涉到巨大研发成本和风险的复杂项目中，或在缺乏有效竞争的情况下，政府采购人员更倾向于选择本国而非外国的供应商。销售人员在决定寻求政府业务时必须考虑这些非经济因素的重大影响。

最后,政府采购遵循的原则主要有四个,即公开透明原则、公平竞争原则、公正原则和诚实信用原则。公开透明原则是指政府采购的资金主要来源于纳税人缴纳的各种税金,只有坚持公开透明,才能为供应商参加政府采购提供公平竞争的环境,为公众对政府采购资金的使用情况进行有效的监督创造条件;公平竞争原则是要求在竞争的前提下公平地开展政府采购活动;公正原则要求政府采购要按照事先约定的条件和程序进行,对所有供应商一视同仁,不得有歧视条件和行为,任何单位或个人无权干预采购活动的正常开展;诚实信用原则要求政府采购当事人在政府采购活动中,本着诚实、守信的态度履行各自的权利和义务,讲究信誉,兑现承诺,不得散布虚假信息,不得有欺诈、串通、隐瞒等行为,不得伪造、变造、隐匿、销毁需要依法保存的文件,不得规避法律法规,不得损害第三人的利益。

二、政府采购方式

基于政府采购的原则和要求,《中华人民共和国政府采购法》规定,在不涉及国家安全和机密时,政府采购基本上采用公开招标、邀请招标、竞争性谈判、单一来源采购、询价等方式。其中公开招标是政府采购的主要方式。

1. 公开招标

不限定投标企业,按照一般的招标程序进行的采购方式。这种采购方式对所有的投标者一视同仁,主要看其标书是否能更加符合招标项目的规定要求和相关评判指标。但由于招标、评标过程会耗费大量的费用,所以一般进行公开招标采购项目的价值比较大。

2. 邀请招标

采购主管部门将投标企业限定在一定的范围内(一般必须3家以上),并主动邀请他们进行投标。采用邀请招标方式的原因主要有两个。首先,如果所采购货物、工程或服务具有一定的特殊性,供应商选择面较窄,邀请招标就可能会被采用。其次,由于公开招标费用较高,较小规模的政府采购项目一般会采用邀请招标的方式。

3. 竞争性谈判

采购单位还可能与多家供应商同时进行谈判,以从中确定最优供应商来进行采购。此种方法一般适用于需求紧急的情况之下。当不可能有充裕的时间进行常规性的招标采购,或招标后没有合适的投标者,或项目技术复杂、性质特殊无法明确招标规格时,这种方法就比较常用。

4. 单一来源采购

也称定向采购。如果所采购的项目金额已达到必须进行招标的标准,但由于供应来源因专利、合同追加或后续维修等原因只能有唯一选择,这就适合采取单一来源的采购方式。

5. 询价采购

采购单位向供应商(通常不少于3家)发出询价单,让其报价,然后进行比较选择,来确定最终供应商的采购方式。询价采购一般适用于货物规格标准统一、现货货源充足、价格变化幅度较小且以成本为导向的政府采购项目。对于某些急需采购项目,或招标谈判成本过高的项目也可采用询价采购的方式。

案例分享

美国政府采购合同类型

美国政府采购合同主要分为固定价格合同和成本补偿合同。首先,固定价格合同,适用于合同官最初可以确定公平合理价格的情况,主要用于采购通用产品或其他功能有严格界定或技术规格详细而明确的产品或服务。使用公开招标方式进行采购的项目,必须采用固定价格合同。由于价格固定,投标人承担最大的风险,采购人将不承担市场价格波动风险。其次是成本补偿合同,适用于履约过程中无法准确估计成本,从而无法使用固定价格合同的情况。成本补偿合同主要包括成本加固定费率合同,采用成本加上一定的费用的方式确定合同价格,费用一般不超过合同总价的10%。这类合同,政府承担的风险大幅上升。除了上述两大类合同,较常使用的还有不确定交付合同、"协议"等。不确定交付合同是根据履约所耗费的时间和成本确定最终价格,适用于数量不确定、但经常使用的通用产品或服务的采购。这类合同由于往往无法控制需求的数量,对政府的风险最大。"协议"又叫一揽子采购协议,是一种书面谅解文件,适用于在特定期间,与供应商签订大量合同,采购大量重复性产品的情况,类似于我国的协议、定点采购。美国主要的"协议"是联邦总务署推行的"GSA计划",通过预先谈判的方式对一系列通用的货物或服务确定供应商名单,并签订合同。各部门通过该计划选择供应商并购买产品。"协议"中标供应商须承诺在协议期内提供的政府采购价格比商业客户价格更优惠,如有更低成交价格的,差价部分应归还政府;同时,供应商如给予其他可追踪客户(如银行、大型私人企业等)优惠的,政府有权等比例享受该优惠。

资料来源:财政部官网.美国政府采购合同类型[Z/OL].[2021-02-06].http://gjs.mof.gov.cn/pindaoliebiao/cjgj/201406/t20140627_1105396.html.

三、招投标程序

应当进行招标采购的,采购人需委托政府采购机构进行招标采购。政府采购机构可以自行组织招标,也可以转托采购主管部门指定的招标代理机构组织招标。

知识链接

招标投标的主要程序:

1. 发布招标公告、招标邀请书及招标文件

公开招标的,招标机构应在投标截止日之前发布招标公告。招标公告应包括如下内容:招标项目的名称、数量;供应商的资格;招标文件的发放办法和时间;投标时间和地点。如邀请招标,招标机构应当于投标截止日之前发布类似内容的招标邀请

书。招标邀请书应当根据采购方的委托编制,并经采购方确认。采购方对招标文件的真实性负责,自行编制标底,并封存保密,在开标前不得对任何人泄露。

2. 开标、评标与现场竞投

招标机构应当在投标截止日后以公开方式开标。开标时,招标机构应当邀请评标委员会成员、供应商代表和有关单位代表参加。评标由评标委员会负责,评标委员会由采购方、招标机构的代表和技术、经济或者法律等方面的专家组成,总人数为5人以上的单数,其中专家评委应占一定的比例,且与供应商没有利害关系。

评标委员会应当严格遵守评标规则,依法公正地履行职责,依据招标文件的要求对投标文件进行评审和比较。在满足招标文件各项要求的情况下,一般是最低价者中标。

3. 签订采购合同与支付价款

招标活动结束后,采购方和中标方应当按照"中标通知书"指定的时间、地点,并根据招标文件和中标的投标文件签订采购合同。签订采购合同后,资金来源属预算内资金的,采购方凭采购合同及财政部门要求的其他材料到财政部门办理付款手续,由财政部门根据采购合同的规定向供应商支付价款;属预算外资金和事业收入的,由资金的管理部门向供应商支付价款。

4. 监督检查

采购主管部门应当加强对政府采购的监督,定期对政府采购情况进行检查。检查内容主要有:采购活动是否依采购计划进行,采购项目是否符合政府规定,采购方式和程序是否符合法律规定,采购合同的履行情况等。

资料来源:郭国庆.市场营销学通论(第7版)[M].北京:中国人民大学出版社,2017:139.

本 章 小 结

本章试图定义组织市场并试图解释组织市场和消费者市场的不同之处。首先,组织市场是指工商企业为从事生产、销售等业务活动以及政府部门等非营利组织为履行职责而购买产品或服务所构成的市场,可以分为产业市场、中间商市场和政府市场。其次,产业购买者的购买行为特点、类型、影响因素以及过程(问题识别、基本需求描述、详述产品规格、寻找供应商、征求供应信息、选择供应商、进行合约签订和绩效评估)被详细阐述和分析。接着,中间商市场购买决策的主要类型、影响购买决策的主要因素和购买决策过程被一一剖析。最后,政府市场的概念和基本采购原则、方式被逐个介绍。

通过本章的学习,读者应了解组织市场的分类及其与消费者市场的区别,理解影响产业市场、中间商市场和政府市场购买行为的主要因素,明了组织市场购买决策过程,知晓招投标主要程序,并清楚在不同决策情境下应使用不同营销手段。

思 考 题

1. 定义组织市场及其构成。

2. 指出组织市场和消费者市场的异同。
3. 简述影响产业购买者购买决策的主要因素。
4. 描述在全新购买情境下，产业购买者做出购买决策要历经的主要阶段。
5. 列出影响中间商购买决策的主要因素。
6. 详述政府采购的特点。
7. 描述招投标主要程序。

案 例 讨 论

轮胎制造商的供应商选择困境

N公司是一家实力卓越的汽车轮胎制造商，旗下产品不但畅销国内，还远销澳大利亚、南非、印度尼西亚等海外地区。近两年，因公司设备改型以及新品推出，不断衍生出新的采购需求，亟须寻找符合这些新要求的供应商。但采购部门却面临着一系列的挑战。

首先是公司管理问题。采购部门在N公司里处于弱势部门，公司高层过分强调销售部门的地位，使得销售人员经常干预采购部门的工作。这不仅影响了采购部门的独立性，也破坏了供应商选择的合规流程。在N公司，经常可以看到销售人员在采购部门指手画脚，以至于常常指定供应商。要求采购人员必须从指定供应商处采购产品，而且预先确定了价格、交货期、规格等，留给采购人员做的就是下单和催货。其次是供应商认证的问题。了解供应商状况不是采购工程师一个人或一个部门可以完成的事情，必须寻求其他相关部门配合。然而因为协助采购部门并不是其他部门的主要工作，通常这些部门不会表现得很积极，甚至是尽力回避。因此，往往只有采购部门去进行实地考察，工艺部门、技术部门，甚至财务部门等经常缺席。这就使得公司供应商评估系统没有各个部门的参与人员进行独立评分，且所有参评的采购人员被要求混在一起共同打分，没有明确责任人。这种权责不清晰的评估使得供应商的评审过于形式化和主观化。再次，采购工程师自身的问题。每一次选择供应商，采购工程师都感觉无从下手，不知如何寻找合适的供应商。公司有自己的网站，但对于专业供应商的选择，网络来源太单一了，很多情况下并不能实现有效的供应商开发。目前，N公司采购工程师大部分存在供应商选择经验不足、业务水平欠缺等问题，要改进这些不足可能需要一定时间让他们去实践和总结。但如果N公司重新招聘新的有经验的供应商选择工程师，短期内也不一定有效，因为刚招聘的新员工能否达到要求，需要一定的考察时间，存在很大不确定性。

资料来源：赵艳丰.轮胎企业如何解决供应商选择问题[J].中国橡胶,2020(10)：36-40.

讨论题：

1. 此轮胎厂商选择供应商的主要标准是什么？
2. 环境和组织因素如何影响此公司在供应商选择上的决策？人际和个人因素会在其中起作用吗？为什么？
3. 互联网是当今寻找供应商的重要手段，但在此企业中为何并不合适？

4. 对供应商来说,和此企业签订供货合同的机遇和挑战分别有哪些?

参 考 文 献

1. [美] 加里·阿姆斯特朗,[美] 菲利普·科特勒.市场营销学(第9版)[M].吕一林等译.北京:中国人民大学出版社,2010..

2. 杨慧.市场营销学(第3版)[M].北京:中国社会科学出版社,2011.

3. 郭国庆.市场营销学通论(第7版)[M].北京:中国人民大学出版社,2017.

4. [美] 菲利普·科特勒,[美] 加里·阿姆斯特朗.市场营销:原理与实践(第16版)[M].楼尊译.北京:中国人民大学出版社,2015.

5. 王永贵.市场营销[M].北京:中国人民大学出版社,2019.

6. 波音公司官网.波音公司和空客集团的市场竞争[Z/OL].[2021-02-05].http://www.boeing.cn/.

7. 财政部官网.美国政府采购合同类型[Z/OL].[2021-02-06].http://gjs.mof.gov.cn/pindaoliebiao/cjgj/201406/t20140627_1105396.html.

8. 赵艳丰.轮胎企业如何解决供应商选择问题[J].中国橡胶,2020(10):36-40.

第七章 目标市场战略

【学习目标】

1. 掌握目标市场战略制定的主要步骤：市场细分、目标市场选择和市场定位。
2. 理解市场细分的必要性，掌握消费者市场的主要细分因素，以及有效市场细分的衡量标准，理解组织市场的细分。
3. 掌握细分市场的评价方法以及如何识别与选择有吸引力的目标市场。
4. 理解并掌握公司如何进行产品差异化和有效的市场定位以获取最强的竞争优势。

开篇案例

专注国人口腔问题的云南白药牙膏

据工信部中国企业品牌研究中心的数据显示，2019年我国牙膏品牌力指数排名 top 10 分别是高露洁、佳洁士、云南白药、黑人、中华、冷酸灵、两面针、舒适达、竹盐和黑妹。其中，中华、黑人、冷酸灵、两面针和黑妹是诞生于 20 世纪 90 年代以前的国产老品牌，在外国品牌尚未进入中国之前，它们几乎分享了整个庞大的牙膏市场。直至 20 世纪 90 年代初，外国品牌高露洁和佳洁士相继进入中国市场，并通过注资和收购国产品牌，开始重新洗牌中国牙膏市场。到了 21 世纪初，高露洁与佳洁士业已占据了中国牙膏市场份额前 2 的位置，已成为外资品牌的中华和黑人紧随其后，其他的国产老品牌如冷酸灵、两面针和黑妹等虽已风光不再，但仍在市场中占据着一席之地。而在此之后进入市场的云南白药牙膏缘何能在这竞争激烈的红海市场当中杀出一条血路，并最终实现了后来居上迅速跻身前列的壮举的呢？

2003 年云南白药牙膏研制成功，2004 年正式上市销售，2006 年底累计销售额飙升至 3 个亿，2008 年底累计销售额冲破 10 亿大关。在短短几年间，云南白药牙膏能取得如此惊人的成绩，可以说，在很大程度上是源于其精准的目标市场战略。首先，通过严密的市场调查研究发现，中国 90% 的成年人都具有不同程度的口腔问题，例如口腔溃疡、牙龈出血和牙龈肿痛等问题，但当时市面上的牙膏多数解决的都是清洁、美白和防蛀等牙齿的问题，不能很好地解决这一系列的口腔问题。而云南白药作为一种中成药，素来具有消肿解毒、活血化瘀和止痛止血的功效，恰能很好地填补这个巨大的潜在市场空白点。于是,云南白药牙膏便选择了这个细分市场作为自己的目标市场,以牙膏为载体,将云南白药用于口腔保健,致力于帮助国人预防、缓解和改善口腔问题。这种非传统牙膏的定位,不仅将云南白药牙膏与当时市场上的其他牙膏品牌显著区别开来,同时将云南白药作为药企却跨界进入日化行业这一劣势巧妙地转化成了优势,更好地凸显了云南白药牙膏的医药科技含量和功能品质保证,使得其高销售价格变得更加合理化以及更易被消费者所接纳,进而成功切入了高端市场。

20世纪初期,大多数的公司采用的都是大众市场营销(Mass Marketing),其营销逻辑是,市场当中的所有消费者都是一样的,对产品有着同样的需求,因此,只需将同样的产品采用同一种营销逻辑卖给每一位消费者即可。例如,1908年福特公司隆重推出的T型车就采用了完全统一的设计,且只生产唯一的黑色车型,在一段时间内虽然风靡了全美,但后来却慢慢跌下了神坛。其中的重要原因就在于,消费者厌倦了千篇一律的黑色T型车,希望福特公司能够推出更多的车型哪怕只是换个颜色,但亨利·福特(Henry Ford)却回了那句特别有名的话:"我不管你们喜欢什么车,我只生产T型车,不管你们喜欢什么颜色,我的福特只有黑色。"

在T型车面世初期,由于整个社会的生产技术尚不发达,市场还处于产品导向的时代,因此,这种"只生产销售一种黑色T型车"的大众市场营销并无问题。然而,随着生产力的发展和科技的进步,市面上可供消费者选择的同类产品开始增多,此时,消费者的不同需求就开始凸显出来,公司想再用一种产品或者一种营销逻辑来满足或说服所有的消费者就变得异常困难起来。这就使得目标市场营销渐渐开始走入营销者的视野,目标市场营销讲究的是对整个市场进行细分,然后从中选择一个或多个细分市场来作为公司的目标市场,之后针对每个目标市场分别进行专门的产品和市场营销方案的开发。接下来,本章将详细介绍企业目标市场战略制定的三个主要步骤:市场细分、目标市场选择和市场定位。

第一节 市场细分

一、市场细分的概念与作用

(一)市场细分的概念

二战以后,美国市场由"卖方市场"渐渐转变为"买方市场",消费者在市场当中的话语权不断提高,这使得不同消费者的差异化需求越来越受到企业的关注与认真对待。在这样的大背景下,20世纪50年代中期,美国市场学家温德尔·史密斯(Wendell R. Smith)首次提出了市场细分(Market Segmentation)这一概念。所谓的市场细分,指的是营销者根据某一或某些标准将整个市场划分成若干个小市场,每个小市场内部的消费者之间会表现出明显相似的需求、特点或行为,而不同小市场的消费者之间则在需求、特点或行为上存在着较为显著的差异。这就意味着,大众市场营销时期企图采用同样的产品或一套营销逻辑来满足所有消费者的做法是不可行的,此时,就需要营销者针对不同的细分市场进行专门的市场营销战略或组合设计。

(二) 市场细分战略的发展

市场细分概念是随着目标市场营销的兴起而逐渐形成的,概括起来说,它的形成与发展主要经历了三个重要阶段,分别是大众市场营销阶段、产品差异化营销阶段和目标市场营销阶段。

1. 大众市场营销阶段

大众市场营销,又称大量市场营销,其营销逻辑是,市场当中的所有消费者都是一样的,对产品都有着同样的需求,因此,只需将同样的产品采用同一种营销逻辑卖给每一位消费者即可,即所谓的大量生产、分销和促销。这种营销战略是典型的产品导向思维,在20世纪初期被大多数企业所采用。

2. 产品差异化营销阶段

随着生产力和生产技术的发展,市面上可供选择的同类产品开始增多,为了与其他竞争者相竞争,企业开始为消费者提供更多款式、颜色、规格和品质等的产品选择,也即进行所谓的产品差异化营销(Product Differentiation Marketing)。然而,这种产品差异化营销并非是专门针对不同消费者群的差异化需求进行设计的,而只是基于企业自身的理解。

3. 目标市场营销阶段

随着买方市场的到来,产品差异化营销问题凸显,由此便开始进入了目标市场营销阶段。所谓的目标市场营销(Target Marketing),指的是企业通过市场调研后根据某个或某些标准将市场整体划分成一个个小的细分市场,然后从中选择一个或多个有吸引力的细分市场作为企业的目标市场,之后分别针对每个目标市场进行专门的产品和市场营销方案的开发。从中可以看出,市场细分是目标市场营销战略的第一步。

(三) 市场细分的作用

通过市场细分,企业可以更加全面和深入地了解市场上的消费者,而这可以为企业接下来的相关管理、营销决策提供重要的参考与指导。概括而言,市场细分主要有以下三个作用:

1. 有利于企业更好地发挥自身优势,提高市场竞争力

每个企业都有自己擅长的领域和不擅长的领域,有优势的方面,也有劣势的地方,通过市场细分,企业可以更好地做到扬长避短,选择最能发挥其自身优势与特长的细分市场,然后在这个市场上精耕细作,有针对性地进行产品研发和市场营销战略设计,快速建立起自己的优势,进而提高企业的市场竞争力。

2. 有利于企业发掘新的市场机会,快速在市场上站稳脚跟

通过市场细分,企业可以对当前的整个市场进行更全面和透彻的了解,有助于更好地掌握各个细分市场的需求满足程度和市场竞争状况,从而帮助企业识别出更具吸引力和发展潜力的细分市场,然后企业就可以集中有限的资源去更好地满足这个细分市

场上的消费者需求,进而快速在市场上站稳脚跟。尤其是对实力较弱、资源亦有限的中小企业来说,市场细分可以更好地帮助他们找到一个或几个有利可图的利基市场,同时又可避免与大企业的直接竞争。

3. 有利于企业适时洞察消费者需求的变化,捕捉新的发展机遇

消费者的需求并非是一成不变的,而是会随着时间、环境等的改变而变化,通过市场细分,企业可以更好地掌握目标市场的需求动态变化,以便对现有的产品以及营销策略等及时地进行调整,从而可更好地保持并提高企业的市场竞争力。与此同时,企业也可通过对其他细分市场需求的及时且深刻的洞察,为企业捕捉到新的发展机遇。

二、市场细分的标准

(一)消费者市场的细分标准

在长期的企业实践当中,有关消费者市场的细分标准总共可以划分为两大类,一类是描述性变量,包括地理因素、人口统计因素和心理因素,而另一类则是行为因素,主要指的是与消费者的购买和消费行为有关的因素。表 7-1 就对这两大类四种细分标准具体包含哪些细分变量进行了简要的归纳:

表 7-1 消费者市场的主要细分变量

细分标准	主要细分变量
地理因素	区域、国家、地区、城市规模、人口密度、气候等
人口统计因素	性别、年龄、生命周期、家庭规模、职业、受教育程度、收入水平、宗教、种族等
心理因素	生活方式、个性特征、社会阶层等
行为因素	购买时机、购买场合、寻求利益、使用状况、忠诚度等

资料来源:[美]菲利普·科特勒,[美]加里·阿姆斯特朗.市场营销:原理与实践(第 16 版)[M].楼尊译.北京:中国人民大学出版社,2015:194.

1. 地理细分

(1)按地理位置进行划分。企业可以按照地理位置将市场划分为不同的区域(例如亚洲、欧洲、非洲、美洲等)、国家(例如中国、韩国、日本等)、地区(例如东北、华北、华南等)、城市(例如北京、武汉、南昌等)或者街区等。企业可以只在其中一个地理单位进行业务经营,也可以选择在多个甚至全部地理单位内同时进行业务经营,但必须要特别注意不同地理单位的消费者在需求、特点以及行为上的差异,正所谓"一方水土,养一方人"。

就如现在的很多跨国企业在全球范围内都有业务经营,但是针对不同区域或者国家市场会进行差异化的产品提供和营销战略或组合的设计,即所谓的"本土化"或"本地化",就是为了更好地满足不同地理单位内的消费者的个性化需求。例如,肯德基进入中国市场后,就专门针对中国消费者的口味推出了一系列新产品,像老北京鸡肉卷、安心油条、豆浆、番茄蛋花汤以及川香辣子鸡等,而且基本上每隔一段时间都会推出一些

新品,而这些产品在美国当地的肯德基菜单里面是没有的,同样,在其他国家的肯德基菜单里也是找不到的,但是会找到更适合当地人口味的其他"特别的"新产品。

(2) 按人口密度进行细分。人口密度的大小通常意味着这个地区是否具有足够大的市场以确保企业可以盈利。一般来说,营销者可以按照人口密度的大小将市场细分为城市、郊区和乡村市场,其中,城市市场还可以进一步细分为大城市、中等城市和小城市市场。处在不同城乡市场的消费者在消费结构方面会存在较大的差异,例如,对于家用电器,城市消费者和农村消费者在具体的需求特征上就会存在比较大的差异,城市消费者的需求量明显会比农村消费者大,且对于家用电器的外观、性能和质量等方面的要求都会明显比农村消费者高。相对而言,城市消费者可能会更加注重家用电器的品牌和性能,而农村消费者可能会更加看重家用电器的性价比。宝洁就针对不同的地区分别主推不同的产品,例如对于洗发产品,在偏远山区就主推飘柔家庭装等更加实惠便宜的产品,而对于北京、上海、香港以及其他国际大都市则主推玉兰油、潘婷等相对高端产品。

(3) 按地形、气候进行细分。营销者可以按地形将市场划分为平原、丘陵、山区以及沙漠地带等,不同地形市场的消费者的产品需求会存在较大的差异。例如,对于自行车产品,因为平原、丘陵和山区的道路条件存在明显不同,所以对于自行车的具体要求上也会存在差异。当然,也可以按照气候条件将市场划分为热带、亚热带、温带和寒带等不同的细分市场。例如,防暑御寒一类的产品就可以按照气候条件来进行市场细分,例如我国北方因纬度较高,气候相对会更加干冷,而南方因纬度较低,气候相对会更加湿暖,所以,对于御寒保暖产品如羽绒服、雪地靴等需求北方会明显大于南方,而对于风扇、空调等制冷产品南方的需求则相对会更大一些。对于加湿器这一类产品也是如此,北方地区相对来说会更加有市场,而南方地区的市场需求则相对会小得多。

2. 人口细分

人口细分主要指的是按消费者的人口统计特征如年龄、性别、家庭规模、职业、受教育程度、收入水平、宗教和种族等将市场划分成若干个子市场。按照人口统计特征进行市场细分是企业最经常采用的市场细分方法,原因主要有二,一是消费者的需求、欲望等往往都与他们的人口统计特征密切相关,二是人口统计特征相对于其他的细分变量来说更易进行衡量。但需要注意的是,即便是采用其他细分标准来进行市场细分,一般也需了解并掌握消费者的人口统计特征数据,以帮助企业更好地掌握每个细分市场的情况。

(1) 按性别进行细分。由于先天基因的差异和所扮演的社会角色的差异,男性和女性往往会在需求、态度和行为上表现出比较明显的差异。像是服饰、鞋类、化妆品和洗漱用品等产品类型就常常按照性别来对市场进行细分,例如,号称"男人的衣柜"的海澜之家就专卖男装,达芙妮则专门制造和销售女鞋,而妮维雅则既经营女士护肤产品,也经营男士护肤产品。还有在购买汽车时,女性会更易受到购物环境和汽车外观的影响,而男性会更看重汽车各方面的性能表现。但也需注意到,随着时代的发展,这种性别区分有时在某些产品类别上(例如服饰、鞋类等)渐渐变得并不十分明显。

案例分享

女人也要刮胡刀？

男性长胡子，所以要刮胡子，女性不长胡子，所以自然不用刮胡刀？可吉列公司在经过周密的市场调查后发现，在美国 8 360 万 30 岁以上的妇女中，有 6 590 万人为了保持美好形象，要定期刮除腿毛和腋毛。在这些人之中，除去使用电动刮胡刀和脱毛剂者之外，有 2 300 多万人主要靠购买各种男用刮胡刀来满足此项需要，一年在这方面的花费高达 7 500 万美元。根据这项调查结果，吉列公司专为女性精心设计了一款新产品，即"雏菊刮毛刀"，并以"不伤玉腿"作为推销时突出的重点，结果一炮打响，迅速畅销全美，吉列公司也因此上了一个新的台阶。

资料来源：百度文库.女人也要刮胡刀？[Z/OL].[2021-02-06].https://wenku.baidu.com/view/eba2a7ccbb1aa8114431b90d6c85ec3a86c28b69.html? fr=search-1_income4.

（2）按年龄进行细分。处于不同年龄阶段的消费者因为生理和心理等的差异，会导致他们表现出不同的需求和欲望特征。例如，因为儿童和成人在身体发育、体质等方面的差异，很多药品就细分了儿童和成人两个市场，然后分别提供两种不同的产品来满足他们同样的需求，例如同样是患了感冒，成人可以用 999 感冒灵颗粒，而儿童则可以用 999 小儿感冒颗粒。还有服饰和鞋类产品也是如此，如安踏旗下就分别有安踏成人和安踏儿童系列，分别提供成人专业体育用品以及儿童运动、生活两大风格类型产品。但是需要特别注意的是，在按年龄进行市场细分的时候不要落入俗套，尤其是在当代社会中，我们会发现，人们常常并不会安分地在什么样的年龄做什么样的事。

（3）按收入进行细分。显而易见，消费者的收入水平会极大影响他们的消费能力和消费行为。尤其是像汽车、服装、化妆品还有旅游这些行业，一直以来都倾向于按照收入来对整个市场进行细分。例如，在网络上看各大汽车交易网站时就会发现，所有汽车会按照价格划分成不同的档次或级别，如 5 万以下、5 万—8 万、8 万—10 万、10 万—15 万、15 万—20 万、25 万—35 万、35 万—50 万、50 万—100 万以及 100 万以上等。但需要特别注意的是，根据收入并不一定能准确预测某种特定产品的最佳购买人群。很多营销者在实践当中就发现，相对来说，低收入群体市场当中的竞争压力会小得多得多，而且消费者也表现出更高程度的忠诚。

（4）按职业进行细分。职业不同，收入也会存在比较明显的差异，再加上职业特点、工作环境以及能力要求等方面的差异，从事不同职业的消费者往往会表现出不同的消费需求特征。例如，同样是购买自行车，农民因为生产和生活的需要会更偏好能够载重的自行车，但是学生、白领则可能会更喜欢样式美观的轻量自行车。

（5）按受教育程度进行细分。消费者的受教育水平不同，会导致他们在价值观、生活方式、兴趣爱好等方面存在着明显的差异，进而最终影响到他们的消费需求、态度和行为。例如，相对来说，消费者的受教育程度越高，对文化类产品的需求和消费也会更多。而相对于那些受教育程度较低的消费者，企业可能需要花费更大的营销努力才能说服那些受教育程度较高的消费者。

(6) 按民族进行细分。在国外存在着种族的问题,不同种族的消费者会表现出不同的需求和欲望,因而企业也会按照种族来进行市场细分。而对应到国内的话,则可以按照民族来进行市场细分。众所周知,我国是一个多民族的国家,不同的民族因其传统习俗、生活方式等方面的差异,会导致他们表现出不同的消费需求、态度以及行为。

3. 心理细分

(1) 按生活方式进行细分。生活方式(Lifestyle)就是我们如何生活,即如何扮演自我。人们的购买行为往往会反映出他们的生活方式是怎样的。因此,营销者常常根据消费者的不同生活方式来划分整个市场,并将营销战略建立在生活方式的诉求上。例如,有的人喜欢稳定、安逸的生活,有的人则追求惊险、刺激的生活,而还有的人则向往简约、朴素的生活。宝洁就针对具有不同生活方式的人群分别提供不同的产品来满足他们的不同需求,对于广大的家庭主妇推出了适合家庭使用的桶装洗发水和沐浴露,而对于学生或经常需要外出的人则推出了更加方便的洗护二合一产品。还有随着当下"宅"这种生活方式的流行,诸如餐饮、商超等行业都开始提供外卖外送服务。

知 识 链 接

自 我 概 念

自我概念(Self-concept)是指个人将其自身作为客观对象所具有的所有思想和情感的总和,是个人的自我感知或情感指向。也就是说,自我概念是由对自己的态度构成的。

自我概念可以划分为四个基本部分:一是实际的自我概念(Actual Self-concept),指的是"我现在是什么样";二是理想的自我概念(Ideal Self-concept),指的是"我想成为什么样";三是个人的自我概念(Private Self-concept),指的是"我如何做自己"或"我想如何做自己";四是社会的自我概念(Social Self-concept),指的是"别人怎样看待我"或"我希望别人怎样看我"。

资料来源:[美] 戴维·L.马瑟斯博,[美] 德尔·I.霍金斯著.消费者行为学(原书第13版)[M].陈荣,许销冰译.北京:机械工业出版社,2018:282.

---

(2) 按个性特征进行细分。营销者也常常会根据消费者的个性特征来进行市场细分。戈德伯格(Goldberg, 1982)提出的大五人格理论指出,可以按照开放性、责任心、外倾性、宜人性和神经质性这五个因素来对个体人格与个性进行描述。一般来说,那些外向、冲动的消费者更喜欢表现自己,因此更喜欢消费能够体现出他们个性的产品,那些内向的消费者则更倾向于从众,购买大众化的产品,而那些富有创造力和具有冒险精神的消费者则更可能对那些新奇、刺激的产品表现出强烈的兴趣。例如,统一旗下的不同软饮料就以不同个性的人群作为目标群体。统一冰红茶彰显青春、洋溢、洒脱、不羁、激昂的个性,广告中常常结合极限运动来充分诠释这种个性精神,正如其广告语所提倡的"青春无极限";而统一绿茶则相对温和许多,针对的是自然、清新、健康、阳光的暖男

个性,广告中经常出现的画面就是亲近大自然;而小茗同学则主要针对的是学生群体,因而塑造出的是一种幽默、搞笑、风趣的个性,这一点可以从它的包装和营销策略上充分感受到。

> **知 识 链 接**
>
> ### 大五人格理论
>
> 开放性(Openness):具有想象、审美、情感丰富、求异、创造、智能等特质。
> 责任心(Conscientiousness):显示胜任、公正、条理、尽职、成就、自律、谨慎、克制等特点。
> 外倾性(Extroversion):表现出热情、社交、果断、活跃、冒险、乐观等特质。
> 宜人性(Agreeableness):具有信任、利他、直率、依从、谦虚、移情等特质。
> 神经质性(Neuroticism):难以平衡焦虑、敌对、压抑、自我意识、冲动、脆弱等情绪的特质,即不具有保持情绪稳定的能力。
>
> 资料来源:彭聃龄.普通心理学[M].北京:北京师范大学出版社,2012:433.

跟人一样,品牌也有个性,阿克(Aaker,1997)根据描述人类人格特质的大五人格理论提出了品牌个性的五大维度,分别是纯真(纯朴、诚实、健康、开朗)、刺激(勇敢、有朝气、创意、最新)、称职(可信赖、聪明、成功)、教养(高档、迷人)和粗犷(户外、强韧)。消费者倾向于选择那些与自己的个性相似的品牌,以更好地彰显自己的个性。世界上许多知名品牌都有自己独特的个性。例如,柯达是纯真的,保时捷和法拉利是刺激的,麦当劳和IBM是称职的,奔驰和露华浓则是有教养的,万宝路和李维斯则是粗犷的。同样作为豪华车品牌,奔驰的品牌个性是成熟、尊贵的,宝马则是年轻、运动的,而沃尔沃则是可靠、可信赖的。

(3) 按社会阶层进行细分。处于不同社会阶层的消费者在价值观、生活态度以及行为模式等方面的显著差异会导致他们表现出明显差异化的消费心理和行为。例如,一般而言,社会地位较高的消费者会更在意产品是否可以体现出他们的个人品位,而处于社会底层的消费者会更加看重产品的实用价值。同样是购买牛仔裤,劳动阶层的消费者可能会更加注重它的结实耐用性,而上层社会的消费者可能会更加看重它的时尚性和自我表现力。宝洁就很好地利用了不同阶层消费者的需求差异,分别设计了不同的产品和营销战略来满足和说服他们。针对社会地位较高的消费者,宝洁推出了SK-Ⅱ这一护肤品牌,而对于社会阶层较低的消费者则推出了玉兰油这个品牌来满足他们的需求。

4. 行为细分

按照行为进行细分,主要指的是根据消费者对产品的认知、态度、购买和使用行为等将整个市场划分成若干个子市场。行为细分变量主要包括时机、利益、决策角色、使用者状况、使用情况和忠诚度等。将不同的行为联系起来有助于营销者对整个市场及其细分出来的各个子市场有一个更加全面和深入的洞察。

(1) 按照时机进行细分。营销者可以根据消费者产生购买欲望的时机、实际购买的时机以及使用产品的时机来进行市场细分,这样也有助于企业更好地确认产品的用途。例如,肯德基为中国消费者的早中晚餐分别推出了营养早餐系列、豪华午餐系列和尚选晚餐系列,他们只在早中晚的特定时间段内进行供应,其他时间不提供。宝洁虽然以销售日化产品为主,销量随季节变化不大,但仍有一些产品的销量会随季节变化,如玉兰油多效防晒霜和护肤沐浴露还有汰渍洗衣粉在夏季会更加畅销。

(2) 按利益进行细分。对于某一类别产品的消费,不同消费者希望从中获得的主要利益是存在明显差异的,营销者可以根据消费者寻求的不同利益来划分市场,这是有效的市场细分形式之一。例如,宝洁针对消费者对于洗发水产品所寻求的不同利益分别推出了不同利益诉求的洗发水品牌,对于想要去头屑的消费者推出了海飞丝,对于想要营养发质的消费者推出了潘婷,对于想要让头发更加飘逸柔顺的消费推出了飘柔,对于想要专业美发效果的消费者推出了沙宣,而对于追求纯天然的消费者则推出了草本精华的伊卡璐。同样,对于牙膏产品,有的消费者追求牙齿清洁,有的消费者希望能够防蛀,有的消费者想要美白功效,有的消费者希望能清新口气,还有的消费者则追求口腔保健,市面上都有相应的牙膏品牌来满足消费者追求的这些利益,如高露洁可以全面防蛀,佳洁士、黑人美白牙齿,冷酸灵、舒适达抗敏修护,云南白药保持口腔健康等。

案 例 分 享

钟表市场细分

美国曾有人运用利益细分法研究钟表市场,发现手表购买者分为三类:① 约23%侧重价格低廉;② 约46%侧重耐用性以及一般质量;③ 约31%侧重品牌声望。当时美国各著名钟表公司大多都把注意力集中于第三类细分市场,从而制造出豪华昂贵手表并通过珠宝店销售。唯有天美时(Time X)公司独具慧眼,选定第一、第二类细分市场作为目标市场,全力推出一种价廉物美的"天美时"牌手表,并通过一般钟表店或某些大型综合商店出售。该公司后来发展成为全世界一流的钟表公司。

资料来源:钟表市场细分[Z/OL].[2021-02-10]. https://wenku.baidu.com/view/eba2a7ccbb1aa8114431b90d6c85ec3a86c28b69.html? fr=search-1_income4.

(3) 按照决策角色进行细分。消费者在一项购买决策中可能扮演以下五种角色,发起者、决策者、影响者、购买者和使用者。假设你要帮父亲购买一台按摩椅,你就是这项购买决策的发起者,然后去询问曾经也为父亲买过按摩椅的一个好朋友,这个好朋友就是这项购买决策的关键影响者,朋友最后给你推荐了一款品牌按摩椅,你在网上查阅了相关资料后决定带父亲去实体店先体验一下效果再确定是否购买,这个时候你父亲也是这项购买决策的关键影响者,最后你买下了该款按摩椅给父亲,那你就是购买者,而你父亲是使用者。从以上叙述中可以看出,虽然扮演的角色各不相同,但是他们都会明显影响消费者购买过程中的满意度和最终的满意度。

（4）按使用者状况进行细分。使用者状况主要指的是消费者使用某种产品或服务的经历，根据是否使用以及当前的使用状况可以将消费者划分为非使用者、曾经使用者、潜在使用者、首次使用者和经常使用者这五种不同的群体。其中，潜在使用者指的是未来可能会在生命的某一个阶段或是因为某个契机而开始使用产品的一类消费者。一般来说，市场领导者会特别注重将潜在使用者转变为实际使用者，此时，企业就要去深入了解这些消费者为何不使用产品，是因为观念阻碍、产品态度还是缺乏相关的产品利益知识，只有掌握了背后的深层次原因才能够更好地对症下药，而较小的公司则试图从竞争者手里争夺顾客。

（5）按使用率进行细分。使用率主要指的是消费者使用产品的频率和数量，按照消费者的产品使用率可以将市场划分为轻度、中度和重度使用者三大类群体。重度使用者虽然人数上不一定多，但产品消费量却在总消费量中占比很大，因而不少企业会以此类群体作为自己的目标群体，往往也能取得比较好的效果。但是需要注意的是，重度使用者往往会表现出两个极端，要么对品牌的忠诚度特别高，要么对品牌的忠诚度特别低，经常会因为低价在不同品牌之间进行转换，因而，企业要吸引一个重度使用者，可能会比吸引几个轻度使用者要困难得多。

（6）按忠诚度进行细分。营销者也可以按照消费者对品牌的忠诚度来划分市场。有些消费者可能会长期忠诚于一个品牌，例如苹果的果粉，小米的米粉，他们可能不仅有苹果或小米手机，还有苹果或小米笔记本或平板电脑，以及苹果智能手表或小米手环等，有些极度狂热者甚至是只要品牌推出新品就会立即购买，他们不仅自己购买和拥有苹果或小米的产品，还会不断向别人推荐该品牌产品。像这样的品牌绝对忠诚者是企业的一种特别宝贵的资产，需要企业去用心维护。而与此相反，有些消费者对任何品牌都毫无忠诚可言，这类消费者比较善变，经常会在不同的品牌之间进行转换。而还有些消费者则介于这两个极端之间，他们会同时忠诚于两三个品牌，或是在偏爱一个品牌的同时偶尔也会购买其他品牌，这些消费者只能称之为一般忠诚者。

针对上述不同忠诚度的消费者，企业应该区别对待。对于极度忠诚者，企业可以通过研究他们来了解和确认其产品的优势；对于一般忠诚者，企业可以通过对他们的了解与研究发现市场上的哪些品牌是其产品的最主要竞争者，以及本企业产品相比竞争产品的优势和弱点所在；而对于那些不再购买本企业产品的消费者，企业可以通过对他们的深入研究来发现企业产品或营销方面的问题与不足，然后及时予以改进。需要特别注意的是，消费者表面上的品牌忠诚原因可能有很多，例如习惯的问题，不同品牌的产品之间并无多大差异，价格低，进行品牌转换的成本过高，或是没有其他品牌可供选择等情况，企业需进行仔细分辨。

(二) 组织市场的细分标准

组织市场的细分标准有些与消费者市场所使用的细分标准相同或类似，例如地理因素、人口因素（所属行业、企业规模）、寻求的利益、使用者状况、使用情况和忠诚度等，当然，由于组织市场的特殊性，它也还有一些特殊的细分标准，诸如经营因素（如顾客经营特点）、采购因素（如采购方式、采购人员的个人特点等）以及个性因素等。表7-2就概括列出了组织市场的细分标准及其具体的细分变量：

表 7-2 组织市场的细分标准

细分标准	主要细分变量
地理因素	区域、国家、地区等
人口因素	行业性质、企业规模等
经营因素	使用者状况、经营特点、顾客能力等
采购因素	采购政策、采购标准、采购方式、采购职能的组织特征、采购人员的个性特点、购买类型、所处购买阶段等
个性因素	双方相似性、风险偏好态度、忠诚度等

资料来源：[美]菲利普·科特勒，[美]凯文·莱恩·凯勒.营销管理(第5版·全球版)[M].汪涛译.北京：中国人民大学出版社，2012：99.

1. 按地理因素进行细分

可以说，每个国家或地区的不同工业区的形成，都在一定程度上受到了其所处地理位置的自然资源、气候条件以及历史传统等因素的影响，例如，江浙两省的丝绸工业区，以山西为中心的煤炭工业区，东南沿海的加工工业区等。从中可以看出，相比消费者市场，组织市场往往在区域上更加集中，因而，按照地理位置进行细分就成为组织市场的重要细分标准。营销者按照顾客企业的地理位置进行市场细分，选择顾客较为集中的地区作为目标市场，有利于企业节省营销成本或费用，如营销人员往返于企业与顾客之间所花费的时间以及交通费用等。

2. 按人口因素进行细分

同样的产品，不同行业的顾客对产品的需求会存在明显的差异。例如，同样是轮胎产品，飞机制造商对于轮胎的安全性和可靠性的要求就会明显高于汽车制造商，因为飞机轮胎对于飞机的安全降落和滑行具有极其重要的作用，因而要求它们必须能很好地承受住高速度、高载荷和高内压的作用。还有，同样是钢材产品，造船行业、建筑行业与机械生产行业对于钢材的强度、硬度、塑性和韧性的要求上都会存在明显差异。这就要求企业必须提供不同的产品，并设计不同的市场营销战略来满足不同顾客的需求。

另外，顾客的经营规模也可以作为企业进行组织市场细分的重要标准。因为顾客的经营规模通常说明了企业实力的强弱，而这往往决定了顾客购买能力的大小。按照顾客的经营规模来进行市场细分，一般可以划分为小、中和大这三种类型的用户市场。小用户数量虽然多，但是单个用户的购买数量有限，且用户相对比较分散，而大用户数量虽然少，但是购买能力强，单个用户的购买数量也大。有时，与一个大用户的交易数量往往是与几个小用户交易数量的总和，因而，如果失去了一个这样的大用户，对于企业来说将是一种严重的损失。这就要求企业必须针对不同经营规模的用户分别建立不同的客户关系建立和维护机制，以防止客户的不必要流失。

3. 按经营因素进行细分

按照顾客对于企业产品的使用情况，可以将市场划分为高度使用者、中度使用者、轻度使用者和未使用者这四个不同的群体。高度使用者虽然数量上可能比较少，但是单个用户使用的数量多,而轻度使用者数量上可能会比较多,但是单个用户的使用量少,有时可能几个轻度使用者的使用量的总和才相当于一个高度使用者的使用量。因此,企业必须根据这些不同客户群体的特点进行区别对待。此外,也可以根据顾客能力来进行组织市场的细分。例如,有些顾客的能力相对来说较弱,就需要企业提供大量与产品有关的专业技术等服务,而另一些顾客的能力则会较强,他们只需要企业提供少量的服务。对于这两种不同类型的顾客群体,企业的营销重点以及后续的服务方面的投入都会存在差异。

4. 按采购因素进行细分

企业营销者还可以按照顾客企业的采购政策、标准、方式、采购职能的组织特征、采购人员的个性特点等来划分组织市场。例如,根据企业所服务的顾客所采用的总体采购政策可以将市场细分为租赁、购买服务合同、系统采购和秘密投标这四种不同类型的顾客群体;若根据顾客的采购标准进行细分,则可以划分为质量为上、服务为上和价格为上等不同的细分市场;而如果是根据采购职能的组织方式则可以将市场划分为采购组织高度集中和采购组织分散这两个不同的细分市场。当然,也可以按照采购人员的个性特点进行组织市场的细分,例如采购人员所持的价值观,性格内向还是外向,风险偏好态度等。

5. 按个性因素进行细分

营销者也可以根据顾客企业的风险偏好态度进行市场细分,有些企业敢于冒险,而有些企业则会尽可能地规避风险,这两种不同类型的顾客会有不同的产品需求,企业的营销重点也会存在明显差异。当然,企业营销者也可以按照顾客企业的忠诚度来进行组织市场的细分,与消费者市场的细分相类似,也可以分为极度忠诚者、一般忠诚者和毫无忠诚者。对于不同忠诚度的顾客,企业应该分别建立相应的联系机制和顾客接待制度,以更好地建立与管理与不同顾客之间的关系。

三、市场细分的标准与程序

(一)市场细分的具体程序

市场细分作为一种科学的比较、分类与选择的过程,应该按照一定的程序来进行。一般来说,市场细分的程序大致包括以下几步:

1. 选定产品市场范围

企业应该根据自身的经营条件与经营能力确定要进入的市场范围,如要进入哪个行业,要生产什么产品,以及要提供什么样的服务等。尤其需要注意的是,在确定企业要进入的市场范围时,应该以消费者的需求为准,而不是产品本身的特性。

2. 列出所有潜在消费者的需求情况

企业应该通过科学、规范的市场调研了解潜在消费者的需求情况,并按照前文所述的地理、人口、心理和行为等标准,比较全面地列出潜在消费者的基本需求,为日后的深入研究提供资料和依据。例如,对于洗发水产品,潜在消费者的基本需求就包括清洁、芳香、焗油、去屑、柔顺、营养发质、治理分叉、染发、美发以及防脱发,等等。

3. 分析潜在消费者的不同需求，进行初步的市场细分

消费者的需求是多种多样的，就算是同一产品，不同消费者群体的具体需求也是不一样的。例如，对于洗发水，有些消费者需要它有很好的去屑功能，有些消费者则看重它是否能营养发质，还有些消费者则更加注重它能否让秀发更加飘逸和柔顺等。针对所列出的潜在消费者的各种需求，企业应该通过进一步的抽样调查来搜集相关的市场信息与消费者背景资料，然后初步划分出一些差异最大的细分市场，并从中至少选出三个分市场。

4. 选择目标市场，提出营销策略

企业应该根据有效市场细分的标准，对划分出来的所有细分市场进行分析和研究，对于较小且需求相似的细分市场进行合并，对于内部需求差异较大的细分市场进行拆分，对于无利可图的细分市场则予以放弃。余下的细分市场，为便于后续操作，可以结合不同细分市场上的消费者特征，分别为各个细分市场进行形象又直观的命名。然后，在仔细调查的基础上，企业要对各个细分市场的规模、竞争状况及变化趋势等方面加以测量、分析和评估，最后，从中选择与本企业经营优势和特色相匹配的细分市场来作为目标市场，并制定相应的营销策略。

(二) 有效市场细分的标准

企业通过市场细分可以针对顾客的差异化需求进行市场定位，以获得更大的经济效益，然而，产品的差异化也势必会增加企业的生产成本和营销费用。所以，企业必须在通过市场细分所获得的收益与所增加的成本之间进行权衡，以保证企业能够有恰当的盈利。这就要求，有效的市场细分必须满足以下条件：

1. 可衡量性

这要求各个细分市场的规模、购买力和特性必须能够被测量出来，只有这样，企业才能够借此对不同的细分市场进行清晰的界定和划分。如果细分变量难以进行衡量，企业就无法有效地界定市场。

2. 可营利性

这要求各个细分市场必须足够大，至少其市场容量要能够让企业有利可图。因为企业都是营利性组织，如果没有盈利或是盈利甚微，那企业就失去了进入该细分市场的动力。因此，每个细分市场都应该是值得企业为之专门设计一套市场营销方案的尽可能大的同质群体。例如，对于汽车制造商而言，就没有必要专门为身高超过两米的顾客设计一辆汽车，这会让企业得不偿失。

3. 可进入性

这要求细分市场必须是企业能够接近并为之提供服务的。囿于资源、能力等，企业往往不可能同时进入并占领所有的细分市场，而需要从中进行选择。此时，企业就应该选择进入与自身状况相匹配并且有优势占领的某一或某些细分市场。细分市场的可进入性具体表现在三个方面：信息进入、产品进入和竞争进入。考虑细分市场的可进入性，实际上是研究企业在细分市场中开展营销活动的可行性。

4. 可区分性

这要求细分市场在概念上必须能够被区分，并对不同的市场营销组合因素和计划

具有不同的反应。例如,如果已婚女性和未婚女性对于一款护肤品的销售有相似的反应,那她们就不能构成两个独立的细分市场。

5. 相对稳定性

这要求细分市场能在一定时间内保持相对的稳定性,因为这直接关系到企业生产营销的稳定性。尤其是对于一些大中型企业以及投资周期长、转产慢的企业来说,如果细分市场不具备一定的稳定性,将更容易导致企业的经营困难,进而严重影响企业的经营效益。

第二节 目标市场选择

企业通过市场细分可以识别出新的市场机会和发展机遇。随后,企业必须对各个细分市场进行仔细的分析和评估,然后从中选择企业能够最好地为之提供服务的某一或某些细分市场来作为其目标市场。接下来的内容,将详细阐述企业应该如何对细分市场进行评估并最终选定自己的目标市场。

一、细分市场的评估

经过市场细分操作后,企业必须对细分出来的市场进行认真的分析与评估。一般来说,企业在评估细分市场时必须考虑三类因素:细分市场的规模和增长潜力,细分市场的结构和吸引力以及企业的目标和资源。

(一) 细分市场的规模和增长潜力

细分市场的预估规模和未来增长潜力,是企业决定是否进入该细分市场的主要影响因素之一。企业应当仔细收集和分析各个细分市场当前的销售量、增长速度和预期的盈利等相关指标数据,然后从中选择具有恰当市场规模和增长速度的细分市场。如果企业选择的细分市场规模过小且增长速度也太慢,企业可能就无法获得预期的盈利;但是如果所选择的细分市场规模过大且增长速度也太快,企业的营销力量就会因铺得过宽而显得单薄,进而导致由此获得的盈利难以弥补因此增加的开支。

从中可以看出,所谓的"恰当的市场规模和增长速度"只是相对而言。规模最大、增长速度最快的细分市场对于有实力、占优势的大公司可能是"恰当"有吸引力的,但是对于那些小公司而言可能就并不怎么"恰当"了,因为小公司往往缺乏相应的资源和技能为这些规模大且增长快的细分市场提供服务,就算有这个资源和技能,也可能会因为这样的细分市场竞争过于激烈转而会选择那些绝对市场规模较小的市场。这样的市场可能在大公司看来并没有什么太大的吸引力,但是对于小公司而言却已经具备了足够的盈利潜力。例如,美即当初就是选择进入了面膜这一个相对小而专的细分市场,通过专门研发、生产和销售面膜产品,最终成功在市场上站稳了脚跟,成为面膜品类的领导品牌。

（二）细分市场的结构和吸引力

具有"恰当市场规模和增长速度"的细分市场还不足以让企业将它作为自己的目标市场，一方面，这些细分市场可能已被其他众多企业给盯上，另一方面，细分市场的结构性因素也会影响细分市场的长期吸引力，需要企业进行认真的考察。迈克尔·波特提出，可以通过五力模型来衡量一个市场或者细分市场的长期吸引力，即现有竞争者的威胁、潜在进入者的威胁、替代者的威胁、购买者的议价能力的威胁和供应商的议价能力的威胁。

第一种力量是细分市场中现有竞争者的威胁。如果某个细分市场内已经有不少具有强大竞争力和威胁性的竞争者存在时，这个市场对企业的吸引力就不大。而如果这个市场还很稳定或者正处于生命周期的衰退阶段，或是需要进入的企业投入大量的生产力，或是固定成本和企业日后退出市场的壁垒都很高，抑或是竞争者有强烈的意愿在该细分市场上停留等，都会让这个细分市场变得更加不具有吸引力，因为这些都意味着，企业若要进入该细分市场，就必须要付出高昂的代价。

第二种力量是潜在的进入者的威胁。如果某个细分市场的进入壁垒很高，退出市场的壁垒很低，那这个市场对企业就会很有吸引力。因为这意味着，这个市场日后将会很少有竞争者进入，企业一旦在该市场中站稳脚跟，就能够一直保持较好的竞争力，而纵然是经营不善，也能够轻易地退出市场。当某个细分市场的进入和退出壁垒都很高时，企业虽然有较大的可能获得高额的利润回报，但是同时也要面临很大的风险，因为一旦业绩不佳想要退出市场时，企业可能需要付出高昂的代价。而当某个细分市场的进入和退出壁垒都很低时，企业虽然不需要付出什么太大的代价就能够轻易进入和退出市场，且还能获得比较稳定的收益，这收益往往是比较低的。最糟糕的情况还是，一个细分市场的进入壁垒很低但退出壁垒很高，这意味着，企业虽可在市场前景大好时轻易进入，但在市场萧条的情况下却无法退出。

第三种力量是替代者的威胁。如果某个细分市场内存在许多现有和潜在的替代者，那这个市场就对企业失去了吸引力。因为替代者一多，那产品价格和获利潜力就会受到限制，尤其是当替代行业的技术进步或者市场竞争加剧时，市场上的产品价格和利润就会进一步下降，企业面临的生存和经营压力就会越大。

第四种力量是购买者的议价能力的威胁。购买者的议价能力也会影响到某一细分市场所具有的吸引力，当购买者的议价能力很强时，他们就会通过压低价格以及试图要求企业提供更高的产品或服务质量，甚至是引起商家之间的相互竞争，来影响市场中的企业的盈利能力。一般来说，购买者的议价能力在以下几种情况下会增强，如市场上产品之间的差异化小，购买者的产品转换成本很低，产品支出在购买者总支出中的占比很大，购买者变得集中或者具有较强的组织性等。

第五种力量是供应商的议价能力的威胁。如果某个细分市场中存在着能够左右供应产品的价格、质量和数量的强大供应商存在时，那这个市场对企业的吸引力也不大。一般来说，供应商的议价能力在以下几种情况下会增强，如现有市场上的可替代者很少，供应商所提供的产品对于企业产品的生产或质量等影响很大，供应商能够比较轻易地向下游整合，供应商变得集中或者具有较强的组织性等。面对这样的境况，企业最好的解决办法是与供应商建立良好的关系,以及实施多渠道供应。

(三) 企业的目标和资源

当然,即便一个细分市场既有恰当的市场规模和增长速度,也具有足够的结构性优势,企业也还需要结合自身的目标和资源情况综合进行考量。有些细分市场虽然很有吸引力,但是可能因为与企业的长期发展目标不相符,或是企业缺乏为这些市场提供卓越价值的资源或能力而只能选择放弃。例如,化妆品市场的中低档细分市场规模较大,且保持持续增长,但根据企业的目标和资源,对定位于高端化妆品的兰蔻来说,进入这一市场的意义不大。企业应该根据自身的目标、资源以及能力,选择进入那些企业能够为之提供卓越价值并获得超越竞争者的优势的细分市场。

知识链接

细分市场的评估

公司如果错误地选择了细分市场就会导致金钱的浪费,分散对盈利细分市场的注意力,因此营销者必须熟练地评估细分市场。首先,营销者对市场进行扫描,剔除那些不合理的、争议太大的、风险较多以及不道德的细分市场。接着,营销者对剩下的细分市场根据五个关键标准和长期吸引力进行评判。一般来说,营销者会通过规模、利润、增长潜力对市场是否合适做出评判;通过进入和退出的容易性对市场竞争性进行衡量;通过可利用的渠道对市场可接近性进行判断。最后,营销者会采用一定的系统,如计算每个细分市场的总分对各个市场进行排序,并选取得分最高的市场优先进行营销活动。

资料来源:[美]菲利普·科特勒,[美]凯文·莱恩·凯勒.营销管理(第5版·全球版)[M].汪涛译.北京:中国人民大学出版社,2012:107.

二、细分市场的选择

在对各个细分市场进行认真的分析和评估后,企业就必须决定选择哪一或哪些细分市场作为自己的目标市场。所谓的目标市场(Target Market),指的就是企业决定为之服务的、具有共同需求或特点的购买者群体。根据各个细分市场的独特性和企业自身的目标,一般有三种目标市场战略可供企业进行选择。

(一) 无差异营销战略

无差异营销战略又称大众营销战略,指的是企业将整个市场看作是一个具有相似需求的目标市场,只采用单一的营销策略来开拓市场,即只提供一种产品以及制定一套市场营销方案来尽可能多地吸引市场上的消费者。可以看出,这种大众营销是一种求同存异的营销战略,只考虑消费者需求的共性,而选择忽略了消费者需求的个性差异。这也意味着,当市场上的消费者偏好趋同,或是市场无法进行细分的情况下,这种营销战略将会比较适用。例如,美国可口可乐公司自1886年成立以来,不论是在北美市场还是全球市场,一直奉行的都是无差异营销战略,这不仅保证了可口可乐的口感、品质的始终如一,还在消费者心中建立和强化了一个统一的品牌形象,最终使得可口可乐成为一个全球性的超级品牌。采用无差异营销战略,因为产品线单一,所以企业可以进行大规模的生产和经营,进而能够大大地降低企业在研发、生产、运输、营销和管理等方面的成本,从而提高企业的利润率。但由于忽视了不同消费者需求之间的差异,也可能会导致企业错失很多的市场机会,而且,采用这种战略也可能会引发激烈的市场竞争,最后导致较大的细分市场中竞争过度,而较小的细分市场却无人问津的情况。更重要的是,随着市场的发展,消费者差异化、个性化的需求变得愈加突出,企业要想开发出这样一款能够满足所有消费者需求的产品也几乎变成不可能的事。

(二)差异化营销战略

差异化营销战略又称细分市场营销战略,指的是面对已经细分的市场,企业选择其中几个细分市场作为自己的目标市场,并分别为这些不同的细分市场设计并提供不同的产品和服务,制定并实施不同的市场营销策略或方案,以满足不同细分市场上的消费者需求。与无差异营销战略不同,差异化营销战略考虑到了不同细分市场的需求差异化,并据此分别进行极具针对性的产品和营销策略设计,因而能够很好地满足不同细分市场的不同需求。随着市场上的产品同质化变得越来越严重,差异化营销战略已经成为越来越多企业的选择。例如,国际知名日化企业宝洁就是其中的典型代表,它在中国市场上就拥有五个知名的洗发水品牌,这些品牌在超市的货架上彼此竞争,其中,海飞丝主打去屑,潘婷主打营养头发,飘柔主打柔顺光滑,沙宣主打专业美发,而伊卡璐主打草本精华和纯天然,这些品牌分别满足中国不同的消费者群体的不同洗发需求。

为了能在细分市场上获得更好的销售收益和更强大的市场地位,企业会针对不同的细分市场分别提供不同的产品并制定与之相匹配的营销策略。相比在整个市场中开展无差异营销,这种在几个细分市场中分别建立优势地位的差异化营销能够使企业获得更高的总销售。与此同时,这种差异化营销也会明显增加企业的研发、生产、营销和管理等方面的成本。例如,相比研发和生产1000支同样的牙膏,研发和生产10种不同配方的牙膏、每种牙膏各生产100支的成本要明显高得多。而且,企业还要针对不同的细分市场分别制定和实施不同的市场营销方案,这就涉及额外的市场调查与分析、广告、促销活动的设计以及渠道的开发和管理等工作。例如,宝洁在中国市场上每年都要分别为海飞丝、飘柔、潘婷、沙宣和伊卡璐制定和实施不同的广告战略计划,这无疑增加了企业在促销方面的成本。因此,企业在决定采用差异化营销战略时,必须要在这种差异化营销可能带来的收益增量与可能产生的成本增量之间进行仔细的权衡。

(三)集中性营销战略

集中性营销战略又称利基营销战略,指的是企业既不面向整个庞大的市场,也不将有限的力量分散在若干个细分市场中,而只选择其中一个或少数几个利基市场作为自己的目标市场。这种营销战略追求的不是在一个大的细分市场中占有较小的市场份额,而是在一个或几个较小的细分市场中占据较大甚至是领先的市场份额。对于资源有限的小企业来说,这种集中性营销战略尤其适用。因为小企业既无力顾及整体市场,也对在多个细分市场中同时经营感到有心无力,而选择那些被大企业忽视的利基或者说是缝隙市场,不仅面临的竞争压力会小很多,而且企业还可以集中有限的资源更好地去为这些市场中的消费者服务,从而更易获得成功。许多公司都是先从这种补缺者开始,借此在市场中站稳脚跟后,就开始逐步累积可与资金雄厚的大企业相竞争的实力,最后成长为市场上的强大竞争者。例如,美国的西南航空公司在成立之初,就仅为得克萨斯州内无需附加服务的通勤者提供服务,现如今它已经跻身美国四大航空公司之列。而随着互联网的发展,这种小型缝隙市场就变得更加有利可图。例如,裂帛最初就是通过在网络上设计和销售特色鲜明的民族风服饰而起家的。

虽然集中性营销可以给企业带来更高的盈利,与此同时,它蕴含的风险也要高于一般水平。因为企业集中了所有的资源在这一个或几个细分市场上,一旦这些细分市场的消费者需求突然发生变化,使得市场严重萎缩,或是一些实力雄厚的大企业突然开始进入同一细分市场当中,那企业就可能陷入困境当中。事实上,现在很多大企业都会通过开发或收购等方式来进入一些缝隙市场,建立自己的缝隙品牌。因此,采用这种营销战略的企业,一是必须密切关注目标市场的需求动态变化以及其他营销环境的变化,以及时制定恰当的应对举措;二是企业实力一旦有了较大的增强,就要寻找机会适当地扩大目标市场的范围或者实行多元化经营。

三、目标市场战略选择的考虑因素

无差异营销战略、差异化营销战略和集中性营销战略,究竟哪一种目标市场战略对企业来说最为理想,这需要企业综合考虑自身的资源、产品的同质性、产品的生命周期、市场的差异程度以及竞争者的营销战略。

(一)企业资源

企业资源指的是企业所拥有或控制的有效因素的总和,包括资产、技能和知识等。当企业的资源丰富、实力雄厚时,可以考虑采用无差异营销战略或差异化营销战略;而当企业的资源有限时,因无力覆盖整个市场或多个细分市场,因而集中营销战略可能是最佳选择。

(二)产品的同质性

产品的同质性指的是消费者所感觉的产品在性能、特点等方面的相似程度。对于盐、柚子或钢铁等同质性高的产品,企业更适合采用无差异营销战略;与此相反,对于服装、相机或汽车等差异性很大的产品,企业则更适合采用差异化营销战略或集中营销战略。

(三)产品的生命周期阶段

对于处在不同生命周期阶段的产品应该分别采取不同的营销战略。当企业刚将一个新产品导入市场时,产品既无认知度也无显性需求,采用无差异或集中营销战略可使企业集中有限的资源在最短时间内将产品"炒热";而当产品进入成熟期时,企业面临着巨大的竞争压力,若想维持或者扩大市场份额,差异化营销战略可能会是首选。

(四)市场的差异性

市场的差异性指的是市场上的消费者在需求、偏好以及特征方面的差异化程度。

如果市场的差异程度很低,即大多数的购买者都具有相同的偏好、购买行为以及对营销努力的相同反应,此时,最适合采用无差异营销战略;反之,则更适合采用差异化或集中营销战略。

(五)竞争者的营销战略

竞争者所采用的营销战略同样也会影响企业的目标市场战略的选择。当竞争对手采用的是差异化或集中营销战略时,企业采用无差异营销战略将根本无法与之竞争,无异于是在自取灭亡;当竞争对手采用的是无差异营销战略时,企业可以通过差异化或集中营销战略快速占领市场并建立竞争优势。

第三节 市场定位

一、市场定位的含义

企业在决定进入哪一个细分市场的同时,还必须为产品确立一个价值主张,即产品将如何为目标市场的消费者创造差异化的价值,以及希望产品在目标市场的消费者心目中占据一个什么样的位置。市场定位指的就是企业为使自己的产品或服务能在目标消费者心目中占据一个独特的位置而采取的行动。1972年,美国营销学家艾·里斯(Al Ries)和杰克·特劳特(Jack Trout)首次提出了"定位"这一概念,强调企业应该根据消费者对产品属性的重视程度,以及竞争产品在市场上所处的位置,为本企业产品塑造出一个独特、鲜明的形象,并将这种形象生动地传递给潜在顾客,以在他们心智中获得一个有价值的地位。市场定位的目标就是将品牌植入消费者心中以使企业的利益能够最大化。产品在工厂中进行生产,而品牌则在消费者心目中进行创造。

中国市场上的牙膏品牌,高露洁定位于防蛀,黑人定位于美白,冷酸灵、舒适达定位于抵抗牙齿敏感,而云南白药定位于口腔健康护理等。汽车市场中,奔驰定位于奢华,宝马定位于性能,而沃尔沃则以其安全性著称。宝洁旗下的护肤品牌,SK-II定位于高端,而OLAY则面向中低端市场,洗衣粉品牌中的碧浪定位高端,而汰渍的定位则更加亲民,洗发品牌中的海飞丝定位于去屑,飘柔定位于柔顺,潘婷定位于养发,而沙宣则定位于美发。王老吉凉茶可以"防上火",而红牛可以补充能量、提振精神,"困了累了喝红牛"。

因现实生活中关于产品和服务的信息太多,消费者早已是不堪重负,不可能每次做购买决策时都对产品进行重新评估,为了尽可能地简化购买过程,消费者往往会按照某种标准对产品、服务和企业分门别类,然后在心目中确定一个位置。这种"定位",是消费者将某一产品与竞争产品相比较后形成的,意味着该产品已在消费者心中建立起一种独特的优势,这就为消费者购买该产品提供了有说服力的理由。企业若不想让自己的产品听天由命,就必须进行精心的产品和营销策划以确保自己的产品能够在消费者心目中占据最有利的位置。

> **知识链接**

市场定位的类型

市场定位是一种竞争性定位,它反映市场竞争各方的关系,是为企业有效参与市场竞争服务的。从这个角度出发,可以把市场定位分为以下几种类型:

1. 避强定位

避强定位,又称"拾遗补阙法",是一种避开强有力的竞争对手进行市场定位的模式,是市场补缺者常用的方法。企业不与对手直接对抗,将自己置于某个市场"空隙",发展目前市场上没有的特色产品,开拓新的市场领域。这种定位的优点是,能够迅速地在市场上站稳脚跟,并在消费者心目中尽快树立起一定形象。由于这种定位方式市场风险较小,成功率较高,常常为多数企业所采用。

2. 迎头定位

迎头定位,是一种与在市场上占据支配地位的竞争对手"对着干"的定位方式,即企业选择与竞争对手重合的市场位置,争取同样的目标顾客,彼此在产品、价格、分销、供销等方面稍有区别。迎头定位是市场挑战者的定位方式。实行迎头定位,要求企业必须做到知己知彼,应该了解市场上是否可以容纳两个或两个以上的竞争者,自己是否拥有比竞争者更多的资源和能力,是不是可以比竞争对手做得更好。否则,迎头定位可能会成为一种非常危险的战术,将企业引入歧途。当然,也有些企业认为这是一种更能激发自己奋发向上的定位尝试。

3. 重新定位

重新定位,又称二次定位或再定位,是指企业变动产品特色以改变目标顾客群对其原有的印象,使目标消费者对其产品新形象有一个重新的认识过程。重新定位通常用于对销路少、市场反应差的产品进行二次定位。初次定位后,随着时间的推移,新的更强大的竞争者进入市场,选择与本企业相近的市场位置,致使本企业市场占有率下降;或由于顾客需求偏好发生转移,原来喜欢本企业产品的人转而喜欢其他企业的产品,因而市场对本企业产品的需求减少。所以,一般来讲,重新定位是企业为了摆脱经营困境,寻求重新获得活力和增长的策略。不过,也有的重新定位是由于发现新的产品市场范围引起的。

> **案例分享**

七喜的"非可乐"定位

自 19 世纪 90 年代以来,美国的饮料市场成了可口可乐与百事可乐的天下。每 3 瓶饮料中就有 2 瓶是可乐,可乐几乎成为碳酸饮料的代名词。直至 1968 年七喜汽水提出"非可乐"的定位策略,才发生变化。七喜汽水也是一种碳酸饮料,但如果挤在可乐的道上将永无出头之日。于是用"非可乐"定位把自己与饮料业领导者区分开来。它试图向消费者传达：碳酸饮料有两种类型，一种是"可乐"，另一种是"非可乐"，当你不愿意喝可乐时，"非可乐"七喜汽水是你的另一种选择。这种定位激起了消费者的兴趣，纷纷求购以体验"非可乐"的味道。非可乐的定位广告推出后，七喜汽水的销售额从9 000万美元跃升到1.9亿美元，增长了2倍多。而且，七喜在短短一年内，成为美国第三大饮料品牌。

资料来源：飞升拓策划设计.七喜的"非可乐"定位[Z/OL].[2021-02-07].https://www.sohu.com/a/283432553_120071089.

二、市场定位的步骤

企业在选择市场定位战略时必须注意两点：一是需要建立一套独特的利益组合，以将自己的产品或服务与竞争对手区分开来，如此才能吸引细分市场中的重要群体；二是品牌定位必须能很好地满足目标市场上的消费者的需求和偏好。一般来说，企业进行市场定位主要包括三个步骤：确定可能的价值差异和竞争优势；选择恰当的竞争优势；以及制定整体的定位战略。

（一）确定赖以建立定位的竞争优势

企业若想在目标市场上获得盈利，就必须要做到能比竞争对手更好地理解顾客的需求并向他们传递更高的顾客价值。只有能够与竞争对手进行有效的差异化定位，并向目标市场提供更加卓越的顾客价值的企业，才能在市场当中获得竞争优势。这就要求企业为产品或服务找到能与竞争对手区别开来的恰当差异点，此时，就需要企业认真地去分析顾客对企业的产品或服务的态度、评价等。具体来说，企业可以分别从产品、服务以及形象等方面来进行差异化。

1. 产品差异化

企业可以从实体产品的特征、性能、质量、风格以及设计等多方面来寻求差异点。这就要求企业必须对其产品有一个全面、深入的了解，才更可能找到具有优势的差异点。企业既可以优良的品质来进行产品差异化，例如VIVO手机始终强调它的"Hi-Fi"音质，可以为顾客提供更优质的聆听体验，而农夫山泉则通过它的长白山水源地来突出它的优良水质，正如其广告语所说，"我们不生产水，只是大自然的搬运工"；企业也可以通过产品所具有的特殊功效或性能来区别于竞争对手，例如香飘飘奶茶有助于缓解人们的小饿小困；立白洗洁精定位于"洗护合一"，不仅洁净去污能力强，还不伤手；与其他口香糖相比，炫迈不仅能清新口气，还能提供"持久美味"；企业甚至还可以通过产品的包装、外观设计等来使自己与众不同，例如与罐装王老吉、加多宝相比，和其正倡导瓶装凉茶能喝得更尽兴；梦之蓝酒则以其梦幻的蓝色瓶身在众多白酒中脱颖而出。

2. 服务差异化

随着产品同质化的日益严重，企业要想在实体产品上寻找到差异点已变得愈发困难,一些企业便开始在伴随产品的服务方面进行差异化,主要体现在速度、方便、仔细递送等方面。例如,与其他的便利店深夜不营业不同,日本的7-11连锁便利店坚持全天24小时营业,以为任何时候有需求的顾客提供更好的服务。海尔也是通过为顾客提供优质的售后服务而使自己明显区别于竞争对手的。"一切以用户为中心",是海尔始终秉持的服务理念,在该理念的指导下,更是率先推出了一套集售前、售中、售后各环节的全流程服务模式,不仅开辟了行业成套服务的先河,也最大化地维护了消费者利益。

3. 形象差异化

即便市场上的竞争产品看上去相差无几,消费者也会因为企业或品牌形象的不同而感觉到差异。所以,企业可以通过为自身或品牌塑造出一个独特、鲜明的形象来获得一种差别优势。这里的"形象"指的就是社会大众对企业、品牌或产品的看法和感受,企业可以通过产品名称、企业识别系统以及各种营销活动等来塑造出一个差异化的形象。但需要注意的是,形象的塑造并非通过几个广告就可以一蹴而就的事,它需要企业从全方位着手持续形成合力。

统一冰红茶通过在广告以及线下活动中将产品与各种极限炫酷运动关联起来,成功地塑造出了一种"青春,不羁,洒脱,激昂"的品牌形象;劲霸男装则通过一个拳王形象的男人挽起强有力的臂膀的品牌标识,向消费者传达出了一种"奋斗,阳刚,霸气"的男性形象;而"李宁"则借助著名的体操运动员李宁树立起了专业体育运动品牌的形象;还有一些企业或品牌甚至会将自己与某种颜色联系起来,如IBM(蓝色)、可口可乐(红色)或者加多宝(金色)。但需要注意的是,品牌标识、人物和颜色等形象元素必须借助能够传达企业或品牌个性的广告来进行沟通。

4. 渠道差异化

如果企业在渠道建设方面做得特别出色,也可以通过渠道差异化来获取竞争优势。一般来说,企业可以从渠道策略、渠道设计、渠道创新、渠道的建立、管理以及维护等方面来寻求可能的差异点。例如,有的企业通过第三方中间商销售产品,而有的企业则通过自建专卖店来进行产品销售等。格力电器、戴尔电脑以及雅芳化妆品等,就是通过开发和管理高质量的直营渠道而获得差异化的。而国内最大的防盗门企业美心集团,则创新性地将目光从专业市场、大商场等传统渠道终端转移到了更接近消费者的社区,每当新楼盘落成业主即将入住时,就在楼盘附近临时搭建一个美心专卖店,以更好地为业主提供服务。

5. 人员差异化

当然,企业也可以通过比竞争对手更好地雇用和培训员工来获得差异化的竞争优势,尤其是对于服务行业来说,这种人员差异化将变得尤为重要。例如,迪士尼乐园的员工被认为是精神饱满、热情和友善的,新加坡航空因其优雅得体的空姐而在世界上享有盛誉,还有以无微不至、嘘寒问暖和有求必应的超级贴心服务著称的海底捞。需要注意的是,企业要想通过这种人员差异化来获取竞争优势,就必须在人员的雇佣、培训、考核以及管理等方面多下功夫。

(二) 选择恰当的竞争优势

通过对企业、品牌或产品的全面而深入地剖析后,企业往往可能会发现好几个有助于建立竞争优势的潜在差异点,接下来,企业需要做的就是确定赖以建立定位战略的差异点,在这个过程中,企业需要做两个关键决策,一是选择几个差异点进行营销推广;二是选择哪些差异点进行营销推广。

1. 差异点数量的确定

对于企业究竟应该选择几个差异点来进行宣传和推广,营销者们有两种不同的看法:一种观点认为,企业应该只向目标市场重点宣传和推广一项利益。例如,20世纪50年代初,美国的罗瑟·瑞夫斯提出的USP理论就指出,企业必须为每个产品都找到一个"独特的销售主张",然后以足够大的声音说出来,而且要不断地强调。每个产品应该挑选一个属性,然后持续地宣称自己在该属性上是"最好的"。"第一"往往最容易被记住,尤其是在这样一个信息爆炸的过度传播时代,人们每天都被曝光在海量的信息面前,每个人的大脑就像一块已经吸饱了水的海绵,此时,企业只有尽可能地精简传播信息,然后不断地进行重复,才更容易让消费者记住。例如,格力空调几十年如一日地宣称"好空调,格力造";德芙亦是始终如一地强调巧克力的丝般感受,正如广告语所说,"德芙,纵享丝滑";特仑苏则从进入市场开始就一直强调,"不是所有牛奶都叫特仑苏";而白加黑感冒药自上市起就向消费者宣传其"治疗感冒,黑白分明"这一产品概念。

而另一种观点则认为,企业应该根据两个甚至是两个以上的因素进行市场定位。这主要是因为,随着生产力的发展,产品的同质化变得越来越严重,企业已经很难找到其产品与竞争对手的明显差异点,结果就是,企业常常会发现,市场上可能有不止一个企业都在同一产品属性上宣称自己是最好的。此时,企业若还是坚持只向目标市场宣传和推广一个利益点,就不能很好地将自己与竞争对手区分开来,更遑论以此来获得竞争优势。因此,一些营销者就认为,企业不应只选择一个差异点进行宣传。例如,凭借其"不伤手,无残留"的定位,立白洗洁精通过在"洗得干净、无残留"之上又增加了"不伤手"这一重要利益点,将自己与其他的洗洁精品牌成功地区别了开来。而随着日渐增长的碎化市场,企业和品牌为了吸引更多的市场,也纷纷开始扩展自己的定位。例如,立白品牌旗下的一系列洗衣液产品为消费者提供了至少三种以上不同的利益,"立白天然亮白低泡洗衣液"定位于"天然配方,高效去污","立白超洁薰衣香洗衣液"定位于"洗护合一","立白全效馨香洗衣液"定位于"护型护衣","立白出彩护色洗衣液"定位于"护色增艳","立白除菌去渍洗衣液"和"立白茶籽除菌洗衣液"定位于"天然、除菌",而"立白小苍兰·柔顺香氛洗衣液"则定位于"云感柔软,持久留香"。

综上所述,对于究竟应该选择几个差异点进行宣传和推广,需要企业根据具体情况进行具体分析。一般来说,企业需要综合考虑市场的竞争状况、竞争对手的定位战略、企业的自身状况以及消费者的需求或偏好。

2. 差异点的选择

虽然可能每个产品都能找到一些可以进行差异化的点,但并非所有的差异点都是有意义或有价值的,也不是对每个差异点都能进行有效的差异化。有效的差异化必须能够为产品创造一个独特的"卖点",即能够为消费者提供一个购买产品的鲜明理由。一般来说,企业可以根据以下标准来选择进行有效差异化的差异点:

① 重要性:该差异点对于目标市场的消费者来说是否具有很大的价值;

②独特性：该差异点是企业所独有的，或者是虽然竞争对手也提供了，但要明显逊于企业；

③优越性：相比消费者通过其他方式获取的这一利益，企业提供的利益明显更加优越；

④可传播性：企业可以很好地将该差异点向目标市场进行传递，让消费者可以清楚地看到、理解并进行传播；

⑤排他性：该差异点的建立具有较大的难度，竞争者要想模仿难度较大；

⑥经济性：消费者能够负担得起该差异点所带来的成本上升；

⑦营利性：企业可以通过宣传和推广该差异点获得利润。

当然，也有的企业在进行差异点选择时并未完全遵循上述的评判标准，其中，最著名的案例莫过于1982年可口可乐推出的新口味可乐的失败。当时，面对市场份额节节攀升已直逼自己的百事可乐，可口可乐决定开始着手实施一项"堪萨斯计划"。通过大规模的口味盲试后发现，传统配方的可口可乐在其核心消费群体中并未通过重要性和优越性测试，近20万人中有60%的人认为，口感更柔和、口味更甜和泡沫更少的新口味可乐要比老口味可乐更好，52%的人认为新口味可乐比百事可乐更好。于是，可口可乐公司就满怀信心地将新可乐推向了市场，但始料未及的是，结果却是灾难性的。其失败的最主要原因就在于，可口可乐在市场调查中忽略了那些真正使其流行了一百多年而长盛不衰的无形因素。它的传统配方并非只是一种产品配方而已，它还代表了一种传统的美国精神，放弃就意味着一种背叛。这就表明，使可口可乐差异化的并非只是口味，更是传统。无奈，可口可乐最后只能放弃新口味可乐，重新恢复经典可乐的生产和销售。

可以看出，选择哪些差异点作为企业的定位基础并非一件容易决断之事，但却是至关重要之事。一旦用于定位的差异点选择得当，企业就可以很好地将自己的品牌与竞争对手区分开来，从而在市场上获得竞争优势。例如，洁柔另辟蹊径将自己定位于"可湿水的面纸"，从而成功地将自己与市面上的其他纸巾品牌区别开来；而泉林本色则因为它的"不漂白，无添加"得以在市场中独树一帜。

知识链接

市场定位时常犯错误

1. 定位不足

定位不足，指企业的差异化设计与沟通不足，使得消费者对企业产品难以形成清晰的印象和独特的感受，认为它与其他产品相比没有什么独到之处，甚至不容易被消费者识别和记住。

2. 定位过分

定位过分，指企业将自己的产品定位得过于狭窄，不能使消费者全面地认识自己的产品。例如，一家同时生产高、低价位产品的企业使消费者误以为只能提供高档产品。定位过分限制了消费者对企业及其产品的了解，同样不利于企业实现营销目标。

> 3.定位模糊
>
> 定位模糊,指由于企业设计和宣传的差异化主题太多或定位变换太频繁,致使消费者对产品的印象模糊不清。混乱的定位无法在消费者心目中确立产品鲜明、稳定的位置,必定失败。
>
> 资料来源:杨慧.市场营销学(3版)[M].北京:中国社会科学出版社,2011:155.

(三)确定整体的定位战略

品牌的整体定位也称之为品牌的价值主张,主要指的是品牌赖以建立差异化和定位的所有利益的组合,它明确地为消费者提供了购买品牌的理由。例如,云南白药牙膏的价值主张以"改善口腔健康"为核心,并包括清洁、清新口气以及美白功能,虽然售价都是二三十元起,却使人感到物有所值。一般来说,企业可以选择以下五种价值主张来进行定位:

一是高质高价,即在为消费者提供最高档次的产品或服务的同时收取更高的价格来弥补较高的成本。采用该定位的企业不仅能为消费者提供高品质的产品,还能为他们带来较高的心理附加价值或利益,如名望、地位等。例如,绝大多数的奢侈品就是采用的这种优质优价的定位方法。

二是高质平价,即以比竞争者相对更低的价格为消费者提供相同质量的优质产品,企业可以通过采用这种定位方法来攻击那些采用优质优价定位的竞争者。例如,丰田旗下的高端品牌雷克萨斯就是采用的这种定位方法来跟奔驰和宝马进行竞争。

三是同质低价,即俗话说的"价廉物美"。例如,MINISO名创优品就是采用同质低价定位的一个典型。

四是低质低价,即以较低的价格提供较低质量的产品或服务。例如,近些年悄然兴起的十元快剪理发店,没有店长,没有总监,不洗头,不染发,不烫发,不办卡,只提供剪发服务。

五是高质低价,即以较低的价格提供优质的产品或服务。这种高质低价定位虽然会比较受消费者的欢迎,但对于企业的要求会很高,因为优质的产品或服务的提供必然会引起成本的上升,所以要维持低价会变得很困难,短期也许能做到,长期的话将会非常困难。

一旦企业确定了整体的定位战略,接下来,就必须就其选择的定位与目标市场进行有效的沟通和传播。企业所有的营销组合策略都必须围绕该定位战略进行,这将会是一场持久战。

本 章 小 结

目标市场营销讲究的是对整个市场进行细分,然后从中选择一个或多个细分市场作为公司的目标市场,之后针对每个目标市场分别进行专门的产品和市场营销方案的开发。企业的目标市场战略制定主要包括三个步骤:市场细分、目标市场选择和市场定位。

市场细分指的是营销者根据某一或某些标准将整个市场划分成若干个小市场,使得每个小市场内部的消费者之间会表现出明显相似的需求、特点或行为。消费者市场细分主要依据地理、人口统计、心理和行为因素,这些细分因素既可单独使用也可结合使用。而组织市场细分除可依据地理和人口因素,还可结合使用经营、采购和个性因素。为了使细分具有使用价值,细分市场必须是可衡量、可盈利、可进入、可区分和相对稳定的。

目标市场指的就是企业决定为之服务的、具有共同需求或特点的购买者群体。在选择目标市场之前,企业必须对各个细分市场进行分析和评估,一般来说必须考虑三类因素:细分市场的规模和增长潜力、细分市场的结构和吸引力以及企业的目标和资源。根据各个细分市场的独特性和企业自身的目标,一般有三种目标市场战略可供企业选择,分别是无差异营销战略、差异化营销战略和集中性营销战略。而在选择目标市场战略时应考虑企业资源、产品的同质性、产品的生命周期阶段、市场的差异性和竞争者的营销战略。

市场定位指的就是企业为使自己的产品或服务能在目标消费者心目中占据一个独特的位置而采取的行动。一般来说,企业进行市场定位主要包括三个步骤:确定可能的价值差异和竞争优势,选择恰当的竞争优势,以及制定整体的定位战略。

思 考 题

1. 简要描述企业的目标市场战略制定的三个主要步骤。
2. 对比分析消费者市场细分和组织市场细分的异同点。
3. 企业应该如何进行有效的市场细分?
4. 企业应该如何进行目标市场战略的选择?
5. 企业应该如何准确地进行市场定位?

案 例 讨 论

米勒啤酒公司的 STP 战略

1969 年,美国啤酒业中的"老八",米勒啤酒公司,被菲利浦·莫里斯公司(简称 PM 公司)收购。PM 公司,这个国际烟草业的巨人,在 60 年代凭借高超的营销技术取得了辉煌的战绩:在美国的市场份额从第四位升到第二,公司的"万宝路"牌香烟销售量成为世界第一。当时的 PM 公司,一方面有着香烟销售带来的巨大盈利,另一方面又受到日益高涨的"反对吸烟"运动的威胁。为了分散经营风险,他们决定进入啤酒行业,在这个领域一展身手。

那时的美国啤酒业,是一种寡头竞争的态势。市场领导者安海斯-布希公司(简称 A-B 公司)的主要品牌是"百威"和"麦可龙",市场份额约占 1/4。佩斯特蓝带公司处于市场挑战者的地位,市场份额占 15%。米勒啤酒公司排在第八位,份额仅占 6%。当时,啤酒业的竞争虽已很激烈,但啤酒公司营销的手段仍很低级,他们在营销中缺乏市场细分和产品定位的意识,把消费者笼统地看成一个需求没有什么区别的整体,用一种包装、一种广告、一个产品向所有的顾客推销。PM 公司兼并了米勒公司之后，在营销战略上做了根本性的调整。他们派出烟草营销的一流好手充实到米勒公司，决心再创啤酒中的"万宝路"。

在做出营销决策以前，米勒公司进行了认真的市场调查。他们发现，若按使用率对啤酒市场进行细分，啤酒饮用者可细分为轻度使用者和重度使用者两类，轻度使用者人数虽多，但其总的饮用量却只有重度使用者的 1/8。他们还发现，重度使用者有着下列特征：多是蓝领阶层；年龄多在 30 岁左右；每天看电视 3.5 小时以上；爱好体育运动。米勒公司决定把目标市场定在重度使用者身上，并果断地决定对米勒的"海雷夫"牌啤酒进行重新定位。"海雷夫"牌啤酒是米勒公司的"旗舰"，素有"啤酒中的香槟"之称，在许多消费者心目中是一种价高质优的"精品啤酒"。这种啤酒很受妇女和社会中的高收入者欢迎，但这些人多是轻度使用者。米勒决心把"海雷夫"献给那些"真正爱喝啤酒的人"。

重新定位从广告开始，他们考虑到目标顾客的心理、职业、年龄、习惯等特征，在广告信息、媒体选择、广告目标方面作了很多改变。他们首先在电视台特约了一个"米勒天地"栏目，广告主题变成了"你有多少时间，我们就有多少啤酒"来吸引那些"啤酒坛子"。而广告画面中出现的尽是些激动人心的场面：船员们神情专注地在迷雾中驾驶轮船，钻井工人奋力止住井喷，消防队员紧张地灭火，年轻人骑着摩托冲下陡坡。他们甚至请来了当时美国最著名的篮球明星张伯伦来为啤酒客助兴。为了配合广告攻势，米勒又推出了一种容量较小的瓶装"海雷夫"，这种小瓶装啤酒正好能盛满一杯，夏天顾客喝这种啤酒时不用担心剩余的啤酒会变热。这种小瓶子的啤酒还很好地满足了那部分轻度使用者，尤其是妇女和老人，他们啜完一杯，不多不少，正好。"海雷夫"的重新定位战略当然非常成功，到了 1978 年，这种牌子的啤酒年销量达 2 000 万箱，仅次于 A-B 公司的百威啤酒，名列第二。

"海雷夫"的成功，鼓舞了米勒公司，他们决定乘胜追击进入另一个细分市场——低热度啤酒市场。进入 70 年代，美国各地的"保护健康运动"方兴未艾，米勒注意到对节食很敏感的顾客群在不断扩大，即使那些很爱喝啤酒的人也在关心喝啤酒会使人发胖的问题。当时美国已有低热啤酒出现，但销路不佳。米勒断定这一情况的出现并不是因为人们不能接受低热啤酒的概念，而是不当的定位所致，他们错误地把这种啤酒向那些注重节食但并不爱喝啤酒的人推销。

米勒公司看好这一市场，他们花了一年多的时间来寻找一个新的配方，这种配方能使啤酒的热量降低，但其口感和酒精度与一般啤酒无异。1973 年，米勒公司的低热啤酒——"莱特"牌啤酒终于问世。对"莱特"牌啤酒的推出，米勒公司可谓小心翼翼。他们找来一家著名的广告商来为"莱特"牌啤酒设计包装，对设计提出了四条要求：① 瓶子应给人一种高质量的印象；② 要有男子气；③ 在销售点一定能夺人眼目；④ 要能使人联想起啤酒的好口味。为了打好这一仗，他们还慎重地选择了四个城市进行试销，这四个地方的竞争环境、价格以及口味偏好都不相同。

广告攻势自然也很猛烈，电视、电台和整版报纸广告一块上，对目标顾客进行轮番轰炸。广告主题，米勒公司用的是"您所有对啤酒的梦想都在莱特中"。广告信息中强调：① 低热度啤酒喝后不会使你感到腹胀；②"莱特"的口感与"海雷夫"一样，味道好极了。米勒公司还故伎重演，找来了大体育明星拍广告并给出证词：莱特啤酒只含普通啤酒1/3的热量，但口味更好，你可以开怀畅饮而不会有腹胀的感觉。瞧，还可以像我一样的健美。试销的效果的确不坏，不但销售额在增加，而且顾客重复购买率很高。到了1975年，米勒公司才开始全面出击，广告攻势在美国各地展开，当年广告费总额达1 100万美元（仅"莱特"一项）。公众对"莱特"啤酒的反应之强烈，就连米勒公司也感到意外。各地的"莱特"啤酒供不应求，米勒公司不得不扩大生产规模。

起初，许多啤酒商批评米勒公司"十分不慎重地进入了一个根本不存在的市场"，但米勒公司的成功很快堵上了他们的嘴巴，他们也匆匆忙忙地挤进这一市场，不过此时米勒公司已在这个细分市场上稳稳地坐了第一把金交椅。"莱特"啤酒的市场成长率很快，1975年销量是200万箱，1976年便达500万箱，1979年更达到1 000多万箱。1980年，这个牌号的啤酒销量列在"百威""海雷夫"之后，名列第三位，超过了老牌的"蓝带"啤酒。

1974年底，米勒公司又向A-B公司盈利最多的产品——"麦可龙"牌发起了挑战。"麦可龙"是A-B公司啤酒中质量最高、价格最贵、市场成长率最快的产品，A-B公司依靠它一直稳稳地占领着最高档啤酒的细分市场。米勒公司岂肯放过，不过这次米勒公司却没有强攻而是用了一招漂亮的"移花接木"之术。它购买了在美国很受欢迎的德国高档啤酒"老温伯"的品牌特许，开始在国内生产。米勒把"老温伯"的价格定得更高，广告中一群西装笔挺、气概不凡的雅皮士举杯同饮，说道："今晚，来喝老温伯。"很快，"麦可龙"在这一市场中的领导地位也开始动摇。

在整个70年代，米勒公司的营销取得巨大的成功。到1980年，米勒公司的市场份额已达21.1%，总销售收入达到26亿美元，米勒啤酒被称为"世纪口味"。

资料来源：米勒啤酒公司的STP战略[Z/OL].[2021-02-07].https://baike.baidu.com/item/美国米勒酿酒公司/4039195? fr＝aladdin.

讨论题：
1. 米勒公司是如何细分市场的？
2. 米勒公司是如何进行目标市场选择的？
3. 米勒公司是如何进行市场定位的？

参考文献

1. [美]菲利普·科特勒，[美]加里·阿姆斯特朗.市场营销：原理与实践（第16版）[M].楼尊译.北京：中国人民大学出版社，2015.
2. [美]菲利普·科特勒，[美]凯文·莱恩·凯勒.营销管理（第5版·全球版）[M].汪涛译.北京：中国人民大学出版社，2012.
3. [美]戴维·L.马瑟斯博，[美]德尔·I.霍金斯著.消费者行为学（原书第13版）[M].陈荣，许销冰译.北京：机械工业出版社，2018.
4. 杨慧.市场营销学（第3版）[M].北京：中国社会科学出版社，2011.2.
5. 张梦霞.市场营销学[M].北京：北京邮电大学出版社，2007.11.

6. 郭毅.市场营销学原理[M].北京：电子工业出版社,2008.

7. 彭聃龄.普通心理学[M].北京：北京师范大学出版社,2012.

8. 女人也要刮胡刀？[Z/OL].[2021-02-06].https://wenku.baidu.com/view/eba2a7ccbb1aa8114431b90d6c85ec3a86c28b69.html?fr=search-1_income4.

9. 钟表市场细分[Z/OL].[2021-02-10].https://wenku.baidu.com/view/eba2a7ccbb1aa8114431b90d6c85ec3a86c28b69.html?fr=search-1_income4.

10. 飞升拓策划设计.七喜的"非可乐"定位[Z/OL].[2021-02-07].https://www.sohu.com/a/283432553_120071089.

11. 米勒啤酒公司的STP战略[Z/OL].[2021-02-07].https://baike.baidu.com/item/美国米勒酿酒公司/4039195?fr=aladdin.

第八章　市场竞争战略

【学习目标】

1. 了解并掌握竞争者识别的方法。
2. 理解竞争者目标、战略、优劣势和反应模式分析的意义。
3. 理解并掌握企业如何通过三种基本竞争战略来获得竞争优势。
4. 理解并掌握市场领导者、挑战者、追随者和补缺者如何进行有效竞争。

开篇案例

方太厨具：甘当老二

自1996年以来，方太厨具从国内200多家吸油烟机行业最后一名跃至第二名，已经连续在市场上刮起了4股方太旋风，连续4年保持市场增长率第一，经济增长率第一。而方太董事长茅理翔却说："方太不争第一，甘当老二。"

一、甘当老二，这是一种策略

有人讥笑说：你当不了第一，故自圆其说，是"懦夫"哲学，或者说没有志气的说法。方太董事长茅理翔的理解却是："当第一太累了，会成为众矢之的，天天战战兢兢，怕掉下来。事实上，当老二，也不是件简单的事；能永当老二，更是极不容易的。企业是有寿命的，3到5年，10到20年，长寿企业毕竟是少数。但长寿企业均有一个相似之处，即均是强势品牌企业、稳健发展企业。"

为什么甘当第二？这还与方太的市场定位有关。很简单，方太的市场定位是中高档，从市场占有率来说，中高档是永远当不了第一的，方太可以争第一品牌，但不可以争第一销量。所以，茅理翔说："我们要老老实实甘当老二，能长久当老二，就是一个成功者、胜利者。即使哪一天，老大下来，你也不要急于去争老大，肯定会有人去争老大，你还是保老二。千万记住，永当老二，才是你的出路。"

二、明确战略定位，才能当好老二

从1998年开始，方太就坐上了吸油烟机行业的第二把交椅，而且这一坐就是四年，直到今天。这在中国的企业界也是很少见的。这靠的就是方太的法宝——"不做松散的大蛋糕，宁做坚硬的金刚钻"，具体说来，就是方太的三大战略定位：行业定位——专业化，市场定位——中高档，质量定位——出精品。方太的三大定位是赢得市场的三大法宝，是矢志不渝的企业"基本方略"，永远不能丢。这三大战略定位是方太六年高速发展的经验结晶,也是方太未来发展的战略方针。

1. 行业定位——专业化

为什么选择专业化呢? 在国际经济大分工的情况下,一个厂商不能太贪,什么都想生产,生产门类太多了,投资分散了,精力分散了,竞争对手也多了,你会应付不过来,最后什么都做不好,做不精,从而彻底失败。只有专业化,才能集中资源在单一行业做深、做强。方太按自己的能力、实力选择专业化是明智的。在短短的 4 年半时间,仅吸油烟机,方太已做到 4 亿元的销售额,产品已经达到四大系列二十几个型号,方太处处走精益求精之路。他们建立了国内一流的吸油烟机、灶具的测试中心,成立了开发实力较强的技术中心。方太要把厨具做专、做强,使人们购买厨具,首先想到是方太,一提方太就会想到厨具。专业化是一种战略,也是一种策略,是市场经济中的强有力的武器之一。

2. 市场定位——中高档

为什么选择中高档定位? 市场很大,但一个厂家也不能太贪,一定要选择属于自己的目标市场。当今,独家垄断市场的时代已经结束了,方太选择中高档市场作为自己的目标市场,选择中高档客户作为自己的目标客户,使自己的服务方向明确,精力集中,有利于新品开发与市场定位。有了明确的客户群,相应地也使消费者了解,要购中高档厨具就选方太。虽然价格偏高一点,人们的心理承受能力也能适应。

3. 质量定位——出精品

为什么选择精品定位? 现在市场上的产品质量档次也很多,既然方太的用户对象是中高档的,那么方太的产品必须搞成精品。用精品厨具,是中高档用户身份的体现。很多企业希望自己一夜之间长得很大,恨不得明天就能进入 500 强。所以,大家电企业全面进军小家电,而小家电企业又纷纷走入大家电。但是,就像自然界有规律一样,搞企业也是有规律的。项目太多,什么都做不精,什么都做不强,暂时看起来很大了,但终有一天会倒下去。而方太则坚持"不做松散的大蛋糕,宁做坚硬的金刚钻"。

三、老二要联合老大 保卫行业才能保卫自身

方太坚决不参与打价格战。方太要保护市场,保护自己。一个行业的老大和老二不挑起价格战,这个行业的价格就会相对稳定。也有人劝方太,赶快迎战,将小厂打垮。但茅理翔说:"不能图一时之快,断百年后路"。作为行业的老大、老二,你能用价格打倒那些小厂吗? 不能。小厂不交税,小厂不搞服务,小厂不做广告,小厂不搞营销,光这四种费用,老大、老二算一下,就应该有了答案:拼价格是死路一条、同归于尽,这种低水平的竞争方式,对理性的顾客已不起作用了。

油烟机的价格一开始就已拉开了距离,把价格和产品分为高、中、低三档,而低档价均出自杂牌军,就地进入市场。低档油烟机市场尽管也会拉去部分顾客,但不会影响中、高档的客户。低档机的厂家无法承担服务,而油烟机的售后服务要比其他家电重要,因而一部分顾客尝到苦果后会回头来购品牌机。由于市场一开始就有自然的产品定位与价格定位,顾客群分解得比较清楚,降低价格就等于降低产品的定位,所

以,方太不降价。

　　作为市场的老二,把持住了自己的三个战略定位,不参与价格战,而是用新品、服务、品牌去击败竞争者,并且甘当老二,对老大不威逼、不骚扰、不打击、不落井下石,而是采取同情、保护第一的态度,作为第一,当然乐得与老二并肩而战,共同维护行业的良性发展。因此,一个行业的老大和老二不挑起价格战,这个行业的价格就会相对稳定。

　　当前,吸油烟机也已出现了恶性竞争的苗头,各路英雄大打出手,众多好汉齐想参与。某家大厂,带头降价打折;其他品牌,紧紧跟上;也有的以柔克刚,步步为营;几十家杂牌军假冒伪劣、低价倾销;大家电企业积极参加,不留一点空间给其他厂。但方太保持了高度的警觉,如果方太也参与正面打价格战,势必激起老大的强烈反击,两败俱伤,这个市场就会一片混乱。茅理翔说:"方太坚决不走这条路,要保护市场,保护自己。我们相信方太的实力,方太不动,市场就不会乱。"

资料来源:王伟群等.弱势者的营销战略——挑战·追随·补缺·扰乱[J].成功营销,2003(8):38-40.

　　随着生产力的发展,市场上的竞争变得日趋激烈和残酷,企业若想在这样的市场环境下获得成功,就必须能够比竞争者更好地向目标市场上的消费者传递价值和满意。这就要求企业必须全面、深入地了解自己的竞争者,然后根据竞争者所采用的战略确定企业应该如何进行战略应对才能够获得最大的竞争优势。例如,蒙牛创立之初,面对当时强大的行业领导者伊利,将自己定位为一个市场挑战者,通过巧妙地"借力打力",最终实现了后来居上。那么,蒙牛究竟是如何确定了这样一种竞争战略呢?接下来,本章就将详细介绍企业的竞争性市场营销战略的制定,主要包括两个步骤,一是竞争者分析,即竞争者的识别、评估以及主要竞争者的选择;二是竞争战略制定,即面对竞争者所采用的战略,企业应该如何进行战略应对才能够获得最大的竞争优势。

第一节　竞争者分析

　　正所谓"知己知彼,方能百战不殆",企业若想在激烈的市场竞争中立于不败之地,就必须要很好地了解和掌握其竞争者的现状以及未来动向。为此,企业必须经常就自身采用的营销战略以及策略组合与竞争者的进行对比分析,只有这样,企业才能够找出自己可能具有竞争优势的方面,以及可能存在较大劣势的地方。一般来说,企业的竞争者分析主要包括图 8-1 所示的六个步骤:

图 8-1　竞争者分析的步骤

(资料来源:杨慧.市场营销学(第 3 版)[M].北京:中国社会科学出版社,2011:193)

一、竞争者识别

企业进行竞争者分析的第一步就是,必须要准确识别出其现有竞争者和潜在竞争者,这也是制定有效的竞争性市场营销战略的关键。很多时候,企业都将这看成是一项很简单的任务,只把竞争者简单界定为那些以相似的价格向同一群顾客提供相似的产品和服务的其他企业。例如,可口可乐只将百事可乐作为其主要竞争者,谷歌搜索引擎只将其他的搜索引擎如雅虎、微软的必应、百度界定为其竞争者。但事实上,企业在市场上往往面临着更加广泛的竞争。于是,企业可能会将提供相同或类似产品的其他企业,甚至只要能够满足消费者同样需求的所有企业都界定为竞争者。然而在现实生活中我们常常会发现,一个企业往往不是被它的现有竞争者所击败,而是倒在了它的潜在竞争者的脚下。例如,曾经辉煌一时的柯达因固守胶卷业务,只将市场上少数的胶卷厂商如富士公司等作为自己的竞争对手,却忽略了那些根本不用胶卷的数码相机制造商,最终落得一个破产的下场。为了更准确地界定出企业在市场上的竞争对手,企业可以从不同的角度进行竞争者的识别。

首先,可以从行业的角度来识别竞争者。根据 20 世纪 80 年代初迈克尔·波特提出的波特五力模型可知,企业的竞争者包括以下三类:

(1) 同业竞争者。主要指的是同一行业中与企业提供相同产品或服务的其他企业,它们就是企业的直接竞争者。例如,华为手机的同业竞争者就包括苹果、三星、OPPO、VIVO、小米、联想、中兴和一加等手机品牌;立白洗衣液的同业竞争者则包括蓝月亮、汰渍、超能和碧浪等品牌洗衣液。

(2) 新进入竞争者。当某一市场的发展前景大好,企业进入市场有利可图时,就会吸引新的企业加入进来,此时,整个市场的竞争格局就会发生变化,因而,需要企业密切留意和关注。例如,2014 年 ofo 小黄车上市时,因共享单车市场前景尚不明朗,市面上几乎不存在同业竞争者,可随着市场的逐步发展,开始有许多新进入者,诸如摩拜、哈罗、小白、小蓝等共享单车品牌相继涌入,给 ofo 小黄车带来了巨大的竞争压力。

(3) 替代品竞争者。与企业产品具有相同功能、能满足消费者相同需求的不同性质的其他产品,就是替代品竞争者。例如,立白洗衣液的替代品竞争者就包括同样具有洁净衣物功能的洗衣粉还有肥皂品牌,如汰渍、雕牌、超能、奥妙和奇强等洗衣粉和肥皂品牌;而 ofo 小黄车的替代品竞争者就包括其他同样能提供代步功能的交通工具,如共享电动车、共享汽车、公共汽车、出租车以及地铁等。

其次,企业也可以从市场的角度来对竞争者进行识别。一般来说,包括以下四类:

(1) 品牌竞争者。即以与企业相似的价格向同一顾客群体提供相同产品的其他企业。例如,酒店行业中,七天连锁酒店主要是与其他的经济型酒店如家快捷、莫泰 168、汉庭、格林豪泰、锦江之星等品牌进行竞争;汽车行业中,本田公司会将丰田、日产以及马自达等汽车厂商视为自己的主要竞争者,而不会把宝马、奔驰和奥迪公司作为自己的竞争对手。一般来说,品牌竞争者之间因提供的产品或服务相似性较高,所以竞争异常激烈,因而各企业都特别注重良好顾客关系的建立与维护。

（2）行业竞争者。即提供同种或同类、但在规格、型号以及款式等方面有差异的产品的企业。换言之，所有处在同一行业的企业之间都是存在着竞争关系的。例如，七天、莫泰以及如家等经济型酒店与香格里拉、万豪以及喜来登等高档酒店之间的关系；长安汽车可以将汽车行业里的所有汽车厂商都视为自己的竞争者。

（3）需要竞争者。即提供能够满足消费者的同一需求、但与企业产品不同种类的产品的企业。例如，瓶装水、果汁、功能饮料、可乐以及茶类等液体饮料都可以满足消费者的"解渴"需求，所以它们在货架上都存在着竞争关系；而一个汽车厂商可能不仅要与其他汽车厂商进行竞争，还可能要与其他交通工具如自行车、摩托车、电动车、公交车、地铁、火车甚至是飞机等进行竞争。

（4）消费竞争者。即为同一个顾客群体提供不同的产品或服务，以满足他们的不同需求的企业。换言之，在同一群顾客身上争夺用户钱包之间的企业就是消费者竞争者。例如，随着生活水平和收入水平的提高，人们的消费能力有了明显的提升，也有了更多的选择，人们既可以把钱用于购买奢侈品，也可以用于购买房子等不动产，或是用于旅游消费，所以，这些奢侈品公司、房地产公司还有旅游公司就因为相互争夺消费者的购买力而存在着竞争关系。一旦消费者的消费支出结构发生了明显的改变，就会对企业产生很大的影响。

二、明确竞争者目标

企业在识别出自己的主要竞争对手之后，接下来就要详细地去了解和分析竞争对手的情况。这其中的第一步就是要明确每个竞争者在市场上追求什么？引发竞争者行动的动力是什么？起初，企业可能会想当然地以为，竞争者的目标应该都是追求利润的最大化，并以此作为其采取行动的指导准则。然而，事实往往并非都是如此，不同的竞争者在长期利益和短期利益上可能会各有偏重，不能一概而论。有些竞争者可能不欲追求最大利润，而只追求能够获得"恰当利润"即可，一旦这个目标达成，它们便会感到满足。

这即是说，虽然竞争者都是以营利为目的的，但是获得利润并不是竞争者唯一或首要追求的目标，每个竞争者都会设有一个目标组合，不同的竞争者在目标构成与侧重上会有所差异。一般来说，企业需要了解或者说掌握竞争者对盈利水平、市场占有率、现金流、成本领先、技术领先、服务领先还有其他目标按照重视程度所赋予的权重大小。只有了解了竞争者的这种目标组合构成，企业才能够知道竞争者对其当前的经营、盈利情况等是否满意，才可以更好地预测竞争者面对不同的竞争性战略行为可能会做出怎样的反应。例如，相比于竞争对手增加了广告等营销费用，一个追求低成本领先的企业将更在意竞争对手在降低成本方面取得的突破。

此外，企业还必须密切关注其竞争对手在不同细分市场的目标。如果企业发现其竞争对手开始进入一个新的细分市场，这可能意味着一个新的发展机遇，企业可以考虑是否跟进。但如果企业发现竞争者开始进入其正在为之提供服务的细分市场，这意味着市场上的竞争态势即将发生变化，企业应该及早准备应对之策。企业只有适时掌握这些竞争动态,才能更好地进行应对,不至于陷入被动。

三、分析竞争者战略

如果两个企业所采取的战略很相似,那么它们之间的竞争可能也会越激烈。在大多数行业中,可以根据企业所采取战略的不同,将它们划分为不同的战略群体。所谓的战略群体指的就是那些在同一行业的同一目标市场上采用相同或相似战略的企业的集合。例如,在国内的酒店行业中,七天连锁酒店和如家快捷酒店就属于同一战略群体,因为它们都致力于为顾客提供高性价比的酒店住宿服务;而香格里拉酒店和万豪酒店则致力于为顾客提供优质的服务、豪华的设施以及美食佳酿,因而它们属于另一个战略群体。

这种战略群体的成功识别,有助于企业更好地确定其关键的竞争对手。一般来说,隶属于同一战略群体的成员会与企业之间存在最直接的竞争关系。因此,如果一个企业要想进入七天连锁酒店和如家快捷酒店组成的这一战略群体,那么,它就必须能够开发出一种比其他群体成员更具优势的战略来参与竞争。当然,不仅同一战略群体成员之间会发生激烈的竞争,隶属于不同战略群体的成员之间也可能存在着竞争关系。一般会发生在以下三种情况下:一是不同战略群体为之提供服务的目标市场之间存在重合;二是消费者难以鉴别出不同战略群体所提供的产品或服务之间的差异性;三是某个战略群体的企业可能因为战略调整而选择进入一个新的细分市场。

因此,这就要求企业必须全方位地审视行业内的所有战略群体,以弄清楚各个竞争者是如何向目标市场传递顾客价值的。具体来说,企业不仅需要详细了解各个竞争者在市场上提供的产品的特征、数量以及组合等情况,还需要密切关注它们所采用的营销战略或策略情况,如价格、促销以及渠道策略等,除此之外,对于各个竞争者的研发、制造、采购、财务以及其他战略细节也都需要有一个详细的了解。

四、评估竞争者的优势与劣势

企业只有尽可能多地了解和掌握竞争者的情况,才能准确地分析出竞争对手相对于本企业来说具有哪些优势,又存在哪些劣势,然后企业才能在市场竞争中更好地做到"扬长避短",即发挥自己的优势方面,攻击竞争者的劣势之处,并巧妙地避开它们的锋芒所在,这样才可能在市场上获得竞争优势。为此,企业必须要尽可能全面地搜集到竞争者的以下信息,包括目标设定、战略采用以及业绩表现等。当然,搜集竞争者的这些信息资料往往并不是一件容易的事情,需要企业做出多番的努力。

企业一般可以通过以下三种方式来了解竞争者具有的优势和劣势:一是相关的二手数据、个人经历还有顾客的口碑情况;二是通过对顾客、供应商以及经销商的一手数据收集;三是选择一个其他企业作为一个标杆,与本企业进行对比分析,一般来说,会选择企业的竞争者或是其他行业中的市场领导者作为对比标杆,然后将本企业的产品和流程与之进行比较分析,以寻求质量改进和绩效提升的方法。

那么,企业具体可以从哪些方面着手来评估竞争者的优势和劣势呢?一般来说,企业的竞争者优劣势分析主要包括以下内容:一是产品方面,包括竞争者的产品线的广度、宽度和深度,产品在市场上的地位以及产品的适销对路性等;二是营销方面,包括竞争者的市场调查与分析能力、新产品开发能力以及市场营销组合水平等;三是企业方面,包括企业的研发能力、生产能力、经营能力以及管理能力,还有组织架构以及资金实力等。

五、洞察竞争者的战略反应

通过对竞争者的优劣势评估,企业知道了竞争者能够做什么,那接下来,企业就需要知道,竞争者将会做什么。但很显然,企业仅凭着对竞争者的目标、战略以及优劣势的了解还不足以判断出它们未来可能会采取什么样的战略行动,也无法预测出它们会对企业的降价、促销以及新品推介等活动做何反应。加之,每个竞争者都有自己独特的经营哲学、企业文化和指导观念。因而,企业若想预测竞争者可能采取的战略行动以及可能对本企业的行动做何反应,就必须对竞争者的思维模式进行深刻的洞察。

不同的企业对不同的市场竞争措施会做出不同的反应,一般来说,常见的竞争者反应模式主要有以下四种:

(一)迟钝型竞争者

有些竞争者对市场竞争措施或行动并不会做出迅速、有力的回击,行动相对来说比较迟缓,反应也并不怎么强烈。一般来说,可能会有以下三种原因,一是竞争者可能比较自信,认为自己的顾客很忠诚,不会轻易被说服而发生品牌转换行为,因而不屑于采取反应行动;二是竞争者可能囿于资金、技术以及能力等(如实力较弱的小企业),无法及时做出恰当的反应;三是竞争者可能因为对市场竞争措施的不够重视,导致它们没能及时捕捉到市场竞争态势的动态变化,从而未能及时做出反应。

(二)选择型竞争者

一些竞争者会针对不同的市场竞争措施有选择性地做出反应,即只对某些类型的行动做出反应,对其他的行动则不然。例如,大多数竞争者可能会对降价行为比较敏感或者说感到很在意,并倾向于做出强烈的反应,它们往往会在第一时间通过采取各种强有力的措施来予以回击,但对于诸如产品优化、服务提升以及加大广告投入等非价格竞争措施则往往不大在意,认为这样的行动对自己不会构成直接威胁。对于这种反应模式的竞争者,企业必须要了解并掌握它们会对哪些市场竞争措施做出反应,以便及时更好地做出应对。

(三)强势型竞争者

另一些竞争者则对市场竞争措施特别敏感,它们对于任何的竞争行动都会迅速做出强有力的反击甚至是报复,力求将对方置于死地。这种报复性措施往往是全面且致命的,甚至是为达目的不计后果的。一般来说,这样的强势型竞争者多是那些实力强大的大企业,尤其是某个行业的市场领导者,它们往往具有某些竞争优势。例如,全球最大的日用消费品公司之一的宝洁就不会让竞争者的新产品轻易进入市场,一旦发现,就会采取一切手段予以阻止,所以,许多企业都会尽量避免与宝洁公司进行直接竞争,而会寻找那些比较好对付的目标。

(四)随机型竞争者

还有一些竞争者对市场竞争措施做出的反应则往往是没有规律可循的,它们常常不按规则出牌,让企业无从捉摸,也难以及时地制定好应对措施。例如,随机型竞争者可能会在某些时候对市场竞争措施做出反应,也可能不做出反应;它们既可能迅速做出反应,也可能行动迟缓;它们既可能做出强有力的反击,也可能做出的反应会比较柔和。

这就要求企业在实际的市场竞争中一定要时刻留意竞争对手的市场动向,了解并掌握不同的竞争者分别属于哪种反应模式,并尽可能剖析出它们做出这样反应的背后的深层次原因是什么。

六、选择应对竞争者的策略

企业在识别出自己的主要竞争者并就竞争者的目标、战略、优劣势以及反应模式进行深入洞察后,接下来,企业就必须根据竞争者的不同特征来决定是采取攻击战略还是选择回避战略。

(一)竞争者的强弱

企业的注意力是有限的,所以,企业可以选择将注意力重点放在某一类竞争者身上。一般情况下,大多数企业会选择进攻那些实力相对较弱的竞争者,因为对付它们,企业相对来说无需付出太多的时间,也不必投入过多的资源,但与此同时,企业能够从中获得的利益也相对较小。另外一些企业则认为,企业应当与那些实力强劲的竞争者来进行竞争,还可借此来提升自己的能力。更何况,对于自己最大的竞争者,企业有时是避无可避的,所以,选择主动进攻也未必就是在自寻死路。要知道,即便面对的竞争者再强,它也是会有弱点或者说不足之处的,只要企业能够寻到恰当的策略战胜这些弱点就有可能获得比较丰厚的回报。当然,面对实力强弱不一的竞争者企业究竟应该如何做决策,最终还是要根据企业的总体目标、战略制定以及资源拥有情况而定。

(二)竞争者与本企业的相似性大小

一般来说,大多数企业会选择与自己最相似的竞争者来进行竞争,因为它们往往是在与企业争夺同一群目标消费者。例如,特步会选择与安踏、鸿星尔克等品牌进行竞争,而不是选择耐克还有阿迪达斯等。但有时,企业又可能会想避免将与自己最相似的竞争者"置于死地"。例如,20世纪70年代末,作为市场领先者的博士伦公司虽然在对其他隐形眼镜制造商的大举进攻中取得了巨大成功,但却导致许多弱小的竞争者因难以招架而纷纷将自己卖给了像强生这样的大企业。结果就是,博士伦这一系列的进攻举措非但没能让自己"独霸市场",反而催生出了比之先前实力更为强大的竞争者。在该案例中,企业虽然击败了与自己存在最直接竞争关系的竞争者,但却招致更强大的竞争者的出现。

(三)竞争者的"好坏"

对于一个企业来说,竞争者是一种必要的、具有战略意义的存在。一般来说,竞争者的存在可以为企业带来以下几方面的战略利益：一是有助于增加市场总需求，一起做大市场这块蛋糕；二是可共同分担某些成本，如市场开拓以及产品开发方面的成本，还可共同促进行业内相关技术的规范化；三是可为吸引力不太大的细分市场提供服务，或者有助于提高产品的差异化水平。

当然，企业也需要格外注意，并非市场上的每个竞争者都是"好的"，也有一些"坏的"竞争者。一般来说，那些"好的"竞争者往往会自觉地遵守行业内的各种成文或不成文的规则，乐于为促进行业的健康、稳定的发展而共同努力。而"坏的"竞争者则恰恰相反，它们会为了私利不惜破坏整个行业的平衡，它们违反规则，投机取巧，不通过自己的努力去获得市场份额，而试图通过购买的方式取得，它们喜欢冒风险，并有自己的一套规则并按此行事。例如，2008年，杀毒软件行业里的所有软件企业都遭遇了一个让它们恨得咬牙切齿的"破坏性"竞争者——360免费杀毒软件。在此之前，几乎所有的杀毒软件都不是免费的，比如说当时市场上的几大杀毒软件企业瑞星、卡巴斯基、金山还有江民等都是提供有偿服务，平均来说，这些企业提供的正版杀毒软件售价在200元/年，而奇虎360却不按规则出牌，竟然推出了永久免费的杀毒软件。这种极尽"破坏性"的举措让它迅速获得了巨大的市场竞争优势，却彻底改变了杀毒软件的收费格局，颠覆了整个行业的盈利模式，给其他收费软件企业造成了几乎是毁灭性的冲击。

第二节　竞争战略决策

在识别出自己的主要竞争者并对它们进行认真而深入的评估后，企业就必须制定总体的市场竞争战略，通过向顾客提供卓越的价值来获得竞争优势。并没有哪一种战略是适用于所有企业的，所以，这要求企业必须根据自己的实际情况，包括市场地位、目标以及资源等，来制定出最恰当的竞争战略。而即便是同一个企业，不同的分部或产品可能也需要根据各自的情况分别制定不同的竞争战略。

一、基本竞争战略

20世纪80年代初，被誉为"竞争战略之父"的美国学者迈克尔·波特在其《竞争战略》一书中提出，在激烈的市场竞争中，企业可以采用三种卓有成效的基本竞争战略来帮助它们获得竞争优势，分别是成本领先战略、差异化战略以及集中化战略。

（一）成本领先战略

成本领先战略又称为低成本战略，是指企业通过有效手段努力将生产和分销成本降至最低，以使自己能够以低于其他竞争者的价格来向消费者提供产品或服务，从而获得竞争优势的一种战略。这种竞争战略或许是三种基本竞争战略中最清楚明了的，采用这种战略的企业的目标就是要成为所属行业中的低成本生产厂家。例如，宣称"天天平价，始终如一"的沃尔玛，就是通过卓有成效的实施成本领先战略而成为零售行业中的巨头的。

如果一个企业能够通过各方面的努力取得成本领先地位,并且还能够将这种领先地位很好地保持下去,那么,它只要能够以与所属行业的平均价格相等或相近的水平提供产品或服务,就能够成为该行业中的超群之辈。当成本领先的企业的产品价格相当于或低于竞争者时,它的低成本地位就可以转化成为高收益,但前提是,其产品必须被顾客认为是与竞争者不相上下的,或者至少是可被接受的。否则,企业只能削减价格,以明显低于竞争者的水平进行销售,而这往往会抵消低成本所带来的好处或优势,让企业无法以此来获得竞争优势。

1. 成本领先战略的优势与风险

成本领先战略具有明显的优势,主要包括以下五个方面:

(1) 在与现有竞争者的竞争当中,处于低成本领先地位的企业具有明显的优势。它们可以较好地抵挡住竞争对手的进攻,在竞争对手不能获利或仅仅只能收回成本时,低成本领先的企业仍然可以获利。

(2) 面对具有强大议价能力的购买者,处于低成本领先地位的企业具有更强的抵御能力。面对强大购买者的压价或提高产品或服务质量的要求,低成本领先的企业在交易过程中会拥有更大的主动权。

(3) 面对具有强大议价能力的供应商,处于低成本领先地位的企业能够更加灵活地进行应对。面对强大供应商提高投入要素价格的行为时,低成本领先的企业可以更加灵活地解决问题。

(4) 可以提高某一行业的进入壁垒,以阻止和威慑新进入者进入该市场,从而减小市场上的竞争压力。企业已经建立起来的规模和成本优势,将为企图进入该市场的新进入者设置一道比较难以逾越的屏障。

(5) 在与替代品进行竞争时,相比同行业的其他竞争者,处于低成本领先地位的企业将处在更有利的位置。低成本领先的企业所具有的这种低成本优势,在与替代品竞争时也将发挥举足轻重的作用。

当然,采用这种竞争战略也存在一些比较明显的风险。概括来说,主要包括以下四个方面:

(1) 随着生产技术的发展或是新技术的出现,原先的设备投资或产品学习经验可能会因为难以"与时俱进"而被淘汰。

(2) 行业中的新进入者会通过模仿、新技术的学习或是设备的更新升级,使得自己能够以更低的成本向消费者提供产品或服务,从而实现后来居上。

(3) 企业如果将注意力都集中在如何降低产品成本上,就会导致它们无法很好地洞察与预见市场的变化。最后的结果就是,企业生产的产品尽管价格低廉,却还是得不到消费者的青睐。这也是成本领先战略最致命的所在。

(4) 因为通货膨胀的影响,生产要素的价格也随之水涨船高,这无疑提高了企业的生产和分销成本,进而降低了产品的成本-价格优势,这不仅会降低企业的利润率,还会削弱产品的市场竞争力。

2. 成本领先战略的适用条件

并非所有的企业都适合采用成本领先战略。成本领先战略具有一些适用条件,包

括外部条件和内部条件。其中,外部条件主要包括以下六个方面:

(1) 市场上的现有企业之间的价格竞争很激烈;

(2) 所属行业生产的产品标准化或是同质化高,这就决定了成本领先在市场竞争中的重要性;

(3) 进行产品差异化的可能性比较小;

(4) 市场上的多数顾客都以同样的方式使用产品;

(5) 消费者的产品转换成本较低,这使得他们对产品价格会很敏感;

(6) 消费者相对来说比较强势,具有较大的议价能力。

企业要采用成本领先战略,除了需要满足上述这些外部条件外,企业本身还需要满足一些内部条件。一般来说,企业自身还需要拥有以下资源或能力:

(1) 长期、稳定的资本投资以及资本获取能力;

(2) 较为出色的生产加工技艺;

(3) 认真的劳动监督;

(4) 能够设计出容易生产的产品;

(5) 具备低成本的产品分销系统。

3. 实施成本领先战略的途径

一般来说,企业可以通过以下途径来实施成本领先战略,以获得成本优势。

(1) 发挥规模效应。在合理的规模经济范围内,企业可以通过扩大产品生产规模,或者是进行规模化采购,来将固定成本分摊到更多的产品上,以达到降低单位平均成本的目的。

(2) 发挥技术优势。企业可以通过对原有技术的更新升级以及研发新技术来提高生产效率,进而达到降低生产成本的目的。但在寻求技术优势的过程中,也要注意降低成本。

(3) 优化业务流程,提高执行效率。企业可以通过高效的业务流程体系的建立来获取成本优势与经济效益,如对于不必要的流程环节予以减少或简化,对于拆分过细的业务活动进行合并,对于各项活动之间的间隔时间予以合理压缩等。

(4) 选择具有优势的经营地点。企业可以通过将经营地点设置在接近原材料产地或是需求所在地来降低产品的采购、运输等成本,从而获得成本优势。当然,拥有一个适宜的投资环境也非常重要。

除此之外,企业还可以通过经营过程的部分环节的自动化,前向或后向一体化,高效整合企业资源以及提高行业价值链整体效益等方式来实施成本领先战略。

案 例 分 享

小米的成本领先战略

首先,将重心放在软件研发上,将硬件生产全部外包,降低了建立工厂生产的成本;其次,小米的营销和销售渠道,主要都是通过网络,和传统手机通过实体经销商销售相比,减少了营销成本和各级经销商的加价。通过以上这些途径,小米使成本低于竞争对手,从而获得竞争优势。而且,在降低成本的同时,小米团队也没有放弃软件和硬件的质量,这使得它最终能以成本领先战略,在手机行业里占得一席之地。

资料来源:企赢培训.小米的成本领先战略[Z/OL].[2021-02-07].https://www.sohu.com/a/343337716_100295265.

(二) 差异化战略

差异化战略指的是企业通过使自己的产品、服务、企业形象等明显区别于竞争对手来获得竞争优势的一种战略。这种战略的核心是,企业要提供一种对顾客来说有价值的"独特性"。其实,如果定价不是太高的话,大多数消费者还是会喜欢这样一种独特的产品的。例如,苹果就是通过在产品设计、性能以及使用体验等方面明显区别于竞争对手,才奠定了它今天在行业内的领先地位,而海底捞火锅就是通过其服务的差异化在竞争异常激烈的餐饮市场当中脱颖而出的。

1. 差异化战略的优势与风险

差异化战略的成功实施,不仅有助于企业获得高于同行业平均水平的利润,还具有以下五个方面的战略意义:

(1) 差异化有助于建立顾客对企业的忠诚。企业通过产品或服务的差异化,能更好地满足消费者的差异化需求,提高他们的满意度,进而建立起他们对品牌和企业的忠诚。

(2) 差异化有助于提高行业进入壁垒,阻碍新进入者的加入。差异化战略的实施,会使得市场上的各种不同需求都能得到较好地满足,这就会减少该市场的进入点,使得新进入者难以介入。一般来说,产品差异化越明显的行业进入壁垒就越高。

(3) 差异化有助于增强企业对供应商的议价能力。差异化战略的实施能够提升产品或服务的溢价能力,进而提高企业的边际收益,从而增强企业对供应商的讨价还价能力。

(4) 差异化有助于削弱购买者的议价能力。差异化战略的实施,一方面,会使购买者在市场上无法找到可与之相比较的产品,进而降低他们对价格的敏感度;另一方面,会提高购买者进行产品转换的成本,从而让他们对企业产生依赖。

(5) 差异化将使企业在面对替代品威胁时能够比竞争者占据更有利的地位。因为差异化让顾客对企业建立起忠诚,所以使得替代品无法在性能上与企业进行竞争。

当然,差异化战略也蕴含了一系列的风险,主要包括以下四个方面:

(1) 企业实行差异化的成本过高。企业差异化战略的实施,往往需要付出很高的成本代价。如果产品或服务差异化所带来的收益中的相当大一部分都被差异化所增加的成本所抵消,或是差异化的成本与竞争对手的成本差距过大时,这种差异化战略的采用就难以让企业获得竞争优势。

(2) 消费者对产品或服务差异化的需求降低。当消费者变得越来越精明和老练时,对产品或服务的差异化特征体会不明显时,他们就可能忽略产品或服务之间存在的差异。

（3）竞争者的模仿可能使企业的差异化优势丧失。随着行业的发展以及市场的日趋成熟，产品或服务的差异化优势很可能会因为竞争对手的模仿而渐渐丧失。

（4）企业为在消费者心中获得一个独特的位置而进行过度的差异化。过度差异化引起的成本上升往往会超过其所带来的产品或服务溢价，使得企业无利可图。

2. 差异化战略的适用条件

采用差异化战略需要满足的外部条件主要包括以下四个方面：

（1）企业可以从多个方面将自己的产品与竞争对手区分开来，且这种差异性对于消费者来说都是有价值的。

（2）市场上的顾客需求差异性较大。如果市场上的顾客需求差异性很小，或者是顾客都以相同或类似的方式使用产品，那企业就没有进行差异化的必要。

（3）采用差异化战略的竞争者很少，这才能更好地保证企业是真的"与众不同"的。

（4）行业内的技术变革很快，市场上的竞争主要集中在产品特色的不断推陈出新上。

除了需要满足上述这些外部条件之外，企业本身还必须具备以下五个内部条件：

（1）企业要具备强大的研发能力、营销能力还有分销能力。

（2）企业要在质量以及技术方面具有较高的声誉。

（3）企业拥有行业内公认的独特的资源优势或是能够创造这样的优势。

（4）企业的各职能部门之间、各个分销渠道之间要具有很高的协同性。

（5）企业要具备能吸引各种高级人才的物质设施。

3. 实现差异化战略的途径

企业可以通过以下四种基本的途径来突出其产品与竞争对手之间的差异性，以获得差异化的竞争优势：

（1）产品差异化。企业可以从产品的特征、性能、风格以及设计等方面来建立与竞争对手之间的差异性。例如，云南白药牙膏就因为其蕴含的白药成分而在市场当中独树一帜；而特仑苏则因为其特别出众的品质而区别于其他竞争者，正如其广告语所说，"不是所有牛奶都叫特仑苏"。

（2）服务差异化。企业可以通过对伴随产品的服务方面的差异化来区别于竞争对手，主要包括送货、安装、顾客培训以及咨询服务等因素。例如，京东就通过自有的快速、安全的物流配送体系来与淘宝等其他电商企业区分开来。

（3）人员差异化。企业可以通过比竞争对手更好地雇用和培训员工来获得差异化的竞争优势，尤其是对于服务行业来说，这种人员差异化将变得尤为重要。例如，海底捞火锅就通过其体贴入微的超暖心服务在异常激烈的市场竞争中脱颖而出的。

（4）形象差异化。企业可以通过为自身或品牌塑造出一种独特、鲜明的形象来获得差异化的竞争优势。例如，好丽友派就通过塑造出一种"好朋友"的形象而让消费者记忆深刻的；而超能洗衣液就通过打造出一种上得厅堂下得厨房的超能女人形象而区别于竞争对手的。

> **知识链接**
>
> **差异化的理性和感性成分**
>
> 许多营销专家坚信品牌定位应该具备理性和感性双重成分,还必须兼备诉诸理性和情感诉求的差异点和相似点。盛世长城广告公司(Saatchi & Saatchi)的CEO凯文·罗伯茨(Kevin Roberts)主张品牌要力争成为至爱品牌,从而通过神秘、情感和亲密的融合使消费者尊重和热爱品牌。一个人对品牌及其营销的情感反应取决于许多因素,真实性就是其中之一。那些消费者所认为的真实和真正的品牌,例如好时(Hershey's)、绘儿乐(Crayola)以及强生(Johnson & Johnson),能够激发他们的信任、情感以及强烈的忠诚。因此,公司应该通过监控以下几点来分析潜在的竞争威胁:
>
> ① 市场份额。竞争者的目标市场份额。
>
> ② 心理份额。当回答"举出这个行业中你首先想到的一家公司"这一问题时,提名竞争者的顾客在全部顾客中所占的百分比。
>
> ③ 情感份额。在回答"举出你喜欢购买其产品的公司"这一问题时,提名竞争者的顾客在全部顾客中所占的百分比。
>
> 在心理份额和情感份额方面获得稳定收益的公司必将在市场份额以及盈利能力方面获得收益。
>
> 资料来源:[美] 菲利普·科特勒,[美] 凯文·莱恩·凯勒.营销管理(第5版·全球版)[M].汪涛译.北京:中国人民大学出版社,2012:136.

(三) 集中化战略

集中化战略又称为聚焦战略,与其他两种战略截然不同的地方在于,它追求的不是整个市场,而是集中服务于几个细分市场。采用这种战略的企业往往瞄准的是某个特定的细分市场,为特定的购买者群体或是特定的地区提供特殊的产品或服务。例如,8848钛金手机就不是面向市场上的所有消费者,而是瞄准了那些成功人士、精英阶层;而格力空调就是通过始终如一地贯彻集中化战略,才让自己成为我国空调行业的领跑企业的。一般来说,集中化战略主要有两种形式,一是在目标市场上寻求成本领先优势的成本集中战略,二是在目标市场上寻求差异化的差异集中战略。

1. 集中化战略的优势与风险

集中化战略具有明显的优势,主要包括以下四个方面:

(1) 集中化战略便于企业集中有限的资源和力量,以更高的效率和更好的效果为某一特定的目标市场提供服务,以建立起自己的竞争优势。

(2) 集中化战略往往意味着更为狭窄或者说是专门化的服务范围,企业就可以比竞争对手更高的专业化程度来获得竞争优势。例如,对于患有口腔疾病的患者来说,相比于普通的医院,专门的口腔医院会因其专业化程度更高而更吸引患者前去就诊。

(3) 集中化战略有助于企业以低成本的差异化产品来形成竞争优势。集中化战略是可以让企业同时获得差异化战略和成本领先战略的优势的,一旦二者都具备了,企业就能够获得超过行业平均水平的高额利润。

(4) 当受到实力强劲的竞争对手的全面攻击或压迫时,企业可以通过采用集中化战略以攻代守,这往往也能形成一种竞争优势。

当然,集中化战略也具有一定的风险,主要包括以下几个方面:

(1) 当企业将所有的资源和力量都投入到一个或几个细分市场当中时,一旦这些市场上的顾客需求发生变化、技术出现较大的变革或是有新的替代品出现时,购买者对于产品或服务的需求就会下降,企业就有可能因此陷入困境。

(2) 如果企业集中服务的细分市场具有很好的发展前景,就会吸引很多竞争者的争相涌入,而如果这些竞争者还采用了更具优势的集中化战略,企业就将面临严峻的考验。

(3) 产品的销量可能会变小,而对于产品的要求却在不断地变化,这就会导致企业的生产成本的提高,进而削弱因为集中化战略的采用而取得的成本优势。

2. 集中化战略的适用条件

一般来说,集中化战略的采用需要具备以下四个条件:

(1) 不同的购买者群体在需求上存在着明显的差异。不同的购买者群体具有不同的需求或者是以不同的方式使用产品。

(2) 其他竞争对手没有试图在相同的目标细分市场中实行集中化战略,这样企业的集中化战略才能够获得市场竞争优势。

(3) 企业所拥有的资源、条件不足以支撑其去追求广泛的细分市场。要覆盖整个庞大的市场或者是若干个细分市场往往需要企业拥有丰富的资源和强劲的实力,若非如此,集中化战略会是更优的选择。

(4) 各个细分市场在市场规模、成长速度以及盈利潜力方面存在明显差异,这使得服务于某些细分市场会比服务于其他细分市场对企业来说更具吸引力。

3. 实现集中化战略的途径

一般来说,企业可以通过以下途径来实施集中化战略,以获得专业化优势。

(1) 根据市场环境状况进行战略选择。市场环境往往处于不断变化之中,而集中化战略对环境的适应能力相对较差,所以,企业在制定竞争战略时必须充分考虑环境的变化。

(2) 全面了解并掌握竞争者的状况。对于被竞争对手忽视的、有利可图的市场,或者是竞争对手虽在为之提供服务,但消费者的满意度比较低的市场,对于企业来说是比较好的切入点。

(3) 量力而行地确定企业的竞争定位。企业要根据自己的战略目标、资源状况、能力条件等来确定恰当的竞争定位,不能不切实际地一味去追求过大的目标。

(4) 基于细分市场状况进行集中化战略的选择。若有效细分市场中现有竞争者提供的产品或服务的水平低于本企业可提供的水平,则可选择差异集中化战略;若有效细分市场中的业务规模量足够大,具有规模经济效应,则可选择成本集中化战略。

二、竞争定位

无论是在哪个时间点,在某一特定目标市场上相互竞争的企业,它们的目标和所拥有的资源都存在明显差异。有些企业的目标是追求市场占有率的快速增长,而另一些企业则谋求的是长期利润。一些企业拥有丰富的资源、实力强劲,另一些企业则资源比较匮乏、实力较弱。一些企业在行业中具有悠久的历史,比较墨守成规,另一些企业则是新近成立不久的公司,创新、有活力。因此,不同的企业在市场上往往处于不同的竞争地位。

竞争地位指的就是企业在某一特定目标市场上所占据的位置。企业在某一特定的目标市场上的竞争地位,往往决定了其可能采取的市场竞争策略,包括市场领导者竞争策略、市场挑战者竞争策略、市场追随者竞争策略和市场补缺者竞争策略。假设一个市场由图8-2所示的四类企业组成,那么,市场领导者将占据整个市场40%左右的市场份额,这类企业往往占据着一个市场当中最大的市场份额;另外30%左右的市场份额掌握在市场挑战者的手中,这类企业往往会采取积极的进攻策略以扩大自己的市场份额;还有20%的市场份额则掌握在市场追随者手里,这类企业往往只求维持自己的市场份额,不希望现有的市场局面被打乱;剩下10%的市场份额则被市场补缺者占据着,这类企业瞄准的往往是那些被其他企业忽视的小细分市场。需要注意的是,以上所述的这种分类方式并不适合整个企业,而仅适用于企业在某个特定行业中的位置。

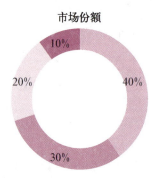

图 8-2 假想的市场结构

(资料来源:杨慧.市场营销学(第3版)[M].北京:中国社会科学出版社,2011:202)

(一)市场领导者竞争战略

1. 市场领导者的基本情况

市场领导者指的是在某一产品或服务市场上拥有着最高的市场占有率的企业。大多数的行业中都存在着这样一个企业,它常常在价格变动、新产品引进、分销覆盖以及促销强度上引领其他企业。虽然这种企业不一定会受到其他企业的认可或尊敬,但它在行业当中的主导者地位却是被承认的。在市场竞争中,对于市场领导者,竞争者可能会对其发起正面的挑战,也可能将其作为模仿的对象,或者想尽一切办法回避它。我们耳熟能详的一些企业都是某一行业中的市场领导者,如美国零售行业的沃尔玛,饮料行业的可口可乐,快餐行业的麦当劳等,中国通信行业的中国移动,短视频行业的抖音,网络搜索服务行业的百度等。

市场领导者的地位是在市场竞争中自然形成的,但并非固定不变的。这意味着,要想保持住这种主导者地位,领导者就必须时刻保持警惕,除非它能享有合法的垄断权利。原因主要有以下五点:一是竞争者会针对其优势不断发起挑战,或是不断地攻击其劣势,市场领导者稍有不慎就会被拉下第一的宝座;二是重大的产品创新的出现可能会让领导者遭受到强烈的冲击;三是领导者可能会因为其现在取得的市场地位而变得傲慢自大,会导致对市场上的竞争态势做出错误的判断;四是领导者可能会面对新的、活力满满的竞争者,这就会显得自己过于守旧、古板;五是领导者可能会面临螺旋式的成本上升,结果就是企业盈利空间的不断压缩。

2. 市场领导者的总体战略

为了保住市场第一的位置,领导者可以从以下三个方面进行努力:一是扩大市场总需求;二是保住市场份额;三是扩大市场份额。

(1) 扩大市场总需求。如果市场总需求扩大了,占据最大市场份额的领导者往往会是所有企业中获益最大的。例如,如果中国消费者每天喝更多的速溶咖啡,那么,作为速溶咖啡市场的绝对领导者的雀巢肯定是从中获益最大的。那么,领导者应该如何来扩大市场上的总需求量呢?一般来说,会有以下三种途径可供领导者进行选择:

① 发掘新的使用者。通过发掘新的使用者来扩大市场总需求,要求其产品必须具有能够吸引新用户、增加购买者数量的竞争潜力。一般来说,领导者可以在以下三个群体中寻找新的使用者:一是对产品有潜在需求但还不曾使用过产品的人(市场渗透战略);二是从未使用过产品的人(新市场战略);三是居住在其他地区但对产品具有潜在需求的人(地理扩张战略)。例如,欧洲最大的玩具厂商乐高原先一直以男孩作为其目标市场,后来公司专门为女孩开发了一条产品线,成功地将女孩们也变成了产品的使用者。

② 开辟产品新用途。另一个扩大市场总需求的方法是发掘并宣传现有产品的新用途。一般来说,市场领导者是最有能力根据市场需求动态为自己的产品开辟新用途的。例如,美国杜邦公司生产的尼龙产品,最初只用于生产降落伞、绳索等军工产品,二战后迅速转入民用市场,被大量用于制作尼龙衣物、蚊帐以及窗纱等日用品,后来又被用作生产轮胎、地毯以及包装物等工业用品的原料。这样,每项新用途的发掘都使得尼龙产品从一个市场上的成熟期转入另一个市场的成长期,开启了一个新的产品生命周期,就是这种多循环周期为公司赢得了长期、稳定的利润。

③ 增加产品使用量。市场领导者也可以通过增加产品使用量来扩大市场总需求。企业可以采取多种方法来说服消费者增加产品使用量,但最常用的有以下三种方式:一是说服消费者更频繁地使用产品,如法国米其林轮胎公司通过鼓励汽车拥有者每年多开车出去旅游来增加轮胎的使用里程;二是说服消费者在更多的场合下使用产品,如农夫山泉 2017 年的《煮饭仙人》广告就说服消费者在煮饭时使用农夫山泉,而不只是在口渴时将它作为饮用水;三是说服消费者增加每次的产品使用量,如益达口香糖在广告中一次又一次地告诉消费者,每次嚼两粒是最好的。

(2) 保住市场份额。除了要想方设法扩大市场总规模,市场领导者还必须时刻注意保护好自己已有的市场份额,以免被竞争者钻了空子。例如,淘宝要时刻提防京东,麦当劳要随时警惕汉堡王、肯德基,可口可乐则要认真防备百事可乐等。

面对众多竞争者的虎视眈眈,市场领导者应该怎样做才能更好地保护自己的地位呢?首先,领导者必须尽量不让自己暴露出来某方面的劣势,或是想方设法尽量弥补这些劣势,以免竞争者寻到可乘之机。为此,市场领导者一定要严格履行对于顾客的价值承诺,让消费者感到物有所值,绝不能让竞争者有填补"漏洞"的机会。但保护市场份额的最好的反应是不断创新,领导者不应满足于现状,而应当在新产品开发、分销渠道建设、顾客服务以及成本控制方面居于行业首位,应当不断提高自己在市场上的竞争力,不断努力为顾客创造更高的价值。

领导者还应当抓住竞争者的弱点主动展开进攻,即便不准备或不具备条件主动发起进攻,至少也应该使用防御力量。好的防御战略往往能够帮助企业减少被攻击的可能性,将竞争者的攻击转移到威胁较小的地方,或是降低攻击的强度。一般来说,市场领导者可以选择采用以下六种防御战略:

① 阵地防御。市场领导者可以在其目前的经营领域周围建立一些牢固的防卫工事,以防止竞争者的攻击或入侵。这是一种静态的、被动的防御,也是最基本的防御形式,但应该注意的是,领导者单靠阵地防御是难以取得自我保护的胜利的。例如,亨利·福特汽车公司曾经就想用这种防御形式来保护其著名的T型车,但结果却让其险些破产。

② 侧翼防御。市场领导者除了保卫自己的市场阵地之外,还要特别注意保护自己比较薄弱的侧翼,应当建立某些辅助性的市场阵地作为防御阵地,或者是作为必要时的反攻阵地。聪明的竞争者总是善于抓住对手的弱点进行攻击。例如,日本丰田汽车公司就抓住了美国汽车公司只注重汽车的豪华性,却忽略了因此带来的汽车体积大、耗油多等问题,成功地将小汽车打进了美国市场。

③ 先发制人防御。市场领导者可以在竞争对手还未有所行动前先主动发起攻击,让竞争者无法组织有效进攻或者丧失攻击能力,从而保持住自己的优势地位。这是一种比较积极的防御战略,市场领导者可以有多种先发制人的防御方法,既可以采取游击战的方式让每一个竞争对手都惶惶不安;也可以采取持续的价格攻击重创竞争对手的经营能力;还可以采用攻心战术来阻止竞争对手的进攻;甚至可以利用已有的市场资源诱导竞争者发起代价高昂的进攻。

④ 反击防御。当市场领导者遭受到攻击后,不应只是被动应对,而应该主动对攻击者予以强有力的反击。市场领导者可以有多种反击防御策略,既可以选择迎击对方的正面进攻,也可以选择对手的薄弱环节进行攻击,还可以两种攻击同时进行,或者是选择暂时退却,待对手麻痹大意时再发动突然攻击,甚至可以采取"围魏救赵"的方式。

⑤ 运动防御。市场领导者除了要保护自己的现有阵地,还要将自己的经营范围拓展到一些新的领域当中去,以作为未来的防御或反攻阵地。市场领导者可以通过两种方式来进行市场拓展,一是市场扩大化,即领导者将自己的注意力从现有产品转移到有关该产品的基本需要上;二是市场多元化,即领导者进入与原有经营业务不相关的其他行业,如20世纪60年代末,烟草业巨头菲利普·莫里斯公司就是通过这种方式进入了啤酒行业。

⑥ 收缩防御。当市场领导者无法坚守所有的领域时,就会有计划地进行战略撤退,即从一些实力较弱的市场领域中退出,而将资源重新配置到实力较强的市场领域当中去。这种防御战略的优点是,能把企业资源集中到核心市场领域当中去,从而增强其竞争力。

（3）扩大市场份额。市场领导者还可以通过扩大自己的市场份额来保持住自己的市场第一的位置。在许多市场中，一个百分点的市场份额的增加，往往意味着销售额的巨大增长。但较高的市场份额的获取往往也意味着高昂的成本，甚至可能远远超过份额增加所带来的收益。所以，市场领导者在决定是否要努力扩大自己的市场份额时，应当考虑以下四个因素：

① 领导者扩大市场份额是否有引发反垄断行为的可能性。市场领导者原本就占据了整个市场中最大的市场份额，此时若还想进一步侵占更多的市场份额，就可能会引发利益受损的竞争者的反垄断行为。

② 扩大市场份额的行为是否有利可图，是否会得不偿失。在市场份额达到一定水平后再行扩大，所需付出的成本可能会远远大于份额增加所带来的收益，此时，追求更大的市场份额对于领导者来说就是得不偿失的。

③ 领导者采取的营销组合战略是否正确。能够成功获得市场份额的企业往往不是在削价方面比竞争者削得更厉害，而是在新产品活动、产品的相对质量以及营销支出这三个方面优于竞争对手。

④ 领导者能否通过实际、可感知的品质来扩大市场份额。市场领导者的资源虽相对比较丰富，但也是相对有限的，如果面对的顾客太多的话，可能会使得企业的资源变得紧张，从而降低产品的价值以及服务传递的质量。

（二）市场挑战者竞争战略

1. 市场挑战者的基本情况

市场挑战者指的是在某一行业中相对于市场领导者来说排名第二、第三和以后位次的企业。这类企业的规模也可能很大，而且拥有着能随时向市场领导者发起进攻的强劲实力。例如，软饮料行业的百事可乐，汽车行业的福特汽车公司等。这些亚军企业一般可以采取以下两种战略来参与竞争：一是市场挑战者竞争战略，即直接向市场领导者和其他竞争者发起挑战，以争取更大的市场份额；二是市场追随者竞争战略，即选择安于现状，在与其他竞争者和平共处的情况下争取获得尽可能多的收益。每个亚军企业要根据市场的状况以及企业自身的资源、能力等情况来决定究竟是发起挑战还是选择跟随。

2. 市场挑战者的总体战略

市场挑战者在向其他竞争者发起挑战之前，一定要广泛地收集资料，然后全面、深入地分析市场上的竞争情况，以确定自己的挑战目标、挑战对象以及采用的具体进攻策略。

（1）确定挑战目标和战略目标。市场挑战者必须要确定自己向谁发起进攻，以及要达成什么样的战略目标。一般来说，挑战者可以选择下列对象作为自己的攻击目标：

① 市场领导者。挑战者可以选择市场领导者作为自己的攻击目标。虽然对手实力强劲，这样做的风险会很高，但相应的潜在收益也会很高，尤其是当市场领导者存在明显的"漏洞"时，如没能很好地服务于市场。其目的往往是要夺取市场第一的位置，但也可能只是想获得更大的市场份额。例如，百事可乐就是通过挑战市场领导者可口可乐而取得巨大成功的，其销售额甚至一度超过了可口可乐。

②与自己规模相当的企业。挑战者也可以选择攻击那些与自己规模相当但存在明显"漏洞"的企业。通过夺取这些企业手上的市场份额，来扩大自己的市场占有率。挑战这样的目标风险会比较小，如果能够取得多数的胜利，就能够对市场领导者造成很大的威胁，甚至有可能改变自己的市场地位。

③实力较弱的小企业。挑战者还可以选择攻击那些实力较弱的当地的或是区域性的小企业。这样的小企业往往资金实力有限，或者是不能很好地为市场提供服务，挑战者可以通过吞并、收购等方式夺取它们的市场份额，以壮大自己的实力并扩大市场份额。

（2）选择进攻策略。挑战者在确定了自己要挑战的对象以及要达成的战略目标后，就要考虑采用什么攻击策略来对挑战目标发起进攻。一般而言，有五种攻击策略可供市场挑战者进行选择：

①正面进攻。即市场挑战者集中自己的优势力量向竞争者的主要市场阵地发动正面攻击。它是直接向竞争者的强项或优势发动进攻，而不是攻击它的弱点或劣势。因此，这种进攻策略的结果将取决于挑战者与竞争者之间的实力和耐性对比。例如，百事可乐就是这样向可口可乐发起挑战的。如果市场领导者不进行报复，而挑战者又能让市场相信其产品与领导者的不相上下的话，通过削价的方式来发动正面进攻就能够奏效。

②侧翼进攻。如果挑战者的实力不足以向竞争者发动正面进攻，此时，就应该考虑采用更加迂回的方式，即针对竞争者的劣势或弱点发动间接进攻。对于那些资源比较稀缺的挑战者来说，侧翼进攻会是一个很有吸引力的选择。挑战者若能采取一些让竞争对手难以还击或选择忽视的策略，取得成功的可能性就很大。一般来说，侧翼进攻可以采取两种不同的战略形式：一是在竞争对手力量薄弱的地理区域市场发动进攻；二是寻找尚未被覆盖的市场需要，然后迅速进行填空补缺。

③包围进攻。侧翼进攻战略的重点是集中优势力量攻击竞争对手的劣势或弱点，而采用包围进攻战略的市场挑战者则试图通过发动全方位、大规模的进攻，来迫使竞争对手分散兵力同时保卫自己的前方、侧翼和后方。如果要采用这种进攻战略，就要求市场挑战者必须拥有比竞争对手更优质的资源，且能提供比竞争对手更加物美价廉的产品，并确信这种围攻计划能成功才行。

④迂回进攻。即市场挑战者采用迂回包抄的方式，绕过竞争对手的主要市场阵地，转而攻击那些较容易攻击的市场。这是一种间接进攻策略，迂回进攻的具体做法一般有以下三种：一是多元化经营一些与现有产品具有不同关联度的产品；二是将现有产品打入一些新市场以进行市场多元化经营；三是发展新技术产品以取代现有产品，将战场转移到挑战者具有优势的领域当中去。

⑤游击进攻。即市场挑战者通过向竞争对手的不同领域发动小型的、零星的和断续的进攻，来达到骚扰对手和保护自己的市场阵地的目的。这种进攻策略的特点是不能以个别战役的结果来决出战局的最终胜负，它尤其适用于资金短缺、实力薄弱的小企业，因为它们往往难以对竞争对手发动正面、侧翼以及包围进攻，所以只能发动这样小型的、简短的攻击。采用游击进攻方式的挑战者往往会综合运用各种常规和非常规手

段,包括有选择性地降价,密集的促销闪电战,偶尔甚至可以采用法律行动。

知识链接

游击营销

谁需要游击营销技巧呢?任何欲从市场领导者处夺取市场份额,又不愿承担正面攻击的高成本和麻烦的营销者,都需要这种技巧。游击营销者们必须创造性地思考如何以最小的投入吸引最多的顾客关注并实现营销目标。在执行游击营销策略之前,为了发现一些潜在问题,营销者应该从内部和(或)当地对一些想法进行检测,这样才能做好改变或者终止没有业绩的游击运动的准备。最后,游击营销者们应该预见到利益相关者对有争议的方法或信息的反应,对法律或伦理问题也应保持敏感。

资料来源:[美]菲利普·科特勒,[美]凯文·莱恩·凯勒.营销管理(第5版·全球版)[M].汪涛译.北京:中国人民大学出版社,2012:140.

(三) 市场追随者竞争战略

1. 市场追随者的基本情况

不是所有的亚军企业都会去挑战市场领导者。因为在争夺顾客的战役中,领导者往往会拥有更持久的力量。因此,在大多数情况下,企业都会倾向于选择追随领导者而不是向它们发起挑战,这就是市场追随者。它们往往安于现状,在与其他竞争者和平共处的情况下争取获得尽可能多的收益。选择做一个市场追随者可以获得很多好处。市场领导者往往要在新产品开发、分销渠道开拓以及市场培育等方面投入巨大,而市场追随者可以直接复制或改进领导者的产品或方案,这往往只需要较少的投入。虽然追随者可能无法赶上或是取代领导者,但往往也能够获得盈利。

追随领导者并不意味着完全照搬领导者的做法。市场追随者不仅要清楚地知道应该如何稳定自己的目标市场,维持现有的顾客,还必须努力争取新的顾客。而且,它还必须小心把握好追随的这个"度",既要紧跟领导者以获得顾客,又不能跟得太近以免引发领导者的报复。每个市场追随者都必须想方设法地创造自己独有的优势,尽可能地从选址、服务和融资等方面为目标市场提供一些独特性利益。与此同时,为了避免市场挑战者的攻击,追随者还必须注意保持低成本、低价格,或是保证产品或服务的高质量,而且还要把握好恰当的时机及时进入新市场。

2. 市场追随者的总体战略

市场追随者应该如何追随市场领导者呢?这其中的距离又该如何把握呢?一般来说,会有三种不同的战略形式可供市场追随者进行选择:

(1)紧密跟随。即尽可能在各个细分市场以及营销组合方面都仿效领导者,但又不会让领导者感到自己的市场阵地受到威胁或侵犯,在刺激市场方面也会极力保持低调,以免与领导者产生直接冲突。一言以蔽之,这种战略形式的突出特点就是"仿效"和"低调"。采用这种战略形式的追随者往往会被认为是靠捡拾领导者的残余为生的寄生者。

(2) 距离跟随。即在市场的主要方面选择追随领导者，如目标市场、产品研发、价格制定和分销渠道等方面，但在其他方面仍会注意与领导者之间保持差异化，以便与领导者保持合适的距离。采取这种战略形式的追随者既不会对领导者构成威胁，同时又可因在市场上占有一席之地而让领导者免受垄断的责难。这样的追随者可以通过兼并行业中的弱小企业来发展和壮大自己。

(3) 选择跟随。即在某些方面选择追随领导者，但在另外一些方面则注重创新。采用这种战略形式的企业往往并不是盲目地追随领导者，当对自己有利时才会选择追随，与此同时还不忘发挥自己的创造性，但会尽量避免与领导者之间的直接竞争。这种有选择性的市场追随者最后有发展成为市场挑战者的可能。

(四) 市场补缺者竞争战略

1. 市场补缺者的基本情况

所谓的市场补缺者，即选择那些被大企业忽视的缝隙市场进行专业化经营的小企业。几乎每个行业都有一些市场补缺者，它们不追求庞大的整个市场或是规模大的细分市场，而将目光集中在那些大企业不感兴趣的小的细分市场上。行业里的补缺者往往都是一些小企业，因为它们的资源、能力等有限，往往无法为整个市场或是大的细分市场提供服务，便将目光瞄准这些缝隙市场，不仅可以避免与大企业发生冲突，还可以集中有限的资源来为目标顾客群提供更加专业化的服务，以获得更为可观的盈利。

既然是"拾遗补缺"，那这个"补缺基点"的选择就变得非常重要。一般来说，理想的补缺基点应该满足以下三个条件：一是该补缺基点必须具有足够让企业获利的市场空间和发展潜力；二是该补缺基点必须不属于较大企业的利益范围，与此同时，对主要竞争者也不构成什么吸引力；三是补缺者必须具备足够的资源、能力等去占领该补缺基点，且还拥有足够的信誉去与竞争者进行对抗。

2. 市场补缺者的总体战略

(1) 补缺基点的选择。市场补缺者在选择补缺基点时，相比单一补缺基点，多重补缺基点将会是更优的选择。若不然，一旦选择的补缺基点出现重大变故，如顾客需求发生变化、更强大的竞争对手的突然进入等，那补缺者的经营就有可能陷入困境。但如果选择的是多重补缺基点，就能够帮助补缺者分担这种风险，增加保险系数。因此，补缺者往往都会选择两个或两个以上的补缺基点，以保证企业能够更好地生存和发展下去。

(2) 专业化市场营销。补缺战略的关键就在于"专业化"，市场补缺者往往是通过更加精准、深入地满足某一特定目标顾客群的需求来获得发展的。为了能够提供更加专业化的服务，它们可能只专注于某些特殊的市场，只提供某些特定的产品，只为某些特定的顾客服务，或是只为特定的分销渠道服务等。一般来说，市场补缺者可以从以下十一个专家角色中进行选择：

① 最终用户专家。补缺者可致力于专门为某类最终用户提供服务；② 垂直层面专家。补缺者可专门致力于分销渠道中的某些层面；③ 顾客规模专家。补缺者可集中力量向某类小型、中型或大型的客户进行销售；④ 特定顾客专家。补缺者可将销售对象限定为一个或少数几个顾客；⑤ 地理区域专家。补缺者只在国内外的某一地点或地区进行销售；⑥ 产品或产品线专家。补缺者只拥有或生产一种产品或产品线；⑦ 产

品特色专家。补缺者专长于生产某一种产品特色;⑧ 定制专家。补缺者专门按照顾客的订单生产指定的产品;⑨ 质量-价格专家。补缺者选择在低端或高端市场进行经营;⑩ 服务专家。补缺者专门提供一种或几种其他企业所没有的服务;⑪ 分销渠道专家。补缺者专门服务于某一类分销渠道。

案 例 分 享

维珍,永远的"补缺者"

维珍集团是英国最大的私营企业,旗下拥有200多家大小公司,涉及航空、金融、铁路、唱片、婚纱乃至避孕套等,俨然半个国民生产部门。红白相间的维珍品牌在英国的认知度达到了96%,在"英国男人最知名品牌评选"中排名第一,在"英国女人最知名品牌评选"中位列第三。但是,维珍产品在所处的每一个行业里都不是名列前茅的老大或老二,而是一只"跟在大企业屁股后面抢东西吃的小狗",这正是维珍的老板布兰森本人所期望的。维珍总是选择进入那些已经相对成熟的行业,给消费者提供创新的产品和服务。可以说,在它进入的每一个行业里,维珍都成功地扮演了"市场补缺者"和"品牌领先者"的角色。

维珍公司将目标顾客定位于"不循规蹈矩的、反叛的年轻人",向他们提供的是行业领导者没意识到或不屑于做的空白市场。维珍创出了足够多的新产品准确地填补这些价值缺口,既与已有市场上竞争激烈的产品不同,又与目标顾客的需求非常吻合,如维珍航空,维珍移动通信,维珍可乐等。由于不具进攻色彩,跳出了现实市场这个竞争圈子,而最大程度避免了直接竞争,从而逃脱了"价格战"的杀身之祸。凭借价值行销模式得以天马行空,频频出手,不断地给大家制造惊喜。

价值行销也有很大风险,主要在于创新的产品是否能真正符合你的目标顾客的需求,如果被你的顾客抛弃,不用竞争对手进攻,你就瓦解了。布兰森有两大法宝:一是强大的市场研究力量,长期跟踪研究同一消费群体。虽然维珍品牌的产品众多,但目标消费者固定,维珍便能及时、快捷地捕捉这一目标市场消费偏好的改变。另一个就是高超的品牌战略,维珍在年轻人心目中扮演了"品牌领先者"的角色,保证顾客不会为一时的产品失误而拔腿就走。

维珍发现价值缺口的能力、价值创新的能力、利用品牌资产的能力、形成核心流程的能力成为其强大的利润推动器,这也是其作为市场补缺者成功的关键所在。

资料来源:王伟群等.弱势者的营销战略——挑战·追随·补缺·扰乱[J].成功营销,2003(8):38-40.

本 章 小 结

为更好地应对日趋激烈和残酷的竞争,企业必须全面、深入地了解自己的竞争者,并根据竞争者所采用的战略来确定企业的战略应对办法,以使企业获得更有利的竞争优势。一般来说,企业的竞争性市场营销战略的制定主要包括两个步骤,一是竞争者分析,二是竞争战略制定。

竞争者分析主要指的是竞争者的识别、评估以及主要竞争者的选择。一般来说,企业的竞争者分析主要包括竞争者识别、竞争者的目标分析、竞争者的战略分析、竞争者的优劣势识别、竞争者的战略洞察和竞争者应对策略选择这六个步骤。

竞争战略制定则指的是面对竞争者所采用的战略,企业应该如何进行战略应对才能够获得最大的竞争优势。一般来说,在激烈的市场竞争中,企业可采用三种卓有成效的基本竞争战略来帮助它们获得竞争优势,分别是成本领先战略、差异化战略以及集中化战略。而根据企业在某一特定目标市场上的竞争地位,一般有四种市场竞争策略可供企业选择,分别是市场领导者竞争策略、市场挑战者竞争策略、市场追随者竞争策略和市场补缺者竞争策略。

思 考 题

1. 企业应该如何进行竞争者分析,主要有哪些步骤?
2. 企业应该如何识别出自己的主要竞争者?
3. 简要描述常见的几种竞争者反应模式。
4. 简要阐述迈克尔·波特提出的三种基本竞争战略。
5. 市场领导者应该如何做才能保住自己的主导者地位?
6. 比较分析市场挑战者竞争战略和市场追随者竞争战略。
7. 什么是市场补缺者?补缺者应该如何进行专业化营销?

案 例 讨 论

百事可乐挑战可口可乐

世界上第一瓶可口可乐1886年诞生于美国,距今已有100多年的历史。这种神奇的饮料以它不可抗拒的魅力征服了全世界数以亿计的消费者,成为"世界饮料之王",甚至享有"饮料日不落帝国"的赞誉。

但是,就在可口可乐如日中天时,竟然另外有一家同样高举"可乐"大旗,敢于向其挑战的企业,它宣称要成为"全世界顾客最喜欢的公司",并且在与可口可乐的交锋中越战越强,最终形成分庭抗礼之势,这就是百事可乐公司。世界上第一瓶百事可乐同样诞生于美国,那是在1898年,比可口可乐的问世晚了12年。它的味道同配方绝密的可口可乐相近,于是便借可口可乐之势取名为百事可乐。

由于可口可乐早在10多年前就已经开始大力开拓市场,到这时早已声名远扬,控制了绝大部分碳酸饮料市场,在人们心目中形成了定式,一提起可乐,就非可口可乐莫属,百事可乐在第二次世界大战以前一直不见起色,曾两度处于破产边缘,饮料市场仍然是可口可乐一统天下。

一、第一战役:同样5分钱

尽管1929年开始的大危机和二战期间,百事可乐为了生存,不惜将价格降至5美分/磅,是可口可乐价格的一半,以至于差不多每个美国人都知道"5美分可以多买1倍的百事可乐"的口头禅,百事可乐仍然未能摆脱困境。在饮料行业中,可口可乐和百事可乐一个是市场领导者,一个是市场追随者(挑战者)。

作为市场追随者,有两种战略可供选择:向市场领导者发起攻击以夺取更多的市场份额;或者是参与竞争,但不让市场份额发生重大改变。显然,经过近半个世纪的实践,百事可乐公司发现,后一种选择连公司的生存都不能保障,是行不通的。于是百事可乐开始采取前一种战略,向可口可乐发出强有力的挑战,这正是二战以后斯蒂尔、肯特·卡拉维等"百事英雄"所做的。

二、第二战役:百事可乐的一代

这时有一个对百事可乐的发展非常有利的环境。二战后,美国诞生了一大批年轻人,他们没有经过大危机的战争洗礼,自信乐观,与他们的前辈有很大不同,这些小家伙正在成长,逐步成为美国的主要力量,他们对一切事务的胃口既大且新,这为百事可乐针对"新一代"的营销活动提供了基础。

但是,这一切都是在1960年百事可乐把广告业务交给BBDO(巴腾-巴顿-德斯廷和奥斯本)广告公司以后明白过来的。当时,可口可乐以5:1的绝对优势压倒了百事可乐。BBDO公司分析了消费者构成以及消费心理的变化,将火力对准了可口可乐"传统"的形象,做出种种努力来把百事可乐描绘成年轻人的饮料。经过4年的酝酿,"百事可乐新一代"的口号正式面市,并一直沿用了20多年。

三、第三战役:广告战

10年后,可口可乐试图对百事可乐俘获下一代的广告做出反应时,它对百事可乐优势已经减至2:1了。而此时,BBDO又协助百事可乐制定了进一步的战略,向可口可乐发起全面进攻,被世人称为"百事可乐的挑战"。

1975年,百事可乐在达拉斯进行了品尝实验,将百事可乐和可口可乐都去掉商标,分别以字母M和Q做上暗记,结果表明,百事可乐比可口可乐更受欢迎。随后,BBDO公司对此大肆宣扬,在广告中表现的是,可口可乐的忠实主顾选择标有字母M的百事可乐,而标有字母Q的可口可乐却无人问津,广告宣传完全达到了百事可乐和BBDO公司所预期的目的:让消费者重新考虑它们对"老"可乐的忠诚,并把它与"新"可乐相比较。可口可乐对此束手无策,除了指责这种比较不公德,并且吹毛求疵地认为人们对字母M有天生的偏爱之外,毫无办法。结果,百事可乐的销售猛增,与可口可乐的差距缩小为2:3。

1983年底,BBDO广告公司又以500万美元的代价,聘请迈克尔·杰克逊拍摄了两部广告片,并组织杰克逊兄弟进行广告旅行。这位红极一时的摇滚乐歌星为百事可乐赢得了年轻一代狂热的心,广告播出才一个月,百事可乐的销量就直线上升。据百事可乐公司自己统计,在广告播出的一年中,大约97%的美国人收看过,每人达12次。几乎与此同时,百事可乐利用可口可乐和包装商们的利益纷争,以及联邦贸易委员会对饮料行业特许包装体制的反对,争取过来数家包装商,并且让可口可乐公司遭受了一次非常公开的挫折。1984年5月,负责官方饮料供应的快餐联号伯格·金公司因不满可口可乐转向其竞争对手麦当劳公司,于是交给百事可乐一纸合同,让它为全美2 300家伯格·金快餐店提供3 000万升饮料,仅此一项每年为百事可乐增加3 000万美元的收入。伯格·金的"倒戈",令百事可乐获益匪浅。

百事可乐只有三十多岁的经理约翰·斯卡林坚信:"基于口味和销售两个原因,百事可乐终将战胜可口可乐。"这一预言现在终于变成了现实。在百事可乐发起挑战之后不到3年,美国《商业周刊》就开始怀疑可口可乐是否有足够的防卫技巧和销售手段来抵御百事可乐的猛烈进攻。1978年6月12日,《商业周刊》的封面赫然印着"百事可乐荣膺冠军",A.C.尼尔森关于商店里饮料销售情况的每月调查报告表明:百事可乐第一次夺取了原属于可口可乐的领先地位。

四、第四战役:从真空地带着手

百事可乐不仅在美国国内市场上向可口可乐发起了最有力的挑战,还在世界各国市场上向可口可乐挑战。与国内市场完全一样,百事可乐因为可口可乐的先入优势已经没有多少空间,百事可乐的战略就是进入可口可乐公司尚未进入或进入失败的"真空地带",当时公司的董事长唐纳德·肯特经过深入考察调研,发现苏联、中国以及亚洲其他地区、非洲还有大片空白地区可以有所作为。

对于苏联市场,唐纳德·肯特的至交,美国总统尼克松帮了大忙。1959年,美国展览会在莫斯科召开,唐纳德·肯特利用他与当时的美国副总统尼克松之间的特殊关系,要求尼克松"想办法让苏联领导人喝一杯百事可乐"。尼克松显然同赫鲁晓夫通过气,于是在各国记者的镜头前,赫鲁晓夫举着百事可乐,露出一脸心满意足的表情,这是最特殊的广告,百事可乐从此在苏联站稳了脚跟,这对百事可乐打入苏联国家和地区也起了很大的作用,但是,百事可乐虽然进入了苏联市场,却未能实现在苏联建立工厂,以垄断可乐在苏联销售的计划。于是,1975年,百事可乐公司以帮助苏联销售伏特加酒为条件,取得了在苏联建立生产工厂并垄断其销售的权力,成为美国闯进苏联市场的第一家民间企业。这一事件立即在美国引起轰动,各家主要报刊均以头条报道了这条消息。

在以色列,可口可乐抢占了先机,先行设立了分厂,但是,此举引起了阿拉伯各国的联合抵制,百事可乐见有机可乘,立即放弃本来得不到好处的以色列,一举取得了中东其他市场,占领了阿拉伯海周围的每一个角落,使百事可乐成了阿拉伯语中的日常词汇。

20世纪70年代末,印度政府宣布,只有可口可乐公布其配方,它才能在印度经销,结果双方无法达成一致,可口可乐撤出了印度,百事可乐的配方没有什么秘密,因此它乘机以建立粮食加工厂、增加农产品出口等作为交换条件,打入了这个重要的市场。

百事可乐在拓宽国际市场时,一直将尼克松视为它的秘密武器,60年代尼克松竞选惨败后,百事仍然积极对其给予支持,肯特先生以年薪10万美金的报酬,聘请尼克松为百事公司的顾问和律师,尼克松则利用自己的关系周游列国,兜售百事可乐,并且在竞选美国总统成功后,任命肯特为总统经济政策顾问,使其有机会影响经济政策,借以创造百事可乐在世界市场与可口可乐竞争的有利地位。在与可口可乐角逐国际市场时,百事可乐很善于依靠政界,抓住特殊机会,利用独特的手段从可口可乐手中抢夺市场。

五、第五战役:多元化

由于饮料行业的激烈竞争,为了规避风险,可口可乐和百事可乐不约而同地选择了多元化经营,但是,多元化为两家公司带来的收益大相径庭,百事可乐在这场特殊的角逐中再次战胜了可口可乐。

自70年代开始,可口可乐公司大举进军与饮料无关的其他行业,在水净化、葡萄酒酿造、养虾、水果生产、影视等行业大量投资,并购和新建这些行业的企业,其中包括1982年1月公司斥资7.5亿美元收购哥伦比亚制片厂的巨额交易。但是,这些投资给公司股东的回报少得可怜,其资本收益率仅1%。直到80年代中期,可口可乐公司才集中精力于主营业务,结果利润出现直线上升。

百事可乐就幸运多了。它从60年代起就试图打破单一的业务种类,迅速发展其他行业,使公司成为多元化企业。从1977年开始,百事可乐进军快餐业,它先后将肯德基食品公司(KFC)、必胜客(Pizza-hut)意大利比萨饼和特柯·贝尔(Taco Bell)墨西哥餐厅收归麾下。百事可乐这次的对手是快餐大王麦当劳公司。肯德基、必胜客和特柯·贝尔在被百事可乐兼并前,都只是一些忽冷忽热的餐馆,仅仅在自己狭小的市场内略有优势。百事可乐兼并它们之后,立即提出:目标和对手"不应再是城里另一家炸鸡店、馅饼店,而应是伟大的麦当劳!"。于是,百事可乐又在快餐业向强手发起了挑战。

当时正是美国通货膨胀不断高涨的年代,麦当劳的食品价格也随着物件不断上涨,百事可乐看准时机,以此为突破口,开始了它的攻势。公司不断设法降低成本,制定了"简化、简化、再简化"的原则(这不是指食品的制作和质量,而是指尽量减少非食品经营支出)。如预先做好部分食品,在店外烧烤牛肉,尽量减少厨房用地,降低人工成本;修改菜单,将制作快的菜放在前面,以加快流通速度等。结果销售额很快达到以前的两倍,而员工只有以前的一半。由于收入迅速增加,成本大大降低,利润猛增,已经能够与麦当劳抗衡,并且带动了百事可乐饮料的销售。

百事可乐还首创快餐业"送货上门"的新型营销方式。当时,百事可乐公司的总裁韦恩·卡拉维说:"如果只等着忙碌的人们到餐厅来,我们是繁荣不起来的。我们要使炸鸡、馅饼的供应像看时间那样方便"。百事可乐质优、价廉的食品,高效、多样的服务赢得了顾客的青睐,销售额年年创纪录,很快成为世界上最赚钱的餐饮公司。许多老牌快餐公司在百事可乐咄咄逼人的攻势下败下阵来,甚至麦当劳也受到了巨大的威胁。20世纪70年代末80年代初,麦当劳公司的年利润率为8%,而百事快餐公司的年利润率却高达20%。

百事可乐终于在它诞生92周年的时候赶上了竞争对手。1990年,两种可乐平分市场,在零售方面百事可乐甚至超出了1亿多美元。该年度A·C·尼尔森公司对美国、欧洲和日本的9 000名消费者进行了调查,排出了世界上最有影响的10大名牌,百事可乐和可口可乐均获此殊荣,分列第6和第8位。百事可乐已经实现了成为全世界顾客最喜欢的公司的梦想。1997年,百事可乐公司全球销售额为292.92亿美元,位列《财富》98世界500强第92位,荣登饮料行业企业世界冠军,可口可乐只能屈居亚军,销售额只有188.68亿元,排名为第201位。

资料来源:百事可乐挑战可口可乐[Z/OL].[2021-02-07].https://wenku.baidu.com/view/891848c74493daef5ef7ba0d4a7302768e996fb7.html.

讨论题:

1. 百事可乐是如何挑战成功的?可以给我们哪些启示?
2. 可口可乐是如何应对百事可乐的挑战的?最后的结果如何?

3. 结合实际谈谈可口可乐和百事可乐在中国市场上的竞争状况。

参 考 文 献

1. [美]菲利普·科特勒,[美]加里·阿姆斯特朗.市场营销：原理与实践(第16版)[M].楼尊译.北京：中国人民大学出版社,2015.

2. [美]菲利普·科特勒,[美]凯文·莱恩·凯勒.营销管理(第5版·全球版)[M].汪涛译.北京：中国人民大学出版社,2012.

3. 杨慧.市场营销学(第3版)[M].北京：中国社会科学出版社,2011.

4. 冯俊华.企业管理概论[M].北京：化学工业出版社,2008.

5. 苗月新.市场营销学(第4版)[M].北京：清华大学出版社,2018.

6. 陆雄文.管理学大辞典[M].上海：上海辞书出版社,2013.

7. 王伟群等.弱势者的营销战略——挑战·追随·补缺·扰乱[J].成功营销,2003(8)：38-40.

8. 企赢培训.小米的成本领先战略[Z/OL].[2021-02-07].https://www.sohu.com/a/343337716_100295265.

9. 企业工具.格力的集中化战略[Z/OL].[2021-02-07].http://www.docin.com/p-2195635193.html.

10. 百度文库.百事可乐挑战可口可乐[Z/OL].[2021-02-07].https://wenku.baidu.com/view/891848c74493daef7ba0d4a7302768e996fb7.html.

第九章 品牌战略

【学习目标】

1. 理解品牌内涵,了解品牌的作用。
2. 理解品牌资产,熟悉品牌资产的评估模型及品牌资产建立。
3. 了解塑造品牌的基本步骤与方法。
4. 熟悉企业品牌年轻化的策略。

开篇案例

江小白的品牌年轻化

江小白无疑是白酒行业的一匹黑马,它跳出白酒传统保守的历史束缚,以"我是江小白,生活很简单"的品牌理念强势对接年轻群体,致力于传统高粱酒的老味新生,利用互联网思维和新媒体手段,凭借创新性的沟通方式与营销技巧迅速打开年轻消费市场,自2012年创立以来,仅用几年时间便发展为白酒行业特立独行的新生代品牌。纵观其商业布局,江小白在年轻化道路上打磨出了自己独特的品牌营销与传播思路。

一、品牌定位的差异化

品牌差异化定位是企业区分于其他品牌,凸显自身个性优势,打造独具特色的品牌形象的重要商业决策。江小白自创立伊始就在寻求差异化发展道路。

1. 聚焦年轻群体,做好用户切分

互联网时代,消费主体发生变革,80后、90后甚至00后的年轻群体正在成为消费引擎,消费观念和消费模式的更新也在重塑市场生态。不同于传统白酒过去主要以中老年群体为主要消费人群,江小白及早地洞悉年轻群体的消费潜力,以80后、90后年轻一代为目标人群,基于年轻人有个性、有态度、有活力等特征,以"我是江小白,生活很简单"为品牌理念和口号,面向年轻群体,打造时尚、简约、文艺的青春小酒,以契合年轻人的心理诉求。

2. 简单纯粹,酒文化的新定义

白酒行业之前在发展中一直着眼于"大"格局,更多地与传统文化、餐桌礼仪挂钩,宣扬身份地位与生活质量,打造基于社交需求的高档酒文化,这种形象的固化使白酒行业呈现出单一化、平行化、同质化、刻板化的发展特征。江小白选择舍弃厚重的历史感和文化感,着力打造轻文化,从"小"着眼,建构"小聚""小饮""小时刻""小心情"四种场景。酒不再是社交的需要,而是成为一种休闲方式和情感表达,小圈层、文艺化、时尚个性、简单纯粹成为江小白的独特主张,精准链接年轻人的生活方式与情感诉求,呼应年轻群体简单、个性的生活态度,因而赢得了年轻人的青睐。

二、品牌符号的感性化

品牌符号是区别产品或服务的基本手段,是品牌附着的意义的简单呈现,是塑造品牌观念和品牌形象的重要传播工具。江小白将自身定位为"青春情绪小酒",围绕情感的释放与传达,在品牌符号的建设上呈现出感性化特征。

1. 品牌名称与口号

简单通俗的品牌名称"江小白",以普通人名的形式轻易、有效、自然地融入了追求简单生活的平凡青年之中,以"我是江小白,生活很简单"的口号构建与年轻群体的有效价值沟通和情感羁绊,呼应年轻消费群体自我展示、自我表达、自我肯定、自我彰显的态度。

2. 产品包装

江小白简单个性的皮囊拥有很高的辨识度,小瓶身、Q版文艺青年形象"江小白"、富有个性的语录,简约但不失时尚感,相比传统白酒品牌更加前卫和独立,各元素力求与年轻人贴近,抓住年轻群体的消费心理,在传达简单纯粹的品牌理念的同时紧紧贴合年轻人的审美观与价值观。

3. 文案设计

江小白基于对80后、90后一代的生活习惯、饮酒方式、成长经历等的洞察,描绘出目标消费群体的基本画像。文案极富特色和感染力,或描述消费者的生活状态,或深挖消费者的内心,以现实、扎心又充满文艺气息的文字直击人心,在产品与消费者痛点之间建立联系,扣紧年轻群体的心理诉求与情感表达,引起消费者的情感共鸣。

三、传播策略的多元化

新媒体时代的到来改变了企业的营销方式与传播路径,依托于互联网与大数据的新媒体呈现出个性化、碎片化、主动性、交互性等特点,促使企业革新传播策略。作为诞生于互联网时代的品牌,江小白的传播策略具有典型的互联网思维和多元化特征。

1. 微博营销

CNNIC 第 45 次《中国互联网络发展状况统计调查》数据显示,截至 2020 年 3 月,我国网民规模为 9.04 亿,手机网民规模达 8.97 亿,网民微博使用率达 42.5%。移动社交背景下,微博已成为众多用户的聚集地。江小白将微博作为重要的营销阵地,利用其低成本、高互动、易传播的优势,通过借助热点事件、制造热门话题、设计创意文案海报、互动抽奖等方式与用户互动,开展简单有趣的品牌推广活动。比如,江小白在微博上主持了 yolo、约酒不孤单、下班约酒、深夜酒话等话题,在各节假日期间单独推出文案海报等,为粉丝搭建公共讨论平台,加强了用户与品牌的沟通。

2. 跨界联名

不同品牌元素恰到好处的渗透与融合能够实现资源的互补与优化,品牌之间通过跨界关系的建立相互联结,以实现品牌效应的叠加,获得更优的传播效果。2019年,江小白与雪碧联名推出限量礼盒。雪碧与白酒的混搭掀起一场味道的碰撞,这种新鲜喝法的大胆尝试迎合了年轻群体追求个性与刺激的心理特点,两种年轻基因的融合新潮有趣,巧妙契合,成就了诸如"情人的眼泪"等爆款产品,实现了双方的品牌价值。

3. 用户共创

新媒体时代,用户与品牌的关系被重新定义,用户的主动性与话语权进一步增强。江小白主张从用户出发,理解用户,将产品与用户紧密相连,注重用户的参与感。2016年,江小白的表达瓶以"我想一瓶酒,有话对你说"出发,为用户搭建表达的平台,用户通过扫码等方式参与产品包装与文案的设计,成为内容的生成者与提供者,与品牌进行情感对话。2019年,江小白举办的"江小白+品牌创造者大会"更是直接提出"消创合一、共创共享"的口号,邀请用户共创产品,实现品牌与用户的深度结合。

4. IP人格化

打造独特、个性、优质的品牌IP对企业品牌形象的塑造和品牌价值观的推广具有重要意义,IP符号是企业的形象标签,凝聚着企业的品牌信息和品牌文化,能够给消费者以直观形象的品牌印象。2017年,江小白发布品牌同名动画《我是江小白》,切入年轻人关注的兴趣领域,围绕"青春""情感"等与年轻人具有高关联度的主题打造品牌个性化IP,输出品牌内容,使江小白成为有温度、有情绪、有真实感的"人物","我是江小白"成为一种人格宣言。无论是内容的传播还是渠道的选择,江小白都力求贴近年轻群体,结合年轻人喜欢的元素,寻求与目标人群的契合度,从而拉近品牌与消费者的距离,实现品牌的内涵传播。

资料来源:王慧慧.新媒体环境下的品牌年轻化传播策略探究——以白酒品牌江小白为例[J].视听,2020(7):211-212.

第一节 品牌概述

品牌不仅仅是一个商标,一个牌子,更是一种形象、一种口碑、一种载体、一种文化等。

一、品牌的含义

品牌(Brand)一词来源于古挪威文字"Brandr",中文意思是"烙印"。在当时,西方游牧部落在马背上打上烙印,上面写着一句话:"不许动,它是我的。"并附有各部落的标记,用以区分不同部落之间的财产。诸多著述均记述了古代的人们在牛及牲畜身上打上烙印以表明主人,在未干的陶器底部按上指印以表明制陶者,在斧头、镰刀、木桶等工具身上烙上印记以表明生产者或所有者。这就是最初的品牌标志和口号。当社会生产的规模逐渐扩大,品牌印记的使用迅速普及并带来了无形的价值,寻求品牌保护的"商标法"也随之诞生。第一个商标法案诞生于1803年的法国,随后英国、德国和美国也均在19世纪70年代制定了商标法。值得思考的是,品牌催生了商标,而商标反过来又促进了品牌的发展。

品牌是整体产品的一部分,是现代企业为其产品规划的商业名称,基本功能是将制造商的产品与竞争企业的同类产品区别开来。同时,又是企业的一项重要资产。菲利普·科特勒(Philip Kotler)认为一个品牌能表达出六层意思:① 属性,表达出产品的特定属性;② 利益,给购买者带来的物质和精神上的利益;③ 价值观,体现了该制造商的某些价值感;④ 文化,品牌可能附加和象征了一定的文化;⑤ 个性,和人一样,品牌传达出与众不同的个性;⑥ 使用者,品牌还体现了购买或使用该产品的消费者的特征。

因此,广告大师大卫·奥格威(David M. Ogilvy)认为:"品牌是一种错综复杂的象征——它是产品属性、名称、包装、价格、历史声誉、广告方式的无形总和,品牌同时也因消费者对其使用的印象以及自身的经验而有所界定。"通俗地说:品牌是产品和消费者之间的关系。关于品牌的定义很多,其中较权威的是美国市场营销协会(AMA)给品牌的定义:"品牌是一种名称、名词、标记、符号或设计,或是它们的组合,其目的是识别某个销售者或者某群销售者的产品或劳务,并使之同竞争对手的产品和劳务区别开来。"

二、品牌的作用

在产品日益同质化的时代,产品的物理属性已经相差无几,唯有品牌给人以心理暗示,满足消费者的情感和精神寄托。因为品牌总是以某种独特的个性与竞争者区别开来。下面我们将详细介绍品牌在各方面的作用。

1. 品牌对消费者的作用

品牌可以对消费者具有个人意义,成为消费者自身识别的重要部分。品牌可以表达消费者是谁和消费者想成为谁。对于某些消费者而言,品牌甚至具有拟人个性。消费者和品牌之间可以建立品牌关系,并且消费者与品牌关系像任何其他关系一样,不是一成不变的,是受到营销的影响。营销人员必须对可能强化或者削弱消费者与品牌关系的语言和行为非常敏感。品牌对消费者的作用具体如下:

(1) 有助于消费者识别产品的来源或产品的制造厂家,更有效地选择或购买商品。

(2) 有助于消费者得到相应的服务便利,如更换零部件、维修服务等。

(3) 有助于消费者权益的保护,如选购时避免上当受骗,出现问题时便于索赔和更换等。好的品牌是质量的保证,它代表着卖者交付给买者的产品特征、利益和服务的一贯性的承诺。

(4) 有助于消费者避免购买风险,降低购买成本,从而更有利于消费者选购商品。

(5) 好的品牌对消费者具有很强的吸引力,有利于消费者形成品牌偏好,满足消费者的精神需求,对消费者形成一定的导向作用。

2. 品牌对生产者的作用

品牌同时对品牌企业也有重要的作用。

(1) 品牌有助于提高产品质量。企业做品牌就必须综合考虑品牌的内涵和组成要素,同时通过严格的质量管理体系来保证质量,质量是品牌的保障。

(2) 品牌有助于产品的销售和占领市场。品牌知名度形成后,企业可利用品牌优势扩大市场,促成消费者对于品牌的忠诚。

(3) 品牌有助于企业建立目标消费者的忠诚度。企业有了品牌之后,目标消费者就能通过品牌来识别目标产品,通过品牌来购买目标商品,所以品牌能够帮助企业培养目标消费者的忠诚度。

(4) 品牌有助于稳定产品的价格,减少价格弹性,增强对动态市场的适应性,减少未来的经营风险。品牌,不仅是产品,也意味着和消费者的连接。所以,当企业形成强势品牌后,可和竞争对手形成差异化,通过品牌建立和竞争对手之间的壁垒。体现在具体的竞争中,不需要通过价格策略来增加市场的竞争能力。

(5) 品牌有助于细分市场,进行市场定位。品牌意味着差异性,而差异性是市场定位的基础。

(6) 品牌有助于新品的开发,节约产品投入成本。当一个品牌在市场上被目标消费者广泛接受以后,品牌的价值和美誉度都在消费者的心目中形成,然后企业借助成功或成名的品牌,扩大企业的产品组合或延伸产品线,采用现有的知名品牌,利用其知名度或美誉度,推出新品,可节约新产品的投入成本。

(7) 品牌有助于企业抵御竞争者的攻击,保持竞争优势。品牌一旦建立成功就能在消费者心目中形成固定的形象,而这个形象被消费者认可后就能长期接受并形成惯性购买,从而把品牌和同类品牌产品区分开来。

第二节 品 牌 资 产

如果一项资产被定义为是"一项有一定价值、通过组织使其价值始终保持最大化的财产",那么企业是否也应该像管理资产一样管理它们的品牌呢? 运用品牌资产管理,企业能够实现品牌长期价值最大化。

一、品牌资产的定义

品牌资产(Brand Equity)自 20 世纪 80 年代被提出以来,日益受到营销人员和营销学者们的关注,成为营销学中的一个研究热点。

品牌资产是赋予产品或服务的附加价值。它反映在消费者对有关品牌的想法、感受以及行动的方式上,同样它也反映于品牌所带来的价格、市场份额以及盈利能力。营销人员和研究人员通过许多不同的角度来研究品牌资产。归纳起来,品牌资产定义主要存在着三种概念模型：财务会计概念模型、基于市场的品牌力概念模型、基于品牌消费者关系的概念模型。财务会计概念模型把品牌看作是企业拥有的一项无形资产，能为企业带来财务上的收益和价值；基于市场的品牌力概念模型则强调品牌的市场力和影响力，把品牌资产和品牌的成长及品牌战略结合起来。基于市场的品牌力概念模型尽管也开始注意到消费者与品牌资产的关系，但是该模型主要重心还是在于品牌的长期成长及计划。迄今为止，绝大部分学者都是从消费者角度来定义品牌资产，他们意识到：如果品牌对于消费者而言没有任何意义，那么它对于投资者、生产商或零售商也就没有任何意义了。因此品牌资产的核心是如何为消费者建立品牌的内涵，如图 9-1 所示。

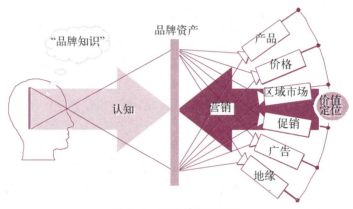

图 9-1　品牌资产形成图

二、品牌资产模型

如何评估品牌资产，一些品牌资产模型提供了不同的视角。下面我们重点介绍三种受到较多认可的模型。

1. BAV 模型

BAV 品牌资产模型是指广告公司扬罗必凯开发出的品牌资产评估工具(Brand Asset Valuator，BAV)。该模型通过对 51 个国家的大约 80 万名消费者的调查，对上百个品类中成千上万的品牌进行了品牌资产的比较测量。根据 BAV 模型，品牌资产中有四个关键的组成部分或支柱，如图 9-2 所示。

(1) 有活力的差异化(Energized Differentiation)：测量该品牌与其他品牌不同的程度，及其定价权力。

(2) 关联(Relevance)：测量该品牌吸引力的适宜度和宽度。

(3) 尊重(Esteem)：测量消费者对该品牌质量和忠诚的感知，或该品牌被关注及受尊重的程度。

(4) 知识(Knowledge)：测量消费者对该品牌的熟悉和知晓程度。

有活力的差异化和关联共同决定品牌强度(Brand Strength)，它是一项预测品牌未

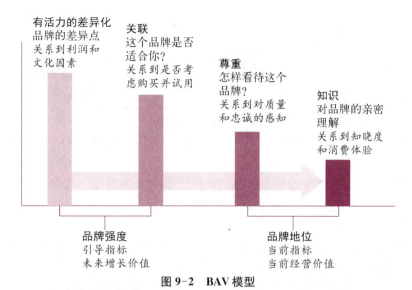

图 9-2 BAV 模型

(资料来源：[美]菲利普·科特勒,[美]凯文·莱恩·凯勒.营销管理(第 15 版)[M].何佳讯等译.上海：格致出版社,2016：284)

来发展和价值的首要指标。尊重和知识共同创造了品牌地位(Brand Stature,或译"品牌高度"),它既是一张过往业绩的"成绩单",也是一个当前价值的指示器。品牌的强度和品牌地位在图中的"支柱形态",很大程度上揭示了品牌现在以及将来的状况。有活力的品牌强度和品牌地位构成了"力量方格"(Power Grid),它描述的是在连续的象限中,品牌循环发展的各个阶段。强势新品牌的差异化水平和活力都要高于关联,而尊重和知识则比较低。领导品牌在所有四个支柱上都显示出了高水平,品牌强度比品牌地位更加突出。随着品牌强度的弱化,它们会成为大众市场的品牌。最后,衰退品牌显示出高水平的知识,这是过去业绩的证据,低水平的尊重,甚至低水平的关联、活力和差异化。

根据 BAV 的分析,消费者正将他们的忠诚度和购买力集中于一个越来越小的特定品牌群体(那些差异化的、具有活力并持续进化的品牌)。这些品牌能与消费者更好地产生联系。它们拥有更高的忠诚度和更强的定价能力,并能创造更大的股东价值。

2. Brandz 模型

营销调研咨询公司 Millward Brown 和 WPP 开发了品牌强度模型 Brandz,它的核心是品牌动力模型,是一个建立在差异点框架基础之上的品牌资产测量系统,这个模型展示了品牌现有的资产和增长的机会。品牌动力模型的逻辑思路是消费者的品牌联想影响选择时的品牌倾向,从而进一步影响进入市场的业务结果。品牌动力模型主张三种不同的品牌关联类型对建立购买品牌的顾客倾向是非常关键的,这三种品牌关联类型分别是：有意义的、差异的和突出的品牌联想,如图 9-3 所示。

(1) 势力(Power)：品牌数量份额的预测。

(2) 溢价(Premium)：品牌相对品类平均价格能够获得的议价能力。

(3) 潜力(Potential)：品牌市场份额增长的可能性。

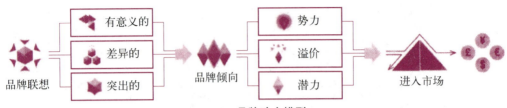

图 9-3 品牌动力模型

(资料来源:[美]菲利普·科特勒,[美]凯文·莱恩·凯勒.营销管理(第15版)[M].何佳讯等译.上海:格致出版社,2016:287)

根据这个模型,品牌在市场上行动的合理程度和市场上存在的竞争会决定品牌倾向最终会多大程度上被转换成销售额。

3. 品牌共鸣模型

品牌共鸣模型认为品牌建设是由一系列上升的步骤组成的,自下往上分别是:

(1) 确保顾客识别品牌,并将其与特定品类或需求相联系。

(2) 将大量有形或无形的品牌联想战略性地联系起来,在消费者心中稳固地建立品牌意义。

(3) 根据与品牌相关的判断和感受引出顾客的恰当反应。

(4) 将消费者的品牌反应转化成强烈而活跃的顾客忠诚。

根据这个模型,四个步骤的制定同时也意味着建立一个由六个"品牌建设模块"组成的金字塔,如图9-4所示。这个模型强调了品牌的二元性:品牌建设的理性路线是在金字塔的左边,感性路线在右边。

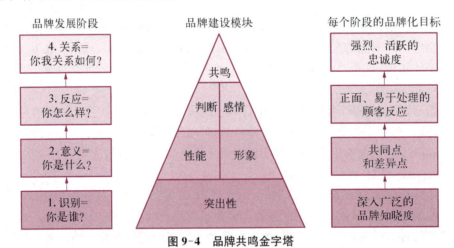

图 9-4 品牌共鸣金字塔

(资料来源:[美]菲利普·科特勒,[美]凯文·莱恩·凯勒.营销管理(第15版)[M].何佳讯等译.上海:格致出版社,2016:287)

要创建有效的品牌资产就必须达到品牌金字塔的顶端,只有把恰当的品牌建设模块放在金字塔模型的合适位置才能实现。

(1) 品牌突出性(Brand Salience):在各种购买和消费情境中,顾客如何经常和轻易地想到该品牌——品牌知晓的深度和广度。

(2) 品牌性能(Brand Performance)：产品或服务如何能够满足顾客的功能需求。

(3) 品牌形象(Brand Imagery)：描述的是产品或服务的外在特性，包括品牌试图满足顾客的心理或社会需求的方式。

(4) 品牌判断(Brand Judgments)：聚焦于顾客自己的个人观点和评价。

(5) 品牌感觉(Brand Feelings)：顾客对品牌有关的情绪性响应和反应。

(6) 品牌共鸣(Brand Resonance)：指顾客与品牌关系的性质，反映他们感觉双方"同步"的程度。

共鸣是顾客与品牌之间的心理纽带的强度以及这种纽带所造成的活跃水平。是品牌金字塔的最高层次，也是营销的最终目标。

三、建立品牌资产

营销人员通过与合适的消费者创建正确的品牌知识结构来建立品牌资产。这个过程依赖于消费者所有与品牌相关的接触点，不管这些接触点是否由营销人员发起。对于企业而言，建立品牌资产可以从四个方面来展开：品牌元素、全方位营销活动、次级联想的品牌杠杆、内部品牌化。下面分别阐述。

（一）选择品牌元素

1. 品牌元素

品牌元素(Brand Element)是那些可以识别并区分品牌的特征化设计，大多数强势品牌都使用多重品牌元素。品牌元素包括品牌名称、网址、标识、象征、形象人物、代言人、口号、歌曲、包装以及标记。如微软公司为其新搜索引擎取名为"必应"(Bing)，因为它认为这个名字清楚地表达了搜索的概念，以及当人们找到他所要找的信息，对于企业"有问必应"的喜悦得意之情。同时，这个名字也很简洁、有吸引力、便于记忆、活泼生动，并适用于多种文化。耐克拥有非常独特的钩形标识，鼓舞人心的"Just Do It"的口号，以及源于希腊神话中长着翅膀的胜利女神的名称"Nike"。

营销人员应该选择那些可以创建尽可能多的品牌资产的要素，但营销人员需要调研并确认的是，如果消费者仅仅知道品牌元素，他们会对产品有什么样的想法和感觉。

2. 选择品牌元素的标准

选择品牌元素有六个主要的标准。难忘度、意义性和喜爱度是"品牌创建"的要素。转换力、适应性和保护力是品牌"防御性"要素，即在面对挑战时，能有助于发挥品牌资产的优势并对其进行保护。

(1) 难忘度(Memorable)：消费者是否能够容易地再认和回忆该品牌元素？如汰渍(Tide)、佳洁士(Crest)都是很难忘的品牌元素。

(2) 意义性(Meaningful)：该品牌元素是否可信？它对相应的产品类别、该产品的成分或者可能使用该品牌的人群类型是否具有暗示性？

(3) 喜爱度(Likable)：品牌元素带来怎样的审美吸引力？当下的一个趋势就是为品牌取一个有趣的名字，同时提供一个便于获取的网址，尤其是线上品牌。如三只松鼠，名字就符合难忘度、意义性、喜爱度三个特点。

（4）转换力（Transferable）：品牌元素能够推出同类或者不同品类的新产品吗？它能够增加品牌资产使其跨越地理边界和细分市场吗？例如亚马逊最初是在线图书销售商，但它并没有使用"图书"之类的品牌名称而限制其发展。反而亚马逊以它是世界上最大的河流而闻名，这个名字表明该网站可以销售广泛品种的商品，这是对公司现在销售多样化产品范围的一个非常重要的描述符号。

（5）适应性（Adaptable）：品牌元素具有怎样的适应性和时新性？标志是否可以很容易地更新？在过去100年，壳牌（Shell）标志完成了10次的更新，如果品牌元素不具有适应性就很难做到。

（6）保护力（Protectable）：品牌元素具有怎样的法律保护力？具有怎样的竞争性保护？那些变成与产品品类同义的品牌名称应该要着力保护商标权，不要变得一般化。

3. 发展品牌元素

品牌元素能够在品牌创建中扮演许多角色。如果消费者在做出产品购买决策时不调查许多信息的话，那么品牌元素就应具有内在的描述性和说服性，使消费者容易进行品牌回忆。品牌元素的喜爱度也可能增加品牌知晓和品牌联想。

通常来说，品牌利益越具体化，品牌元素抓住无形特征就越是重要。口号也是建立品牌资产极为有效的手段，它们能像一个"挂钩"一样帮助消费者领会品牌是什么，以及什么使得品牌如此特别。但是，选择一个带有内在含义的品牌名称，会使得增加一个不同的含义或更新品牌定位更有难度。

（二）设计全方位营销活动

品牌并不是仅仅通过广告建立的，顾客通过一系列的联系和接触点来了解一个品牌：个人观察及使用、口碑、与公司员工的互动、网上或者电话体验，以及付费交易经历。

品牌接触（Brand Contact）是顾客或潜在顾客对品牌、产品品类或其市场的任何信息的关联体验，不管是正面的还是负面的。公司必须努力管理这些体验，就像投入于广告中的努力一样。任何一种品牌接触都会影响消费者的品牌知识和他们思考、感受和对品牌采取行动的方式。营销人员必须通过许多途径来创造品牌接触，建立品牌资产，如线上俱乐部、消费者社区、购物展示、事件营销、赞助、工厂参观、公共关系和新闻发布会以及社会公益营销。

整合营销（Integrated Marketing）概念产生和流行于20世纪90年代。1991年，美国市场营销学教授唐·舒尔茨（Don E. Schultz）提出了"整合营销"传播的新概念，认为整合营销传播是一个"管理与提供给顾客或者潜在顾客的产品或服务有关的所有来源的信息的流程，以驱动顾客购买企业的产品或服务，并保持顾客对企业产品、服务的忠诚度"。整合营销主要是以消费者为核心，重组企业行为和市场行为，综合协调地使用各种形式的传播方式，以统一的目标和统一的传播形象，传递一致的产品信息，实现与消费者的双向沟通，建立品牌与消费者长期密切的关系。

（三）次级联想的杠杆作用

一般而言，消费者大脑中具有其他实体的知识结构，品牌可以借助消费者已有的知识结构，将品牌和这些实体联系起来。当有这种联系时，消费者可以假设或推断：这些实体所拥有的一些联想或特征也许是某品牌具有的。在这个过程中,我们称帮助品牌建立品牌联想的其他实体为次级品牌杠杆,而品牌从次级品牌杠杆获得的联想称为次级品牌联想。

换言之,次级品牌联想是以品牌为中心点,在其基础上向外延伸至人、事物、地点以及其他品牌。人包括员工以及代言人等;事物包括事件、事业、第三方赞助者等;地点包括原产地与渠道;其他品牌包括联盟品牌、成分品牌、公司品牌和延伸品牌等。见图9-5。

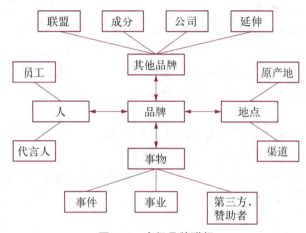

图 9-5 次级品牌联想

(资料来源:[美]菲利普·科特勒,[美]凯文·莱恩·凯勒.营销管理(第15版)[M].何佳讯等译.上海:格致出版社,2016:292)

(四) 品牌内部化

企业往往对外部品牌管理比较重视,但是对于企业内部品牌管理,还没给予足够的重视,从而导致品牌管理的整体"失衡",影响了品牌形象的提升。品牌管理应该是"内外兼修"。因为,"除非公司里的每个人都实践品牌,否则品牌承诺不能被传递出去"。企业要采用一种内部化的视角来确保员工以及营销伙伴意识到并且理解基本的品牌化理念,以及他们可能会怎样有助于或者伤害到品牌资产。

内部品牌化(Internal Branding)包含了有助于告知并鼓舞员工的品牌活动和过程。全体营销人员更要培训并鼓励分销商和经销商为顾客提供品牌承诺的服务。没有经过良好品牌培训的经销商会破坏建立强势品牌,让企业为品牌建设所付诸的努力付之东流。公司需保证顾客与公司员工和公司传播的所有接触都必须是正面的,这方面迪士尼公司完成得很成功。它在品牌内部化以及员工支持品牌方面非常成功。它还经常为其他公司的员工举办"迪士尼风格"的研讨会。雪佛兰公司就送近3 000位经销商到位于迪士尼世界的迪士尼学院(Disney Institute)去学习如何运用迪士尼原则来改善顾客购买体验。当公司员工关心并信任品牌时,他们就会更加努力工作,同时对公司有更大的忠诚度。

如何内部品牌化? 我们可以把握的一些重要原则是:

(1) 选择恰当时机。公司的转折点往往是内部品牌化的恰当时机。当BP公司为适应外部重新定位而开展内部品牌化战役"超越石油"(Beyond Petroleum)时,他们认为这是抓住员工注意力和想象力的理想时机,他们利用该时机让绝大部分员工都对新品牌有了积极认识,并认为公司正在朝着正确的方向前进。

(2) 连接内部及外部营销。内部和外部信息都必须匹配。福特的新品牌战略强调"进无止境"(Go Further),同时瞄准了汽车购买者和福特雇员。公司认为使内部品牌努力与外部品牌一致可以"创造深刻的协同效应,让公司收益显著"。在内部,福特的首席营销官吉姆·法利强调了三个方面来帮助福特员工做到"进无止境""服务于人的人""独创性"和"可实现的水平"。

(3) 让品牌因为员工而生动。内部传播应该富有信息并充满活力。例如星巴克创建了一个主要用于展示的场所来让雇员和经理从生理上融入品牌体验中。一家主营服务的公司为了帮助员工更好地理解品牌定位和品牌承诺是如何影响日常工作的,投入了超过 10 万小时的时间来深化经理和雇员的培训,包括角色扮演场景、练习和互动工具。

(4) 最简法则。公司不要用太多的细节来压垮雇员,公司应该聚焦于核心的品牌支柱,最好是以品牌真言的形式。比如沃尔玛用了三个非常简单的品牌支柱:"优质的产品、最低的价格、便捷的购物。"最简法则才能够让员工理解并记忆,而这是内部品牌化的基础。

第三节　品牌塑造

如何塑造品牌？品牌塑造由以下六个步骤构成,见图 9-6。这六个步骤描述了品牌在从无到有的发展过程中如何一步步形成强势品牌,并保持竞争优势。

图 9-6　品牌塑造流程

一、品牌定位

营销者需在目标消费者的脑海中明确地为其品牌定位。他们可以在三个层次上为品牌定位。在底层,他们可以根据产品属性定位品牌。比如,美体小铺的营销者可以谈论产品纯天然和环保的成分、独特的气味,以及特殊的质感。然而,属性只是品牌定位基础的层次。竞争者可以轻易地模仿这些属性。更重要的是,顾客对这些属性并不感兴趣,他们感兴趣的是那些为他们定制的属性。通过将品牌名称与合适的利益建立关联的方式,可以更好地为品牌定位。因此,美体小铺可以超越产品成分,谈论最终的美丽利益,如使用茶树油洁面乳得到清洁的肌肤和通过古铜色粉饼获得的腮红效果。基于利益定位的成功品牌有:沃尔沃(安全)、联邦快递(保证准时送达)、耐克(性能)和雷克萨斯(品质)。最强势的品牌走得比属性或利益定位更远,它们定位在坚定的信念和价值的基础上,它们汇聚起来形成情感的冲击。以美体小铺为例,它不仅可以谈论符合环保的成分和肌肤护理的利益,还可论及购买其产品将如何使具有环保意识的消费者"改善的不仅是脸蛋,还有你们的观念"。成功的品牌往往在更深的情感层面上吸引顾客。比如 Godiva、星巴克、苹果和维多利亚的秘密等品牌。它们都很少依赖产品的有形属性,而是更注重创造与品牌有关的惊喜和激情。

在为品牌定位时,营销者首先需要为其提出使命和关于该品牌发展的愿景。品牌是关于传递与顾客需要相一致的特征、利益、服务和体验的特定组合的企业承诺。品牌承诺必须简明、可信。例如,Motel 6 为顾客提供干净的房间、实惠的价格和良好的服务,但并不承诺昂贵的家具或宽敞的浴室。相反,丽思卡尔顿酒店为旅客提供奢华的房间和值得铭记的体验,但不承诺低廉的价格。

二、选择品牌名称

恰到好处的品牌名称能够极大地有助于产品获得成功,但是找到最适合的品牌名称却是一项艰巨的任务。首先,它始于对产品及其利益、目标市场和拟定的营销战略的仔细审视。然后,品牌命名是将科学和艺术结合的结果,是对品牌本质的表达。

一般来说,理想的品牌名称通常具备以下特征:

(1)暗示了产品的利益或特性。例如甜梦。

(2)易读、易识别和易记忆。例如汰渍。

(3)品牌名称应与众不同。例如雷克萨斯。

(4)具有可延展性。例如,亚马逊最初只是一家网上书店,但这个名称允许将其延伸至其他经营领域。

(5)便于翻译成其他语言。如新泽西州标准石油公司(Standard Oil of New Jersey)拒绝采用 Enco,而选择 Exxon(埃克森)作为品牌名称,因为 Enco 在日语里发音的意思指熄火的引擎。

(6)应能够注册和享受法律的保护。如果品牌名称侵害了现有的品牌名称,就不能给予注册。

如今,选择一个全新的品牌名称正变得非常困难。在过去 10 年,流行选择一些新奇的名称(如雅虎和谷歌),或使品牌名称与商标一致,如诺华(Novartis)、安万特(Aventis)和莱科斯(Lycos)。而如今流行的是将有真实含义的单词当作品牌名称,如丝乐克(豆奶)、Method(居家产品)、Smart Water(饮料)和 Blackboard(校园软件)等名称都非常简单且含义很直白。但随着商标申请数量的激增,已经越来越难找到可用的新名称了。

品牌名称一经选定,就必须得到有效的保护。许多企业试图将一个品牌名称变成与某个产品类别相等同的东西。舒洁(Kleenex)、李维斯(Levi's)、邦迪(Band-Aid)、思高胶带(Scotch Tape)、富美家(Formica)和密保诺(Ziploc)等品牌在这方面都已取得了相当的成功。然而,也许这种成功恰恰可能会危及企业对该品牌名称的权利。历史上,曾经有许多起初受到法律保护的品牌名称,如玻璃纸、阿司匹林、尼龙、煤油、油毡、溜溜球、蹦床、电动扶梯、保温瓶和麦片,现在已经是任何商家都可以使用的产品名称了。因此,为了保护自己的品牌,营销者开始更聪明地使用"品牌"字眼和已注册的商标符号,例如"邦迪牌创可贴"。

三、品牌归属

企业有三种可供选择的策略。企业可以决定使用自己的品牌,这种品牌叫做企业品牌、制造商品牌、全国性品牌;企业也可以决定将其产品大批量地卖给中间商,中间商再用自己的品牌将物品转卖出去,这种品牌叫作中间商品牌、私人品牌、自有品牌;企业还可以决定有些产品用自己的品牌和中间商品牌,两家企业联合起来采用合作品牌。

制造商品牌和商店品牌。制造商品牌在零售业中长期占据主导地位,但近年来,越来越多的零售商和批发商推出了自己的商店品牌(自有品牌)。商店品牌的销售额正快速增长。从总体看,商店品牌目前占据整个北美包装类消费品20%以上的市场份额,并将在2010年达到27%左右。

商店品牌也曾被认为属于"一般"性的或"没名气"的品牌,但现在的商店品牌通常提供选择更多的和更高品质的产品。零售商不再简单地推出低端的、作为制造商品牌低价替代品的一般性品牌,而是朝着推出高端的自有品牌方向努力,这大大提升了商店的收入和形象。随着商店品牌产品的选择性和品质的改善,消费者的信任和认可也在提升。现在,约41%的美国消费者承认他们经常购买商店品牌的商品,这一比例大大高于20世纪90年代的12%。同时,82%的消费者相信商店品牌实际上与制造商品牌的产品在质量上不相上下。

几乎所有的零售商现在似乎都在销售自己品牌的产品。沃尔玛自有品牌的销售占其销售额的比例高达40%,杂货巨人克罗格销售的各种自有品牌的商品约8 000种。在市场的另一端,高端零售商萨克斯第五大道(Saks Fifth Avenue)也在大量经营自己的服装产品线,如98美元的男士领带、200美元的露背装和250美元的棉质衬衫。

合作品牌。尽管企业对其产品采用合作品牌(co-branding)的方式已存在多年,但合作品牌在近期再次取得了巨大的发展。合作品牌指两家企业将其现有品牌名称应用在同一产品上。例如,金融服务公司经常与其他企业合作,以创造合作品牌的信用卡,例如大通(Chase)公司与美国联合航空公司(United Airlines)联合起来共同创造了大通联合旅行卡(Chased United Travel Card)。与之类似,好市多公司与床垫生产者Stearns & Foster合作销售由后者生产的Kirkland Signature床垫系列产品。意大利设计公司杜嘉班纳(Dolce & Gabbana)与摩托罗拉公司合作,生产价值400美元的奢华版金质杜嘉班纳摩托罗拉的摩托锐智(MOTORAZR)V3i数码相机手机。在多数合作品牌情况下,一家企业会将品牌授权给另一家企业,以整合起来共同使用。

合作品牌具有许多优势。由于各品牌占据优势地位的行业不同,整合后的品牌创造了更广泛的消费者诉求和更大的品牌资产。合作品牌还让企业能够将其现有品牌扩张至独自情况下难以进入的行业。例如,耐克和苹果通过合作品牌创造了耐克+苹果运动套装(Nike+iPod Sport Kit),这让跑步者得以将耐克鞋与苹果iPod Nano播放器联系起来,实时跟踪和改进跑步的表现。耐克与苹果的联合给苹果公司送了一份运动和健身市场的大礼;同时,它也帮助耐克为其顾客创造了新价值。

合作品牌同样也有不足之处。合作关系通常涉及复杂的法律合同和授权问题。合作品牌的伙伴须仔细协调其广告、销售促进和其他营销努力。同时,伙伴双方在使用合作品牌时,必须信任对方也会认真管理其品牌。例如凯马特(Kmart)公司与玛莎斯图尔特日用品(Martha Stewart Everyday)居家品牌间联姻。当凯马特公司宣布破产时,对玛莎斯图尔特公司产生了巨大的影响。反过来,当玛莎斯图尔特公司因非法金融交易被判有罪时,对凯马特公司也将产生消极的影响。因此,正如一位营销经理所说的:"放手你的品牌与放手你的孩子非常相似——你要确保一切都很完美。"

▶ 四、品牌开发

企业着手品牌开发时有四种选择。它可以采取产品线扩展、品牌延伸、多品牌或新品牌策略。

1. 产品线扩展

产品线扩展(Line Extension)指企业将现有品牌名称延伸至现有产品类别中的新品种、新颜色、新规格、新配方或新口味上。例如,莫顿盐业公司扩张了产品线,包括普通的碘化盐、莫顿粗盐、莫顿海盐、莫顿淡盐(纳含量较低)、莫顿爆米花盐、莫顿代盐品等多种产品。公司推出的绝大多数新产品都是对现有产品线的扩展。

产品线扩展的原因是多方面的,如可以充分利用过剩的生产能力;满足新的消费者的需要;率先成为产品线全满的公司以填补市场的空隙;与竞争者推出的新产品竞争或为了得到更多的货架位置。

产品线扩展的利益有:① 扩展产品的存活率高于新产品,而通常新产品的失败率在80%—90%之间;② 满足不同细分市场的需求;③ 完整的产品线可以防御竞争者的袭击。

产品线扩展的风险在于:① 它可能使品牌名称丧失其特定的意义。随着产品线的不断加长,会淡化品牌原有的个性和形象,增加消费者认识和选择的难度;② 有时因为原来的品牌过于强大,致使产品线扩展造成混乱,加上销售数量不足,难以冲抵它们的开发和促销成本;③ 当消费者未能在心目中区别出各种产品时,会造成同一种产品线中新老产品自相残杀的局面。

例如,你可能要在眼花缭乱的超过16个品种的可口可乐组合中进行挑选,从原始的经典可口可乐到零点可乐,再到不含咖啡因的健怡可乐和黑樱桃香草味健怡可乐。不可能所有顾客都喜欢这些差异,而过度扩展的品牌有时会导致品牌定位的稀释,让消费者无从下手。

2. 品牌延伸

品牌延伸(Brand Extension)指将现有品牌应用至新产品类别中全新或修改过的产品上。例如,金佰利-克拉克公司将其市场领先的好奇品牌从一次性尿不湿延伸至包括从洗发水、润肤露和尿疹软膏到婴儿沐浴露、一次性浴巾和换尿不湿用的一次性护垫的全产品线婴儿护理用品。维氏(Victorinox)公司将其备受敬仰的瑞士军刀(Swiss Army)品牌从多功能刀具延伸至包括从刀具、圆珠笔到手表、皮箱和服装的产品组合。此外,宝洁公司也利用其 Mr. Clean 居家清洁品牌的优势推出了几条新产品线：擦拭垫、浴室清洁工具和家庭自动清洁套件。

品牌延伸使新产品能立即被顾客认出并更快地接受。它节省了建立新品牌知名度所需的高额广告投入。与此同时,品牌延伸战略也承担着某些风险。例如亨氏宠物食品、高乐氏(Clorox)洗衣粉等品牌的延伸就早早夭折了。品牌延伸可能使主品牌的形象变得模糊。如果品牌延伸失败,会伤害消费者对采用同一品牌名称的其他产品的态度。

此外,品牌名称可能对特定的新产品并不合适,即便它设计考究且令人满意。你会考虑乘坐猫头鹰航空公司(Hooters Air)的飞机,或购买依云(Evian)的充水镶垫胸罩吗(两者都失败了)？企业尝试开展品牌延伸时必须研究该品牌与新产品间关联的恰当程度如何。

3. 多品牌

在相同产品类别中引进多个品牌的策略称为多品牌策略。证券投资者往往同时投资多种股票,一个投资者所持有的所有股票集合就是所谓证券组合(Portfolio),为了减少风险、增加盈利机会,投资者必须不断优化证券组合。同样,一个企业建立品牌组合,实施多品牌策略,往往也是基于同样的考虑,并且这种品牌组合的各个品牌形象相互之间是既有差别又有联系的,组合的概念蕴含着整体大于个别的意义。多品牌策略往往基于以下需要。

(1) 培植市场的需要。没有哪一个品牌可以单独培植一个市场。尽管某一品牌起初一枝独秀,然而一旦它开垦出一片肥沃的市场,其他人就会蜂拥而至。众多市场竞争者共同开垦一个市场,有助于该市场的快速发育与成熟。当市场分化开始出现时,众多市场贡献者的广告战往往不可避免,其效果却进一步强化了该产品门类的共同优势。有的市场开始时生机勃勃,最后却没有形成气候,其原因之一在于参与者寥寥。因而多个品牌一同出现是支持一个整体性市场所必需的。

(2) 多个品牌使企业有机会最大限度地覆盖市场。一方面没有哪一个品牌能单枪匹马地占领一个市场。随着市场的成熟,消费者的需求逐渐细化,一个品牌不可能保持其基本意义不变而同时满足几个目标。这就是有的企业要创造数个品牌来对应不同的市场细分的初衷。另一方面,近年来西方零售商自有品牌的崛起向制造商发出了有力的挑战,动摇着制造商在树立和保持品牌优势上的支配和统治地位。多品牌策略有助于遏制中间商控制某个品牌进而左右制造商的企图。

多品牌提供了一种灵活性,有助于限制竞争者的扩展机会,使得竞争者感到在每一个细分市场的现有品牌都是进入障碍。在价格战中捍卫主要品牌时,多品牌是不可或缺的。把那些次要品牌作为小部队,给发动价格战的竞争者以迅速的侧翼打击,有助于使挑衅者首尾难顾。与此同时,核心品牌的领导地位则可毫发无损。领先品牌肩负着保证整个产品大类盈利能力的重任,其地位必须得到捍卫。否则,一旦其魅力下降,产品的单位利润就难以提升,最后该品牌将遭到零售商的拒绝。

(3) 突出和保护核心品牌。当需要保护核心品牌的形象时,多品牌的存在更显得意义重大,核心品牌在没有把握的革新中不能盲目冒风险。例如,为了捍卫品牌资产,迪士尼公司在其电影制作中使用多个品牌,使得迪士尼可以制作出各种类型的电影,从而避免了损伤声望卓著的迪士尼的形象。在西方,零售系统对品牌多样化的兴趣浓厚,制造商运用多品牌策略提高整体市场份额,以此增加自己与零售商较量的砝码。

所以,多品牌策略有助于企业培植、覆盖市场,降低营销成本,限制竞争对手和有力地回应零售商的挑战。

多品牌策略虽然有着很多优越性,但同时也存在诸多局限性。

(1) 随着新品牌的引入,其净市场贡献率将呈一种边际递减的趋势。经济学中的边际效用理论告诉我们,随着消费者对一种商品消费的增加,该商品的边际效用呈递减的趋势;同样,对于一个企业来说,随着品牌的增加,新品牌对企业的边际市场贡献率也将呈递减的趋势。这一方面是由于企业的内部资源有限,支持一个新的品牌有时需要缩减原有品牌的预算费用;另一方面,企业在市场上创立新品牌会由于竞争者的反抗而达不到理想的效果,它们会针对企业的新品牌推出类似的竞争品牌,或加大对现有品牌的营销力度。另一个重要的原因是,随着企业在同一产品线上品牌的增多,各品牌之间不可避免地会侵蚀对方的市场。在总市场难以骤然扩张时,很难想象新品牌所吸引的消费者全都是竞争对手的顾客,或是从未使用过该产品的人。特别是当产品差异化较小,或是同一产品线上不同品牌定位差别不甚显著时,这种品牌间相互蚕食的现象尤为显著。

(2) 品牌推广成本较大。企业实施多品牌策略,就意味着不能将有限的资源分配给获利能力强的少数品牌,各个品牌都需要一个长期、巨额的宣传预算。对有些企业来说,这是可望而不可即的。

4. 新品牌

新品牌策略是一种为新产品设计新品牌的策略。当企业在新产品类别中推出一个产品时,它可能发现原有的品牌名称不合适,或是对新产品来说,有更好更合适的品牌名称,企业需要设计新品牌。例如,春兰集团以生产空调著名,当它决定开发摩托车时,采用"春兰"这个女性化的名称就不太合适,于是采用了新的品牌"春兰豹";生产保健品的养生堂开发饮用水时,使用了更好的品牌名称"农夫山泉"。

五、管理品牌

企业须认真对待其品牌的管理。首先,须不断地向消费者传播其品牌的定位。大品牌的营销者经常花费巨额资金打广告,以建立品牌知名度、品牌偏好与忠诚。例如,威瑞森(Verizon)公司每年花费超过17亿美元用于宣传其品牌;麦当劳每年的宣传广告费也超过7.42亿美元。这些广告活动有助于提升消费者对品牌名称的识别和了解有关品牌的知识,乃至建立一定程度的品牌偏好。但实际上,维持品牌的并不是广告宣传,而是品牌体验。

如今，顾客可以通过广泛的联系和接触点了解某个品牌，包括广告，及有关该品牌的个人经历、口碑、企业网页及其他。企业在管理这些接触点时投入的心思不能少于其投入在广告活动上的。迪士尼公司的前任执行官说："品牌是一个有生命的整体，丰富和发掘它需要通过长时间的积累，它是上千个小举动后的产物。"

只有当全体企业员工的言行都与该品牌一致时，品牌的定位才能完全扎根。因此，企业需要培训其员工以顾客为中心。更卓越的企业甚至应在内部开展品牌宣传活动，以帮助员工理解品牌承诺，提升对品牌的激情。许多企业都做得很好，它们还通过培训和鼓励分销商和经销商，更好地服务顾客。

最后，企业需定期审查其品牌的优势和劣势。它们应该经常问一问自己：我们的品牌是否在传递消费者看重的利益方面表现得确实不错？品牌的定位合适吗？是否所有的消费者接触点都支持了品牌的定位？品牌经理是否理解该品牌对消费者的含义？品牌是否得到了合适与长期的支持？通过品牌审查我们可能会发现：因为消费者偏好的改变或新竞争者的出现，哪些品牌需要更多的支持，哪些品牌需要放弃，又有哪些品牌需要重新品牌化或重新定位。

> **知识链接**
>
> **口碑、品牌与 IP**
>
> 由自主传播的内容形成的商业认知，现在被称为 IP。口碑是基于人际关系的传播，品牌是基于大众媒体的传播，IP 是口碑借助互联网自媒体，是基于人际关系的传播。三种传播媒介，都是当时环境下传播效率最高的媒介，分别是语言、大众媒体和自媒体。无论哪种认知模式，发挥商业价值，必须满足一个条件：传播达到足够的密度。
>
> 资料来源：刘春雄.品牌落幕 IP 崛起[J].销售与市场(管理版)，2020(10)：46-48.

第四节 品牌年轻化

品牌年轻化是针对品牌老化而提出的概念。品牌在长期的发展过程中，受到多种外部因素影响而导致了品牌老化现象。因此，为了摆脱品牌老化问题，有些学者提出了品牌年轻化。

品牌和产品一样，有自己的生命周期。品牌生命周期是指新品牌从最初进入市场到最后退出市场的整个过程，其大致经历品牌的孕育期、幼稚期、成长期、成熟期以及品牌的衰退期等几个阶段。随着品牌的不断成熟，其在成熟期时市场可能就基本处于饱和状态，由于这一时期的品牌具有了较高的知名度，消费者已经对品牌形成了较为固定的认知，潜在消费者较少。这一阶段的产品基本已经定型，企业开发新产品的难度也很大,如果企业不根据市场环境和消费需求的变化而做出战略调整,优化产品服务,调整营销策略,品牌就难以维持年轻化状态。

品牌年轻化是指两种趋向:一是消费者趋向于消费更年轻更时尚的品牌;二是品牌自身倾向于更年轻的消费者人群,在形象上不断追求时代感、新鲜感。品牌年轻化的核心是激发品牌活力,并非简单把品牌卖给年轻人,而要靠活力不断获得新用户。只要有新用户不断加入,品牌就能发展。品牌年轻化,背后包含的核心因素是消费群体的迭代。近些年走年轻化路线逐渐成为很多品牌的重要战略,似乎从来没有一个时期品牌年轻化趋势这样大范围出现过,但仔细分析下来,这种趋势的出现其实不难理解。

一、品牌年轻化的背景

1. 我国人口结构发生了重大变化

公开数据显示90后比80后少30.68%,00后比90后少19.39%。也就是说企业的目标消费者、潜在消费者在大量减少。

2. 劳动人口缩减的同时,消费阶层也正在发生变化

80、90后已经成为社会中坚力量和政商界主流。消费结构的变化,将促使企业的传播推广、品牌诉求等都需要年轻化,牢牢抓住了这个年轻的消费人群也就抓住了主体消费市场。

3. 品牌老化问题严重

随着时代发展、生产技术的改进更新,使得消费者的消费习惯和审美标准发生极大变化。以往大众化的产品很难再满足现代消费者多样化的需求。全球化发展背景下,外国品牌如潮水般涌进中国市场,一些原本很有实力的本土品牌却纷纷步入衰退期。我国本土品牌老化、消费者流失的现象普遍存在。互联网时代信息泛滥使人们的注意力被极大地分散,想要聚焦大众目光越来越难,各大商家争抢用户注意力的竞争也日益激烈。在无法掌握领先的技术优势的情况下,传统本土品牌跟不上时代步伐走向衰落是不可避免的。

4. 消费群体变化

随着第一批00后上了大学,95后走上工作岗位,消费市场的主力已逐渐转向年轻一代。90后正在成为中国消费的下一代引擎。他们追求品质、个性和新鲜感,独立、时尚而又多元,他们热爱社交圈子、更加关注自我。这与老字号品牌的品牌形象格格不入。品牌要想在激烈的市场竞争中不被淘汰,必须为品牌注入年轻活力,开启年轻化进程。老品牌的品牌形象已经跟不上年轻一代的步伐,产品老化,缺乏潮品,营销手段老套缺乏创新,与消费者缺乏有效沟通等。如不尽早进行品牌年轻化,迟早这些品牌将走向衰亡。

5. 消费者需求的变化与品牌定位发生冲突

对于一个企业而言,品牌是根据消费者的需要来进行定位的,当涌入市场的消费者越来越年轻化时,品牌原有的定位与消费者的需求也就不再匹配。此时,消费者的需求与品牌是存在冲突、存在矛盾的,矛盾和冲突一旦出现,就必须寻求解决办法,否则,企

业即品牌方就会处于被动位置。

消费者需求的变化需要品牌实施品牌年轻化策略。消费者需求的变化是跟随市场的变化而变化的。市场的变化瞬息万变，如科技变化带来的产品的升级，舆论观点的改变导致对产品需求的锐减和流行趋势的变化导致产品的不合时宜。类似的事情每天都在发生，品牌一旦没有跟进趋势，被超越或者被淘汰是早晚的事情。

6. 时代语境的变化与流行文化的来袭

互联网的飞速发展给社会带来了一系列的变化，传播渠道发生了变化、用户场景发生了变化、流行文化通过互联网快速地传递到了人们的心中。网络刚兴起时，许多传统品牌对于移动端的传播表现出非常的不适应，因为以往的传播方式为传统的广告投放，一时间难以转变传播思路。但"物竞天择，适者生存，不适者淘汰"，所以品牌方必须适应新的传播方式，适应消费者新的沟通习惯。

二、品牌年轻化策略

随着时代的发展，市场中涌现的消费者越来越趋于年轻化，这对一个企业的品牌来说，既是机遇也是挑战。一方面，原有的消费群体逐渐成熟，价值观也随之发生转移，另一方面，年轻一代消费者的思维和观念总是紧跟时代潮流，走在时代的前端。如果品牌不具备符合当下时代发展的理念，不具备"年轻化"的理念，极有可能面临被年轻消费者抛弃的风险，因此，越来越多的企业品牌逐渐向"年轻化"转移。

（一）不断推陈出新，推出吸引大众眼球的创意产品

市场无时无刻不在发生变化，想要在竞争愈加激烈的市场中处于不败之地，就要"以变应变"，不断推出新品，这是品牌发展中的重要工作，也是消费者对品牌保持新鲜感最为关键的一步。年轻的消费者都追求个性化，喜欢求新求异，可纵观整个市场，不同品牌的同一产品同质化极其严重，对于年轻人来说，这一点是无法忍受的，因此对品牌和产品也就越来越挑剔。要想抓住这一群体的心，除了基本的产品更新换代之外，还要另辟蹊径，要学会跳出来，在同质产品中挖掘差异点，用无限脑洞想出无限创意。

在这一方面，卫龙的做法值得大家借鉴。卫龙，是一款普通的辣味熟食，但是它总能别出心裁，用稀奇古怪的招式让你不断刷新三观，让你"大跌眼镜"。2017年端午节时，卫龙在产品的风格上没有做任何改变，可在做工方面却够胆大，开辟出"另类"新品——辣味粽子，并通过视频的方式展现在大众面前，为产品锦上添花。通过这样的方式，传统的粽子变成了食品界的网红，深受消费者的喜欢，短时间内引来了大量年轻人的注目和尝试。卫龙的辣味粽子走红后，很多商家都争相模仿，如百芳斋，不过百芳斋在卫龙的基础上又进行了一次创新，多了一个特色，那就是消费者可以根据自己的喜好随意定制粽子的口味，这样脑洞大开的混蛋产品，满足了年轻消费者的好奇心和他们个性化的口味需求，如此"年轻化"的品牌怎能不受消费者的喜爱呢？

（二）打造时髦包装，"外表"年轻化

俗话说"人靠衣装，佛靠金装""人靠衣服马靠鞍"。这句话放在品牌上同样适用，当今社会，大家都喜欢看颜值，"以颜取物"已经成为年轻人的消费偏好和独特口味。包装

是品牌形象最直接的显现,想要抓住消费者的心,首先要抓住他们的"眼球",打造符合年轻人口味的个性、时髦包装来提升品牌气质。

王老吉的中国红包装在消费者的心里可谓早已"根深蒂固",成为经典包装,但在追求创新的市场中,这始终不变的包装也会有让人感到乏味的时刻。王老吉察觉到了这个变化,于是增加了新的包装,以黑色作为瓶身的主色调,将新流行语和电玩风二次元图标铺满整个背景,给人一种炫酷十足的感觉,获得了很多年轻人的青睐。

打造时髦包装,不仅仅是指产品的外表,还可泛指整个品牌的视觉体系,如海澜之家,这是一家主打男性服装的品牌服装店,给人的感觉有点守旧,也有点过时,另外其广告貌似也有那么一点土味,基本上没有人会把它与时尚联系在一起。但是,海澜之家意识到自己必须要走向年轻化,和年轻人"打成一片"才有出路,于是它和新型潮流来了一场大和解,从品牌广告到店面装修,全部"改头换面",完全符合年轻消费者对"潮、酷、范儿"的追求,也改变了大众对海澜之家"老男人的衣柜"的看法。

(三)品牌内容趣味化,以多元方式呈现在大众面前

品牌营销有一个黄金法则:内容为王。在信息爆炸和社交媒体普及的时代,一本正经的公文式话语很难打动年轻人,反而会让他们觉得很死板,从而对品牌存在抵触情绪。品牌要积极应变,一方面要制作趣味性内容来吸引年轻消费者的注意,另一方面要学会借助流行的新型媒介,第一时间把品牌创意传递给消费者。

六神花露水,伴随了多少人的童年,可谓经典中的经典,六神为了给自身注入新鲜的血液,推出了"六神在手,一夏无忧"的整合传播战略。首先是发布《玩转花露水》《抗蚊血泪史》等短动画视频,风趣幽默地将花露水的多种用途展示在消费者的面前,后来又推出清凉沐浴露系列短视频,结合日常生活场景,用魔术的表现方式为消费者呈现出一场别样的视觉盛宴。

(四)线下互动,享受别致体验

近年来,类似快闪的线下营销,成为众多营销手段中的"当红明星",与传统的产品体验相比,线下的互动营销极大地满足了年轻人追求新鲜、爱好尝试的个性特征,通过这样的方式,能够为消费者带来更多创意和产品体验。

宝洁把互动体验玩到了极限,现在的年轻人大多在努力经营着自己的精致"人设",在朋友圈等各社交媒体晒照成为一种炫耀,也更是一种自我个性的表达。宝洁察觉到了这一点,迎合这种潮流,与唯品会在广州CBD商圈搭建出"就要晒出范"的光影快闪店,主张让年轻人成为主角,晒出个性自我,打破了传统的展览式产品陈列促销模式,用别出心裁的沉浸式互动和黑科技俘获大批年轻消费者的芳心。

知识链接

老字号品牌的跨界营销

如今,流量经济迅速发展,快时尚新消费逐渐占据了消费者的视线,老字号跨界新尝试如雨后春笋,涉足其他行业空间的实例比比皆是,如化妆品界的百雀羚和茶饮

行业的喜茶、主打音乐的网易云和酒店行业的亚朵轻居、可口可乐和美妆界的菲诗小铺、餐饮外卖界的饿了么与电商的淘宝等,跨界营销正逐渐占领老字号品牌营销的一席之地。消费者对老字号的怀旧与前沿流行文化的碰撞产生了爆炸式的激烈反应。老字号在跨界中享有的品牌价值溢出正佐证了这是一条新兴的品牌创新之路,一定程度上可以挽救老字号于日久疲倦的发展现象,给老字号带来新的消费热点。

资料来源:李馨怡.老字号品牌的跨界营销[J].价值工程,2020(9):66-69.

案 例 分 享

六神花露水

六神花露水,经历了几十年的品牌发展,逐渐形成了"夏天"与"中草药"双重核心资产的品牌理念,并拥有鲜明独特的品牌定位,在花露水品牌领域一路领先,然而随着消费群体年龄的日趋年轻化,六神这个品牌也在逐渐老化。那么六神是如何解决这个危机的呢?是如何扭转品牌老化形象,向年轻化转变的呢?为了给品牌注入更多年轻的基因,六神品牌聚焦品牌夏季核心资产,进一步吸引年轻消费者,加速品牌年轻化进程,提出了"六神在手,一夏无忧"的整合传播战略。

1. 线上与明星、网红互动,利用自带影响力引爆销量

当红大咖、演艺明星、热门网络红人无疑是当今年轻消费者追捧的风向标,在当今这个话题为王的时代,六神品牌集结了时下网络、影视圈人气爆棚的当红明星、热门网红,赋予其潜在消费者的身份,以明星红人社交媒体账号为阵地,在特定传统夏天节气为品牌发声,打造"六神在手,一夏无忧"的热点话题,引发全民用六神的大规模讨论,其产生的连锁反应,一度让六神电商平台的产品销售火爆。

再通过媒体的第一时间曝光,新浪微博深度合作,以及众多自媒体外围组合传播,形成以明星、网红、媒体、平台组合的声量矩阵,借助明星和媒体的力量提升六神的产品口碑和网络话题声量,用年轻消费者最易接受的方式达到与其深度沟通的效果,并刺激年轻消费者产生购买行为。

2. 微信自媒体,打造创意小高潮

在自媒体如洪流般蓬勃发展的时代,六神在年轻化的道路上不断地打破常规,勇于创新,顺势而为地借助自媒体的力量,增强品牌及产品的口碑。

创意媒体人王左中右为六神随身装驱蚊花露水创作创意图文,充分发挥其才能,一篇《乾隆抛弃大明湖畔的夏雨荷其实另有隐情》图文获得了近60万的阅读量,成为此次年轻化战役中的一波小高潮。

3. 热门综艺深度合作,强势夺目

娱乐经济的当下,年轻消费者是热门综艺的主力军,此次,六神品牌与腾讯深度合作,投放《跑男》贴片广告和其衍生栏目《派对之王》,集中曝光,无疑是品牌年轻化

战略的又一重要举措。

  品牌年轻化是一种趋势,也是企业发展的必经之路,每一种营销理念都有其适用的周期,品牌年轻化是品牌赖以持续发展的基石,只有往年轻化发展,才能够吸引消费者的注意,保持消费者对品牌的喜爱,不被消费者抛弃。

  资料来源:公关之家.品牌年轻化发展及其案例分析[Z/OL].[2021-02-07].https://socialbeta.com/t/liushen-younger-marketing-2016-09.

三、品牌年轻化研究

  2003—2019年,关于品牌年轻化的论文总体呈现上升的趋势,从2016年开始上升势头猛增。李光斗(2009)较早提出品牌年轻化的理念,在《打造品牌年轻化》一文中表明,中国进入了品牌年轻化时代,指出年轻化的两大内涵、两种趋向,提出了品牌年轻化的四条法则。香港城市大学的陈振东(2009)从品牌老化现象出发,提出了品牌年轻化的生命周期并对五个阶段进行定义以此提出了品牌年轻化的选题,把品牌忠诚度的提高视为品牌资产提升的标志,建立了基于顾客的品牌资产模型CBBE模型并用此模型来发现品牌个性与品牌延伸的因素对品牌年轻化的作用。从研究内容来看,目前的研究大多都是针对某一个特定的品牌对其进行品牌年轻化的策略探索,很少有关于品牌年轻化的系统阐述。

本 章 小 结

  企业面对严峻的竞争现实,应该以品牌战略为突破口,打赢这场战争,从而获得竞争优势,立于不败之地。实施品牌战略是企业实现可持续发展的必由之路。本章介绍了品牌概述、品牌资产、品牌塑造和品牌年轻化四个方面。首先对品牌的含义、品牌的类别与品牌的作用进行了阐述。接着对品牌资产的含义、品牌资产的测量方法和品牌资产的构建与管理等问题进行了深入分析。对品牌资产的测量主要有两种视角,一种是从企业的视角,另一种是从消费者的视角。在分析了品牌资产影响因素的基础上,对品牌资产的构建和管理问题进行了论述。企业应灵活运用各种营销策略,选择适合于自己成长发展的品牌策略,从小品牌做起,慢慢成长壮大,成为强势品牌。

思 考 题

1. 品牌资产如何定义?
2. 品牌塑造有哪几个阶段?
3. 品牌塑造过程中需要注意什么?
4. 品牌年轻化的原因是什么?
5. 品牌年轻化可采取的策略有哪些?

案 例 讨 论

凭高朋,曼脂粉,平地起高楼——完美日记的营销日记

一、初心萌生,完美日记品牌的诞生

黄锦峰,大学在中山大学国贸专业学习,毕业后曾在宝洁工作,在工作过程中对行业、市场、对手、营销策略不断学习,对消费者行为有了一定的了解,感受到了团队的魅力,并不断提高领导能力,在心中种下了创业的种子。2013年,其在哈佛学习后回国任职御泥坊COO,通过在工作中不断积累经验。他2016年选择卸任御泥坊COO,2016年8月23日完美日记团队成立,黄锦峰担任CEO、吕建华担任董事、陈宇文担任总裁。品牌成立初期,困难频频,但他们仍然选择了坚持。创业的首要难题是筹集到资金。当时黄锦峰融资的设想是从国外买两个美妆品牌做代运营,但什么数据也没有,在筹资过程中也频频碰壁,方爱之正是看好黄锦峰他们的团队背景和潜在市场,这笔投资在后来成为真格基金的得意之作。获得资金后,他们开始设计产品、打造完美日记的品牌。他们认为做品牌一定要坚持国际品牌的标准。他们决定将研发一系列"易上手、高性价比、精设计"的产品,定价一定要遵循市场规律,不要自我想象。逸仙电商用了大半年时间斟酌以什么产品敲开市场,最终它选择了散粉,一种只要化妆就不可避免要使用的单品。

2017年3月,首个产品——散粉上线!

二、初入市场,借力公域流量"起家"

初期的销售得到大多数消费者的认可,可是讨论热度仍然很低,黄锦峰觉得是时候投入广告了。但这时候资金不足、名气不足,怎么打广告、怎么卖出去产品?黄锦峰现在就是缺少认识他们品牌的消费者,为了树立他们的品牌形象、实现销售额,必须要找到合适的战场进行营销。他们通过调查发现小红书APP用户数量居多,全球最大的消费类口碑库非小红书莫属。而完美日记的目标用户是18—28岁的年轻女性,他很快决定与小红书合作。黄锦峰召集起负责小红书投放的相关团队,强调了笔记要有"内容",不能单单靠KOL(Key Opinion Leader,即关键意见领袖)已经积累的声量带动,还要丰富话题的内容、产品的性价比和产品的效果。通过抓住关键,增加腰部投入,初显效果。所以,黄锦峰决定与这些人群进行多次合作,主动将新产品发给她们使用。

三、灵活策略,巧用私域节省营销费用

(1) 核心构建,打造独具特色个人号,他们选择用短信与单页扫码结合方式,先引流到个人号,通过个人号再做引导。因为互联网增长红利消失,流量越来越贵,黄锦峰意识到大家没法靠拉新来增长了。首要问题是个人号的建立。黄锦峰考虑到消费者的购买流程,想将公域流量与私域流量有机结合,要抓住其中细节,还不能引起消费者的反感。

(2) 后期经营,加强微信群、朋友圈双向管理。黄锦峰知道,把用户拉进自己的"私域"里只是开始,怎样装饰这条路、引导顾客慢慢走还需要持续的运营。考虑到基数日益庞大的群众、体现个人号"小完子"的核心价值,他们决定主要开设两个方向进行管

理——微信群与朋友圈。

首先是微信群。在添加个人号后,小完子会发给用户群聊的链接,统一命名为"小完子玩美研究所",像这样的群聊有数千个。其次是朋友圈。为什么黄锦峰要用"小完子"来统一所有的微信号?原因很简单,就是通过打造人设,让用户产生信任。第三种方式,朋友圈还有秒杀广告,提醒人们关注。通过如此的私域运营,黄锦峰运用占位卡位的方式,将完美日记这个新品牌扎根在私域营销这片新土壤。

四、坚守初心,行无止境

很多高端品牌即使价格昂贵,其口碑也经久不衰,首先是其高质量的产品,另一方面,像很多化妆品品牌在20世纪就已经经过了时间的检验,如今很多高端品牌纷纷开概念店,不论雅诗兰黛集全系列产品于一店打造数字化购物环境,还是资生堂跨界咖啡馆、照相馆,又或是欧莱雅的直营美发沙龙,都能在一定程度上提升品牌形象、体现品牌理念,让消费者可以更直接、更深切、更亲近地感受品牌的文化和内涵,产生强烈的情感黏性。

完美日记成立三年多,还属于年轻品牌。品牌的成长需要时间的积淀,品牌的文化内涵在梳理自己企业的定位、塑造好经营理念、发掘企业背后故事的过程中塑造。完美日记百分之九十的员工都是90后,消费者在不断成长,这个年轻的团队也会不断进步。利用这一特色建立完美日记独有的企业文化,让年轻员工们在释放热情的同时,获得归属感、与企业共同进步的激励感。在为企业创造价值的同时,新青年也应以热情与责任浇灌培育他们的土地,企业也要为社会做出自己的贡献,这是一条不断升级品牌、进化企业的正确路,完美日记会交出一份怎样的文化答卷?

案例来源:王崇锋,王筱煜,刘洋.凭高朋,曼脂粉,平地起高楼——完美日记的营销日记[Z/OL].[2021-02-07].http://www.cmcc-dut.cn/Cases/Detail/4513.

讨论题:

1. 以完美日记为例,品牌创立一般会遇到什么问题?
2. 完美日记品牌创立过程中运用了什么策略?
3. 完美日记品牌创立的独特之处有哪些?
4. 给完美日记提供有效的品牌维持策略。

参 考 文 献

1. [美]菲利普·科特勒等.市场营销原理(亚洲版)[M].何志毅等译.北京:北京机械工业出版社,2006.

2. [美]加里·阿姆斯特朗,[美]菲利普·科特勒.市场营销学(第9版)[M].吕一林等译.北京:中国人民大学出版社,2010.

3. 杨慧.市场营销学(第3版)[M].北京:中国社会科学出版社,2011.

4. 钟岭.企业应对行为对消费者-品牌关系断裂影响机制研究——基于可辩解型产品伤害危机[M].北京:经济管理出版社,2014.

5. [美]菲利普·科特勒,[美]凯文·莱恩·凯勒.营销管理(第15版)[M].何佳讯等译.上海:格致出版社,2016.

6. 郭国庆.市场营销学通论(第7版)[M].北京:中国人民大学出版社,2017.

7. [美]菲利普·科特勒,[美]加里·阿姆斯特朗.市场营销:原理与实践(第16版)[M].楼尊译.北京:中国人民大学出版社,2015.

8. 王永贵.市场营销[M].北京:中国人民大学出版社,2019.

9. 王俊峰,纪晓丽.老字号品牌的年轻化策略[J].知识经济,2019(36):51-52.

10. 王崇锋,王筱煜,刘洋.凭高朋,曼脂粉,平地起高楼——完美日记的营销日记[Z/OL].[2021-02-07].http://www.cmcc-dut.cn/Cases/Detail/4513.

11. 李馨怡.老字号品牌的跨界营销[J].价值工程,2020(9):66-69.

12. 刘春雄.品牌落幕IP崛起[J].销售与市场(管理版),2020(10):46-48.

13. 公关之家.品牌年轻化发展及其案例分析[Z/OL].[2021-02-07].https://socialbeta.com/t/liushen-younger-marketing-2016-09.

第十章 产品策略

【学习目标】

1. 了解产品整体概念的含义及意义。
2. 了解产品生命周期的含义及判断,掌握产品生命周期各阶段的营销策略。
3. 掌握产品组合的分析方法,掌握波士顿矩阵图的理解和运用。
4. 掌握产品包装策略的要点及运用。

开篇案例

王守义十三香:严控品质,发展多产品组合,助力全面发展

经过三十余年发展,王守义十三香已经走进全国千万家庭,并成功伴随一代人健康成长,成为他们记忆中的"家的味道",以至于一提起"王守义"就让人自然而然地联想到"十三香","王守义"和"十三香"俨然是调味品行业的黄金组合。为了提高产品竞争力,王守义十三香通过严控品质,丰富产品系列促进企业快速发展壮大

一、现代化生产,打造高产品品质

对任何一家企业来说,仅依靠正确的发展战略是无法支撑企业真正做大做强的,还必须有能支撑战略落地的硬件设施。为此,近年来王守义十三香一直下大力气建设现代化生产车间。

早在 2013 年,在集团公司发展战略的指导下,为了扩大生产规模,由董事长王银良先生全权指挥在王守义十三香现有的东院厂区内兴建十三香现代化综合一体生产基地。该生产基地建筑面积 8 万余平方米,由专业医药设计院按医药工业洁净厂房和 GMP 标准进行设计,车间主体共四层,分原料加工车间、十三香车间、系列车间、鸡精车间四大生产车间。建成后能实现洁净区和一般区域的分级管理,从设计理念及硬件上更加保障了食品安全。

2016 年 5 月新车间正式建成投产,该车间在王守义十三香原有加工工艺的基础上,进一步形成了独特、稳定、更加先进的十三香加工工艺,十三香系列产品完全实现了原料密闭输送、处理;闭路研磨及自动配料;独特混合及筛理工艺;成品料的密闭自动循环供料;包装材料自动循环输送;生产过程自动在线异物无损检测、自动检重;机器人自动码垛入库等自动化、高标准的生产流程。既保证了品质,降低了能耗,满足规模化生产的要求,又减少物料与外界的接触,保证了从原料到成品包装的安全,并

且大大节省了人力成本。

二、多产品系列发力，助力企业全面发展

产品组合方面，目前十三香集团除"王守义十三香"调味料外，还生产有"麻辣鲜调料""鸡精"等复合调味料、包子饺子、炖肉料、咖喱粉等复合香辛料、胡椒类、花椒、孜然等单粉香辛料以及八角、花椒、小茴等干货类等100多种规格的清真调味品。

王守义十三香系列调味品的产品研发主要围绕十三香类、麻辣鲜类、鸡精类、干货类和其他类这五个类别进行延展。为适应市场需求，王守义十三香对每个品类都进行了多种规格、多种口味的全面开发。甚至还精心设计了瓶、听、礼品袋、礼品箱等多种包装形式，力求以多层次、多界面的方式满足广大消费者的需求。从最初专一经营王守义十三香这一单一香辛料，到如今涵盖多种品类的系列调味品，王守义十三香凭借系列产品的共同发力成功实现企业全面发展。

现代化新生产车间的投入，大大提高了王守义十三香的整体竞争力，其促进了王守义十三香系列产品的快速发展，促使王守义十三香朝着"逐步做大做强，农业及现代化科技结合"的战略目标昂首挺进。

资料来源：王守义十三香：严控品质，发展多产品组合，助力全面发展[N].浏阳之窗，2017-11-21.

第一节 产品的整体概念

现代市场营销把产品定义为企业或个体向市场提供满足消费者需要的有形产品或无形服务。一般把产品分为有形产品和无形产品两类：有形产品是消费者能够看得见、摸得着的有形物，有形产品包括产品实体、产品品质、产品品牌、产品特色、产品式样、商标和包装；无形产品一般指服务，是消费者在消费过程中才能感知，可以给消费者带来附加利益和心理上的满足感和信任感，包括售后服务、售后保证等。营销学上的产品概念不仅仅是指产品本身，还包括产品实体以外给消费者带来的利益，这就是"产品的营销概念"，也叫"产品的整体概念"。

学者们认为产品的整体概念由核心产品、形式产品和扩大产品三个基本层次组成。

（一）核心产品

核心产品是产品营销概念最基本的层次。核心产品为顾客提供最基本的效用和利益，即产品的使用价值。例如手机的通信

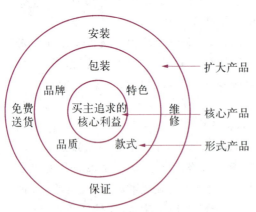

图10-1 产品营销概念

（资料来源：杨慧.市场营销学(第3版)[M].北京：中国社会科学出版社，2011：252）

功能、监控摄像头的拍照功能。核心产品是产品本质、核心部分。消费者购买产品是为了从该产品获得利益,满足某种需求。核心产品是消费者购买产品考虑的最基本的因素。

(二)形式产品

形式产品是核心产品的表现形式,具有比核心产品更广泛的内容,是消费者可以识别的面貌特征。形式产品一般通过产品的质量水平、产品特色、款式、品牌、包装和商标表现出来,是消费者选择产品考虑的重要因素。在核心产品同质化的情况下,形式产品更具有竞争力,企业往往通过形式产品的差异化来满足目标顾客的需求。例如五常大米、泰和乌鸡、赣南脐橙,这些农产品具有鲜明的地域特色,是消费者选择的重要参考因素。

(三)扩大产品

扩大产品即产品除了基本利益以外的各种附加利益的总和。主要包括售后服务,产品使用说明书、产品保证、安装、维修、物流配送、技术培训等。例如购买空调,获得的不仅仅是空调本身,即压缩机、遥控器、室内机等硬件,而且得到送货服务、安装调试、使用说明书、维修服务以及售后保证等附加利益。在日益激烈的竞争环境中,扩大产品给顾客带来的附加利益,已成为竞争的重要手段之一。例如奥克斯的免费安装服务,天猫的7天无理由退货,一定程度上提高了企业的竞争力。随着产品越来越同质化,企业产品的竞争力主要在包装、服务、广告、顾客咨询、资金融通、运输、仓储及其有其他价值的形式上体现。因此,能够正确发展扩大产品的企业必将在竞争中获胜。

知 识 链 接

期望产品层次、潜在产品层次

一、期望产品层次

期望产品层次是指购买者购买某种产品通常所希望和默认的一组产品属性和条件。一般情况下,顾客在购买某种产品时,往往会根据以往的消费经验和企业的营销宣传,对所欲购买的产品形成一种期望,如旅店的客人,期望的是干净的床、香皂、毛巾、热水、电话和相对安静的环境等。顾客所得到的,是购买产品所应该得到的,也是企业在提供产品时应该提供给顾客的,对于顾客来讲,他在得到这些产品基本属性时,并没有太多的意外惊喜,但是如果他没有得到这些,就会非常不满意,因为顾客没有得到他应该得到的东西,即顾客所期望的一整套产品属性和条件。

二、潜在产品层次

潜在产品层次是指一个产品最终可能实现的全部附加部分和新增加的功能。许多企业通过对现有产品的附加与扩展,不断提供潜在产品,这给予顾客的不仅仅是满意,还有获得这些新功能时的喜悦。所以潜在产品指出了产品可能的演变,也使顾客对产品的期望越来越高。潜在产品要求企业不断寻求满足顾客的新方法,不断将潜在产品变成现实的产品,这样才能使顾客得到更多的意外惊喜,更好地满足顾客的需要。

资料来源:赵俊仙.市场营销学[M].北京:北京理工大学出版社,2018:125.

第二节 产品生命周期策略

一、产品生命周期理论

产品生命周期是指一种产品从完成开发、试制、投放到市场,直至淘汰退出市场全部运动过程。对产品生命周期的分析,主要是研究产品投放市场后到淘汰每个过程中销售量或利润随着时间的变化规律,通过研究这些变化及时推出营销策略。大多数产品的生命周期一般表现为投入期、成长期、成熟期和衰退期四个阶段。有些产品不完全按照四个阶段,有不同的表现形式。研究产品生命周期理论,对于企业正确制定产品决策,及时改进或淘汰老旧产品,开发新产品,有计划地进行产品更新,正确地制定各项经营策略,指导企业经营管理,都具有重要意义。

在实际的经济活动中,企业面临的市场环境非常复杂,不是所有产品的生命周期都呈现倒 S 形,有很多种表现形式。有些产品一上市就马上进入成长期,呈现斜向上的直线,而并不像 S 形那样有个缓慢增长的投入期,如图 10-2 所示。有些产品从投入期直接进入成熟期,没有成长期。如图 10-3 所示。还有些产品经过成熟期以后,通过营销

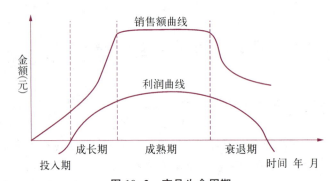

图 10-2 产品生命周期

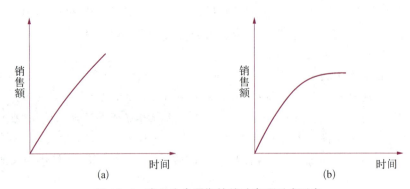

图 10-3 产品生命周期的特殊表现形式形态

(资料来源:杨慧.市场营销学(第 3 版)[M].北京:中国社会科学出版社,2011:254)

策略调整,再次进入第三次增长期。目前,营销学者研究不同产品的生命周期特征后,归纳了以下有代表性的类型:循环-再循环型、多次循环型、非连续循环型。

(一) 循环-再循环型

循环-再循环型指的是产品经历过一个生命周期后,通过营销策略的调整,产品重新焕发出生命力,再次呈现新的生命周期,不断循环,直到淘汰为止。呈现该种形态是因为产品到了衰退期后,企业采取降价或优惠、营业推广、广告、人员推销等营销措施的结果。例如,格兰仕微波炉采用降价和优惠策略,延长了其生命周期。

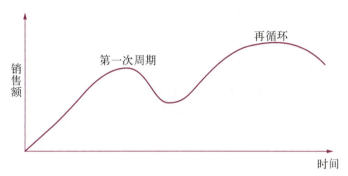

图 10-4　产品生命周期再循环

(资料来源:杨慧.市场营销学(第3版)[M].北京:中国社会科学出版社,2011:254)

(二) 多次循环型

多次循环型和循环-再循环型不同。不是通过营业推广、广告等刺激性营销策略,而是在产品进入成熟期后,在销售量未下降之前,企业通过开发新市场、改变产品属性、开发产品新用途、重新调整产品定位、改变产品形象等措施,使产品销量一个周期比一个周期更高,呈现多次增长的循环。例如,马应龙的产品生命周期就呈现出该形态,通过调研发现了马应龙的许多新用途,例如用作口红、脸霜、化妆品等。

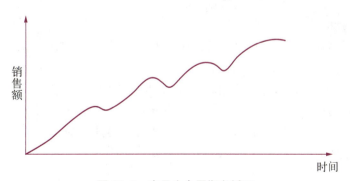

图 10-5　产品生命周期多循环

(资料来源:杨慧.市场营销学(第3版)[M].北京:中国社会科学出版社,2011:255)

(三) 非连续循环型

和时尚产品呈现形式不同,非连续循环型的每个周期不是连续的。产品一推向市场,因为产品新颖、独特、时尚,很快就被消费者接受,但是也会很快在市场上消失。过一段时间,又会在市场上出现。企业不必刻意去延长其成熟期,而是掌握其规律,等待下一周期到来。例如长裙,刚推出时非常流行,但是不久就消失了,过一段时间女性消费者又流行穿长裙。

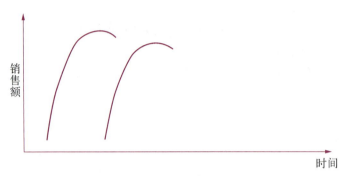

图 10-6　产品生命周期非连续循环

(资料来源:杨慧.市场营销学(第 3 版)[M].北京:中国社会科学出版社,2011:255)

二、产品生命周期各阶段的主要特征

(一) 投入期

投入期指新产品开发成功后,投放市场试销的阶段。其主要特征:① 产品刚进入市场,消费者不是很了解,没有被消费者完全接受,只有追求新颖时尚的消费者才会购买,销售额增长缓慢;② 刚开始投产,设备、管理水平不是很成熟,产量很小,前期开发成本大,生产成本和销售费用较高,企业一般处于亏损状态;③ 刚投入市场,消费者不了解该产品的特性,要通过广告来推广,销售费用较高;④ 刚推向市场的新产品,除仿制品外,产品在市场上一般没有同行竞争。

(二) 成长期

成长期是指新产品试销成功后,转入成批生产和扩大市场销售阶段。其主要特征:① 消费者开始熟悉产品,大量新顾客增加,销售量增长迅速,市场迅速扩大;② 生产工艺和产品设计基本成型,管理基本规范。工人操作水平逐渐提高,具备大量生产的能力。生产成本、产品成本显著下降;③ 消费者开始熟悉产品,推广费用、广告费用相对减少,销售成本大幅度下降;④ 随着产量和销售量的迅速增加,企业转亏为盈,利润迅速上升;⑤ 同行竞争者看到有利可图,开始开发或仿制这类产品,竞争者逐渐增加,竞争趋势明显。

(三) 成熟期

成熟期是指产品进入大批量生产,在市场上处于竞争最激烈阶段。其主要特征是:① 市场需求量已经逐渐趋向饱和,潜在顾客减少,销售额达到高峰;② 大量同类产品已经进入市场,竞争者数量急剧增加,竞争十分激烈;③ 成熟期后期,市场需求达到饱和,销售增长率趋近于零,甚至会出现负增长;④ 产品售价降低,促销费用增加,企业利润下降。

(四) 衰退期

随着科学技术的发展,新产品或新的代用品出现,使顾客的消费习惯发生改变,转向其他产品,从而使原来产品的销售额和利润额迅速下降,产品进入了衰退期。其主要特征是:① 新产品开始逐渐代替老产品,消费者购买意愿下降,市场需求萎缩,市场销售量日益下降;② 企业为了提高销售量,往往采用价格手段,通过降价维持现有市场,市场竞争激烈,价格不断下调;③ 价格下跌,销量下降,企业利润减少,甚至亏损,有些企业觉得市场没有价值,退出竞争,产品退出市场。

表 10-1　产品各生命周期阶段特点

特点＼阶段	投入期	成长期	成熟期	衰退期
销售额	低	迅速增长	缓慢或下降	下降
利润	低	迅速增长	减低	低或无
成本	高	低	下降	回升
顾客	试用者	多数	多数	保守者
竞争者	很少	增多	最多	减少
价格	高或低	适当	降低	降低

资料来源:杨慧.市场营销学(第 3 版)[M].北京:中国社会科学出版社,2011:256.

三、产品生命周期各阶段的市场营销策略

(一) 投入期的营销策略

投入期的营销策略主要是要快和短,快指的是要快速打开市场,短指的是投入期不能太长,要在短期内打开市场局面。主要采用以下策略。

1. 双高策略

双高策略,即通过高价格、高促销迅速扩大销售量,迅速提高市场占有率。通过高价格,高利润快速收回投资。这种策略的适用条件是:产品知名度不高,但是有特色,有吸引力;企业面临潜在竞争对手的威胁,需尽快使顾客对产品形成偏好,建立品牌形象。产品市场潜力大,目标市场和顾客求新心理强,急于购买该新产品。

2. 密集式渗透策略

密集式渗透策略,即通过低价格、高促销推出新产品。这种策略的力度更大,可以通过最快的速度占领市场,达到最大的市场占有率。采用这种策略应具备如下条件:顾客对价格比较敏感,低价对其有较强的吸引力;潜在竞争对手较多,通过低价和促销,快速进入市场,提高竞争门槛;潜在消费者多,市场空间大;新产品消费者不熟悉,需要通过促销提高产品的知名度;因低价和促销,销售成本高,但是企业的生产能力、生产经验丰富,单位生产成本不高,可以支撑产品的低价策略。

3. 选择性渗透策略

选择性渗透策略,即通过高价格和低促销相配合推出新产品。采用高价策略是消费者已经认识到该产品的效用,急需购买该产品,需求比较旺盛,对价格不敏感。同时市场竞争威胁小,市场容量不大,低促销可以降低销售费用,提高企业利润水平。

4. 双低策略

双低策略,即通过低价格和低促销推出新产品的策略。低价格使消费者更容易接受新产品;低促销使销售费用降低,实现更多利润。采取这种策略的条件是:市场规模大,市场上该产品已有较高的知名度,市场对价格敏感,存在潜在竞争对手。

(二)成长期的营销策略

新产品经过市场投入期以后,消费者对该产品已经熟悉,消费习惯也已经形成,销售量迅速增长,这种新产品就进入了成长期。进入成长期以后,老顾客重复购买增多,并且会带来新的顾客,销售量激增,企业利润迅速增长,达到高峰。这一阶段是企业产品销售的黄金阶段,营销策略应突出一个"快"字,以便抓住市场机会,迅速扩大生产能力,取得最大的经济效益。这一阶段的具体策略主要有以下几种:

(1)由于这一阶段市场规模扩大,要扩大生产量,因此要加大力度完善生产工艺,提高生产能力,积极筹集资金,以满足市场之需。

(2)在广告宣传上,消费者已经接受了产品,要从宣传产品功效转变为宣传产品形象,提高产品的知名度、美誉度,维系老顾客,吸引新顾客。

(3)寻找新的尚未满足的细分市场,不断地改进和完善产品,满足目标市场的要求,并积极开拓新市场,创造新用户,以扩大销售。

(4)对高价产品,应在扩大生产批量的基础上,选择时机,降低产品价格,以防竞争者成功。

(5)改善产品品质。例如,增加新的功能,改变产品款式,发展新的型号,开发新的用途等。对产品进行改进,可以提高产品的竞争能力,满足顾客更广泛的需求,吸引更多的顾客。

(三)成熟期的营销策略

产品进入成熟期后销售量已达顶峰,销售增长速度缓慢甚至徘徊不前,生产能力过剩,市场竞争加剧,利润率也从成长期最高点呈下降趋势。企业在成熟期的产品所采取的基本策略是主动出击延长产品的生命周期,使已处于停滞状态的销售增长率和已趋下降的利润率重新得到回升。可供选择的延长产品寿命周期的策略有三种:市场改良策略、产品改良策略、市场营销组合改良策略。

1. 市场改良策略

所谓市场改良就是开发新品新用途,开发新市场,为产品寻求新顾客。市场改良方式有以下四种:

(1)开发产品的新用途。开发产品新用途是不改变原产品的特性,发展其新的使用空间。例如,美国杜邦公司生产的尼龙,20世纪40年代初期只用于军事市场,生产降落伞、绳索等;第二次世界大战以后,尼龙产品迅速进入民用市场,企业生产尼龙袜、蚊帐、窗纱等日用品;20世纪60年代以后又用来生产轮胎、地毯、包装物等工业用品,每一次开发新用途都使尼龙由成熟期转入新的成长期,生命延续至今不衰。

(2) 开发新市场。新市场是企业没有占领的空白市场,例如省外市场、国外市场。通过扩大市场空间,提高销售量和市场占有率。例如中国"一带一路"政策实施,国内很多企业开辟中东市场、东南亚市场、非洲市场。

(3) 重新塑造产品形象,寻求新顾客。现有产品形象可能不符合消费者的心智,通过分析消费者心理,重新打造新的产品形象来吸引新的消费者购买。例如香水制造商说服那些不用香水的女士使用香水,说服男士使用香水。

(4) 刺激现有顾客增加使用量,扩大产品消费。可以通过广告、培训、教育等方法,改变消费者原有的使用习惯和使用方法,提高其使用量,以提高产品销量,延长成熟期。例如火腿肠制造商在产品包装上印着该产品的多种食用方法:剥皮即食或切丝切片凉拌、烹炒、油炸、炖汤,使消费者了解这种产品的多种食用方法而增加使用量。

2. 产品改良策略

产品改良是在产品某些层次上做一些改进以吸引老顾客或新的消费者,或者为现有产品开辟新用途,而使趋于停滞的销售量获得回升。产品改良策略有四种方式:

(1) 质量改良。指提升产品质量和档次,提高使用价值,提高产品的可靠性、耐久性。

(2) 特性改良。这是指为提高产品的适用性、安全性或使用、操作上的简便而做出的改进,例如公牛牌插座,为了消费者充电方便,把插座改成多功能的插座,既能插电器,又能充电。

(3) 形态改良。就是产品外观的改进。例如,汽车厂家每一年都会推出新款,对外观作适当地改进,促进顾客购买。

(4) 附加产品改良。就是向消费者提供更优质的安装、物流、三包的服务。例如奥克斯空调推出安装空调免费政策,海尔电器安装无尘钻孔服务。

3. 市场营销组合改良策略

所谓市场营销组合改良就是对市场营销组合的产品、定价、销售渠道、促销这四个策略进行改良,以刺激销售量的回升。常用的方法有降价,增加广告宣传力度,改善销售渠道及提高促销力度等。

(四) 衰退期的营销策略

产品衰退期的具体策略有以下几种:

1. 继续策略

继续沿用过去的策略,仍按照原来的细分市场,使用相同的分销渠道、定价及促销方式,直到这种产品完全退出市场为止。

2. 收缩策略

抛弃对无希望的顾客群体的幻想,大幅度降低促销水平,尽量减少促销费用,以增加利润。这样可能导致产品在市场上的衰退加速,但也能从忠实于这种产品的顾客中得到利润。

3. 放弃策略

这种策略包括两种具体形式:一是立即停止,或者将产品所有权出卖或转让给其他企业;二是逐渐停产,逐步退出市场,使企业的资源有序地转向新的经营项目。

> **案例分享**
>
> ### 回力鞋的嬗变:从昔日潮人标志到销声匿迹后的重生
>
> 在20世纪70年代,回力鞋几乎就是国内运动休闲鞋类的唯一象征。到80年代时,拥有一双回力鞋在青少年中已经是相当牛的潮人标志。曾经,回力鞋是体育专业运动鞋中的"奢侈品"。但是在耐克、阿迪达斯等洋品牌的竞争下,回力一度销声匿迹。如今,回力凭着一股韧劲,几经重生,正在传承与创新中坚守"回力"这个老字号。回力鞋业经历过辉煌,也跌落过谷底。特别是2000年前后整个行业市场竞争残酷、激烈,效益普遍下滑。而当时大批国外企业纷纷进驻中国市场,这对于本已经淡出人们视线的回力鞋无疑是雪上加霜。回力鞋从曾经的奢侈品一夜之间变成了地摊鞋。2010年上海世博会期间,回力品牌获得世博会特许生产商和零售商资格,并获世博会安保员用鞋和保洁员用鞋内部招募订单,回力手绘鞋还进入世博会场馆展示。在这期间开张的上海平凉路旗舰店,排队顾客呈蜿蜒长龙的奇观,成为上海世博会期间的一道风景线。这也吸引了众多市场经营者的目光,一时间掀起一股加盟热潮,回力鞋业的终端专卖模式就此快速发展。目前回力已达上千家专卖店,其中时尚精品专卖已进入部分大城市一线商圈,与国际名牌同台迎客,这也是回力民族品牌的历史回归。
>
> 资料来源:程子彦.回力鞋的嬗变:从昔日潮人标志到销声匿迹后的重生[N].中国经济周刊,2016-05-09.

第三节 产品组合策略

产品生命周期理论说明任何产品在市场上都有成长至衰退的发展过程。因此,企业为了持续经营,不应该只生产单一的产品,应该同时生产经营多种品种。同时合理安排各种产品分别处于生命周期的不同阶段,使各种产品之间有一个最优化的组合,避免经营风险。

▶ 一、产品组合的有关概念

(一)产品线

是指产品功能相似、规格不同,生产工艺基本相同,但是满足同类需求的一组产品。例如华为手机生产的智能手机产品线。企业所有产品线的数量称为产品线的宽度,产品线数量越多,产品线宽度就越大。每种产品线中不同规格产品的多少称为产品线的深度。各种产品线之间,在最终用途、生产条件、销售渠道或其他方面可以存在联系,也可以是互不关联,产品系列之间的关联程度称为关联度。例如一个企业生产牙膏、卫生纸、洗涤剂,即宽度为3,而牙膏有5种口味,那么其深度为5,这三条产品线都是有关家庭卫生用品的,关联程度很高。

(二) 产品组合

指企业经营的所有产品线的组合方式。产品组合包括产品线的宽度、深度和关联度三个因素,相互之间可以构成不同的产品组合。企业的产品组合应该符合两个原则:有利于促进销售和增加企业的总利润。

产品组合的三个因素和两个原则有密切的关系。一般说来,拓宽产品线,有利于发挥企业的潜力,开拓新的市场如比亚迪、格力在新冠肺炎疫情期间拓宽产品线,生产口罩。加深产品线,可以适合更多的特殊需要;加强产品系列的关联性,可以增强企业的市场地位、发挥和提高企业有关专业的能力。

二、产品组合策略

企业产品宽度、深度和关联度三个不同的组合都有可能促进销售、增加利润。但是这种组合受以下三个条件的限制:① 资源条件限制,企业的资源是有限的,有自己的优势和薄弱环节,不可能相关的任何产品都去生产,只能根据自身条件有选择地生产有利的产品组合;② 需求限制,市场空间是有限的,市场总量一定的情况下,企业只能拓宽或加强具有良好成长机会的产品线;③ 竞争条件限制,产品组合的调整或许会遇到强大的竞争对手,在这种情况下,要分析竞争态势,调整组合策略。例如,拓宽产品线时企业面临竞争压力大,这时应该加深原有的产品线。因此。企业对其产品线宽度、深度和关联度的决策就有多种选择,从而形成多种产品组合方式。通常有如下几种类型可供选择:

(一) 扩大产品组合策略

扩大产品组合策略方面可采取拓展产品组合的宽度和加强产品组合的深度。拓展产品组合的宽度可以通过增加产品线的数量来实现,加强产品组合的深度可以通过增加现有产品线内的种类来实现。例如小米公司,刚开始生产手机,之后拓展空调生产线、智能电视机生产线、摄像头生产线、跑步机生产线,手机方面推出多种型号、多种系列的手机。企业采取这种决策的主要动机是:① 通过拓展多条生产线,提高产品丰富度,获得更多利润;② 渠道商可以通过增加新品种,满足增加销售额的需要;③ 利用平时过剩的生产能力,提高经济效益;④ 提供丰富的产品,满足消费者多种、全面的需求,成为产品的全面领导者;⑤ 全面满足消费者的需求,提高品牌忠诚度,提高进入市场门槛,防止给竞争者造成可乘之机。

(二) 缩小产品组合策略

缩小产品组合策略指的是缩小产品的宽度或深度,使产品组合变窄。这种策略适用于两种情形:① 企业的所有产品线或部分产品获利能力较少;② 消费者非常偏好该产品,但是企业没有足够的财力和生产能力生产该产品,无法提供给市场。

(三) 产品线延伸策略

产品线延伸指的是延长产品线的长度,目的在于:① 开发新的市场,提高市场占有率；② 市场需求的变化，需要提供新的产品以满足顾客需求；③ 扩大产品的市场空间，增加企业产品种类，防范竞争。

产品线延伸有三种形式：向下延伸、向上延伸和双向延伸。

1. 向下延伸

向下延伸，指企业从生产高档产品向低端产品延伸。使企业的产品种类高端、低端产品全覆盖。企业采取向下延伸决策的主要原因是：① 高档产品增长缓慢，因此不得不将其产品组合向下延伸；② 企业的高档产品受到激烈的竞争，因此不得不用侵入低档产品市场的方式来反击竞争者；③ 企业当初进入高档产品市场是为了建立良好的质量形象，然后向下延伸；④ 补充企业的产品线空白。例如奔驰汽车主打 S 系列高端品牌，为了夺取更多市场空间，开发出更低档次的品牌汽车。

企业采取向下延伸决策时，会遇到一些风险。主要表现在：① 低端产品品质、形象和高端产品有很大差距，对企业的产品形象有所影响，为此企业可以通过高端、低端不同品牌名称、不同渠道来经营；② 可能会刺激本来生产低档产品的企业进入高档产品市场，使竞争加剧；③ 企业的经销商对低端品牌的质量、品牌不信任，认为低端品牌会影响品牌形象，低端产品利润较少，同时终端客户对中间商的品牌可能不信任，导致其不愿意销售低档产品。

2. 向上延伸

向上延伸，指企业之前生产低档产品，后来决定增加高档产品。主要理由是：① 高档产品畅销，销售增长较快，利润高；② 企业估计高档产品市场上的竞争者较弱，易被击败；③ 企业想使自己成为生产种类全面的企业。例如比亚迪最初是生产 F3 汽车，后来生产更高端的 F6。

采取向上延伸决策也具有一定的风险，表现在：① 可能会使生产高端产品的竞争者为了提高其竞争力也生产低档产品；② 生产低端产品的企业产品形象在顾客心目中形成思维定式，会认为其生产高端产品不可信；③ 高端产品的销售方式和销售渠道和现有低端产品的可能不一样，企业需要培训或招聘新的营销人员。

3. 双向延伸

双向延伸，指生产中档产品的企业，为了获得更多市场优势和利润，向产品线的高端和低端延伸。一方面增加高档产品，另一方面增加低档产品，丰富产品线，扩大市场占有率。

（四）产品线改造策略

在某些情况下，虽然产品组合的宽度、深度都非常合适，但是产品线的生产形式却已经过时，这时可对产品线实施现代化改造。产品线的现代化可采取两种方式实现：一是逐项更新，二是全面更新。采取何种方式企业可根据市场情况及本企业情况具体分析。

三、最佳产品组合

产品组合策略只是从总体上指导企业如何规划产品组合，是静态的。但是在市场经营过程中,由于竞争环境和市场环境的变化,产品组合的每一个决定因素随时会依市场环境的变化而变化。不同的产品处在生命周期的不同阶段,有的产品成长较快,为企业创造较高的利润,有的产品经营得不是很理想,可能处于产品生命周期的衰退期,逐渐被市场淘汰。因此,在动态的产品生命周期内,企业必须根据内、外部形势的变化,不断调整产品组合,在变动的形势中寻求和保持产品的最佳组合。企业如果不重视对产品组合的调整,不重视开发新产品和淘汰过时产品,则原有的良好产品组合将会逐渐出现不健全和不平衡的现象。因此,每一个企业都应经常分析本企业产品组合状况,判断各产品在市场上的生命力,评价其发展潜力和趋势,不断地对原有产品组合进行调整。

为保持产品组合的动态平衡,以求达到最佳产品组合。许多企业在实践中创造了不少有效方法,例如波士顿矩阵法(图10-7)、三维分析图法,实践证明,这两种方法是非常有效的。

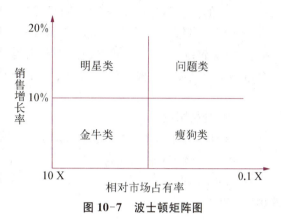

图 10-7　波士顿矩阵图

(一) 波士顿矩阵法

波士顿矩阵法又称市场增长率-相对市场份额矩阵、波士顿咨询集团法、四象限分析法,由美国著名的管理学家、波士顿咨询公司创始人布鲁斯·亨德森于1970年首创,通过相对市场占有率和销售增长率两个指标对产品组合进行评价。

如图10-7所示。图中的纵坐标表示销售增长率,以10%为分界线分高低两部分。图中的横坐标表示产品的市场占有率与最大竞争对手市场占有率的比,称为相对市场占有率,以1.0为分界线分高低两个部分。如果相对市场占有率为0.2,则表示自己的市场份额为最大竞争对手的市场份额的20%;相对市场占有率为5,则表示自己的市场份额为最大竞争对手市场份额的5倍。

根据图中相对市场占有率和销售增长率判断,可以形成四种不同的产品类型。

1. 明星类产品

它是销售增长率和相对市场占有率都高的产品。对这类产品,企业需要大量投资,以扶植其迅速成长并击败竞争对手。采用的发展战略是:积极扩大经济规模和市场机会,以长远利益为目标,提高市场占有率,加强竞争地位。但是明星类的成长速度,最终会逐步缓慢,变成金牛类。

2. 金牛类产品

它是销售增长率低、相对市场占有率高的产品。此类产品销量大、负债低、利润高,可为企业提供大量资金,为明星类产品提供后盾。对此企业应采取努力改造、维持现状和提高盈利的对策,或加大促销力度,延缓市场占有率下降。

3. 问题类产品

它是销售增长率高、相对市场占有率低的产品。销售增长率高说明市场机会大,但是相对市场占有率低说明存在市场营销问题。产品利润低,负债高,这类产品具有极高风险性,企业对此是大量投入使之转为明星类,还是精简合并以至淘汰,应慎重考虑,及时做出决策。同时应该选拔有经验、敢担责的营销人才来管理,使之往良性方向发展。

4. 瘦狗类产品

它是销售增长率和相对市场占有率都低的产品。这类产品无利或微利,负债比率高,企业应果断有计划地淘汰,将剩余资产向其他产品转移。

产品的位置不是一成不变的,而是随时间的推移和市场的变化而变化。多数产品在初期都属问题类,如果经营成功,就会进入明星类,以后会逐渐进入金牛类,最后进入瘦狗类。有些产品一进入市场就成为瘦狗类,有些产品在一个市场是金牛类,在另外一个市场是明星类。要根据产品的特点和市场特点具体分析。

(二) 三维分析图法

三维分析图法是在三维空间坐标系上,用 X 表示市场占有率、Y 表示销售增长率、Z 表示利润。每一个坐标轴又有高低两个层次,这样就能得到八个不同的区域。如图 10-8 所示。每一个区域代表三种因素的一种组合情况,分析企业经营的每一个产品各自在坐标空间上占有的位置,就可以看出产品在市场上所处的地位,就能有针对性地做出经营决策。

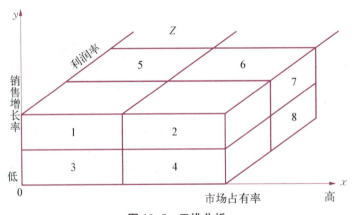

图 10-8 三维分析

这种对产品项目加以分类并进行分析的方法,具有如下优点:

(1) 可以及时掌握处于衰退期产品的信息,例如 8 号区域的产品三个因素处于最低层次,企业可以淘汰该产品。

(2) 新产品开发力度是判断企业活力的一个重要因素,通过分析高成长率的数量来判断企业是否重视开发新产品。

(3) 通过不同象限的产品的三个因素的表现,可以判断企业资源的分配方向。并根据不同表现及时调整资源的分配。例如对于高增长率的产品,可以加大投资,对于利润率低的产品就降低投资力度。这样为企业对每一种产品制订经营策略和目标指出了方向。

一般情况下如果企业大多数产品都处于 1、2、3、4 号区域,那么产品的组合最佳。但是企业资源所限,竞争策略的需要,不同产品的利润率、增长率和市场占有率的表现不一样,都是动态发展变化的。不可能要求所有的产品都达到最佳状态,即使同时达到也不能持久。因此企业的最佳产品组合,只是在企业自身条件下和一定市场环境下,达到的合理状态。这种产品组合包括:目前已达到高盈利率、高增长率和高市场占有率的主要产品;目前虽然不能获利,但具有良好发展前景的产品;目前虽然仍有较高利润率而销售增长率已趋于降低的维持性产品,已经决定逐步收缩其投资,作战略转移,最终要退出市场的产品。

第四节　新产品开发策略

一、开发新产品的必要性

(一) 新产品的含义

新产品是一个广义的概念。市场营销学上所谓新产品,具备三个特征:首先,在产品技术、功能、材质、形态等与原来的产品有差异;其次,新产品比旧产品更有先进性、更有实用性;最后,单纯原产品进入新的市场也可以看作是新产品。从消费者角度看,新产品指能给消费者带来新的效用或新的利益。但是从市场营销学的观点看来,所谓"新"是相对的,范围较广,新产品不是指全新的产品。发明创造的全新产品是新产品,对现有产品改进,更换新的名称或更换新的商标也是新产品,现有产品组合中增加新的品种也是新产品。

根据新产品新颖的程度,市场营销学一般把新产品分为如下四类:

1. 全新产品

全新产品,指应用新技术、新材质、新原理、新结构制造的前所未有的产品。例如,5G智能手机、卫星导航、高铁、CT机等的第一次出现,都属于全新产品。全新产品往往伴随着科学技术的重大突破而问世。

2. 换代型新产品

换代型新产品,指在原有产品的基础上,采用或部分采用新技术、新材料、新工艺研制出的新产品。例如,电子计算机自从面世,已经过多次换代,从电子管、晶体管、集成电路到大规模集成电路;手机安卓操作系统的版本更新。更新换代产品相对于原有产品而言,性能上有一定改进,质量上有一定提高,它顺应时代发展的要求。

3. 改进型新产品

改进型新产品,指对旧产品的性能、结构、功能等加以改进,使其与老产品有比较明显的差别。与换代型新产品对比,改进型新产品受技术限制较小、成本较低,便于在市场上推广。例如小米的人工智能扫地机、小米的大容量中性笔等。

4. 仿制型新产品

仿制型新产品,指企业仿制市场上已有的新产品,有时在仿制时又可能局部改进或创新,但是基本原理和结构是仿制的。例如印度制药企业通常在跨国制药企业引入新产品后,通过逆向工程技术开发新的生产方法,生产仿制型产品。

(二) 开发新产品的必要性

企业开发新产品的必要性表现在:

1. 新产品开发是企业发展的必然要求

企业的生存发展也同产品一样存在生命周期。大多数企业面临着产品生命周期越来越短的压力。企业要在同行业中保持竞争力并能够占有市场份额,就必须不断地开发出新产品。如果企业不及时开发新的产品,淘汰老的产品,企业也必然衰弱,被竞争对手打败。因此,企业必须及时分析内外部环境的变化,及时推出新的产品。只有这样,企业才能生存和发展。

2. 新产品开发是满足消费者需求的必然要求

经济的快速发展,人们生活水平的提高,消费需求也发生了很大的变化。健康、环保、智能、方便的产品越来越受到顾客欢迎。消费结构的变化、消费层次的变化,使顾客不仅仅满足数量和质量上的要求,对产品的功能、花色提出了更高的要求。企业要满足广大人民群众不断增长的、日新月异的需求,就必须推陈出新,创新更多更好的新产品。

3. 增加产品组合,降低经营风险,提高竞争优势

产品的生命周期表明,企业只有不断创新,开发新产品,才能在市场上保持领先地位,才能增强企业竞争能力,提高企业信誉,从而有利于保持既有市场和开辟新市场。

4. 新产品开发是科学技术发展的要求

科学技术的迅猛发展,导致许多高新技术产品的出现,加快了产品更新换代的速度。例如,5G技术的出现,对通信服务公司、设备制造公司的产品更新换代起到非常大的推动作用。科技的力量迫使企业不断开发出新的产品,淘汰老产品,只有这样,企业才能永续发展。

二、企业获取新产品的方式

当前,企业开发新产品,有很多种方式。不需要企业独立设计、开发、生产。企业可以通过购买专利、经营特许、联合经营,甚至直接购买现成的新产品来取得新产品的经营权。企业开发新产品,选择合适的方式很重要,要结合企业实际,才能降低风险。开发新产品一般分为独创和改进、引进三类。

(一) 独创新产品

独创有两种基本形式: ① 独立研制开发。企业完全依靠本身技术力量进行产品开发的方式。凡是采用这种方式进行开发的新产品,大多数属于更新换代或全新产品。例如,华为智能手机芯片、中国的北斗卫星导航系统、中国的高铁等。② 协约开发。和研究开发机构或企业合作开发某种产品。此种方法可以克服企业技术力量不足的缺陷。

(二) 改进新产品

改进有两种形式: ① 引进先进技术设备。直接购入先进的生产技术和设备,利用其生产改进新产品。② 仿制。企业直接模仿,制造市场上出现的新产品。

(三) 引进新产品

这种方式有如下几种：① 联合经营。如果某一小企业开发出一种有吸引力的新产品，另一家大公司可以通过联合的方式共同经营该产品。这样，小企业可以借助大公司的雄厚资金和销售力量扩大产品的影响，提高自己的知名度；大公司则可以节省开发新产品的一切费用，例如小米联合很多公司共同开发新产品，推出一系列互联网产品，如小蚁摄像机、小米空调、小米安防设备等。② 购买专利。企业从有关科研部门、开发公司或别的企业购买某种新产品的专利权。这种方式可以节省时间，这在复杂多变的现代市场上极为重要。③ 经营特许。某企业向别的企业购买某种产品的特许经营权。例如世界各地的不少公司都争相购买美国可口可乐的特许经营权。

三、影响新产品开发的主要力量

新产品开发是企业发展的强劲动力，但是新产品开发不确定性因素大，需要花费大量的人力、物力、财力，来自各个部门的压力非常大。新产品开发失败、投向市场不被消费者认可的现象屡见不鲜。影响新产品开发的主要力量具体体现在两个方面：

(一) 潜在利润递减

企业开发新产品的目的是获取潜在利润，获取竞争优势。全新产品可以创造新的市场，刺激新的需求，为企业创造潜在利润。改进的产品，例如利用新工艺、新材料的产品可以扩大需求，降低成本获取潜在利润。潜在利润是激发企业开发新产品的基本动力。但是随着市场越来越成熟、竞争越来越激烈，新产品带来的潜在利润逐渐减少，与企业的要求有很大的差距，是影响新产品开发的主要力量。

(二) 费用递增

随着科技的发展，新的技术和创新难度越来越大，开发新产品的时间和费用急剧上升。

据统计，发达国家的电子、信息处理设备和软件、药品、航天和航空等产业，如今的研究与开发费用已经普遍占到销售额的5%—8%，个别的企业更高。而且这一比例在近20年中处于上升的趋势。此外，企业在新产品开发过程中，还面临着通货膨胀、工资率提高、生产率下降、资本短缺、筹资成本上升以及政府规定的安全环境保护和能源保护方面的费用不断增加的压力。这一切可能导致的结果就是，产品创新的盈亏平衡点逐渐上升、新产品销售货款回收期长、销售的毛利逐渐减少。

四、新产品开发程序

良好的新产品开发程序对新产品成败至关重要。瑞士资深教授勃立姆统计了企业的新产品成败的原因，其研究结果表明，对市场形势判断错误的占30%，对新技术发展判断错误的占20%，对生产与制造费用估算错误的占20%，真正属于研发和制造失败的仅占10%。所以越来越多的企业重视新产品开发的过程管理。新产品的市场开发程序，一般经过八个阶段，即构思产生、构思筛选、概念发展与测试、市场营销战略、商业分析、产品开发、市场测试、商品化阶段,各个阶段的要求、任务可列表归纳如表 10-2 所示。

表 10-2 新产品开发程序

阶 段	要 求 与 任 务
构思产生	良好的产品构思,并使之符合市场和企业的未来方向。 新产品构思来源包括:消费者、研发人员、竞争者、内部员工、销售人员、高层管理人员。 产品构思是创造性的。可采取多样的个人或群体技术。 包括属件列举法、多维分析法、问题求解法、强制关联法、头脑风暴法等。
构思筛选	构思筛选的目的是尽早发现和放弃不良构思。 构思筛选需确定一套审核标准。 对保留下来的构思应按产品成功要素加权评定,以备选择。
概念的发展与测试	产品概念是用有意义的消费者术语描述产品构思,有吸引力的产品构思需要发展成产品概念。 产品概念应转换成品牌概念。应结合细分市场研究。 概念测试是用符号或实物形式来表示概念产品。 一般需和目标消费者小组测试概念产品的竞争性效果。
市场营销战略	为新产品引入市场而制定营销战略计划。它包括:目标市场的规模、结构、市场份额、利润目标;产品市场营销组合策略预算;产品长期市场目标和分阶段预算。
商业分析	估算和审查销售量、成本和利润计划,确定实现企业目标程度,评价其商业吸引力。
产品开发	产品概念通过商业测试,可移至研究开发部,使它发展成实体产品。 产品实体原型必须通过严格的功能测试和消费者测试。
市场测试	对产品功能测试结果满意后,要确定试行营销方案,并在合适的消费者环境中进行市场测试。 市场测试是为了取得有价值的市场信息,便于将产品推向市场。
商品化	企业产品的商品化是解决何时(时机)、何地(市场区域)、给谁(目标顾客)、用什么方法(如何引入市场)等问题。 商品化过程中,消费者(尤其是创新消费者)、舆论领袖等,对产品的市场扩散有重要作用。

在新产品的市场开发过程中,以下问题要特别重视:一是消费者的需求是产品构思的主要来源,企业要及时收集市场信息,发现未满足的需求或潜在需求,根据自身资源条件分析这些需求开发的必要性和可行性。二是要重视新产品开发的方法,企业因为自身条件的限制,不能完全依靠新技术、新材料来开发新产品,也可以从产品功能的重新组合或压缩来构思,例如智能手机就是把数码相机、收音机和传统移动电话组合而来。三是产品构思不是选最优方案,而是根据市场需求和企业自身条件,来确定产品构思。四是要详细进行市场调研和市场测试,好的产品构思来源于市场,先做好详细的市场方案,才来做产品,而不能反其道而行之。正因如此,管理学家彼得·德鲁克指出:"营销的目的就是使推销成为多余。"

> **案例分享**
>
> **招商银行"一卡通"**
>
> 招商银行是在1987年4月8日经中国人民银行批准并由招商局出资成立的;1989年进行了首次股份制改造,成为我国第一家完全由企业法人持股的股份制商业银行。
>
> 17年来,招商银行不断开拓,锐意创新,在革新金融产品与服务方面创造了若干个第一,较好地适应了市场和客户不断变化的需求,被广大客户和社会公众称誉为国内创新能力强、服务好、技术领先的银行。而真正取得突破的是"一卡通"的推出。"一卡通"集定活期、多储种、多币种、多功能于一体,具有"安全、快捷、方便、灵活"的特点。
>
> 分析招商"一卡通"成功的原因:
>
> (1)统一的物理凭证集中了过去不同的账户:"一卡通"把账户集中到一张卡片上,便于携带;并且具有相当安全的保密措施,卡片上没有具体金额,具有密码保护功能。
>
> (2)"一卡通"是以客户账户为中心进行业务持续创新的基础平台:"一卡通"面世后,可以相对容易地进行新业务创新,实现多种渠道的消费、转账、理财等功能。便于实现以账户为中心的创新活动。
>
> (3)名称定位:名称直指功能,简洁明了,客户一看就懂;并且便于记忆和传播,客户看了名称即能产生正确的联想。
>
> 资料来源:流萤阑珊.招商银行"一卡通"[Z/OL].[2021-02-07].http://blog.sina.com.cn/s/blog_a35fa69201012ugo.html.

第五节 包装策略

一、产品包装的作用

包装是企业为了保护产品、促进销售、方便运输、方便保存、美化产品,按照一定的方法和技术所用的容器和材料的总称。产品包装应该采用方便携带、容易开启、使用方便等的设计,如手提式包装设计、按钮式开关、撕开式塑料袋简装等包装结构,每一种包装都应该根据产品特点考虑便利性来设计,从消费者的角度出发,方便使用。包装有以下作用:

(一)保护产品,降低损耗

产品从生产到消费者手上经历装卸、运输、搬运、投递过程,良好的包装可以避免产品损坏变形、变质、腐烂、散落。特别是易燃、易碎产品,完善的包装可以降低损耗,使其使用价值不受影响。精致的装潢及图案附着在包装上,更惹人喜爱,在装卸运输中倍加爱护、小心,起到保护产品的作用。

(二) 美化产品，促进销售

良好的包装可以提高商品竞争力、促进商品销售。例如市场上各种各样精美的包装能在心理上增加消费者的购买欲望，刺激其消费。随着企业竞争日渐激烈，一个好的包装甚至可以提升商品的品牌形象竞争力，可以直接反映品牌和企业的形象。包装主要通过包装设计来提升产品的价值并促进销售。企业可以通过在包装上印刷企业名称、企业商标等作为宣传企业、宣传品牌的手段。或是出于消费者角度考虑，在包装上印刷商品性能、成分容量等信息，提高产品知名度，促进产品销售。

二、选用销售包装的基本原则

产品包装按照其作用不同，一般分为运输包装和销售包装。运输包装主要是确保在运输过程中保护产品的品质和数量完整。销售包装是直接面向消费者，除了包装的基本功能外，还要符合产品定位、消费者需要。因此，销售包装除要求符合保护产品的条件外，更重要的是具备适用于销售的各项条件。在造型结构、装潢画面和文字说明等方面都有较高的要求。选用销售包装时，要求遵循以下原则：

(一) 适用原则

销售包装的首要目的是保护产品，因此要根据产品的性质和特点，合理选用包装材料和技术，保持产品的物理、化学、生物性能，保证产品不损坏、不变质、不变形、不渗漏等。

(二) 便于使用原则

销售包装最终面向顾客，要便于顾客使用，如果顾客打开包装困难，这样顾客的消费体验感就差，重复购买的可能性就很小。包装的容量和形式应当多种多样，适合不同年龄层次的消费者使用。包装的大小要适当，便于携带和使用，在保证包装封口严密的条件下，要求容易打开。为适应消费者的不同需要，可以采用单件包装、多件包装和配套包装。

(三) 便于运输、保管与陈列原则

销售包装在运输过程中要组合成运输包装，才好运输和储存。因此，包装造型结构要满足运输包装的要求。为了节约运输、储存成本，尽可能压缩销售包装的体积。商品的陈列对促进销售起着非常大的作用，漂亮的堆叠、排列造型，会刺激顾客的购买欲望，产品包装要有利于陈列、堆垛，方便摆放。销售包装的造型结构，既要便于陈列摆设，又要便于消费者识别和选购，例如采用透明包装和开窗包装等。

(四) 美观大方原则

销售包装直接面向消费者，除了基本保护产品价值功能外，也具有美化产品、宣传产品的作用。精美的包装，顾客看了有美的感受，有很强的吸引力，不仅提高产品的价值，彰显产品档次，而且又有广告宣传作用。另外，包装本身也可以当作家居、办公场所美化的工具。特别是礼品包装，要求外形新颖、大方、美观，具有较强的艺术性，以增加产品和包装的名贵感。但是包装的图案、色彩、文字要符合市场环境和消费者审美的需要，不能违背法律、宗教、道德和伦理。因此，应根据不同产品的属性与档次，根据市场环境，采用既实用又美观的包装，以扩大销售。

(五)经济原则

随着消费者环保意识增强,消费理念的变化,消费者越来越追求简单、实用的包装。企业在包装设计和使用方面,应该节约社会资源,降低环境污染。同时应注意维护消费者的利益,增进社会福利,防止不必要的过高的包装成本,努力减轻消费者的负担。企业应该倡导简单实用、不奢侈浪费的风气。

三、产品包装策略

常见的产品包装策略有如下几种:

(一)类似包装策略

类似包装策略,又称产品线包装策略,指企业将其所生产的所有产品,在包装外形上采用相同或相似的视觉形象。巧妙地把企业的标志、标准字体、标准色安排在包装上,再搭配以合适的图形和色彩以及字体来充分而明确地表达产品的优势,使消费者易于辨认或联想到是同一企业的产品,借以提高企业声誉。特别是在新产品上市时,可以节省大笔促销、广告费用,利于迅速打开市场,消除消费者对新产品的不信任。同时,采用类似包装策略,不需要重新设计新的包装,可节省设计成本。但是,这一策略宜应用于同一品质的产品,如果品质相差过分悬殊,消费者对产品会产生错误评价和联想,影响不同档次的产品销售和品牌形象。

(二)等级包装策略

根据产品的档次和等级采取相应的包装策略,一般来说价位高的产品宜用档次高的包装,价位低端的产品采用普通的包装。包装应该和产品的价值、质量相称,方便消费者购买。同时根据消费者的特征,文化程度比较高、收入比较高的消费者对于包装设计的要求也比较高,眼光比较独特,因此喜欢制作精美、设计独特的包装设计;而收入比较低、文化层次比较低的消费群体则更注重经济实惠便利的包装设计,不太讲究包装设计的制作和文化品位。因此,针对不同层次的消费群体的消费心理和消费需求,也需要制定不同等级的包装策略。

(三)配套包装策略

配套包装策略也叫组合包装,将数种有关联的产品组合在一起销售,这样能满足消费者多种类似的需求。也可以把新产品和现有产品组合在一起,通过现有产品带动新产品销售,使消费者更容易接受新的观念、新的使用方式。例如大型商超会把男士的服装、领带、胡须刀组合在一起销售。把牙膏和牙刷、牙线组合在一起销售。把不同品牌成套的化妆品组合在一起,省却了零散购买不同功能的化妆品,同时还给人一种高档的感觉,使购买者可以自己使用也可以做礼品送给友人。

(四)双重用途包装策略

也就是包装的再利用。一般分为两类:一类是从企业的角度,企业通过回收包装,降低使用成本。例如中国邮政回收纸箱包装重复利用,既节约成本,又有利于保护环境。另一类是从消费者角度,使用完的包装可以变废为宝,例如使用完的空罐、盒子可以装其他物品,酒瓶可以插花,杯状玻璃容器用作玻璃杯。这种包装策略既可以节约社会资源,又促使消费者对企业产生好感,起到广告作用引起重复购买。例如,有些白酒酒瓶的包装非常有文化性,其造型和图案色彩堪称艺术品,扔掉太可惜,所以等酒喝完了就把瓶子当成用于欣赏的艺术品,虽然不是真的艺术品,但是对于喜欢美的事物的人来说,这同样会给人艺术享受。或者把酒瓶用于插花,摆放在合适的位置,给居室增加艺术氛围,同时还给白酒企业起到了无声的宣传作用。

(五) 变换包装策略

就是在不改变产品质量的前提下,通过改变包装来促进产品销售,有时会起到同改进产品质量相同的效果。特别是老产品,若其包装已使用多年,就应该推陈出新,变换包装。同时,在产品市场生命周期的不同阶段,也应更换不同的包装式样,才有利于达到扩大产品销售的目的。例如蒙牛大眼萌香蕉牛奶12款"求快乐"新包装,以新颖的面貌在全国各大商超面世。香蕉牛奶上市以来,凭借其良好的口感、搞怪的设计,以及大眼萌的倾情代言赢得了众多消费者的青睐。

四、产品标签及其内容

标签是指附着或悬挂在产品上和产品包装上的文字、图形、雕刻及印制的说明。为了限制冒名顶替,防止欺蒙顾客,把包装内产品的数量如实地告诉消费者,便于消费者借以进行价值的比较,做出最佳选择。许多国家制定了产品标志条例,规定产品标签应记载某些指定的项目。产品标签的内容包括:① 制造者或销售者名称和地址;② 产品名称;③ 商标;④ 成分;⑤ 品质特点;⑥ 包装内数量;⑦ 使用方法及用量、编号;⑧ 贮藏注意事项等。

案 例 分 享

康师傅方便面小虎队旋风卡

康师傅方便面的包装内曾经附有小虎队旋风卡,每包方便面中都放有一张不同的旋风卡,如宝贝虎、机灵虎、冲天虎、旋风虎、勇士虎、霹雳虎等卡,让很多孩子们都爱不释手。渴望拥有整套旋风卡,只得经常购买附有这种卡片的方便面。一时间,鸡汁味、咖喱味、麻辣味、牛排味、海鲜味等味道各异的康师傅方便面,随着各种五彩缤纷的旋风卡走进了千家万户。

资料来源:小虎队旋风卡.[Z/OL].[2020-06-01].https://www.80sjy.net/lingshi/xiaohudui-xuanfengka.html.

本 章 小 结

产品有狭义和广义两种概念,它分为三个层次,即核心产品、形式产品和扩大产品,它们是不可分割、密切相连的。产品组合是指一个企业生产经营的所有产品线和产品品种的组合方式。其分析评估方法主要有波士顿矩阵法和三维分析法。产品组合策略包括：扩大产品组合策略；缩小产品组合策略；产品线延伸策略；产品线现代化策略。新产品的市场开发程序，一般经过八个阶段，即构思产生、构思筛选、概念发展与测试、市场营销战略、商业分析、产品开发、市场测试、商品化阶段。产品包装装潢策略有一致性包装装潢策略；等级包装装潢策略；一揽子包装装潢策略；再使用包装装潢策略；变换包装装潢策略。

思 考 题

1. 产品整体概念对企业营销有何意义？
2. 产品生命周期各阶段有何特点？
3. 投入期与成熟期的市场策略分别有哪些？
4. 开发新产品应遵循哪些基本程序？
5. 产品组合的宽度、长度、深度与关联度分别是什么？
6. 产品包装有何作用？产品包装策略有哪几种？

案 例 讨 论

从天马行空想法到爆款网红产品：戴森如何做？

继 2019 年 3 月 27 日发布新一代无绳吸尘器 V11 后，4 月 19 日，戴森的首款多功能风扇 Pure Cool Me 又亮相人们眼前。而 2020 年，这家公司甚至要跨界发展，上市自己的电动汽车。近期动作频频的戴森公司，其背后有怎样的研发逻辑？

戴森每一个颠覆性的产品，最初的灵光乍现都是在英国马尔姆斯伯里戴森总部研发大楼诞生。工程师们先有非传统的想象力，再反复测试，如果戴森创始人詹姆斯·戴森被他们的成果打动，该项目就会启动，待产品有了相对成熟的可行性创意，便将被转到 NPD(新产品开发)部门，开始其转化为实体产品的旅程。

在这个过程中，技术需要得到公司上上下下多个团队的支持，马达、电气、分离系统、原型设计、声学、优化、功能测试……每支团队都会为这台机器的开发提供建议和支持，确保技术和产品配合良好。一个产品的故事由此展开。

一、产品为自己发声

"我们希望产品可以为它们自己发声。"2 月 28 日，戴森健康与美容副总裁保罗·道森(Paul Dawson)对记者如是说。他介绍，戴森的科技不只体现在外观，更体现在工程和科技研发为产品带来的使用上的改变。

上述概念也在戴森近期发布的新品中得以体现。4 月 19 日，戴森发布了首款多功能风扇，名字叫 Pure Cool Me。这是一个小型多功能风扇，结合了戴森在流体动力学、空气过滤、光感，以及声学方面的知识。在这款产品上，戴森革新了气流聚集技术，采用集中喷射的方式，风扇会集中喷射空气流，并带以旋转，给个人一片洁净的空气。

这款产品的初衷是戴森工程师意识到，人们通常在意户外的空气污染，或者是家里除了开窗带来的空气污染，其实人们在室内生活的时间超过三分之一，室内还有化妆品、发胶和香水等个人护理产品中的挥发性有机化合物,或香薰蜡烛中的苯,清洁产品释放的挥发性有机化合物、燃气灶和其他烹饪过程中所释放的颗粒物、烟雾和气味,以及地毯中积聚的灰尘和过敏原等。而风扇配备的 HEPA 滤网能有效去除 99.95% 的如花粉、霉菌孢子和细菌等微小颗粒物。HEPA 滤网能够去除小至 PM0.1 的颗粒物,相当于人类发丝宽度的 1/300。

戴森对于空气净化风扇类市场的布局始于 2015 年。这布局起初是为了解决日益严重的全球室内空气污染问题,如今,戴森又进一步关注整屋环境净化的问题,开发针对个人空间的产品。

戴森工程师通过研究发现,强劲的气流喷射是正确净化整个房间的关键。测试结果显示,配有 Air Amplifier TM 气流倍增技术的戴森设备每秒可喷射空气达 200 升,能够净化房间的每个角落(实验房间为 27 平方米)。戴森已将此 Air Amplifier TM 气流倍增技术运用于旗下各款整屋净化产品,涵盖 AM、TP、DP、HP 等系列,可以均匀喷射洁净气流,到达房间的各个角落。

另外,3 月 27 日,戴森还发布了新一代的无绳吸尘器 V11,对网红产品进行了一些升级和改造,包括马达、智能控制系统和吸头。智能控制系统具体是指,V11 在过滤器的位置加装一块圆形 LCD 屏幕,用以报告机身的性能状态,包括正在使用的吸力模式、电量的剩余时间、滤网是否要保养、管道是否有堵塞,相当于一个及时提示的说明书。

戴森的产品在技术上保持着许多一致性。马达、气流是其重中之重,人们能在各个产品里看到戴森对这些核心科技的巧妙运用。2 月 28 日,在戴森位于伦敦的官方体验店里,记者看到戴森旗下所有的黑科技产品,包括吸尘器、风扇、吹风机、灯、吸尘机器人等。门店里,店员会给消费者演示,这些产品上手之后好用在哪里。

店员把混合了豆子、头发和薯片渣的杂质倒在地板上,一位消费者用吸尘器推了两下,地毯就干净了。这位消费者对记者表示,这令人惊叹,作为一个妈妈,吸尘器是最重要的家居用品之一,她希望在打扫房间时也有好的体验。

"戴森打造新产品的指导原则之一,就是在真实的家庭环境中,为真正的用户解决他们所面临的实际问题。"保罗·道森称。

二、技术的统一性

戴森产品线较多,看似纷繁复杂互不相干的产品,背后是从技术驱动到产品的发展路线。戴森首席工程师杰克·戴森(Jake Dyson)曾对彭博社称,戴森所有产品的推出都是基于最核心的技术,即数字马达对气流的操控,核心理念则是将创造力和工程学紧密结合。

创始人詹姆斯·戴森(James Dyson)年轻时对气流格外痴迷,他从锯木厂气旋除尘器可以从空气中分离出木屑这个动作中获得灵感,发明了用双气旋系统取代传统集尘袋的戴森吸尘器。

如今,气流科学成为每一款戴森科技的核心原理。从戴森的吸尘器到风扇,从净化器到吹风机,再到卷发棒,都是气流科学的产物。戴森环境控制品类的高级设计工程师本·洛森(Ben Lowson)介绍,从无尘袋吸尘器开始的近 25 年来,戴森一直在研究气流操控方法。

据本·洛森称,詹姆斯·戴森创立公司之初,就将操控气流的技术应用到了吸尘器中。这项技术可以在气旋中产生超过 200 000 G 的吸力,能从空气中高效捕获和分离微尘。2009 年,戴森推出全球首款采用 Air Multiplier TM 气流倍增技术的无叶风扇,五年后,戴森再次采用 Air Multiplier TM 气流倍增技术,颠覆了传统空气净化机的工作方式,把清洁的空气均匀有效地吹送到房间的每一个角落,以捕捉并去除微粒过敏原和污染物。几年前,戴森再次运用 Air Multiplier TM 气流倍增技术并推出 Dyson Supersonic TM 吹风机,让消费者可以快速吹干头发并精准造型。前不久推出的戴森 Dyson Airwrap TM 美发造型器还运用了康达效应,使得消费者无需承受过高温度就能打造自然卷发。

除了气流学,分离系统研究团队也是戴森最重要的团队之一。

2 月 27 日,记者在戴森总部微生物实验室见到一位工程师,她拿出不同的粉尘样本放在显微镜下向记者解说粉尘的来源、产生以及如何处理。她向记者称,工程师要先测试机器的分离能力,灰尘颗粒越复杂、越大,技术难度越高。比如说,样品中有狗毛,头发上的油吸引了小颗粒,会使分离更加棘手。在最近的一次测试中,他们测试了 30 个小时。

随着戴森园区的扩建,去年 6 月戴森花费 150 万英镑建立了更先进的分离系统实验室,为了让戴森产品更有效地捕获家中微小颗粒。

经济观察报记者注意到,戴森对于实验室的投入涵盖各个方面。在戴森总部的声学实验室里,戴森 Pure Cool Me 多功能风扇和其他产品还在进行着噪声测试。过去 10 年里,戴森已经在声学室设施上先后投入了 1 000 万英镑。

记者步入其中一间消音室,墙面和天花板上均有可吸音的楔形凸起,能够将音波反射降低到 100 Hz。半消音室可测量戴森产品发出的声音,小到尺寸最小的部件,大到全套整机。消音室内工程师的工作日常是,戴上头戴式双声道耳机,把产品开启放在 10 只半球形麦克风、一只强度探测器内,观察半消音室的监测数据。这些数据显示了声音的级别、方向和品质。

这类测试可有助于戴森开发更具备用户舒适度的产品。比如,在开发 AM06、AM07 和 AM08 的过程中,工程师发现,戴森前代吹风扇中,1 000 Hz 这个频段的声音会让用户感到不适。后来工程师使用了亥姆霍兹共振腔后,他们将这个频率的声音吸收到了共振腔里。

三、爆款网红产品

2012 年 11 月,戴森进入中国市场。当时,詹姆斯·戴森在上海出席了新闻发布会,发布了吸尘器、无扇风叶等产品。当时的他也许没想到,7 年后,戴森的产品会被中国人视为"爆款网红产品",并在各大电商平台上被热销。

美发造型器是戴森销量增长最快的产品之一。2018 年 10 月,戴森 Airwrap Styler 美发造型器在纽约发布,两天之后,关于它的讨论开始在中国的社交媒体平台发酵、传播。这款新品通过戴森天猫、京东官方旗舰店发售,连续几天都在几秒钟内被抢空。

一些带货大 V 在微博、小红书等社交媒体上不断讨论卷发棒,有人称戴森是家电界的苹果,正在成为中国中产阶级的品位象征。

到了2019年,中国成为戴森的重要市场,但戴森方面并未披露中国市场的营收比例。

经济观察报记者从戴森公司提供的资料了解到,2018年戴森的利润首次突破10亿英镑,同时收益继续保持增长态势。戴森在英国和亚洲地区重点投资未来技术,全球研发团队扩增至5 853名工程师和科学家。投资领域深入到各领域核心技术,包括储能、加热技术、机器人技术、机器学习和马达等方面。此外,通过增设体验店及直销网络,戴森的直营零售业务继续快速增长。

令人诧异的是,戴森的产品甚至在中国乡县市场也快速发展。苏宁大数据显示,2018年的县镇市场,戴森系列产品下半年销售比上半年提升152.32%,电子美容仪和空气净化器销售分别提升129.7%、206.9%。

保罗·道森对记者称,戴森也在一直针对中国顾客的需求,在设计能为中国顾客解决问题的产品。在未来的2—3年,戴森的重点还是在于升级产品,改善人们的生活。

四、跨界布局电动汽车

戴森并没有沾沾自喜于此前的成绩。对这家公司来说,创造不止于此,下一步,他们要造车。

2017年9月27日的凌晨,詹姆斯·戴森以邮件的方式向全体员工宣布,戴森公司将要开始研发电动汽车,并计划于2020年正式上市。

造车被认为是烧钱的行为,相比家电产品,汽车工业不仅技术更难,产业链也极为复杂冗长。戴森计划将英国哈拉温顿园区作为汽车团队的工作空间,这个园区占地750英亩,耗资2亿英镑。根据规划,戴森公司将投入20亿英镑用于电动汽车研发,其中一半专门用于电池研发。

戴森对造车的信心源于马达。早先,令戴森引以为傲的马达技术在吹风机、吸尘器中有广泛应用。1999年至今,戴森在戴森数字马达的研究开发上已经投入超过2.5亿英镑。起初,正是因为詹姆斯·戴森对马达技术效率不满,才自己组建了一支工程师团队,自主研究马达。开发自己的马达,意味着要做生产线。在马姆斯伯里完成研究与开发后,戴森马达的制造工作则交给了新加坡的Westpark园区。2012年,戴森在那里安装的全自动生产线开工投产,已经累计生产超过2 000万部马达。

戴森方面暂时无法透露具体车型和造车进展。但据公开信息披露,戴森董事会已决定将第一座汽车制造工厂落户新加坡。该制造厂将于12月开工建设,预计于2020年完工,以配合整个项目的时间进度。

资料来源:从天马行空想法到爆款网红产品:戴森如何做?[N]经济观察报,2019-04-20.

讨论题:

1. 戴森运用了什么产品策略?
2. 戴森的产品策略对我们有什么启示?

参考文献

1. 杨慧.市场营销学(第3版)[M].北京:中国社会科学出版社,2011.
2. 晁钢令.市场营销学(第5版)[M].上海:上海财经大学出版社,2019.

3. 王永贵.市场营销[M].北京：中国人民大学出版社,2019.
4. 吴健安.市场营销学(第6版)[M].北京：高等教育出版社,2017.
5. 郭国庆.市场营销学(第6版)[M].北京：中国人民大学出版社,2019.
6. [美]查尔斯·W.小兰姆等.营销学精要[M].杨洁等译.大连：东北财经大学出版社,2000.
7. [美]菲利普·科特勒,[美]加里·阿姆斯特朗.市场营销：原理与实践(第16版)[M].楼尊译.北京：中国人民大学出版社,2015.
8. 顾穗珊等.企业产品创新保证要素及量化评价研究[J].工业技术经济,2020(8)：13-20.
9. 李寿德,丁一珊.网络外部性条件下厂商产品创新与过程创新动态最优控制[J].系统管理学报,2020(4)：698-710.
10. 宋金柱,王胜,应嘉明.新产品营销中的心理模拟研究述评[J].外国经济与管理,2020(7)：36-47.
11. 唐德淼.产品开发、创新与创业产品选择——产品生命周期视角[J].科技经济导刊,2020(16)：4-6.
12. 卜祥峰,寇小萱.消费者对新产品购买意愿的生态限制因子影响分析[J].经营与管理,2020(6)：95-98.
13. 谢康,夏正豪,肖静华.大数据成为现实生产要素的企业实现机制：产品创新视角[J].中国工业经济,2020(5)：42-60.
14. 黄俊杰.设计新产品的制造流程探讨[J].现代制造技术与装备,2020(1)：208-210.
15. 张琪.高端外资企业的产品策略变化——以苹果手机为例[J].中国外资,2019(23)：86-89.
16. 刘振锋,冯健,王金凤.基于消费者偏好的颠覆性创新产品策略研究[J].工业工程与管理,2019(1)：24-30.
17. 杨海燕.基于产品策略的网络营销环境下顾客让渡价值提升[J].现代营销(下旬刊),2017(12)：80.
18. 王磊.日本中小企业产品策略实证分析[J].鸡西大学学报,2016(11)：78-80.
19. 程子彦.回力鞋的嬗变：从昔日潮人标志到销声匿迹后的重生[N].中国经济周刊,2016-05-09.
20. 流萤阑珊.招商银行"一卡通"[Z/OL].[2021-02-07].http://blog.sina.com.cn/s/blog_a35fa69201012ugo.html.
21. 从天马行空想法到爆款网红产品：戴森如何做？[N].经济观察报,2019-04-20.

第十一章 价格策略

【学习目标】

1. 认识价格的定义。
2. 理解不同类型的定价目标。
3. 了解成本导向、需求导向和竞争导向定价的区别。
4. 掌握各种基本的定价方法和定价技巧。
5. 掌握价格适应和调整的方法。

开篇案例

小米手机的渗透定价

小米手机一向以优质低价著称,几乎每季度的销量均在千万台以上,内部消息称2018年小米销量目标是过亿台。为什么小米敢于在激烈的竞争中采取渗透定价呢?

小米产品刚上市的时候,正是移动互联网刚刚兴起的时候,巨大的增量市场,让小米必须采取渗透定价。彼时,一方面智能手机刚兴起,绝大多数人仍使用功能机。另一方面苹果的高昂价格让年轻人望而却步,这里蕴含着巨大的增量市场。年轻人收入较低,对价格极为敏感,一款高性价比的手机能撬动巨大的增量市场,还有什么比跑马圈地更重要的吗?

另外,成本利润结构的改变,让小米敢于采用渗透定价。

过去:手机成本=生产成本+渠道+广告+门店。

互联网时代:手机成本=生产成本。

移动互联网时代来临,带来一个显著的变化,就是去中心化。任何一个用户,都可以通过微博、微信等方式影响周围的用户。换句话说,只要做好传播,广告成本是可以省去的。同时,网购已经成为年轻人的主流购物方式,小米采取电商直销,可以省去渠道和门店的成本。

当手机销量达到一定规模后,还可以采用捆绑软件的方式收取软件厂商的服务费,这也是一笔不小的利润来源。

渗透定价为小米带来了巨大成功,在小米的打压下,千元机市场的一些中小规模竞争者纷纷退出了竞争,小米则靠低价策略跻身手机销量世界前5名,仅用7年时间就完成了市值过千亿的目标。

资料来源：互联网的放大镜.小小米手机低价误国论,为什么如此有市场？[Z/OL].[2021-02-07].https://www.sohu.com/a/361238818_177772.

第一节 价格概述

价格是市场营销诸要素中唯一为经营者提供收益的因素,其他因素都代表着成本;同时价格又是市场竞争的一种重要手段。定价是否恰当,将直接关系产品的销售量和企业的利润额。因此,如何为产品制定适当的价格,使之既能为购买者乐意接受,又能为经营者带来更多的利润,已成为市场营销策略的重要方面。

如何为产品定价是一个极其复杂又十分敏感的问题,涉及许多影响因素以及这些因素之间错综复杂的关系。为此,首先需要了解价格,并作为制定价格策略的理论基础。

一、价格定义

对价格的理解有狭义与广义之分。从狭义来说,"价格的简单意义就是指每种商品具体单位的货币价值。"如某种商品每公斤 100 元。但从广义来说,价格是指交换过程中必须支付的一切代价条件。因此,广义的价格已不是简单的商品对货币的比例,而是包括一切直接的和间接的、现期的和未来的代价。正因为如此,沃森和霍尔曼认为:"价格更广泛的意义是指获得商品所需的条件。获得更加昂贵的耐用消费品的条件不仅包括标价,还有诸如此类的问题：分期付款的第一次付款额,以旧货换新货的折价,信贷费用和贷款期限等。"对价格进行广义和灵活的理解,是经营者构造价格策略的基点。

二、定价的经济学基础

传统经济学认为商品的诞生是社会生产力发展的客观要求,是社会分工的历史必然。商品具有价值,是使用价值和交换价值的统一体;使用价值和交换价值是商品的社会属性和自然属性的表征;商品的使用价值是指能满足人们的某种需要,商品的交换价值是指一种使用价值与另一种使用价值进行交换的量的比例关系;具有使用价值的物品只有通过交换才能成为商品,也才具有价值,所以从市场经济的观点来看,凡是进入市场交换的商品必有价值。商品的价值即生产商品所需的社会平均必要劳动时间,价格是价值的货币表现,价值则是价格的本质和载体。随着市场经济的日渐成熟,价格已被广泛用作衡量产品价值含量的标尺,凡是进入市场流通交换的物品,不管是有形的还是无形的,都可以用价格来表示其价值量。只要其能够满足人们的某种需要,无论是物质的还是精神的,都可以通过价格来表现其价值。价格受以下因素影响。

(一) 供求关系

市场的供求关系反映着商品的可供量与购买力之间的关系,供求关系会影响价格变化。在商品本身价值量不变的情况下,如果供求平衡,价格就基本稳定;如果出现供不应求,价格就上涨;如果供过于求,价格就下跌,商品就是这样围绕着价值上下波动。因此,企业应随时了解自己的产品在市场上的供求状况。反过来,价格也能引起商品供应量和需求量的变化,当产品价格偏高时,会抑制消费,使需求量下降,生产者即因高价的刺激增加供给量,市场出现供大于求的状况,结果卖主之间的竞争会导致价格下降。当产品价格偏低时,低价会吸引消费者购买,需求量增加,而生产者却会因低价减少供应量,市场出现供不应求的状况,买主之间的竞争必然导致价格上升。这两种情况作用的结果,都是使价格趋向于双方满意的价格,即均衡价格。在这个价格点上,供求基本平衡。均衡价格是商品供应量与需求量均衡时的市场价格,而实际的市场价格通常是在一定条件下,在短期内由某种商品的供求双方决定的,由于市场供求状况是不断变化的,因而营销价格的实现也不会稳定和持久。同时,某种商品的均衡价格也并非一成不变,当生产技术提高,社会必要劳动时间节约,会使商品价值下降,从而形成新的均衡价格。

(二) 弹性理论

1. 需求弹性

需求弹性就是需求变动对价格变动的适应程度。如果消费者的需求与商品价格以同一比率增加或减少,则此商品无弹性。如果消费者需求量的变动幅度大于商品价格变动的幅度,则此商品富于弹性。如果消费者需求量的变化幅度小于商品价格变动的幅度,则此商品缺乏弹性。通常情况下,一些生活必需品(如食盐、粮食)、市场上没有替代品和竞争产品(如英特尔公司生产的计算机芯片)、市场上高度流行或者是享有很高的品牌威望的产品(如路易·威登品牌的箱包)以及一些急需产品(如对于晚期糖尿病人来说必不可少的胰岛素)需求缺乏弹性。而像家用电器、汽车等产品则需求弹性较大。所以企业在制定和调整价格时应注意两点:一是采用低价销售的方式刺激消费时应选择富有弹性的商品;二是提价或降价后对企业总收益会有什么影响,在其他条件不变的情况下,提价或降价都应使企业的总收益有所增加,若企业无利可图,提价或降价将失去意义。

2. 交叉价格弹性

交叉价格弹性(Cross-price Elasticity)指某种商品的供需量对其他相关替代商品价格变动的反应灵敏程度。其弹性系数定义为供需量变动的百分比除以另外商品价格变动的百分比。交叉弹性系数可以大于0、等于0或小于0,它表明两种商品之间分别呈替代、不相关或互补关系。

(1) 若 a 产品价格上涨造成 b 产品需求下降→交叉弹性为负→互为互补品;

(2) 若 a 产品价格上涨造成 b 产品需求上升→交叉弹性为正→互为替代品。

(三) 信息经济学理论

1. 信息不对称

信息不对称(asymmetric information)指交易中的各方拥有的信息不同。在社会政治、经济等活动中,一些成员拥有其他成员无法拥有的信息,由此造成信息的不对称。在市场经济活动中,各类人员对有关信息的了解是有差异的;掌握信息比较充分的人员,往往处于比较有利的地位,而信息贫乏的人员,则处于比较不利的地位。

2. 信息搜寻

信息搜寻是建立在信息需求感知的基础之上,围绕需求的满足而展开的信息行为。购买方可以通过信息搜寻和学习等方式来获得有关产品质量等方面的信息,进而改变信息不对称性以及因此而导致的弱势地位。

3. 信息成本

购买方通过信息搜寻活动可以改变信息不对称性以及由此而导致的劣势地位。信息搜寻活动不可避免地需要支出一定的成本。例如,货比三家中产生的交通费,购买报纸杂志或上网查阅所产生的信息费等。

4. 卖方的信息不对称弱势

购买者往往缺乏关于优质产品或厂商等方面的完备信息,往往难以对产品品质进行准确的判断或评价。在较弱保证的情况下,顾客往往只给产品支付一个平均水平的价格,甚至会出现"劣币驱逐良币"的现象。

但要注意的是,由于网络的普及,消费者获得信息的途径越来越广泛,获得信息的成本也大幅降低,消费者从信息不对称的弱势群体逐渐转化为"信息平权"。

三、定价的财务学基础

(一) 成本

1. 固定成本和可变成本

固定成本(Fixed Cost),又称固定费用,相对于变动成本,是指成本总额在一定时期和一定业务量范围内,不受业务量增减变动影响而能保持不变的成本。它是不受业务量增减变动影响的成本,如制造企业的厂房机器等。

变动成本(Variable Cost)指支付各种变动生产要素的费用,如购买原材料及电力消耗费用和工人工资等。这种成本随产量的变化而变化,常常在实际生产过程开始后才需支付。它是指随着产出水平变化而变动的成本,如原材料成本和维修费等。

2. 直接成本与间接成本

直接成本是"间接成本"的对称,即费用的发生与特定的产品或劳务存有直接的关联。它是指计入各品类、类别、批次产品成本对象的成本,如原材料、人员工资支出等。

间接成本是指与成本对象相关联的成本不能用一种经济合理的方式追溯到成本对象的那一部分成本。车间管理人员的工资、车间房屋建筑物和机器设备的折旧、租赁费、修理费、机物料消耗、水电费、办公费等,通常属于间接计入成本。

（二）盈亏平衡点

盈亏平衡点（Break Even Point，BEP）又称零利润点、保本点、盈亏临界点、损益分歧点、收益转折点。通常是指全部销售收入等于全部成本时（销售收入线与总成本线的交点）的产量。以盈亏平衡点为界限，当销售收入高于盈亏平衡点时企业盈利，反之，企业就亏损。

四、定价的心理学基础

（一）感知价值

感知价值，即顾客感知价值（Customer Perceived Value，CPV），是顾客所能感知到的利益与其在获取产品或服务时所付出的成本进行权衡后对产品或服务效用的总体评价。顾客感知价值体现的是顾客对企业提供的产品或服务所具有价值的主观认知，而区别于产品和服务的客观价值。

（二）价格心理学

韦伯定律（Weber's Law）提到顾客所感知到的价格变化程度取决于所受刺激的变动幅度。它在营销中带给我们的启示是在降低价格时，尽量"大步走"——一次降低到很低的价格水平上，而不要多次"小步走"——每次只降低很小的幅度，否则顾客可能感受不到这种价格的变化；在提高价格时，最好的策略是多次"小步走"——每次提高一点点价格，而不要"大步走"。

（三）价值工程

价值工程（Value Engineering，VE）。以产品功能分析为核心，力求用最低的生命周期成本实现产品的必备功能，从而提高价值的一种有组织、有计划的创造性活动和科学管理方法。于1947年由美国通用电气公司设计工程师麦尔斯（Miles）在研究和选择原材料代用品时所提出。价值工程通常用于企业两个领域：一是新产品研制领域；二是产品制造领域或作业过程中，称为价值分析（Value Analysis，VA）。

五、影响定价的基本因素

（一）企业内部因素

1. 成本因素

（1）产品价值。价值量的大小决定价格的高低。马克思的价值理论告诉我们，价值反映社会必要劳动消耗，而社会必要劳动消耗是由生产资料消耗价值（C）、活劳动消耗价值的补偿价值（V）、剩余产品价值（M）所构成，即价值＝C＋V＋M。因此，企业在制定营销价格时必须首先考虑产品价值的三个组成部分。

（2）产品成本。成本是价格构成中最基本、最重要的因素，也是制定价格的最低经济界限。产品价格只有高于成本，企业才能补偿生产上的耗费，从而获得一定盈利，但这并不排斥在一段时期在个别产品上，价格低于成本。产品成本因素主要包括生产成本、销售成本、储运成本和机会成本。

2. 企业目标

(1) 维持生存。以企业生存为目标是指为了维持经营并削减库存,企业将不得不按照等于甚至低于成本的价格定价,此时企业对利润的追求则要让位于生存的需要。采取这一定价目标是企业在一些特殊时期的被动之举,例如生产能力过剩、竞争加剧、消费者需求和偏好发生变化、行业经营萧条或企业刚刚进入行业时,企业的生存就成为主要定价目标。所以即便是无利甚至是亏损,只要能保持市场占有率或最大限度减小市场占有率的流失,就有可能走出困境。当然,以生存为主的定价目标只能是短期行为,为了有利于长期发展,企业必须积极探索能增加利的新途径:深入研究消费者需求变化的原因和方向,积极研发新产品以适应和满足消费者的新需求;寻找新的目标顾客,为过剩的生产能力找到市场;或者为了避免激烈的竞争,重新制定企业的战略目标,转换行业。

(2) 当期利润最大化。指企业在一定时期内综合考虑各种因素后,以总收入减去总成本的最大差额为基点,确定单位产品的价格,以获得最大利润总额。

最大利润有长期和短期之分,还有单一产品最大利润和企业全部产品综合最大利润之别。

最大利润目标并不意味着抬高价格。价格太高,会导致销售量下降,利润总额可能因此而减少。有时,高额利润是通过采用低价策略,待占领市场后再逐步提价来获得的;有时,企业可以通过对部分产品定低价、甚至亏本销售,以招徕顾客,带动其他产品的销售,进而谋取最大的整体效益。

(3) 市场份额最大化。市场占有率,又称市场份额,是指企业的销售额占整个行业销售额的百分比,或者是指某企业的某产品在某市场上的销量占同类产品在该市场销售总量的比重。市场占有率是企业经营状况和企业产品竞争力的直接反映。作为定价目标,市场占有率与利润的相关性很强,从长期来看,较高的市场占有率必然带来高利润。

(4) 应对或防止竞争。企业是在市场大环境中开展各种经营和销售活动的,这就不可避免要与其他同类企业展开激烈的竞争。所以企业在制定战略目标时,不仅要考虑自身资源优势,同时也要全面掌握市场竞争状态,及时调整经营策略。当企业面临来自竞争者的威胁时,应根据竞争者的情况和自身的条件采取相应对策。应付和防止竞争为目标是企业在存在较激烈竞争的情况下,主要为适应竞争需要或避免竞争而制定的。

在市场竞争中,价格是一个很重要的因素,特别是在行业发展处于初级阶段的时候,价格竞争往往是最主要也最有效的手段。行业中的大企业,为了避免竞争常以适当的低价主动防御现实和潜在的竞争者带来的威胁,形成了行业中的价格壁垒,这种定价称为限制进入定价。通过制定低价,扫清前进路上的障碍,实现规模扩张。例如微波炉生产企业格兰仕,就是通过规模效益不断降低产品生产成本,从而制定了行业限制进入价格,当它的生产规模达到 300 万台时,就把产品的价格定在 250 元/台的成本价,以此来避免激烈的竞争。通过较低的价格,格兰仕不但将微波炉作为一个大众厨具推广开来,同时也成就了中国微波炉的第一品牌。而作为小企业,无力左右产品价格,所以企业产品价格的制定一般是以其他企业的定价为标准,采取随行就市定价法。当行业利润空间较大时,可以适应竞争、保存实力,而一旦大企业制定限制进入价格时,对这些小企业来说就是致命的打击。同级次企业之间,常常以价格战作为竞争的主要手段。

在产品的营销竞争中,价格竞争是最有效、最敏感的手段。

(5) 树立品牌和维护形象。企业形象是企业在长期市场经营活动中,在消费者心目中留有的一种印象,是企业在经营中创造的无形资产。它是企业联系用户的重要纽带,对产品的销售、市场份额的大小影响很大。企业形象的树立和维护可以有多种方法,其中通过制定产品价格来反映企业形象则是众多企业常用的策略之一。企业树立这一定价目标就是要以一定的价格表达自己产品的定位,同时以价格行为维护自己的信誉、维护用户的利益、维护社会公德和商业道德,当然企业也可以从中得到利润回报。

为了实现这一定价目标,有的企业在制定相应的产品价格时是以低价取胜,例如"沃尔玛的天天平价",就是希望通过稳定的、低廉的价格树立在大众消费者心目中的平价超市形象,从而吸引大批忠诚顾客。通过薄利多销不但有效地防御了竞争,也实现了企业的利润目标,为沃尔玛成为世界上最大的零售王国打下了坚实的基础。也有一些企业是通过制定产品的高价格来实现这一目的的。例如,法国的快乐香水就是以世界上最贵的香水著称于世的,通过高价树立了企业在消费者群体中高品位的形象。无论是高价还是低价,只要运用得恰当都可以达到预期的目标。树立和维护企业形象是一个长期的定价目标,所以企业在制定价格时必须要充分考虑企业的资源状况、消费者的需求以及未来的竞争情况,价格一旦确定就不能轻易改变,即使在一些短暂的特殊情况下会有亏损的可能也不要轻易改变,否则会影响定价目标的实现。例如某农产品加工企业在粮食丰收时仍按惯例以往年的价格收购原料,在农民中间树立了良好的形象和声誉,结果在粮食价格上涨时农民主动为其提供平价原料,大大提高了企业的竞争力。由此可见以树立企业形象和信誉为定价目标应立足于长远。

(二) 企业外部因素

1. 市场因素

(1) 市场需求。市场需求决定价格的上限。需求的变化影响企业的产品销售及企业经营目标的实现。供求关系决定着价格背离或趋向价值的方向、程度和力度。

需求与供给的关系即供求关系:供不应求时价格可高些,供过于求时则定价可低些。在高低之间还应根据消费者需求状况和市场竞争来决定。

消费者需求状况。消费者需求对企业定价的影响主要通过需求能力、需求强度、需求层次三个方面来反映。

(2) 市场结构。根据市场的竞争程度,市场结构可分为四种不同的市场类型,即:完全竞争市场,完全垄断市场,垄断竞争市场和寡头垄断市场。不同类型的市场有不同的运行机制和特点,对企业行为具有不同的约束力,因而在定价方面表现出显著的差异性。

2. 竞争因素

虽然企业在现代经营活动中一般采用非价格竞争,即相对稳定的商品价格,以降低成本、提高质量、提供服务、加强销售和推广方式来增强竞争力,但是也不能完全忽视竞争对手的价格。市场竞争也是影响价格制定的重要因素。根据竞争的程度不同,企业定价策略会有所不同。竞争对手状况对定价的影响主要与其成本、价格策略、市场占有率、品牌定位与特色有关。

3. 政策法规

政策法规对产品的定价的影响表现在许多方面。例如国家的价格政策、金融政策、税收政策、产业政策等都会直接影响企业产品的定价。

为了维护国家与顾客利益,维护正常的市场秩序,每个国家都制定了相应的经济法规,约束企业的定价行为。这种约束反映在定价的种类、价格水平和定价的产品品种等方面。生产和经营企业在国家规定的有关权限范围内,自主制定商品价格和劳务收费标准的行为受到其约束。

随着我国经济体制改革的深入发展,企业自主权的逐步扩大,市场经济模式的确立,企业定价商品的范围逐步扩大,除了极少数十分重要的商品和劳务由国家定价外,大多数商品由企业在国家有关政策和法规允许的条件下,根据其内在条件和外部环境,自行或协商定价。

企业定价,是一种有一定约束的自由定价行为,这种定价行为既受国家的宏观调控,又充分反映商品生产和经营者的意志和愿望。

第二节 企业定价的基本方法

实际工作中,企业的定价方法很多,一般说,定价方法的具体运用不受定价目标的直接制约。不同企业、不同市场竞争能力的企业以及不同营销环境中的企业所采用的定价方法是不同的,就是在同一类定价方法中,不同企业选择的价格计算方法也会有所不同。因此,从价格制定的不同依据出发,可以把定价方法分为三大类。

一、成本导向定价

所谓成本导向定价,就是企业以成本费用为依据来制定价格,主要包括成本加成定价法和目标利润定价法两种具体方式。

(一) 成本加成定价法

成本加成定价法即根据单位成本与一定的加成率来确定产品的单位价格,具体有如下两种方式:

1. 以成本为基础的加成

即企业在产品的单位总成本(包括单位变动成本和平均分摊的固定成本)上加一定比例的利润(即加成)来制定产品的单位销售价格。

该方法的计算公式是:

$$单位产品价格 = 单位成本 \times (1 + 成本加成率)$$

2. 以售价为基础的加成

有的企业（如零售商）往往以销售额中的预计利润率为加成率来定价。由此可以看到，成本加成定价法的关键是加成率的确定。在这方面，企业一般是根据某一行业或某种产品已经形成的传统习惯来确定加成率。不过，不同的商品、不同的行业、不同的市场、不同的时间、不同的地点加成率是不同的，甚至同一行业中不同的企业也会有不同的加成率。一般地说，加成率应与单位产品成本成反比；加成率应和资金周转率成反比；加成率应与需求价格弹性成反比（需求价格弹性不变时加成率也应保持相对稳定）；零售商使用自己品牌的加成率应高于使用制造商品牌的加成率。

（二）目标利润定价法

目标利润定价法也称为目标收益定价法、投资报酬定价法，这是制造企业普遍采用的一种定价方法。该方法的操作过程是企业在单位总成本、预计销售量等指标的基础上，考虑企业的投资所能获得的投资报酬率来制定价格。

成本导向定价法曾一度为多数企业所推崇，因为它简单易行。但是，这种定价导向存在很明显的缺陷。在大多数行业中，要在产品价格确定之前确定产品单位成本是不可能的，这是因为单位成本随产品的销量而变化。为了解决确定单位成本的问题，成本导向的定价者，只能假设产品价格不影响销售量，销售量也不影响成本，这显然与实际情况相违背。成本导向定价往往容易导致在市场疲软时定价过高，在市场景气时定价过低。

二、需求导向定价

现代市场营销观念要求，企业的一切生产经营必须以消费者需求为中心，并在产品、价格、分销和促销等方面予以充分体现。只考虑产品成本，而不考虑竞争状况及顾客需求的定价，不符合现代营销观念。根据市场需求状况和消费者对产品的感觉差异来确定价格的方法叫作需求导向定价法，又称"市场导向定价法""顾客导向定价法"，主要包括感受价值定价法、反向定价法、价值定价法、集团定价法等。

（一）感受价值定价法

感受价值（Perceived Value）定价法是指企业依据消费者对商品价值的理解，而不是依据企业的成本费用水平来定价。该定价法需通过运用各种营销策略和手段，在消费者心目中建立并加强认知。感受价值定价法的关键和难点，是获得消费者对有关商品价值认知的准确资料。企业如果过高估计消费者的感知价值，其价格就可能过高，难以达到应有的销量；反之，若企业低估了消费者的认知价值，其定价就可能低于应有水平，使企业收入减少。因此，企业必须通过广泛的市场调研，了解消费者的需求偏好，根据产品的性能、用途、质量、品牌、服务等要素，判定消费者对商品的认知价值，然后据此来定价。

（二）反向定价法

反向定价法主要不是考虑产品成本，而是重点考虑需求状况，依据消费者能够接受的最终销售价格，反向推算出中间商的批发价和生产企业的出厂价格。反向定价法被分销渠道中的批发商和零售商广泛采用。该方法的特点是：价格能反映市场需求情况，有利于加强与中间商的良好关系，保证中间商的正常利润，使产品迅速向市场渗透，并可根据市场供求情况及竞争状况及时调整，定价比较灵活。

（三）价值定价法

目前，顾客都希望从购买的商品中获取高价值，所以，采用以低价出售高质量供应品的价值定价法在某种程度上可获得顾客忠诚，其主要的表现形式就是每日低价定价法（Everyday Low Pricing，EDLP），被许多零售商采用。在零售市场上与每日低价法对立的高/低定价法也被广泛采用。在高/低定价法（High/Low Pricing Strategy）中，零售商制定的价格会高于其竞争者的每日低价，但使用广告进行经常性的降价促销。在降价过程中常常出现一种"仅此一天，过期不候"的氛围，从而导致购买者人头攒动，大大刺激了消费。过去，零售商仅仅在季末降价销售时尚商品，杂货店和药店也只有在供货方提供优惠价格或存货过多时才会降价销售。现在，许多零售商对日益加剧的市场竞争和顾客对价值的关注做出反应，采用经常降价的方式进行促销。杂货店和药店的供货方也通过增加"处理期"（Deal Periods）获得更高收益，在"处理期"内，制造商则对零售商购买的商品提供特惠价格。

（四）集团定价法

为了给顾客以更多的实惠，不少企业制定了一系列团购价，尤其是对一些金额较大的商品如小汽车，顾客自发组织起来以团购价购买，可以大大降低购买价格。互联网的兴起更加便利了这种方式，毫不相识的顾客通过互联网，可以加入企业已有购买意向的顾客当中，当购买量达到一定标准后，顾客便可以理想的价格进行购买。当然这种方式对顾客的耐性是一种挑战，因为有些顾客可能等不到集团价格实行的时候就退出了。

三、竞争导向定价

竞争导向定价是指在激烈的竞争性市场上，企业通过研究竞争对手的生产条件、服务状况、价格水平等因素，依据自身的竞争实力，参考成本和供求状况来确定商品的价格。其特点是：价格的制定以竞争者的价格为依据，与企业自身商品的成本及市场需求状况不发生直接关系。竞争导向定价主要包括：

（一）通行价格定价法

通行价格定价法（Going-Rate Pricing）也称随行就市定价法、流行水准定价法，是指企业按照行业的现行平均价格水平来定价，利用这样的价格来获得平均报酬。在企业难以估算成本、打算与同行业竞争对手和平共处、另行定价时很难估计购买者和竞争者对本企业价格的反应、经营的是同质产品、产品供需基本平衡时，采用这种定价方法比较稳妥。这样定价易于被消费者接受，可以避免激烈竞争特别是价格竞争带来的损失，同时可以保证适度的盈利。另外，由于企业不必去全面了解消费者对不同价差的反应，可为营销、定价人员节约很多时间。

（二）封闭式投标拍卖定价法

许多大宗商品、原材料、成套设备和建筑工程项目最终的买卖和承包价格就是通过此方法确定的。其具体操作方法是首先由采购方通过刊登广告或发出函件说明拟采购商品的品种、规格、数量等具体要求,邀请供应商在规定的期限内投标。供应商如果想做这笔生意就要投标,即在规定的期限内填写标单,填明可供应商品的名称、品种、规格、价格、数量、交货日期等,密封送给招标人(采购方)。采购方在规定的日期内开标,选择报价最合理的、最有利的供应商成交并签订采购合同。一般说来,招标方只有一个,处于相对垄断地位,而投标方有多个,处于相互竞争地位,因此,最后的价格是供应商根据对竞争者报价的估计制定的,而不是按照供应商自己的成本费用或市场需求来制定的。

> **知 识 链 接**
>
> ### 网络动态定价
>
> 动态定价与收益管理并不是同一个概念,动态定价仅仅是收益管理研究领域中的一个,动态定价具有三方面的内涵:① 动态定价的实质就是差别定价或者是价格歧视;② 动态定价是根据市场的需求和供给的变化以及消费者感知价值和支付意愿的差异来进行运作的;③ 动态定价更需要互联网和数据库的支撑,以随时了解顾客需求变化。
>
> 在此基础上,网络动态定价就是指运用互联网技术和依赖大数据的支持,分析消费者在不同时间的需求状况和支付意愿,根据需求变化和供给状态对网络商品的价格进行制定和调整。
>
> 资料来源:刘玲玲.基于消费者行为的网络动态定价研究综述[J].市场周刊,2017(8):78-80.

第三节 定价策略

企业定价策略是指企业为实现企业定价目标,根据市场中影响产品价格的不同因素,在制定价格时灵活采取的各种定价手段和定价技巧。

> **案 例 分 享**
>
> ### 休布雷公司的价格策略
>
> 休布雷公司在美国伏特加酒的市场上,属于营销出色的公司,其生产的史密诺夫酒,在伏特加酒的市场占有率较高。另一家公司推出一种新型伏特加酒,其质量不比史密诺夫酒低,每瓶价格却比它低一美元。
>
> 按照惯例,休布雷公司有三条对策可选择:
> (1) 降低一美元,以保住市场占有率;

(2) 维持原价,通过增加广告费用和销售支出来与对手竞争;

(3) 维持原价,听任其市场占有率降低。

由此看出,不论该公司采取上述哪种策略,休布雷公司都处于市场的被动地位。

但是,该公司的市场营销人员经过深思熟虑后,却采取了对方意想不到的第4种策略。那就是,将史密诺夫酒的价格再提高1美元,同时推出一种与竞争对手新伏特加酒价格一样的瑞色加酒和另一种价格更低的波波酒。

这一策略,一方面提高了史密诺夫酒的地位,同时使竞争对手新产品沦为一种普通的品牌。结果,休布雷公司不仅渡过了难关,而且利润大增。实际上,休布雷公司的上述3种产品的味道和成分几乎相同,只是该公司懂得以不同的价格来销售相同的产品策略而已。

资料来源:天天文库.休布雷公司的价格策略[Z/OL].[2021-02-07].https://www.wenku365.com/p-47193263.html.

一、新产品定价策略

新产品定价关系到新产品能否顺利进入市场,企业能否站稳脚跟,能否取得较大的经济效益。常见的新产品定价策略主要有三种,即取脂定价策略、渗透定价策略和满意定价策略。

(一) 取脂定价策略

取脂定价策略,又称撇脂定价策略,指新产品上市之初,将新产品价格定得较高,在短期内获取厚利,尽快收回投资。这一定价策略就像从牛奶中撇取其中所含的奶油一样,取其精华,所以称为"取脂定价"策略。一般而言,对于全新产品、受专利保护的产品、需求的价格弹性小的产品、流行产品等,可以采用取脂定价策略。

利用高价产生的厚利,使企业能够在新产品上市之初,即能迅速收回投资,减少投资风险,这是使用取脂策略的根本好处。此外,取脂定价还有以下几个优点:

(1) 在全新产品上市之初,顾客对其尚无理性的认识,此时的购买动机多属于求新求奇。利用这一心理,企业通过制定较高的价格,以提高产品身份,创造高价、优质、名牌的印象。

(2) 先制定较高的价格,在其新产品进入成熟期后可以拥有较大的调价余地,不仅可以通过逐步降价保持企业的竞争力,而且可以从现有的目标市场上吸引潜在需求者,甚至可以争取到低收入阶层和对价格比较敏感的顾客。

(3) 在新产品开发之初,由于资金、技术、资源、人力等条件的限制,企业很难以现有的规模满足所有的需求,利用高价可以限制需求的过快增长,缓解产品供不应求状况,并且可以利用高价获取的高额利润进行投资,逐步扩大生产规模,使之与需求状况相适应。

取脂定价策略也存在着某些缺点:

市场营销学

（1）高价产品的需求规模毕竟有限，过高的价格不利于市场开拓、增加销量，也不利于占领和稳定市场，容易导致新产品开发失败。

（2）高价高利会导致竞争者的大量涌入，仿制品、替代品迅速出现，从而迫使价格急剧下降。此时若无其他有效策略相配合，则企业苦心营造的高价优质形象可能会受到损害，失去一部分消费者。

（3）价格远远高于价值，在某种程度上损害了消费者利益，容易招致公众的反对和消费者抵制，甚至会被当作暴利来加以取缔，诱发公共关系问题。

案例分析

一片雪糕66元，网红"钟薛高"是如何爆红的？

冰激凌，一个季节性的产品，天气越冷销量越低！然而在2018年，作为新晋网红雪糕品牌"钟薛高"在开售前42分钟售出5万支雪糕，当日销售额突破400万元。

为什么钟薛高能够火??

一、定价打破常规

本以为吃8块钱一支的梦龙，就已经很奢侈了，谁能想到钟薛高一款厄瓜多尔粉钻竟逆天地卖到了66元！这大概是全中国最贵的一支雪糕了吧！

正是这支"天价"雪糕在双十一为钟薛高打响了品牌知名度，据悉"厄瓜多尔粉钻"足够特别，有来自厄瓜多尔天然粉色Ruby可可豆为原料作为最外层的粉色巧克力脆皮，取自日本产的柠檬柚，经过法国工艺加工的纯果泥，还有来自阳光牧场的高品质牛乳制作而成的醇香酸奶。

可以看出钟薛高所追求的是纯天然、零添加！正是这款66元一支的天价雪糕，令钟薛高在双十一大战中，一战成名，红遍中国！

除了这款天价雪糕，钟薛高的其他SKU（Stock Keeping Unit，库存保有单位）定价也不算便宜，大都在20元上下，平时吃一支8元的梦龙都很奢侈，因为对于雪糕的价格在我们的认知里是几块钱一支，当你的定价超出了大众的认知，那么定会引起注意！

二、形状打破常规

钟薛高与我们平时吃的雪糕形状不太一样，既不是甜筒、杯装，也不是中规中矩的长方形。钟薛高用了中国元素中的瓦片作为设计原型，从外形看，颜值颇高，造型也相当魔性，呈瓦片形，所以有的人干脆叫它"瓦片雪糕"！

除了外形较为特别外，雪糕棍也是一大亮点，是可降解秸秆做的，采用国家食用级标准，还有淡淡的麦秸香甜！连一个雪糕棍都做得这么细致入微，颜值这么高，谁又会不爱呢？

还有值得注意的一点是，钟薛高上线至今只有8个单品，与其他雪糕上百个SKU相比，这样看来钟薛高是不具有优势的！没有上百种SKU，没有花样繁复的造型与口味，一切回归简单，简单的造型、简单的口味，在简单中展现复杂，在复杂中回归质朴。

282

> 这也许恰恰就是钟薛高的优势所在,虽然只有八个单品,但是每一个单品都做到精致,每一个单品都有一群固定忠实的爱好者这就够了!
>
> **三、整合营销到位**
>
> 目前来看钟薛高的用户群体是年轻的一代,因此钟薛高也签约了目前比较受年轻人喜欢的明星佟丽娅、周一围、敖子逸做代言人!
>
> 除了请明星代言,天猫、盒马、小红书等更是钟薛高市场开拓的战略合作伙伴。其中小红书是一个重要的宣传市场,在小红书上,搜索钟薛高能跳出来超3 500篇长笔记。据说,在小红书里每三个吃货就有一个认识钟薛高。
>
> 除了线上营销,钟薛高的线下旗舰店与城市快闪店也无不是潮流达人的"打卡圣地"。明星代言、小红书推荐、线下主题门店宣传等方式为钟薛高收获了一批粉丝。
>
> 资料来源:招商无忧合伙人.一片雪糕66元,网红"钟薛高"是如何爆红的?[Z/OL].[2021-02-07].https://www.sohu.com/a/292397848_322896.

(二)渗透定价策略

这是与取脂定价相反的一种定价策略,即在新产品上市之初将价格定得较低,吸引大量的购买者,扩大市场占有率。

利用渗透定价的前提条件有:

(1) 新产品的需求价格弹性较大。

(2) 新产品存在着规模经济效益。

采用渗透价格的企业无疑只能获取微利,这是渗透定价的薄弱之处。但是,由低价产生的两个好处是:首先,低价可以使产品尽快为市场所接受,并借助大批量销售来降低成本,获得长期稳定的市场地位;其次,微利阻止了竞争者的进入,增强了自身的市场竞争力。开篇案例中小米手机就是通过渗透定价的方式进入智能手机市场的。

案 例 分 享

Verizon的LTE成功学:渗透式定价耐心培养市场

威瑞森(Verizon)是美国第一家规模部署LTE(Long Term Evolution,长期演进)系统的移动运营商。Verizon商用LTE的战略考虑是:缓解3G网络的流量压力,通过技术演进,取得相对于竞争对手的技术优势,创造更好的用户体验,将CDMA高价值用户快速迁移到LTE网络。

Verizon在定价上独树一帜,采用的是"渗透定价策略",其LTE的资费包和3G的资费包完全相同。尽管2010年新增13亿美金资本开支在LTE网络建设上,但Verizon并不急于实现在LTE投资上的回报,通过相对低价刺激市场需求,培育LTE市场的增长。

2012年年初,Verizon推出了同款数据包,双倍流量的促销政策,在价格不变的基础上加大流量的赠送力度,进一步吸引老用户向4G网络迁移。与2012年中推出

> 数据共享套餐,允许用户最多连接10个不同终端,并且套餐中语音和短信不限量免费。
>
> 采用渗透定价策略,其优点是使产品迅速占领国际市场,并有效地阻碍新竞争者的进入。其缺点是,低价不利于投资的尽快收回,也不利于日后提价,并有可能给顾客造成低价低质的印象;短期内企业将面对过剩的需求。
>
> 适宜条件:市场需求弹性大;价格战概率低;规模经济。适宜定价:高低价之间,合理价格。
>
> 资料来源:通信世界.Verizon的LTE成功学:渗透式定价耐心培养市场[Z/OL].[2021-02-07].http://www.cww.net.cn/article?id=298551.

(三) 满意定价策略

满意定价策略既不是利用价格来获取高额利润,也不是以价格低廉占领市场。此策略尽量降低价格在营销手段中的地位,重视其他在产品市场上更有力或更有效率的手段。当不存在适合于采用取脂定价或渗透定价的条件时,企业一般采取满意定价。虽然与取脂定价或渗透定价相比,满意定价策略缺乏主动进攻性,但并不是说正确执行它就非常容易。满意定价没有必要将价格定得与竞争者一样或者接近平均水平。与取脂价格和渗透价格类似,满意价格也是参考产品的经济价值决定的。当大多数潜在的购买者认为产品的价值与价格相当时,即使价格很高也属于适中价格。

二、产品生命周期定价策略

产品生命周期定价策略是根据产品所处阶段的不同,而采用不同的定价策略。

(一) 导入期定价策略

即新产品定价策略,一般采用撇脂定价、渗透定价、满意定价三种策略。

可以根据产品的市场定位而采取高、中、低三种价格。

(1) 高价"撇脂定价"策略:在短期利润最大化的目标下,以远远高于成本的价格推出新产品。好处是在短期内迅速获取盈利,缺点是较高的价格会抑制潜在需求。

(2) 低价"渗透定价"策略:以较低的价格投放新产品,目的是通过广泛的市场渗透迅速提高企业的市场占有率。优点是能迅速打开新产品的销路,缺点是投资回收期较长。

(3) 满意定价:介于"撇脂定价"和"渗透定价"策略之间的中等价格策略,优点是价格比较稳定,缺点是比较保守。

(二) 成长期定价策略

产品进入成长期后,销量迅速增加,成本不断下降,质量逐步提高,是实现企业目标利润的最佳时机,应采用目标利润价格策略。通常的做法是在不损害企业和产品形象的前提下适当降价。

(三) 成熟期定价策略

产品进入成熟期后,竞争日趋激烈,市场需求接近饱和,因此,企业必须根据市场条件的变化,采用竞争定价策略。总体而言,成熟期的价格策略呈现出低价的特点。

(四)衰退期定价策略

这一阶段的价格策略主要以保持营业为定价目标,通过更低的价格,一方面驱逐竞争对手,另一方面等待适当时机退出。

三、组合定价策略

产品组合是指一个企业所生产经营的全部产品线和产品项目的组合。生产经营多种产品的企业通常都要销售产品大类,即一组相互关联的产品,而不是单个产品,产品大类中每个产品都有其不同的外观和特色。店铺对产品大类定价时,必须考虑产品大类中各个产品相互间的成本差异、顾客对这些产品不同外观的评价以及竞争者的产品等一系列因素,制定相应的定价策略。

(一)产品线定价策略

通常,企业开发出来的是产品大类,即产品线,而不是单一产品。企业在对产品线定价时,可以根据产品大类中各个相互关联的产品之间的成本差异、顾客对这些产品不同外观的评价以及竞争者的产品,来决定各个相关产品的价格。对企业来说,定价必然着眼于整个产品组合而不是单个产品的利润最大化。由于各种产品之间存在需求和成本上的联系,有时还存在替代、竞争关系,为了充分发挥这种内在关联性的积极效应,需要采用产品线定价策略。

① 确定某种产品价格为最低价格,它在产品线中充当招徕价格,吸引消费者购买产品线中的其他产品;② 确定产品线中某种产品为最高价格,它在产品线中充当品牌质量象征和收回投资的角色;③ 对产品线中的其他产品也分别依据其在产品线中的角色而制定不同的价格。

若是由多家企业生产经营,则共同协商确定互补品价格。选用互补定价策略时,企业应根据市场状况,合理组合互补品价格,使产品价格有利于销售,发挥企业多种产品的整体组合效应。

(二)系列产品定价策略

对于既能单个购买,又能配套购买的系列产品,可实行成套购买价格优惠的做法。有时企业向顾客提供一系列相关的产品和服务,如美发店,既可提供洗发、剪发、吹发的单项服务,也可洗、剪、吹一条龙服务,收取套餐价格。

(三)互补产品定价策略

互补产品又叫连带产品,是指两种或两种以上功能互相依赖、需要配合使用的商品,例如打印机和墨盒。对这类产品定价时,一方面,要有意识地降低互补产品中购买次数少、消费者对降价反应又比较敏感的产品价格;另一方面,又要有意识地提高互补产品的价格。具体做法为:把价值高而购买频率低的主产品价格定得低些,而对与之配合使用的价值低且购买频率高的易耗品价格则适当定得高些。

(四)副产品定价策略

在肉类、石油产品及其他化学制品的生产过程中,往往有大量的副产品。如果副产品没有用就得花钱处理它们,这样就会影响主要产品的定价。因此,制造商和销售商都必须为这些副产品寻找市场,并制定相应的价格,只要能抵偿副产品的储运等费用即可。这样,制造商和销售商就可以降低主要产品的价格,提高自身的竞争力。

知识链接

捆绑销售

捆绑销售是一种常见的营销手段,该手段既可以影响竞争对手的商业行为,也能改变消费者的购买意愿。亚当斯(Adams)和耶伦(Yellen)首次定义了纯捆绑和混合捆绑,提出纯捆绑是企业仅以打包的形式出售产品,混合捆绑是指企业不仅以打包的形式出售,也分开销售。之后学者的定义可以看作在此基础上的改进或补充,如吉尔提南(Guiltinan)将混合捆绑细分为联合式混合捆绑和领导式混合捆绑,联合式混合捆绑指企业在消费者购买两件产品时予以折扣,领导式混合捆绑指消费者只有购买了企业的高端产品A,才能享受产品B的折扣。德鲁姆莱特(Drumwright)则缩小了捆绑销售的范围,要求被捆绑的产品或服务不能是替代品,且至少在理论上可以分开定价和销售。斯特雷姆什(Stremersch)和特利斯(Tellis)将捆绑销售细分为产品捆绑和价格捆绑。顾成彦和胡汉辉指出,一些学者经常混用捆绑销售的相关概念,认为捆绑销售是将两件或两件以上的、可以单独销售的产品打包出售,而搭配销售指的是出售这样的捆绑包和其中一种产品,混合捆绑指的是出售这样的捆绑包和这两种产品。

资料来源:刘瑞波,王成.捆绑销售的理论解析、策略选择与研究展望[J].山东财经大学学报,2020(2):91-97.

四、心理定价策略

心理定价策略是针对消费者的消费心理,制定相应的产品价格,以满足不同类型消费者的需求的策略。常用的心理定价策略有数字定价、声望定价、招徕定价、习惯定价等。

(一) 数字定价策略

1. 尾数定价策略

尾数定价又称为"零数定价"或者"非整数定价",是指企业利用消费者求廉的心理,制定非整数价格,而且常常以零数作尾数。使用尾数定价,可以让价格在消费者心中产生两种特殊的效应:一是便宜,二是精确。尾数定价策略一般适应于日常消费品等价格低廉的产品。比如一个闹钟,我们可以设计价格为9.93。

2. 整数定价策略

整数定价与尾数定价相反,针对的是消费者的求名、自豪心理,将产品价格有意定为整数。对于那些无法明确显示其内在质量的商品,消费者往往通过其价格的高低来判断其质量的好坏。整数定价常常以偶数,特别是"0"作尾数。整数定价的好处,一是可以满足购买者炫耀富有、显示地位、崇尚名牌、购买精品的虚荣心;二是省却了找零钱的麻烦,方便企业和顾客的价格结算;三是花色品种繁多、价格总体水平较高的商品,可以利用产品的高价效应,在消费者心目中树立高档、高价、优质的产品形象。整数定价策略适用于需求的价格弹性小、价格高低不会对需求产生较大影响的商品,如流行品、时尚品、奢侈品、礼品、星级宾馆、高级文化娱乐城等。但是,要注意的是,在整数定价方法下,价格的高并不是绝对的高,而只是凭借整数价格来给消费者造成高价的印象。

3. 愿望数字定价策略

由于民族习惯、社会风俗、文化传统和价值观念的影响,某些数字常常会被赋予一些独特的含义,企业在定价时如能加以巧用,则其产品将因之而得到消费者的偏爱。当然,某些为消费者所忌讳的数字,如西方国家的"13"、中国的"4",企业在定价时则应有意识地避开,以免引起消费者的厌恶和反感。同样一个闹钟的定价,美国人喜欢奇数,可以定价为 9.97;日本人喜欢偶数,可以定价为 9.92;中国人喜欢 6、8,可以定价为 9.96。

(二) 声望定价策略

即针对消费者"价高质必优"的心理,对在消费者心目中有信誉的产品制定较高价格。价格档次常被当作商品质量最直观的反映,特别是消费者识别名优产品时,这种心理意识尤为强烈。因此,高价与性能优良、独具特色的名牌产品比较协调,更易显示产品特色,增强产品吸引力,产生扩大销售的积极效果。当然,运用这种策略必须慎重,绝不是一般商品可采用的。

(三) 招徕定价策略

当商品定价低于一般市价,消费者总是感兴趣的,这是消费者的一种"求廉"心理。有的企业就利用消费者这种心理,有意把几种商品的价格定得很低,以此吸引顾客上门,借机扩大连带销售,打开销路。

采用这种策略,如果仅从几种"特价品"的销售来看,企业不赚钱,甚至亏本,但因为吸引了更多的顾客,企业可能从其他产品盈利,从企业总的经济效益看还是有利的。

(四) 习惯定价策略

指根据消费市场长期形成的习惯性价格定价的策略。对于经常性、重复性购买的商品,尤其是家庭生活日常用品,在消费者心理上已经"定格",其价格已成为习惯性价格,并且消费者只愿付出这么大的代价。

五、折扣与折让策略

折扣定价是指对基本价格做出一定的让步,直接或间接降低价格,以争取顾客,扩大销量。其中,直接折扣的形式有数量折扣、现金折扣、功能折扣、季节折扣,间接折扣的形式有回扣和津贴。

(一) 数量折扣策略

指按购买数量的多少,分别给予不同的折扣,购买数量愈多,折扣愈大。其目的是鼓励大量购买,或集中向本企业购买。数量折扣包括累计数量折扣和一次性数量折扣两种形式。累计数量折扣规定顾客在一定时间内,购买商品若达到一定数量或金额,则按其总量给予一定折扣,其目的是鼓励顾客经常向本企业购买,成为可信赖的长期客户。一次性数量折扣规定一次购买某种产品达到一定数量或购买多种产品达到一定金额,则给予折扣优惠,其目的是鼓励顾客大批量购买,促进产品多销、快销。例如,现实生活中的团购,消费者市场的买三送一。

数量折扣的促销作用非常明显,企业因单位产品利润减少而产生的损失完全可以从销量的增加中得到补偿。此外,销售速度的加快,使企业资金周转次数增加,流通费用下降,产品成本降低,从而导致企业总盈利水平上升。

(二)现金折扣策略

现金折扣是对在规定的时间内提前付款或用现金付款者所给予的一种价格折扣,其目的是鼓励顾客尽早付款,加速资金周转,降低销售费用,减少财务风险。采用现金折扣一般要考虑三个因素:折扣比例;给予折扣的时间限制;付清全部货款的期限。现金折扣往往用于消费金额比较大的商品,如房地产商品。

(三)功能折扣策略

中间商在产品分销过程中所处的环节不同,其所承担的功能、责任和风险也不同,企业据此给予不同的折扣称为功能折扣。功能折扣的比例,主要考虑中间商在分销渠道中的地位、对生产企业产品销售的重要性、购买批量、完成的促销功能、承担的风险、服务水平、履行的商业责任以及产品在分销中所经历的层次和在市场上的最终售价等。例如,同一商品,形象店、体验店、奥特莱斯店、工厂店因为在渠道中的功能不同,折扣就可以不同。

(四)季节折扣策略

有些商品的生产是连续的,而其消费却具有明显的季节性。为了调节供需矛盾,生产企业对在淡季购买商品的顾客给予一定的优惠,即季节折扣,使企业的生产和销售在一年四季能保持相对稳定。例如,啤酒生产厂家对在冬季进货的商业单位给予大幅度让利,羽绒服生产企业则为夏季购买其产品的客户提供折扣。

(五)回扣和津贴

回扣是间接折扣的一种形式,它是指购买者在按价格目录将货款全部付给销售者以后,销售者再按一定比例将货款的一部分返还给购买者。津贴是企业为特殊目的,对特殊顾客以特定形式所给予的价格补贴或其他补贴。例如,当经销商完成年度销售任务,把货款全部付给厂家之后,厂家通常会给予经销商一定比例的资金回笼返点。

六、数字化产品定价策略

现在市场中,数字化产品逐渐增多。数字化产品由文本、图形、图像、声音等组成。相比传统产品,数字化产品的成本结构特殊,具有高固定成本、低边际成本的特点。因此,单独探索数字化产品具有现实的意义和价值。

(一)差别定价策略

企业可以根据产品或服务的特点实行差别定价策略。例如,一些游戏中,道具的不同皮肤定价不同。

(二)捆绑定价策略

指企业基于对消费者行为和心理的分析将数字化产品或服务进行捆绑销售。例如,在购买游戏道具时,消费者同时购买整套装备,比单独购买单个装备的定价更低。

(三)免费价格策略

由于数字化产品或服务的边际成本趋于零,很多初创企业采取免费定价策略吸引消费者。例如,用户可以免费下载某款APP,但只能使用APP内的部分功能,若要使用全部功能则需要购买,企业能够通过这种定价策略增加企业盈利。

> **知识链接**
>
> **大数据"杀熟"**
>
> 对于大数据,大家首先想到的就是它对于人们生活的便利,然而你的数据还有可能被互联网公司利用。出门在外自然少不了要订票、订酒店,上网通过各种票务平台解决这些问题已成为多数人的选择。海量的消费信息也在购物的同时被记录下来,你的偏好和习惯在不经意间就可能被他人获知,这些数据也为某些人提供了"便利"。
>
> 最近,有网友在微博自述了被大数据"杀熟"的经历。据了解,他经常通过某旅行服务网站订某个特定酒店的房间,长年价格在380元到400元左右。偶然一次,通过前台他了解到,淡季的价格在300元上下。他用朋友的账号查询后发现,果然是300元;但用自己的账号去查,还是380元。
>
> 上述微博发出后,瞬间转发破万,网友们纷纷吐槽各自"被宰"经历。"我和同学打车,我们的路线和车型差不多,我要比他们贵五六块。""选好机票后取消,再选那个机票,价格立马上涨,甚至翻倍。"
>
> 经济学中有一个概念叫价格歧视,通常指商品或服务的提供者在向不同的消费者提供相同等级、相同质量的商品或服务时,打出不同的销售价格或收费标准。互联网公司就是利用你日常的消费轨迹,通过分析得出你是经常使用人群,就开始对消费者"杀熟"。
>
> 不过也有网友表示,这可能是互联网公司为了鼓励新用户,给予新用户价格补贴导致的。这个问题我们不得而知,通过优惠券等公开补贴方式已经屡见不鲜,可暗中调低价格的方式是否存在,是要打个问号的。
>
> 资料来源:大数据"杀熟"[N].南方日报,2018-03-28.

第四节 价格调整与变动

一、竞争中的价格调整

调整价格,可采用减价及提价策略。企业产品价格调整的动力既可能来自内部,也可能来自外部。倘若企业利用自身的产品或成本优势,主动地对价格予以调整,将价格作为竞争的利器,这称为主动调整价格。有时,价格的调整出于应付竞争的需要,即竞争对手主动调整价格,而企业也相应地被动调整价格。无论是主动调整,还是被动调整,其形式不外乎削价和提价两种。

(一) 降价策略

1. 降价策略

削价最直截了当的方式是将企业产品的目录价格或标价绝对下降,但企业更多的是采用各种折扣形式来降低价格。如数量折扣、现金折扣、回扣和津贴等形式。此外,变相的削价形式有:赠送样品和优惠券,实行有奖销售;给中间商提取推销奖金;允许顾客分期付款;赊销;免费或优惠送货上门、技术培训、维修咨询;提高产品质量,改进产品性能,增加产品用途。由于这些方式具有较强的灵活性,在市场环境变化的时候,即使取消也不会引起消费者太大的反感,同时又是一种促销策略,因此在现代经营活动中运用越来越广泛。确定何时削价是调价策略的一个难点,通常要综合考虑企业实力、产品在市场生命周期所处的阶段、销售季节、消费者对产品的态度等因素。比如,进入衰退期的产品,由于消费者失去了消费兴趣,需求弹性变大、产品逐渐被市场淘汰,为了吸引对价格比较敏感的购买者和低收入需求者,维持一定的销量,削价就可能是唯一的选择。由于影响削价的因素较多,企业决策者必须审慎分析和判断,并根据削价的原因选择适当的方式和时机,制定最优的削价策略。

2. 降价原因

企业降价的原因很多,有企业外部需求及竞争等因素的变化,也有企业内部的战略转变、成本变化等,还有国家政策、法令的制约和干预等。这些原因具体表现在以下几个方面:

(1) 企业急需回笼大量现金。对现金产生迫切需求的原因既可能是其他产品销售不畅,也可能是为了筹集资金进行某些新活动。此时,企业可以通过对某些需求的价格弹性大的产品予以大幅度削价,从而增加销售额,获取现金。

(2) 企业通过降价来开拓新市场。一种产品的潜在顾客往往由于其消费水平的限制而阻碍了其转向现实顾客的可行性。在降价不会对原顾客产生影响的前提下,企业可以通过降价方式来扩大市场份额。不过,为了保证这一策略的成功,有时需要以产品改进策略相配合。

(3) 企业决策者决定排斥现有市场的边际生产者。对于某些产品来说,各个企业的生产条件、生产成本不同,最低价格也会有所差异。那些以目前价格销售产品仅能保本的企业,在别的企业主动降价以后,会因为价格的被迫降低而得不到利润,只好停止生产,这无疑有利于主动降价的企业。

(4) 企业生产能力过剩,产品供过于求,但是企业又无法通过产品改进和加强促销等工作来扩大销售。在这种情况下,企业必须考虑降价。

(5) 企业决策者预期降价会扩大销售,由此可望获得更大的生产规模,特别是进入成熟期的产品,降价可以大幅度增进销售,从而在价格和生产规模之间形成良性循环,为企业获取更多的市场份额奠定基础。

（6）由于成本降低，费用减少，使企业降价成为可能。随着科学技术的进步和企业经营管理水平的提高，许多产品的单位产品成本和费用在不断下降，因此，企业拥有条件适当降价。

（7）企业决策者出于对中间商要求的考虑。以较低的价格购进货物不仅可以减少中间商的资金占用，而且为产品大量销售提供了一定的条件。因此，企业降价有利于同中间商建立较良好的关系。

（8）政治法律环境及经济形势的变化，迫使企业降价。政府为了实现物价总水平的下调，保护需求，鼓励消费，遏制垄断利润，往往通过政策和法令，采用规定毛利率和最高价格、限制价格变化方式、参与市场竞争等形式，使企业的价格水平下调。在紧缩通货的经济形势下或者在市场疲软、经济萧条时期，由于币值上升，价格总水平下降，企业产品价格也应随之降低，以适应消费者的购买力水平。此外，消费者运动的兴起也往往迫使产品价格下调。

（二）提价策略

提价确实能够增加企业的利润率，但却会引起竞争力下降、消费者不满、经销商抱怨，甚至还会受到政府的干预和同行的指责，从而对企业产生不利影响。虽然如此，在实际中仍然存在着较多的提价现象。其主要原因是：

（1）应付产品成本增加，减少成本压力。这是所有产品价格上涨的主要原因。成本的增加或者是由于原材料价格上涨，或者是由于生产或管理费用提高而引起的。企业为了保证利润率不致因此而降低，便采取提价策略。

（2）为了适应通货膨胀，减少企业损失。在通货膨胀条件下，即使企业仍能维持原价，但随着时间的推移，其利润的实际价值也呈下降趋势。为了减少损失，企业只好提价，将通货膨胀的压力转嫁给中间商和消费者。

（3）产品供不应求，遏制过度消费。对于某些产品来说，在需求旺盛而生产规模又不能及时扩大而出现供不应求的情况下，可以通过提价来遏制需求，同时又可以取得高额利润，在缓解市场压力、使供求趋于平衡的同时，为扩大生产准备了条件。

（4）利用顾客心理，创造优质效应。作为一种策略，企业可以利用涨价营造名牌形象，使消费者产生价高质优的心理定式，以提高企业知名度和产品声望。对于那些革新产品、贵重商品、生产规模受到限制而难以扩大的产品，这种效应表现得尤为明显。

为了保证提价策略的顺利实现，提价时机可选择在这样几种情况下：

（1）产品在市场上处于优势地位；

（2）产品进入成长期；

（3）季节性商品达到销售旺季；

（4）竞争对手产品提价。

此外，在方式选择上，企业应尽可能多采用间接提价，把提价的不利因素减到最低程度，使提价不影响销量和利润，而且能被潜在消费者普遍接受。同时，企业提价时应采取各种渠道向顾客说明提价的原因，配之以产品策略和促销策略，并帮助顾客寻找节约途径，以减少顾客不满，维护企业形象，提高消费者信心，刺激消费者的需求和购买行为。

至于价格调整的幅度，最重要的考虑因素是消费者的反应。因为调整产品价格是为了促进销售,实质上是要促使消费者购买产品。忽视了消费者反应,销售就会受挫,只有根据消费者的反应调价,才能收到好的效果。

二、对价格调整的反应

(一)购买者对调价的反应

适当的价格调整能够产生良好的效果。但是,若调整不当,则适得其反。无论是调高价格还是降低价格,企业都必须要注意到各个方面反应。衡量定价成功与否最重要的标志是消费者将如何理解价格调整行为,企业所确定的价格能否为消费者所接受。

1. 顾客对企业的提价行为可能会有这样的反应:
(1) 普遍都在提价,这种产品价格的上扬很正常;
(2) 这种产品很有价值;
(3) 这种产品很畅销,将来一定更贵;
(4) 企业在尽可牟取更多的利润。

2. 顾客对企业的降价行为可能会有这样的反应:
(1) 产品的质量有问题;
(2) 这种产品老化了,很快会有替代产品出现;
(3) 企业财务有困难,难以经营下去;
(4) 价格还会进一步下跌。

综合企业价格调整的原因和消费者对价格调整的反应,分别如下表11-1、表11-2。

表11-1 企业价格调整的主要原因

降　　价	提　　价
产能过剩➡P↓➡扩大销售	通货膨胀➡P↑➡保证赢利
竞争压力➡P↓➡保持份额	供不应求➡P↑➡限制需求
成本优势➡P↓➡控制市场	创造名牌效应

表11-2 消费者对价格调整的反应

降　　价	提　　价
式样陈旧	数量有限
有缺点	有价值
财务困难	公司有利润
质量有问题	畅销
还要跌	还会涨

通过表11-1、表11-2的对比反应,可以看出企业打算向顾客让渡利润的降价行为可能被理解为产品销售状况欠佳、企业面临经济上的困难等,一个动机良好的价格调整

行为就可能产生十分不利的调整结果。因此，企业在进行调整前，必须慎重研究顾客对调整行为可能的反应，并在进行调整的同时，加强与顾客的沟通。

(二) 竞争者对调价的反应

企业在考虑改变价格时，不仅要重视购买者的反应，而且必须关注竞争对手的反应。当一个行业企业很少，产品同质性强，购买者颇具辨别力和相关知识时，竞争者的反应就越发显得重要。

1. 了解竞争者反应的主要途径

企业估计竞争者的可能反应，至少可以通过两种方法：内部资料和统计分析。取得内部情报的方法有些是可接受的，有些近乎刺探。例如，从竞争者那里挖来经理，以获得竞争者决策程序及反应模式等情报；雇用竞争者以前的员工，专门建立一个部门，任务是模仿竞争者的立场、观点、方法思考问题。类似的情报也可由其他渠道，如顾客、金融机构、供应商、代理商等获得。

企业可从以下两方面来估计、预测竞争者对本企业价格变动的可能反应：

（1）假设对手采取老一套的办法对付本企业的价格变动。在这种情况下，竞争对手的反应是能够预测的。

（2）假设对手把本企业每一次价格变动都看作新挑战，并根据当时的利益做出反应。在这种情况下，企业就必须断定当时对手的利益是什么。企业必须调查研究对手的财务状况、近来的销售和产能情况、顾客忠诚情况及企业目标等。如果竞争者的目标是提高市场占有率，就可能随本企业的价格变动而调整价格；如果竞争者的目标是最大利润，就会采取其他对策，如增加广告预算、加强广告促销或者提高产品质量等。总之，在实施价格变动时，必须善于利用企业内部和外部信息来源，观测竞争对手的思路。

实际情况是复杂的，因为竞争者对本企业降价可能有种种理解，如可能认为企业想偷偷侵占市场阵地；或企业经营不善，力图扩大销售；还可能认为企业想使整个行业价格下降，刺激整个市场需求。

上面假设的是企业只面临一个大的竞争者。如果面对若干个竞争者，还要顾及每个竞争者的可能反应。如果所有竞争者反应大体相同，就可集中力量分析典型的竞争者，因为其反应可以代表其他竞争者的反应。如果各个竞争者规模、市场占有率及政策等重要因素有所不同，他们的反应也会有所不同，此时就必须分别对每个竞争者进行分析；如果某些竞争者随本企业价格变动而变价，那么其他竞争者也有可能会这样。

2. 竞争者反应的主要类型

竞争者对调价的反应，主要有以下类型：

（1）相向式反应。你提价，他涨价；你降价，他也降价。这样一致的行为对企业影响不太大，不会导致严重后果。只要企业坚持合理的营销策略，不会失掉市场和减少市场份额。

（2）逆向式反应。你提价，他降价，或维持原价不变；你降价，他提价或维持原价不变。这种相互冲突的行为影响很严重，竞争者的目的也十分清楚，就是乘机争夺市场。对此，企业要进行调查分析，首先摸清竞争者的具体目的，其次要估计竞争者的实力，还要了解市场的竞争格局。

(3)交叉式反应。众多竞争者对企业调价反应不一,有相向的也有逆向的,还有不变的,情况错综复杂。企业在不得不进行价格调整时,应注意提高产品质量、加强广告宣传、保持分销渠道畅通等。

(三)企业对竞争者变价的反应

在市场经济条件下,企业不仅自己可以用价格调整参与市场竞争,同时也会面临着竞争者价格调整的挑战。如何对价格竞争做出正确、及时的反应,是企业价格策略中的重要内容。

1. 企业应变必须考虑的因素

为了保证企业做出正确反应,企业应该了解:竞争者进行价格调整的目的是什么?这种变价行为是长期的还是暂时的?如果不理会竞争者的价格调整行为,市场占有率会发生什么变化?如果做出相应的变价行为,对本企业存在什么影响?竞争者和其他企业又会有什么反应?

2. 企业应变的对策

在同质产品市场上,如果竞争者降价,企业必须随之降价,否则顾客就都会购买竞争者的产品;如果某一个企业提价,其他企业也可能随之提价,但只要有一个不提价的竞争者,那么这种提价行为只能取消。

在异质产品市场上,企业对竞争者的价格调整的反应有更多的自由。因为在这种市场上,顾客选择产品不仅考虑价格因素,同时还会考虑产品的质量、性能、服务、外观等多种因素。顾客对于较小价格差异并不在意的条件,使得企业面对价格竞争时有了更多的选择余地。

面对竞争者的变价,企业不可能花很多时间来分析应采取的对策。事实上,竞争者很可能花了大量的时间来准备变价,而企业又必须在数小时或几天内明确果断地做出明智反应。缩短价格反应决策所需时间的唯一途径,就是预料竞争者可能的价格变动,并预先准备好适当的对策。

本 章 小 结

在营销策略组合中,价格具有任何其他营销组合手段所无法替代的作用。企业在定价之前必须首先确定定价目标。定价目标为企业营销目标服务,是企业选择定价方法和制定价格策略的依据。企业的定价目标有多种:以获取理想利润为定价目标;以取得适当的投资利润率为定价目标;以维持或提高市场占有率为定价目标;以树立和改善企业形象为定价目标;以应付与防止竞争为定价目标。

产品价值是产品价格的基础,在现实的市场营销活动中,除了产品成本、市场供求、竞争状况以外,市场营销组合中的其他变量:产品策略、渠道策略、促销策略,以及政府的经济政策,企业本身的生产能力,财务能力等都会对企业的定价策略产生不同程度的影响。因此,必须在产品价值的基础上,认真研究各方面影响因素,才能定出保证营销目标实现的合理价格。

企业定价一般有成本导向型、需求导向型和竞争导向型等几种方式。在成本导向定价中,可按成本加成定价法、目标利润定价法进行定价;在需求导向定价中,可采用感受价值定价法、反向定价法、价值定价法、集团定价法;竞争导向定价则是以竞争各方之间的实力对比和竞争者的价格为主要定价依据。

企业定价面对的是复杂多变的环境。企业必须在采用某种方法确定出基本价格的基础上,根据目标市场状况和定价环境的变化,采用适当的策略,保持价格与环境的适应性。

思 考 题

1. 简述取脂定价法的适用条件。
2. 简述折扣定价的概念和基本类型。
3. 导致企业价格调整的主要原因有哪些?
4. 企业在对竞争者调价做出反应时,应考虑哪些问题?

案 例 讨 论

物有所值,值多少? ——光明温泉的客房定价之惑

"物美价廉"一直被大部分商家认为是吸引顾客购买的最有效的价值主张。低价格也成了很多企业争取业务增长和抵御竞争的常用武器。但随着国内外市场环境的演变,低价和低成本较难成为众多竞争企业的可持续竞争优势。大连金鑫光明温泉酒店在其成立伊始,也面临着如何摆脱"物美价廉"的模式,进行"物有所值"定价的难题。

一、久议未决的价格

大连金鑫光明温泉酒店(以下简称光明温泉)经过2年多的建设,酒店工程已进入收尾阶段。然而在一个关乎酒店经营命运的问题上,管理团队无法拿出一个成熟的解决方案,那就是酒店的标准客房的门市价究竟应该定在一个什么水平上?一些观点认为门市价应该低一些;另一部分观点则认为价格高一些比较合适。

二、行业现状

近年来,温泉旅游已成为我国休闲度假旅游的一大热点。国际经验表明,人均GDP达到10 000美元左右时,消费需求将从生存型、数量型向发展型、享受型转变。大连温泉旅游市场总体呈增长态势。其特点具体表现为客源主要来自本市及省内市场、出游季节性明显,出游时间集中在冬季、出游目的呈现多元化的趋势。温泉旅游以养生、会议、商务、度假、观光为主、消费水平偏低,由于温泉旅游组合种类较少,温泉平均消费偏低,缺少高端消费项目。

大连市温泉资源已经得到了初步开发。现阶段,大连市已开发温泉资源10处。正在规划建设项目43项,投资1 100多亿。与国内著名温泉旅游城市相比,大连温泉旅游知名度低,开发规模小,产业链和配套设施不完善。在众多地区中,只有铭湖、唐风拥有五星级标准的温泉酒店。但随着"辽宁温泉大省"的建设,温泉开发已进入快速成长期。温泉资源与滨海、生态、都市、滑雪等项目的组合优势将得到发挥。

为了建设大连温泉品牌与促进温泉旅游业的健康发展,2010年,辽宁省政府出台了《辽宁省人民政府加快发展温泉旅游的意见》,明确提出利用5年时间,在全省范围内

加快温泉旅游发展,建设一批温泉旅游聚集区和特色温泉小镇,推出一批温泉旅游精品项目,培育一批温泉品牌,提高辽宁省温泉旅游整体竞争力和知名度,将辽宁省建设成为温泉旅游强省。与此同时,大连在《旅游业发展"十二五"规划》和《大连人民政府关于加快发展温泉旅游的实施意见》中都将发展温泉旅游作为大连旅游发展的主要战略方向之一。

三、安波温泉介绍

安波街道,隶属辽宁省大连市普兰店区,地处普兰店区北部,东靠庄河市,南依沙包街道和双塔街道,西邻同益街道,北接营口盖州市,全街道行政区域面积 304.59 km²。安波以温泉闻名遐迩。据史料记载,清朝道光年间,当地人就利用温泉洗浴治病。其一直处于发展状态。现在安波街道已成为集旅游度假、康复疗养、会议接待、运动健身为一体的温泉旅游产业聚集地。大连温泉数量多,品位差异较大。其中,安波温泉、龙门温泉和步云山温泉属于大连各地区中的高品质温泉。1984 年,经国家地质部门和联合国地热专家费富斯顿鉴定,称安波温泉为"亚洲之最"。大连安波光明温泉有限公司位于安波温泉旅游度假区中心,是一家按照国家四星级标准设计、修建的,集住宿、餐饮、康乐等多功能为一体的温泉度假酒店。

四、安波的温泉旅游市场特征

安波的温泉旅游需求从总体数量变动来看,需求总量和人均消费均呈现增长趋势。从增长情况来看,安波的温泉旅游收入和旅游人次数一直呈现稳步上升的规律。安波温泉旅游的客源主要集中在普兰店区、瓦房店市和大连市区,以保健、休闲度假、商务会议为主。年接待游客 50 多万人次。最近几年,大连以外的游客呈现逐年增长趋势。安波镇温泉旅游产业同大多数温泉产业一样,季节性消费明显。

五、竞争现状

光明温泉所在的大连安波温泉度假区,位于辽宁省大连市普兰店区安波街道,距大连市区 150 公里。度假区规划面积 8 平方公里,有星级宾馆及旅游定点接待单位 73 家、游泳馆 10 个、床位 3 000 张。其中规模以上的旅游企业 8 家,包括四星级标准酒店 2 家、三星级标准酒店 3 家、二星级标准酒店 3 家。

大连御龙温泉山庄是一家以温泉为主题,按四星级标准建造的集温泉养生、商务接待、特色餐饮、生态旅游、保健娱乐及大小型会议沙龙为一体的度假酒店。

铂悦温泉酒店、云庐温泉酒店、南山温泉等属于 2—3 星级中低端温泉酒店,大多配有客房、游泳馆、洗浴、餐厅。住宿价位在 100—400 元/晚,主打中低档旅游团体和社区居民等。

六、公婆各理的会议

光明温泉召开了一次酒店标准客房门市价定价讨论会,各与会人员各抒己见。以下为讨论会观点汇总。

1. 物美价廉,可以大卖

认为光明温泉可以把价格定得低一些。客房是酒店的利润中心。对于一般的酒店来说,客房收入占整个酒店收入的 40%—60% 左右。因此,增加酒店客房收入对酒店的生存和发展有着非常重要的意义。增加客房收入的一个重要方式就是提高平均入住率、提高知名度。企业可以考虑通过以贴近成本定价的方式来打入市场,以高性价比快速吸引大量顾客并赢得较大的市场占有率。

2. 物有所值,方得始终

认为顾客表面买的是产品,实际上买的是产品带来的价值。正是这种价值决定了价格,并不是成本决定了价格。所以,不能把企业的注意力只聚焦到标准客房的280元成本上。企业还要看顾客能够从酒店获得怎样的价值。所以,认为光明温泉的定价应能够反映出它的价值,同时也让消费者能够体验到这种价值所在。

同时,温泉旅游是一种体验性的服务产品,在缺乏服务产品信息的情况下,顾客往往把价格高低作为衡量产品质量的一个指标,也就是说高价高质,低价低质。所以,作为四星水平的酒店,300多元的房价会贬损我们酒店的形象,因此建议可以考虑把价格定得高一些。

3. 以他为鉴,可明高下

认为单纯谈论价格没有意义,还要考虑到竞争,要考虑市场上存在的同类产品的质量和价格。除了光明温泉酒店以外,安波还有大大小小70多家温泉酒店。光明是要从他们的嘴里夺食,瓜分他们既得的市场份额的。所以,只有以竞争对手的质量和价格作为定价的参照基准点,在此基础上考虑比竞争对手更为有利的定价策略,才能获胜。因此,讨论定价的优先要务是要明确我们的主要竞争对手是谁。

4. 鱼和熊掌,能否兼得

从投资人角度,不介意价格是高还是低,最关心的还是酒店能否正常营业,投资能否顺利收回。财务经理说明,开业后企业能筹集的流动资金就200万,所以投资人特别担心光明温泉前期起步起不来,就迅速进入经营困顿的局面。为了避免这种情况,投资人认为最终定价最好一方面能够降低竞争者的激烈反应,同时又能够吸引顾客,稳定增加酒店收入,保证流动资金的补充。

七、何去何从的思索

应该定高价还是低价?高价能高到何种程度?在高价的情况下,顾客能认可吗,销售收入可以得到保证吗?应该允许低价吗?如果允许,应该下降到何种程度?竞争对手将如何反应?如何将投资者对利润的需求和酒店提供给顾客的价值结合起来以做出更好的决策?

资料来源:物有所值,值多少?——光明温泉的客房定价之惑[Z/OL].[2021-02-07].http://www.cmcc-dut.cn/Cases/Detail/3311.

讨论题:

1. 关于光明温泉定价内部有几种观点及支撑理由?
2. 光明温泉的竞争状况是怎样的?
3. 影响光明温泉定价的因素有哪些?
4. 假如你是总经理,光明温泉标准间最后定价多少合适?给出理由。

参 考 文 献

1. [美]菲利普·科特勒等.市场营销原理(亚洲版).[M].何志毅等译.北京:北京

机械工业出版社,2006.

2.［美］加里·阿姆斯特朗,［美］菲利普·科特勒.市场营销学(第9版)[M].吕一林等译.北京：中国人民大学出版社,2010.

3.杨慧.市场营销学(第3版)[M].北京：中国社会科学出版社,2011.

4.钟岭.企业应对行为对消费者-品牌关系断裂影响机制研究——基于可辩解型产品伤害危机[M].北京：经济管理出版社,2014.

5.［美］菲利普·科特勒,［美］凯文·莱恩·凯勒.营销管理(第15版)[M].何佳讯等译.上海：格致出版社,2016.

6.郭国庆.市场营销学通论(第7版)[M].北京：中国人民大学出版社,2017.

7.［美］菲利普·科特勒,［美］加里·阿姆斯特朗.市场营销：原理与实践(第16版)[M].楼尊译.北京：中国人民大学出版社,2015.

8.王永贵.市场营销[M].北京：中国人民大学出版社,2019.

9.刘玲玲.基于消费者行为的网络动态定价研究综述[J].市场周刊,2017(8)：78-80.

10.休布雷公司的价格策略.https：//www.wenku365.com/p-47193263.html.

11.通信世界.Verizon的LTE成功学：渗透式定价耐心培养市场[Z/OL].[2021-02-07].http：//www.cww.net.cn/article?id=298551.

12.刘瑞波,王成.捆绑销售的理论解析、策略选择与研究展望[J].山东财经大学学报,2020(2)：91-97.

13.物有所值,值多少?——光明温泉的客房定价之惑[Z/OL].[2021-02-07].http：//www.cmcc-dut.cn/Cases/Detail/3311.

14.互联网的放大镜.小米手机低价误国论,为什么如此有市场?[Z/OL].[2021-02-07].https：//www.sohu.com/a/361238818_177772.

15.招商无忧合伙人.一片雪糕66元,网红"钟薛高"是如何爆红的?[Z/OL].[2021-02-07].https：//www.sohu.com/a/292397848_322896.

16.大数据"杀熟"[N].南方日报,2018-03-28.

第十二章　分销渠道策略

【学习目标】

1. 了解分销渠道的内涵和职能。
2. 理解分销渠道的类型及特点。
3. 掌握如何进行分销渠道设计。
4. 理解分销渠道冲突的表现、原因和解决策略。
5. 了解分销渠道的激励策略。
6. 理解中间商的主要类型及其发展趋势。

开篇案例

李宁的"中年危机"

哪些因素将李宁从"高增长"推到"下坡路"？这家曾经优秀的本土企业还值得期待吗？

不知从哪一天起，小区楼下的李宁专卖店悄无声息地消失了。不止李宁，安踏、特步都在打折，过度竞争的体育用品行业已经到了拼真功夫的时候了。

李宁的生意似乎更惨淡一些。它已经连续亏损超过四年。2014年上半年，李宁公司花了6个月时间关掉了244间店铺，取消了3个经销商，但下跌势头并没被控制住。看起来，开始于2012年夏天的"革新计划"并未取得明显成效，但留给李宁的时间已经不多。

李宁公司发展轨迹犹如一条n形曲线。从1990年成立开始，公司一直维持高速增长状态，营业额攀升到2010年的94.78亿元，然后犹如一列失控的过山车掉头直下。2012年下半年李宁巨亏20亿元，2014年上半年报亏5.86亿元，超过去年同期亏损4亿元。

亏损不是一日造成的。李宁在获得连续20年高增长的同时暴露出了大量问题，这些问题被以往的快速增长所掩盖，却并未得到解决。当经营环境发生变化的时候，这些问题被突然引爆，李宁轰然倒塌。

回顾李宁公司历史，以下三大因素将它从"高增长的轨道"推到了"下坡路"：

一、战略失策

李宁并没有随着外部环境的变化而同步调整经营策略和市场定位。

1990年代,在消费市场初启背景下,李宁遵循低成本竞争策略,以耐克、阿迪达斯追随者姿态切入体育用品市场,取得了初期成功,奠定了中国头号体育品牌的江湖地位。

一个突出的问题是:李宁以耐克为师,产品设计、品牌LOGO和营销口号也与耐克极为相似,这一战略定位引来两个问题:"耐克是李宁的天花板吗?""当耐克战略下沉的时候李宁怎么办?"

李宁公司抓住2008年北京奥运带来的全民健身热潮,推行激进扩张策略,在"奥运红利"刺激下,收获了丰厚商业利润。李宁这一时期的成功在于抓住了市场潮流,向中国消费者提供质优价廉产品,但是并没有在设计、研发、管理、渠道、品牌、营销等方面形成足够强大的竞争优势,因此当它希望突破以往的追随者姿态,提高产品售价,改变"中国的耐克"的品牌形象,重新锁定目标消费者——"90后李宁",吸引年轻一代消费群体的时候,不匹配的核心竞争力与顶层战略定位严重脱节,引发了此后一连串的系统性反噬。

二、模式陈旧

李宁采取的是传统批发模式,直接面对的客户是各级供应商而非终端消费者,因而缺乏对市场变化的敏感度和对消费者需求的洞察力,市场反应速度过慢,产品积压严重。

李宁公司采取"直营门店+加盟门店"的市场布局方式,这一模式的优势在于能够借助经销商的力量迅速抢占市场,挟制竞争对手,劣势在于经销商各自为政,难以进行系统化管理。由于多数经销商属于单店经营,店铺形象陈旧,运营、销售水平欠佳,因此过季产品大量积压的局面不可避免地出现了。

从2012年开始,李宁重塑业务模式,控制经销商数量,同时扩张直营网络。2014年上半年,在关闭437家特许经销商店铺的同时,李宁新开张了193家直营店铺,直营店铺销售占比提升了7%。

三、管理粗放

由于特许经销商占比过高,李宁的企业文化和管理理念难以渗透到各级经销商,因此李宁对渠道缺乏管控力,无法及时反馈和掌握动态的市场信息。

李宁致力于筹建"零售及营销运营平台",在全部直营门店和部分经销商门店推行IT整合管理平台,每周举行"快速反应/快速铺货执行委员会会议",检测产品到店覆盖率、货品陈列、零售折扣及售罄率,掌握存货变动,调整营销方式和陈列布局,但是成效还需时间的检验。

李宁公司已经成立20多年了,这段时间十分漫长。然而不得不接受的事实是,在当今这个急剧变化的世界中,李宁已经走过高速成长的好年景,提前步入了缓慢增长的"中年"。

对于李宁而言,以安踏为代表的本土竞争者正后来居上,与耐克、阿迪达斯形成夹击之势,它能够从包围中杀出一条生路,在n形曲线之外,勾勒出另一条"S"曲线吗?

资料来源:杜博奇.李宁的"中年危机"[Z/OL].[2021-02-09].http://www.fortunechina.com/column/c/2014-10/30/content_226115.htm.

随着营销理论和营销实践的发展和变化,分销渠道成为营销组合中的一个重要的营销策略,与产品、价格、促销等营销策略一样处于非常重要的地位。分销渠道是企业能否将产品顺利地打入市场、提高产品的市场占有率、实现企业营销目标的关键营销策略。分销渠道的合理选择也关系到企业其他营销组合决策的效果。在激烈竞争的营销环境中,"渠道为王,终端制胜"的说法尤为盛行。因此,分销渠道决策对企业获取和保持竞争优势至关重要。本章将对分销渠道的概念、设计、管理以及中间商进行具体探讨。

第一节 分销渠道概述

一、分销渠道的含义

分销渠道是指在产品或服务从生产者向消费者转移的过程中,取得这种产品或服务所有权或帮助所有权转移的所有组织和个人。分销渠道的起点是生产者,终点是消费者,中间环节为中间商,包括批发商、零售商、代理商和经纪人。他们作为分销渠道的成员,共同构建和形成了分销渠道。中间商的类型较多,比如批发商和零售商买进产品,取得产品所有权,然后再出售,被称为买卖中间商。其他一些中间机构(如经纪人、制造商和销售代理人)则寻找顾客,有时也代表生产厂商同顾客谈判,但他们不取得产品所有权,被称为代理商。还有一些中间机构(如运输公司、独立仓库、银行和广告代理商)主要起到支持分销活动的作用,他们既不取得产品所有权,也不参与买卖谈判,被称为辅助机构。美国营销大师菲利普·科特勒认为,营销渠道是那些配合生产、分配和消费某一生产者的某些货物或劳务的所有企业和个人,包括某种商品的供产销过程中的所有组织和个人,如供应商、生产者、中间商、辅助商以及最终消费者。鉴于分销渠道和营销渠道两个概念在实际中经常被运用,本教材对两者亦不做严格意义上的区分。

二、分销渠道的职能

随着产品从制造商向消费者转移,一系列的"流动过程"会发生,这些流动过程使分销渠道各个成员紧密联系,它们被称为分销渠道的职能。分销渠道的职能主要包括以下几种:

(一) 实物流

实物流也称为实体分配或物流,它是实体产品从制造商至最终消费者的空间转移过程,包括产品的运输、储存、装卸、配送、存货管理、包装、订单处理。物流能保证制造商以最低成本,在正确的时间和地点,将商品快速地送达顾客。

(二) 资金流

资金流是在分销渠道成员之间形成的资金流动过程。例如,零售商通过银行向经销商或批发商支付货款,经销商垫付资金进货,制造商和经销商向零售商交付进场费、店庆费、场庆费、条码费、堆码费、POP广告制作费,消费者向零售商支付费用等。

(三) 促销流

促销流是指分销渠道的成员通过广告、人员推销、销售促进、公共关系等活动对另一个成员或消费者施加影响的过程。例如，经销商寻找潜在顾客、推销商品以及组织促销活动。

(四) 订货流

订货流是指分销渠道成员向供应商发出订货的过程，其目的是满足顾客订货需求，或保持适量库存以应付潜在需求和预防未来产品涨价。

(五) 谈判流

谈判流是指产品实体和所有权在分销渠道各成员之间发生转移前，成员之间就交易的合约条款进行协商、洽谈和签约的过程。

(六) 信息流

信息流是指渠道成员之间相互传递信息的过程。例如，经销商、代理商、批发商、零售商搜集消费者市场的相关信息。

(七) 所有权流

所有权流是指实体产品的所有权从分销渠道的一个成员转移到另一个成员的过程。其中，服务通常并不转移所有权，而只是转移使用权，这样服务可为多人同时使用和消费。但是，实体产品一旦出售，其使用权和所有权就会转移给消费者。

(八) 风险流

风险流是指各种风险在分销渠道各成员间的预防、转移、消亡的过程。分销渠道成员在追求价值最大化的过程中，也存在共担风险的关系。

在上述分销渠道职能中，信息流、谈判流、资金流和风险流通常是双向流程，实物流、所有权流、促销流、订货流往往是单向流程。

案 例 分 享

小米手机渠道策略

1. 线上销售

小米手机在分销渠道上同样也是模仿了苹果在美国的渠道政策，主要采取了电子渠道加物流合作的分销模式。首先，小米手机目前的销售，全部依靠小米科技旗下B2C网站小米网的网络直销，规避了与实体店和分销商的利润分割，避免了网络欺诈和多余的成本，杜绝假冒商品，又很有时尚感，很能吸引年轻顾客的兴趣，同时更强化了自身的品牌影响力。

2. 与电信商合作

小米手机一开始是仅仅通过电商的形式销售的，之后，小米科技与中国联通达成了协议，一起出售合约手机，合约计划推出预存话费送手机和购机入网送话费两种形式。这样一来又为小米机的分销增加了新的渠道。

资料来源：赵俊仙.市场营销学[M].北京：北京理工大学出版社，2018：177.

三、分销渠道的类型

(一)根据中间商是否存在进行分类

根据中间商是否存在,可以将分销渠道(图 12-1)分为直接渠道和间接渠道两种类型。

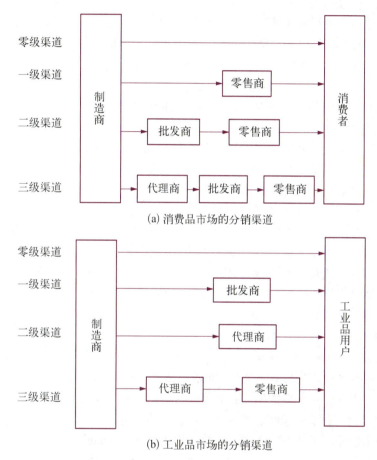

图 12-1 分销渠道基本类型

1. 直接渠道

直接渠道又称零级渠道,是指产品没有经过任何中间商而从制造商直接流入最终消费者的分销渠道模式。通常采用直接渠道的产品为贵重、技术复杂、需要提供专门服务的消费品及工业品。直接渠道的具体形式有上门推销、展销会、特许加盟直营店、电话电视直销、邮购直销、网络直销等。

直接渠道的优点是能够较好地控制渠道,并且直接获取消费者的需求信息。不足之处是生产者的资源、精力容易分散,不利于快速扩展渠道网络。

随着直接渠道的发展,一种被称为脱媒(disintermediation)的现象开始出现。脱媒是指生产者绕过中间商直接面对最终消费者销售产品或服务,或者是强势的新型渠道中间商的出现取代原有的中间商。例如,戴尔、新加坡航空等知名企业就在分销渠道中逐步取消零售商而直接向最终客户进行销售。

2. 间接渠道

间接渠道是指企业通过中间环节把产品或服务销售给最终消费者的渠道类型。间接渠道包括一级、二级和三级渠道等。间接渠道一般适合消费品的分销。

间接渠道的优点在于有利于产品的广泛分销和推广,可以利用中间商的经验和优势促进产品或服务的迅速销售。但是,间接渠道的缺点是会减弱渠道的控制力和执行力,并且分销渠道中的信息反馈容易滞后,不利于企业及时了解市场需求信息。

(二) 根据渠道层次分类

根据渠道层次的多少,可以将分销渠道分为零级、一级、二级、三级乃至更多级。以消费品市场为例,依据渠道层次可将分销渠道划分为以下类别:

1. 零级渠道

零级渠道是指生产者和消费者之间没有任何层次的中间商存在,产品能够实现从生产者到消费者的直接销售。

2. 一级渠道:企业-零售商-消费者

一级渠道是指企业和消费者之间只有一个层次的中间商存在。一级渠道的优点是中间环节少,产品分销渠道短,有利于企业集中利用强势中间商的力量和优势来扩大产品销售。缺点是容易受中间商的影响和制约,出现店大欺客的现象。

一级渠道和零级渠道均被视为短渠道,短渠道的优点是分销渠道短、中间环节少、产品流转成本低、销售速度快、市场信息反馈及时,缺点是企业承担的职能多,拓展市场的规模和速度受到影响。

3. 二级渠道

二级渠道一般有二级经销渠道和二级代理分销渠道:

(1) 二级经销渠道的形式:企业-批发商-零售商-消费者。

(2) 二级代理分销渠道的形式:企业-代理商-零售商-消费者。

4. 三级渠道:企业-代理商-批发商-零售商-消费者

二级以上的渠道又被称为长渠道,长渠道的优点是能高效开拓市场、分散经营风险,缺点是中间环节多导致渠道控制性差,产品成本增加并且容易失去低价优势。

(三) 根据同一层次并列中间商的多少分类

根据分销渠道每一层次使用同类中间商数量的多少,可划为宽渠道和窄渠道。如果企业选择较多的同类中间商经销产品,则称为宽渠道;反之,则称为窄渠道。结合产品性质、市场特征、企业分销战略等因素的影响,又可将分销渠道分为密集分销、选择分销、独家分销。

1. 密集分销

密集分销是指企业通过非常多的批发商、零售商经销其产品,从而形成的分销渠道结构。密集分销往往能扩大市场覆盖面,使产品快速进入新市场,方便分散的消费者随时随地购买产品,但其缺点是中间商之间会形成恶性竞争,并且中间商的经营积极性较低,责任心差。一般来说,消费品中的便利品多采用密集分销。

2. 选择分销

选择分销是企业按一定条件选择若干个同类中间商经销产品所形成的分销渠道结构。选择分销渠道通常由实力较强的中间商组成，这些中间商具有丰富的销售经验和雄厚的资金实力，也能较好地维护产品和企业的品牌信誉。消费品中的选购品、工业品中的零配件、一些机器设备通常采取选择分销模式。

3. 独家分销

独家分销是企业在某一市场仅选择一家批发商或零售商经销产品所形成的分销渠道结构。独家分销有利于控制市场以及加强产品形象建设。但独家分销易导致市场覆盖较窄，有一定的风险。一般而言，生产和经营名牌、高档消费品、奢侈品以及技术性强、价格高的工业品的企业多采用独家分销模式。例如，宾利汽车的经销商不仅数量少，而且彼此间的距离也很远，即使在规模很大的城市里也通常只有一家经销商。通过授予专营性分销权，宾利公司不仅获得了强有力的经销商销售支持，而且也对经销商的定价、促销、信贷和服务拥有更大的控制力。宾利汽车的这种专营性分销模式不仅提升了产品的品牌形象，而且也有利于保证高赢利。

(四) 依据企业采用分销渠道类型的多少分类

依据企业采用分销渠道类型的多少，可划分为单渠道系统和多渠道系统。单渠道系统是指企业只通过一种分销渠道销售产品。多渠道系统，又称为混合渠道系统，是指企业同时采用多种分销渠道销售产品的分销体系。

多渠道系统强调生产企业通过多条渠道将相同的产品送到不同的市场或相同的市场。随着市场竞争的日益激烈，越来越多的企业开始采用多渠道分销方式。多渠道系统给企业带来了诸多利益，例如扩大了产品的市场覆盖面和销售量；降低了分销渠道成本；更好地适应了顾客的差异化需求。但多渠道系统也容易造成渠道之间的冲突，给渠道控制和管理工作带来挑战。

随着线上线下融合发展，全渠道发展开始成为行业趋势。全渠道是指企业为了满足消费者任何时间、任何地点、任何方式购买的需求，采取实体渠道、电子商务渠道和移动电子商务渠道整合的方式销售商品或服务，提供给顾客无差别的购买体验。在新零售背景下，线上线下全渠道平台发展成为行业趋势，企业应重视发展线上和线下渠道，借助线上和线上各自的优势，实现创新发展。

知 识 链 接

全 渠 道 零 售

全渠道零售（Omni-Channel retailing），就是企业为了满足消费者任何时候、任何地点、任何方式购买的需求，采取实体渠道、电子商务渠道和移动电子商务渠道整合的方式销售商品或服务，提供给顾客无差别的购买体验。

资料来源：全渠道零售[Z/OL].[2021-02-07].https://baike.baidu.com/item/%E5%85%A8%E6%B8%A0%E9%81%93%E9%9B%B6%E5%94%AE.

（五）按渠道成员相互联系的紧密程度不同进行划分

按渠道成员相互联系的紧密程度不同，可将分销渠道划分为传统渠道系统和整合渠道系统。

1. 传统渠道系统

传统渠道系统由独立的生产商、批发商、零售商和消费者组成。在传统渠道系统中，渠道成员之间的关系是松散的，从而容易导致渠道成员为追求自身利益最大化而激烈竞争，不利于维护整个渠道系统的利益。

2. 整合渠道系统

整合渠道系统是指渠道成员通过不同程度的一体化整合形成的分销渠道系统。整合渠道系统通常包括以下三种：

（1）垂直渠道系统。垂直渠道系统是由制造商、批发商和零售商纵向整合形成的统一系统，主要有三种形式。

① 公司式垂直渠道系统。公司式垂直渠道系统是指由一家企业拥有和管理若干工厂、批发机构和零售机构，控制渠道的若干层次甚至整个分销渠道，综合经营生产、批发和零售业务。并且，公司式垂直渠道系统又分为两类：一类是由大工业企业拥有和管理的，采取工商一体化经营方式；另一类是由大型零售企业拥有和管理的，采取商工一体化方式。

② 管理式垂直渠道系统。管理式垂直渠道系统往往由渠道中某一个有实力的渠道成员来协调整个分销渠道。例如，名牌产品的制造商为实现企业的战略计划，会在销售促进、库存供应、定价、商品陈列、购销业务等问题上帮助和指导零售商。

③ 契约式垂直渠道系统。契约式垂直渠道系统是指不同分渠道成员（例如独立制造商和中间商）以契约为基础组建的联合渠道系统，目的是获得更大的经济效益。契约式垂直渠道系统又包括三种形式：

第一，自愿连锁组织。批发商组织独立的零售商成立自愿连锁组织，帮助独立零售商和大型连锁组织竞争。

第二，零售商合作社。零售商带头组织一个新的企业来开展批发业务甚至生产活动。渠道成员通过零售商合作组织集中采购、联合宣传，按照分销渠道成员的购买数量分配利润。

第三，特约代营组织。特约代营组织是指由生产与市场营销系统中的各个机构与其中的某一机构组成联合体。特约代营方式包括三种类型：制造商成立的零售特约代营组织、制造商成立的批发特约代营组织、服务公司成立的零售特约代营组织。

（2）水平渠道系统。水平渠道系统是指两家及以上的公司联合起来，共同拓展新的市场营销机会。当一些企业因资本、技术、营销资源不足而无力单独开拓市场的时候，它们往往愿意组成水平渠道系统，从而获得与其他公司合作所带来的更大效益。水平渠道系统中渠道成员的合作可以是暂时的，也可以是永久的，甚至是联合建立新的经营单位。水平渠道系统的好处是能够充分协同企业资源，促进资本、生产能力或营销资源的结合，从而更好地完成分销渠道活动。例如，美国迪士尼公司就和麦当劳公司进行合作，利用麦当劳在世界各地的餐厅展示迪士尼公司的广告资料；可口可乐公司则和雀巢公司合作,可口可乐公司提供分销渠道,雀巢公司提供产品,两者共同创立合资企业。

案例分享

王老吉联手西山居,深化互联网+

2016年8月,作为凉茶始祖的王老吉与西山居合作,大手笔投入游戏IP营销,启动"一罐一码"王老吉武侠罐项目,此举引发了行业各界人士的关注。西山居是中国第一家游戏公司,其所缔造的《剑侠情缘》系列,用十年诠释了"无剑侠不武侠",横跨单机、端游、手游三个时代,《剑侠情缘》手游上线后,只用了48小时就拿下了IOS双榜第一的成绩,目前用户达到1.2亿人,其中80、90、00后占比为40%,年轻消费者正成为消费市场的主导力量。王老吉与西山居合作大玩产品定制化,所推出的王老古"武侠罐"正是基于消费群体的同质化和快消品行业的升级发展驱动。通过定制王老古"武侠罐"为年轻消费者特别是游戏人群提供了个性张扬的机会,走出了品牌差异化、渠道差异化经营之路,也为双方共同的用户提供了更丰富的增值服务。

资料来源:王老吉打造共生营销模式[Z/OL].[2021-02-07].https://www.sohu.com/a/110697144_119890.

第二节 分销渠道设计

一、影响分销渠道设计的因素

分销渠道是渠道成员互相联系、相互选择的结果。选择或创新分销渠道是每一个企业都要根据特定目标和现实条件做出的决策,理想的分销渠道决策有利于市场推广和产品销售。随着规模的不断扩大,企业面临开发新市场甚至进入国际市场的需要,对于分销渠道的决策与渠道伙伴的选择就会面临困难。制造商选择分销渠道的主要影响因素有:

(一) 产品因素

1. 产品性质

对易腐易损商品、危险品,应尽量避免多次转手、反复搬运,宜选用较短渠道;对一些体积大的笨重商品,如起重机、煤炭等,应努力减少中间环节,尽量采用直接渠道。

2. 产品单价

价格昂贵的工业品、耐用消费品、奢侈品的流通环节应尽可能减少,适宜采用直接渠道或者短渠道;单价较低的日用品、普通选购品,可采用较长较宽的分销渠道。

3. 产品式样

产品式样花色多变、时尚程度较高的产品,如时装、高档玩具、家具等,宜采用较短渠道分销。

4. 产品技术的复杂程度

产品技术越复杂,用户对其安装、调试和售后维修服务的要求就越高,更适合采用直接渠道或短渠道。

(二) 市场因素

1. 目标市场范围

市场范围越大,分销渠道相应越长;市场范围越小,则分销渠道可短些。

2. 顾客的集中度

顾客集中在某一地区,则可采用短渠道或直接渠道;顾客分散在广阔地区,则需要采用长而宽的渠道,充分发挥中间商的作用。

3. 顾客的购买习惯

顾客对产品购买方便程度的要求、购买数量、购买地点、购买方式等,都会影响分销渠道的选择。

4. 竞争状况

一般而言,同类产品应与竞争者采取相同或相似的分销渠道。在竞争特别激烈时,则应创新销售渠道选择模式。

(三) 企业自身因素

1. 企业的财力和信誉

财力雄厚、信誉良好的企业,有能力建立自己的分销系统,适合采取短渠道模式。

2. 企业的管理能力

有较强的市场营销能力和管理经验的企业,可以自行销售产品,适宜采用短渠道。

3. 企业控制渠道的愿望

如果企业希望有效控制分销渠道,则可以花费较高的渠道成本,建立短而宽的渠道;如果企业并不希望控制渠道,则可采取长而宽的分销渠道。

(四) 经济形势和政策法规

1. 经济形势

经济越景气和发展较快时,企业可以选择分销渠道的余地较大;当出现经济萧条和衰退时,市场需求下降,企业应减少一些中间环节,采用较短的渠道。

2. 政策法规

诸如专卖制度、反垄断法规、进出口规定、税法等国家法律和政策也会影响企业分销渠道选择。例如,医药、烟草等产品在我国的分销渠道选择就会受到很大的限制。

(五) 中间商特性

执行不同任务的中间商特性对渠道设计有重要影响。一般而言,中间商在执行运输、广告、储存以及在信用条件、退货特权和送货频率方面,都有不同的特点和要求。

(六) 竞争特性

竞争者对企业分销渠道选择有一定的影响。某些行业的生产者希望在与竞争者相同或相近的经销处与竞争者的产品抗衡。有时,竞争者使用的分销渠道反倒成为生产商避免使用的渠道。

二、分销渠道的设计

(一) 分析顾客需要的服务产出水平

渠道设计的第一步是理解所选目标市场的潜在客户需要的服务水平。应充分了解消费者购买产品的地点、原因、时间和方式,从而明确为目标消费者设计的服务供应水平。通常,渠道服务产出水平主要包含以下五点:

1. 批量大小

批量大小是指市场营销渠道在购买过程中提供给客户的单位数量。一般而言,批量越小,由渠道所提供的服务供应水平越高。

2. 等候时间

等候时间是指客户等待收到货物的平均时间。客户总是喜欢快速交货的渠道,但快速服务则要求较高的服务产出水平。

3. 便利程度

便利程度是指客户能够在其需要时方便、快速地获得商品的程度,这对渠道服务产品水平提出了更高的要求。

4. 产品齐全

一般来说,渠道成员提供的产品花色品种越多,满足客户产品需求的机会就越大。

5. 服务支持

服务支持是指分销渠道提供的诸如信贷、交货、安装、维修等附加服务的程度。渠道成员提供的附加服务越多,则要求的服务支持越高。

(二) 明确渠道目标与限制

渠道目标是企业预期达到的顾客服务水平以及中间商应执行的职能等。每个生产者都必须在消费者、产品、中间商、竞争者、企业政策和环境等限制条件下,确定合理的渠道目标。

(三) 明确各种渠道备选方案

渠道设计方案一般涉及两个基本问题:一是中间商的基本类型与数目,二是渠道成员的特定任务。

1. 中间商的基本类型与数目

在选择分销渠道时,企业应明确能完成渠道工作的各种中间商类型,即明确如何以有效的方式将特定产品送达用户市场。企业还必须决定每个渠道层次应该使用的中间商数目。

2. 渠道成员的特定任务

在将产品由生产者转移到消费者的过程中,需要完成储存、运输、广告和推销等主要任务。

(四) 评估各种渠道备选方案

渠道备选方案的评估标准有经济性、控制性和适应性。

1. 经济性

经济性是非常重要的评估标准。判断一个渠道备选方案好坏的标准,不应该是其能否带来较高的销售额和较低的成本费用,而是其能否取得最大的利润。

2. 控制性

企业能否对分销具有控制性也是渠道备选方案确定的重要选择标准。企业在使用代理商时,会削减对营销各环节的控制力。代理商关注的是自身如何能获取最大利润,而忽视了与其他代理商的合作关系。代理商可能只注重维护那些与其推销产品有关的消费者,而忽略了对委托人重要的消费者。此外,代理商的推销员可能不去了解所代理产品的技术细节,或不按照要求进行促销活动。

3. 适应性

在评估渠道选择方案时,应考虑企业是否具有适应能力。当制造商决定利用销售代理商推销产品时,可能要签订多年的合同,在合同期内,即便有其他更有效的销售方式可以采用,但制造商也不得任意取消销售代理商。因此,备选渠道方案只有在经济性和控制性方面都很适宜的条件下才能予以考虑。

(五)选择分销渠道模式的原则

企业在选择具体的分销渠道模式时,一般都要遵循以下几个原则。

1. 畅通高效

科学的渠道决策应符合物流畅通、经济高效的要求。商品的流通时间、流通速度、流通费用是衡量分销效率的主要标志。畅通的分销渠道应以消费者需求为导向,将产品通过最短的路线,以尽可能优惠的价格快速地送达消费者方便购买的地点。畅通高效的分销渠道,可以提高企业的分销效率,降低分销成本,获得最大的经济效益。

2. 覆盖适度

企业在选择分销渠道时,首先要考虑分销速度和分销费用;其次还应考虑能不能及时准确地将商品销售出去,以及商品是否有较高的市场占有率;最后还要控制扩张速度,以免造成销售成本大量增加,顾客服务水平迅速降低,无法管控好目标市场。

3. 稳定可控

分销渠道的选择应注意稳定可控。企业一般不会轻易更换渠道成员,也不会随意转换渠道模式。只有保持渠道的相对稳定,才能保持市场的稳定以及提高渠道效益。同时,分销渠道也应具备调整功能,以便于更好地适应市场的变化,保持渠道的适应力和生命力。

第三节 分销渠道管理

企业在建立了分销渠道之后,需要日常管理、监督并指导渠道整体及各个中间商,同时对渠道成员实施相关激励措施。这样一来,企业就必须出台相关渠道管理政策,对各个渠道成员的岗位职责加以明确,在激励的同时有力控制中间商,并对不同成员的不同需求加以了解,便于日后减少摩擦,调整政策,促使分销渠道平稳工作、逐渐完善。事实上,分销渠道管理工作不仅具有一定程度的复杂性,而且还具有全面性、系统性。由渠道管理的内容可知,其主要包括渠道成员的选择、激励、评估、调整,以及渠道的冲突与解决等。

一、渠道成员的选择

在分销渠道管理的过程中,渠道成员的选择具有举足轻重的地位。在经销商的选择方面,企业必须事先广泛收集大量信息,比如经销商的声誉、市场经验、产品知识、合作意愿、市场范围和服务水平等,以便明确审核、对比工作中需要的标准。除此之外,企业还需要对经销商的营销理念、合作意愿、市场覆盖范围、声誉、历史经验、产品组合情况、财务状况、促销能力、业务员的管理能力等方面给予充分考虑。

从细节之处来看,生产企业主要是凭借下列信息对中间商进行选择的:中间商经营商业活动的时间、涉足的行业和成长足迹、企业发展及盈利状况、资金力、合作态度、经营管理能力和社会关系等。若是中间商属于销售代理商,那么生产企业还需对代理商代理其他生产企业产品的情况加以考虑,同时关注销售人员的数量、销售水平。若是中间商属于零售商,那么生产企业还需对该商店的地理位置、客户种类等进行评估。

值得注意的是,平常在招募中间商时,企业往往介于两种极端的可能性之间。一种可能性是企业被眼花缭乱的广告和高额利益的承诺所迷惑,从而将全部中间商都接收至其渠道系统,而忽略了其综合素质,同时希望能够借助中间商数量建立绝对优势;另一种可能性是企业以非常严格的要求限制中间商的参与,故意挑剔其缺点、寻找差错。这样一来,中间商的可培养潜力就被极大地忽略了。总而言之,前一种可能性极有可能出现能力参差不齐的渠道成员,为渠道管理设置重重障碍,而后一种可能性则可能会使企业丧失进一步发展的机会。

二、渠道成员的激励

对生产者而言,中间商的选择至关重要,但是通过各类可行方案激励中间商,充分调动其积极性,督促渠道成员坚守岗位、达到销售指标也不容小觑。由此可见,在宣传渠道时,生产商需要监督、指导与鼓励中间商。

定期对经销商采取一定的激励政策有利于激发其积极性。目前,生产商主要采取两种方式对经销商进行激励,即直接激励和间接激励。前者主要包括推出合理的返利政策,提供优惠的价格折扣以及举办一系列促销活动等,而后者主要包括对经销商进行培训,给予经销商一定的营销鼓励等。

除此之外,生产商还应主动与经销商开展有效交流,借助情感上的沟通收获激励成效。想要确保渠道畅通,对沟通有必要加以充分考虑。由此可见,在分销渠道管理过程中，怎样使渠道成员相互包容、相互理解、相互信任，直至形成密切合作关系是一个关键内容。沟通包括两类，即信息沟通和人际沟通：

1. 信息沟通

生产企业必须制定有效的信息沟通机制，在第一时间将消费者信息、产品信息、价格信息、技术信息、环境信息、竞争者信息等传递给渠道成员。

2. 人际沟通

生产企业应给予经销商一定的理解与包容。作为独立的经营者，经销商并不能与企业的雇佣画等号。经销商自身的经营目标和经营政策非常明确，他们重视全部产品的销售，而不是将所有精力放在某一种或几种产品的销售上。经销商的首要身份是消费者的采购代理人，其次才是企业的销售代理人。通常情况下，经销商并不会为生产企业提供销售记录，但是在可观的物质奖励的驱使下，经销商也会调整相关战略。在对经销商的相关特征进行简要了解后，渠道成员之间就可以轻松实现相互理解、相互合作，从而确保渠道畅通。

另外，中间商的激励在企业处理与中间商的关系方面也有所涉及，下列方法被普遍使用：

（1）合作。大多数企业倾向于实施软硬兼施的"胡萝卜＋大棒"手段，致力于使中间商发挥最佳作用。积极的激励措施主要包括高额利润、交易中提供特殊照顾、奖金等额外酬劳、合作广告补助、展览津贴、销售竞赛等；消极的惩罚措施主要包括警告降低利润、延期交货、中止合作关系等。事实上，上述措施均无法使中间商需求得到真正意义上的满足。在激励过程中，以他人视角了解现阶段状况应该居于首位，这是因为只有设身处地替别人考虑，才能高度满足其需求，从而获利。

（2）合伙。一般来说，成功企业都会想方设法与中间商建立长期良好的合作伙伴关系。制造商和中间商都应该对一个问题加以明确，即彼此都能从对方那里获得什么，具体衡量标准包括市场占有率、产品供应、市场开发、吸引客户、技术服务和市场信息等。因此，制造商可基于与中间商的一致协商签订相关协议，并以其遵守规定的具体情况确定付酬方式。

（3）分销规划。所谓分销规划，即在组织中形成一个计划性较强且能够进行专业化管理的垂直营销系统，高度结合制造商和中间商二者的需要。因此，为了和中间商共同规划销售目标、存货水平、商品陈列、销售训练以及广告宣传计划等，制造商可在系统内建立一个专管分销关系的计划部。

三、渠道成员的评估

(一) 评估的内容

分销渠道的选择和管理，离不开对中间商成员的有效评估，评估内容如下：

（1）对中间商的销售量及其变化趋势进行评估。

（2）对中间商的销售利润及其变化趋势进行评估。

（3）评估中间商对销售本公司产品的态度和信心。

(4) 对中间商同时经销几种竞品的状况进行评估。
(5) 对中间商履行订货单的能力进行评估。
(6) 评估中间商对用户的服务能力和态度。
(7) 对中间商的信用进行评估。
(8) 对中间商收集市场情报的能力进行评估。

（二）评估的方法

如果想要进行高效的渠道管理，制造商不仅要对渠道成员进行选择和激励，而且还要根据一定标准，针对渠道成员绩效开展定期评估工作。对具有突出表现的渠道成员，中间商应该实施奖励；对表现尚无法使人满意的渠道成员，中间商应该根据其薄弱项提供帮助，或是以其他优秀的渠道成员进行替代。而评判渠道成员表现优秀与否的标准包括销售指标完成情况、平均库存水平、向顾客交货快慢程度、对损坏和损失商品的处理、宣传培训计划的合作情况以及对客户的服务态度等。在上述指标中，销售指标完成情况具有较高的重要性。此外，对中间商销售业绩进行科学评价的方法包括：

（1）纵向比较法。即将各个中间商的销售额与上期的销售额相对比，并将整个群体在某一地区市场的升降比例当作评价标准。若是有中间商没有达到该群体的平均水平，那么制造商应该立即发现主要原因，并采取改善措施。

（2）横向比较法。即比较分析各个中间商的实际销售额与其潜在销售额，按照排名先后，分析那些比率极低的中间商绩效较差的根源，在必要时与其中止合作关系。

第四节　渠道冲突管理

不管如何设计、管理渠道，一些冲突的发生都是不可避免的，这主要是各个独立的企业实体在利益方面的不一致性导致的。当一个渠道成员为了实现自身利益而做出对渠道有害的举动时，渠道冲突就产生了。

一、渠道冲突类型

（一）横向渠道冲突

所谓横向渠道冲突，即在渠道中处于同一层次的渠道成员之间产生的冲突。一个典型的例子就是同级批发商或同级省商之间产生的冲突，具体表现为窜货销售、压价销售等。横向渠道冲突之所以会产生，主要是因为生产企业并未合理规划目标市场的中间商数量分管区域，从而使中间商为了实现自身利益不惜威胁他人利益。

（二）纵向渠道冲突

所谓纵向渠道冲突，即同一渠道中不同层次企业之间的冲突。举个例子，部分批发商可能会因为生产企业采取严格的价格管控措施而滋生不满，因为其利润空间被极大地压缩,也并未享受丰富的服务种类。同时,零售商对批发商或生产企业很有可能也存在同种不满。现如今,大量制造商以自身利益为出发点,在销售产品时利用直销与分销相结合的方式。这样一来,其余下游经销商争夺客户的局面就自然而然地形成了,因此下游渠道的积极性被极大挫伤。而当下游经销商增强了自身实力之后,会产生在渠道系统中拥有更大权力的意愿,从而挑战上游渠道。还有一种情况,那就是为了宣传产品,生产企业会跳过一级经销商,直接向二级经销商供货,这就加剧了上下游渠道之间的摩擦。

(三) 多渠道冲突

所谓多渠道冲突,即厂家建立两条及以上的渠道,向同一渠道销售产品而产生的不同渠道间的冲突。

二、渠道冲突的对策

要想有效化解渠道冲突,一个行之有效的方法就是尽可能地区别不同渠道的供应品种,从而降低不同渠道之间的竞争力度。此方法的实现离不开产品分类、商标命名、价格策略、广告以及推销等步骤。目前,市场中存在大量不可调和的冲突。化解渠道冲突,首先要使渠道成员互相理解,促使其展开密切合作,必要时借助谈判、调解解释误会、澄清事实,也可借助仲裁和法律手段确保渠道的通畅性。而那些罔顾游戏规则、屡教不改的渠道成员,就必须接受被清除的惩罚。

三、管理渠道冲突

(一) 确立共同目标

有些时候,渠道成员会意识到群体中共同目标的存在,比如生存、市场份额、高品质、消费者满意度。在渠道面临外来威胁时,他们的这种意识会特别强烈,而这种外来威胁往往是强有力竞争渠道的出现、立法或消费者需求的改变。在遭遇这种情况时,紧密合作有利于打败威胁,帮助各渠道成员清楚认识紧密合作追求的共同目标的最终价值。

(二) 渠道成员之间的岗位交换

在两个及以上渠道成员之间交换岗位也是一项切实可行的措施。例如,本田公司的经理可能在其经销商那里任职一段时间,而经销商会在本田的经销商对策部门任职一段时间。当他们返回原本的工作岗位后,就会对彼此间有更深入的了解,从而愿意站在对方的角度思考问题。

(三) 合作

所谓合作,即一个组织为争取另一个组织管理者的支持而付出的努力,比如邀请其出席咨询会议、董事会等,使其觉得其建议被倾听、被重视。只要发起者对其他部门的管理者采取认真的态度,冲突总会得到化解。值得注意的是,为了赢得其他部门的支持,该部门不能修改、折中其政策、计划。

(四) 充分利用协会

倡导在企业所处的贸易协会内部或贸易协会与贸易协会之间发展成员关系。例如,新加坡家具设计中心的前身就是家具公司和设计中心联合建立的协会,旨在拉近家具公司与公众之间的距离,从而使本地的家具设计水平得以提升。

第五节 中 间 商

中间商是在生产者和消费者之间进行商品流通业务,并且促使买卖行为发生和实现的组织和个人。中间商介于生产者和消费者之间,发挥重要桥梁作用。

一、中间商的类型

随着社会分工的程度的提高,批发商和零售商从中间商中分离出来,并且,代理商也从批发商中分离出来。中间商可以分为以下类别:

(一) 批发商和零售商

批发商处于商品流通的起点和中间阶段,交易对象是制造商和零售商,批发商既向制造商购买商品,又向零售商批销商品。批发商往往按批发价格经营大宗商品,具有交易金额大和销售频率低的特点。批发商的业务活动结束后,商品并不直接服务于最终消费者,仍处于流通领域中。零售商直接服务于最终消费者,它位于商品流通的最终阶段。零售商将从制造商或批发商手中购买的产品转卖给消费者,具有销售金额小和销售频率高的特点。批发商和零售商的差别如表12-1所示。

表 12-1 批发商与零售商的差别

差 别	批 发 商	零 售 商
服务对象	生产者、转卖者	终端消费者、家庭
在流通过程中所处的位置	流通过程的起点和中间环节	流通过程的终点
交易数量与交易频率	交易数量大、交易频率低	零星交易、交易频率高
营业网点的设置和布局	点少面广	点多面广

(二) 经销商和代理商

经销商和代理商的主要区别在于是否拥有商品所有权。经销商一般是从事商品流通业务,并且拥有商品所有权的中间商,通过从制造商买进产品并以更高的价格卖给消费者来获利,它和制造商之间是买卖关系。代理商则不拥有商品所有权,主要代理制造商的产品销售,承担的风险较小。代理商的主要功能是为买卖双方牵线搭桥,促进交易,并且依此而获得销售佣金,它和制造商之间是委托关系。代理商在不动产、保险和证券行业中很常见。经销商与代理商的具体差别如表12-2所示。

表 12-2　经销商与代理商的差别

差　别	经 销 商	代 理 商
经营组织	独立的	不一定独立
商品所有权	拥有	不拥有
盈利方式	获得产品销售差价的利润	赚取佣金
受供货商制约	较少受供货商制约	较多受供货商的制约
经营品种数量	较多	较少

二、批发与批发商

批发是将产品或服务销售给那些为了转卖或商业用途而购买的组织或个人的活动。批发商则是指从事批发业务的公司，其中，商人批发商是指自己进货，取得产品所有权后再批发出售的商业企业，也被称为独立批发商，它是批发商的主要类型。按职能和提供的服务是否完全来分类，可将商人批发商分为两种类型：

（一）完全服务批发商

完全批发商执行批发商业的全部职能，他们提供的服务，主要有保持存货、雇用固定的销售人员、提供信贷、送货和协助管理等。

（二）有限服务批发商

有限服务批发商为了减少成本费用，降低批发价格，因而只执行批发商的部分职能。有限服务批发商主要有现购自运批发商、承销批发商、卡车批发商、托售批发商、邮购批发商、农场主合作社等。

三、零售及零售商

（一）零售及零售商的概念

零售是指所有向最终消费者直接销售商品或服务，用于个人消费及非商业性用途的活动。在零售中，个人或家庭购买商品或服务后即用于生活消费，交易结束后商品或服务即离开流通领域，进入消费领域。零售商是指那些销售量主要来自零售的商业企业。零售商分为商店零售商和无门市零售商两种。

（二）商店零售的类型

1. 百货商店

百货商店是指综合经营各类商品品种的零售商店，其特点是：

(1) 商品种类齐全。
(2) 资金实力雄厚。
(3) 企业形象和品牌声誉好。
(4) 注重购物环境和商品陈列。

(5) 重视零售服务。

2. 专业商店

专业商店是指专门经营某一类商品或某一品牌的商店,其特点是:

(1) 品种较为单一。
(2) 经营富有特色和个性。
(3) 专业性强。
(4) 服务较好。

3. 超级市场

超级市场是指以主、副食及家庭日用商品为主要经营范围,实行自助式服务的零售商店,其特点是:

(1) 以自我服务为主。
(2) 实施集中结算。
(3) 薄利多销。
(4) 商品周转快。
(5) 商品价格较低。

4. 便利商店

便利商店是指接近居民生活区的小型商店。便利店的营业时间长,甚至通宵营业,以经营方便品、应急品等周转快的商品为主,如饮料、食品、日用杂品、报纸杂志、快递服务等。商品品种有限,但因方便,仍受消费者欢迎。

5. 折扣商店

折扣商店是指以低价、薄利多销的方式销售商品的商店,其特点是:

(1) 设在租金便宜但交通繁忙的地段。
(2) 设施投入少,尽量降低费用。
(3) 实行自助式售货,提供服务很少。

6. 仓储商店

仓储商店的特点是:

(1) 位于郊区低租金地区。
(2) 建筑物装修简单,货仓面积很大。
(3) 以零售的方式运作批发。
(4) 采取会员制销售。

7. 综合商店

综合商店是指经营多类商品的零售商店,又称杂货店。其特点是:经营品种较多,花色规格较少,主要销售一些购买频繁、数量零星、挑选性不强的日用必需品。这种店一般规模不大,分布较广,城市乡村、街头巷尾都有,极容易开设,又有价格低廉、方便消费者的优势。

(三) 无门市零售

无门市零售是指没有实体店铺的零售形态,主要包括:

1. 直复营销

直复营销的主要形式有:邮购目录、直接邮购、电话营销、电视营销等。

2. 直接销售

直接销售有挨门挨户推销、逐个办公室推销和举办家庭销售台等形式。

3. 自动售货

使用硬币、纸币或扫码控制的机器自动售货是无门市零售的一种补充形式,广泛分布在学校、工厂、广场、公园和商业中心等地方。

4. 购物服务公司

购物服务公司是指不设店堂的零售商,专门为某些特定顾客,通常是为大型组织的雇员提供服务。

5. 网上商城

互联网的迅猛发展引起了电子商务的浪潮。电商市场蚕食着传统零售的份额,网购也对传统的实体商店发出挑战。

一个专业的网上商城系统应将商品展示、订单管理、会员管理、营销推广、网站维护等功能结合,帮助企业整合线上线下资源,实现线上线下信息一体化。需要重点考虑以下几方面:

(1) 智能的促销方式。系统后台提供智能促销方式,提供快捷的入口,通过轻松的操作就可将线下经营中常见的限时折扣、特价促销、积分促销、包邮、团购、优惠券等一系列促销手段应用至线上。

(2) 完善的积分运营。积分运营在企业运营中的应用呈现了线上线下同步实施的潮流,并有外向融合的趋势。完善的网上商城系统,将积分运营与线上销售结合,为企业提供线下线上统一运营的高效渠道。

(3) 安全的支付功能。安全的网上支付至关重要,网上商城的安全性主要由专业的第三方支付保证,并支持支付宝、财付通、网银、货到付款等各种支付方式。

(4) 线上线下无缝对接。网上商城系统与线下门店系统无缝对接,实体店与网店之间的基础信息、会员积分共享,特别是账务、订单、库存、发货等业务环节更需与财务软件实现深度集成对接。

(四) 零售商经营方式

随着经济社会、技术、人们观念的转变,零售业也在不断革新,并显现出不同的发展特点:新的零售形式不断涌现,各类商店间的竞争加剧,零售技术不断创新等。零售商的经营方式主要有以下几个方面:

1. 连锁商业与连锁超市

连锁商业是在核心零售商的领导下,实行集中采购、分散销售的现代化流通组织形式。连锁超市则是连锁商业形式和超级市场经营方式的有机结合。

2. 特许经营

特许经营主要通过特许人与受许人共同按照合同要求,签订特许授权合同而确立。受许方在合约范围内,利用特许方的品牌、经营技术、专利等方面的知识产权进行经营,受许方向特许方缴纳一定的特许经营费用。

3. 商业街

商业街集购物、休闲、娱乐等综合功能于一体。商业街一般是规划形成的,多见于经济繁华地区。如北京的王府井商业街、上海的南京路步行街、广州的北京路步行街等。

4. 购物中心

在一个有计划地开发、管理、运营的建筑物区域内,各种零售店铺和服务设施的集合体形成购物中心。购物中心占地面积较大,集购物、休闲、娱乐、餐饮、办公于一体,能向消费者提供综合性服务。

四、中间商变革趋势

(一) 零售业态的生命周期变短

从历史经验看,百货店经过大约发展100年才能达到成熟阶段,仓储商店进入成熟期却只用了10年时间。今天,为适应新的商业环境、满足消费者的新需求,新的零售业态不断涌现。同时,新零售业态的生命周期变得越来越短。网上零售商日益借助网站、手机和社交媒体进行交易。并且,零售形式变得越来越集中,不同类型的零售商向相同顾客以相同价格出售相同产品,导致零售竞争日趋激烈。零售业态的生命周期变短,意味着零售创新变得非常紧迫。

(二) 网上、移动和社交媒体零售快速增长

网上销售的繁荣得益于先进的技术、方便实用且富有吸引力的网站和移动应用、不断改进的在线服务以及日臻成熟的搜索技术。零售商网站、移动应用和社交媒体在很大程度上也影响了实体店内的购买行为。很多顾客表现出线下体验和线上下单的全渠道购买行为。顾客的购物过程将店铺、网络、移动应用、社交媒体融合在一起,这也要求企业成为全渠道企业。

(三) 零售技术越来越重要

越来越多的零售商使用先进的信息技术和软件系统,提高顾客需求的预测水平,控制存货成本,并且与供应商实现电子化交互,实现店铺间的信息传递并完成商品出售。零售商通过采用精密、复杂的系统完成收款扫描、射频识别存货跟踪、商品处理、信息分享以及消费者互动。零售商在实体店中引入数字技术,为顾客提供全新的购物体验。零售技术的未来发展趋势,就是实现实体店和网店、社交媒体的融合,为顾客提供"随时随地"的购物体验。

(四) 强势零售商的全球扩张

实力雄厚的零售商从本国市场转向全球扩张,在跨国家、地区和文化的经营时,适应差异巨大的零售环境。家乐福、欧尚、麦德龙、乐购、7-11、沃尔玛百思买等,都已在全球化运营中建立了全球化形象,并取得了好的业绩。

(五) 实体店向体验店转型

随着线上线下的日益融合,传统零售店也逐渐转型成体验店。百货商店、大型超市、便利店、专卖店等传统终端中,简单的商品陈列已不能满足顾客的购物需求,在顾客追求全渠道购物体验的今天,购物环境要敞亮优雅,富于变化;购物气氛要温馨、快乐,充满情趣;服务要贴心、周到。体验店不仅是提升销量的有效武器,也是品牌与消费者

有效沟通的有力手段。

（六）电子中间商的崛起和发展

互联网的迅猛发展促进了电子中间商的崛起和发展。电子中间商通过因特网站点实现买卖交易活动,它具备一些传统中间商所不具备的新功能。目前,主要的电子中间商模式有：

1. B2C

B2C(Business to Customer)是电子商务中的一种重要模式,它使企业能够直接面向消费者销售产品和服务。这种形式的电子商务一般以网络零售业为主,主要借助互联网开展在线销售活动。在 B2C 零售中,消费者通过网络完成购物过程。这种模式节省了顾客和企业的时间和空间,提高了零售交易效率。

2. B2B

B2B(Business to Business)是企业对企业的营销模式。它将企业内部网通过 B2B 网站与客户紧密结合起来,通过网络的快速反应,为企业客户提供专业化的服务,从而促进组织市场的发展。

3. C2C

C2C(Customer to Customer)是用户对用户的营销模式,C2C 为个体的买卖双方提供一个在线交易平台,使个体卖方可以主动提供商品上网拍卖,而买方可以自行选择商品进行竞拍。淘宝网就是典型的 C2C,C2C 模式的盈利方式有：会员费、提成、广告费、搜索排名竞价、支付环节收费等。

电子中间商要成为连接生产者和消费者的中介,关键是要借助电子信息网络,进行信息的收集、整理和分析,并将信息在生产者和消费者之间进行有效传递。随着网络信息技术的发展,消费者、商家和金融机构之间可以使用安全手段完成电子支付,从而实现线上资金流动,节约买卖双方的交易费用,并且加速资金的周转效率。此外,电子中间商通过为整个交易提供信息、媒体和交易平台,可有效促成生产者和消费者的具体交易。

本 章 小 结

分销渠道是指在产品或服务从生产者向消费者转移的过程中,取得这种产品或服务所有权或帮助所有权转移的所有组织和个人。分销渠道在营销活动中扮演非常重要的角色,履行了实物流、资金流、促销流、订货流、谈判流、信息流、所有权流、风险流等多种功能。本章首先对分销渠道进行概述,分析了分销渠道的内涵和职能,明确了分销渠道的类型和特征;其次,对分销渠道设计进行了分析,掌握企业如何进行分销渠道设计;然后,对分销渠道管理和渠道冲突管理进行了分析,明确了分销渠道的激励策略,以及分销渠道冲突的表现、原因和解决对策;最后,对中间商的类型及其特征,以及中间商的发展趋势进行了分析。通过对本章的学习,对企业科学制定分销渠道方案、从事分销渠道决策有重要的启示和价值。

思 考 题

1. 什么是分销渠道？分销渠道的职能有哪些？

2. 中间商的主要类型有哪些？各有何特点？
3. 分销渠道设计的影响因素有哪些？如何进行分销渠道设计？
4. 什么是分销渠道冲突？如何解决分销渠道冲突？
5. 如何对分销渠道进行激励？
6. 中间商变革的趋势主要体现在哪些方面？

案 例 讨 论

把便利店做到极致的日本7-11如何玩转全渠道？

日前，日本Seven&I控股公司（日本7-11母公司）对外界宣布，要把全渠道战略进一步强化。

7-11董事镰田靖在东京举行新闻发布会，宣布Seven&I Holdings集团下的电商部分要重新整合，名为"全渠道7"的新网站在2015年11月全面上线。目标是把2014年1 600亿日元的电商销售额，提升到2018年的1兆日元。2014年，Seven&I Holdings旗下的伊藤洋华堂、7-11等20家便利店、超市以及商店内销售的300万种商品实现同时在网上销售。此前，投入1 000亿日元构建库存信息一体化系统，实现所有店铺接受订单，然后统一配送，消费者可以在商店和网上购买同样的商品。

根据官网最新数据，7-11在全球共开设有47 700家门店，中国内地1 105家，其中700多家都在广州；全家在全球有16 059家门店，中国内地有1 094家，主要集中在上海（818家）。正在全世界拓展市场、实现销售额连年成长的Seven&I集团，为何把全渠道当成流通服务的新革命，并且公开表示此次革新与公司的第二次创业一样重要？

一、7-11已是日本第五大电商公司，全渠道战略并非空中楼阁

对Seven&I Holdings集团我们最熟悉的是实体的7-11便利店，其实，在日本，零售实体店互联网化开始的时间是非常早的，7-11早已不是我们印象中的传统实体店。早在2000年前后，Seven&I就依靠整个集团的力量，以7-11便利店和伊藤洋华堂的商品品项和物流系统为基础，开展电商业务。直至2014年，已经成长为日本第五大电商公司（前四位分别是日本亚马逊、乐天、日本雅虎、爱速客乐）。

据日本野村综合研究所调查显示，日本网购市场目前正持续扩大，2013年度网购市场规模预计达11.5万亿日元，预计2017年可达17.3万亿日元。日本7-11创始人铃木敏文对于零售互联网化曾明确表示：当今的时代，控制了互联网经营等同于控制了实体经营。观察互联网与实体店两方面的动态已经是商家们不得不直面的课题。

便利店在日本提供的服务，从最开始的24小时营业，到支付水电煤、甚至是保险、税金等各类非公共事业费，以及开设ATM机，收发快递，到现在的送货上门，日本便利店把"便利"几乎做到了极致。许多日本人一天会多次出入便利店，因为便利店几乎可以搞定所有的日常所需。

在零售业打拼40年、把"便利"几乎做到极致、提供360度无死角生活服务的7-11在互联网时代的转身是一个值得琢磨的案例。

人们总是倾向于认为，当社会互联网化后，随着电商销售额的扩大，顾客逐渐从实体店流向虚拟店铺,最终必定导致实体店铺的营业额锐减。但是,现实情况并不一定完全如此。

2014年日本便利店的国内市场规模首次超过了10万亿日元,远超百货商场和药妆店6万亿日元的规模,仅次于超市(18万亿日元)。其中7-11的销售额为4万亿日元,全家以近2万亿日元的销售额首次超越罗森位列第二,前三名便利店的销售总额占据了80%的市场份额。

即便线下全面开花,洞悉时代趋势和用户需求变化的7-11显然认识到,零售业和制造商通过互联网与实体的融合,利用所有的销售渠道,将消费者在各种不同渠道的购物体验无缝连接的"全渠道零售",已经成为当今市场发展的必然趋势。

二、现场服务力才是全渠道成败关键

具体来说,7-11的全渠道战略到底有什么不同呢?铃木敏文把流通渠道分为四个阶段:

1. 单渠道销售

单渠道销售,基本是在1995年之前,零售商与顾客服务接触点只有实体店,渠道非常单一。

2. 多渠道销售

1995—2005年,这个阶段的特点是,虽然通过互联网的普及,电商已经爆速成长,但是对于不同渠道的流通企业来说,自己的目标客户群是非常明确的。例如,电商基本以15—25岁的顾客为主,实体店基本以25—40岁的顾客为主等。

3. 交叉渠道销售

2005—2013年,这个阶段的顾客,因为已经开始习惯互联网等新的销售渠道,所以会根据自己购买的商品不同,选择不同的零售渠道进行购物。但是,每个渠道的购物体验还是相对单一的,要么是电商,要么是实体店,要么是其他渠道(如电视购物等)。

4. 全渠道销售

2014年以后,无论是百货商店、超市还是3C店,都已经对自己公司的全渠道销售做好了充分的铺垫。无论是PC端还是移动互联网端,都已经能够精准地进行运营,给予顾客更加立体的消费体验。

对于全渠道,7-11董事镰田靖表示,顾客在电商渠道购买的东西,可以在7-11便利店退换,他说和亚马逊、乐天不同,7-11不是纯电商,差异化的部分由店员主导,店员把顾客看中的商品拿到家中销售。为了实现这一战略,7-11开发了专用的平板电脑,把电脑分发给店铺,在上门销售和销售店面内没有的商品时使用,而电商和实体店两个方面的强化,让顾客感到更加便利。

表面上这样的表述让人觉得有点平淡,但这种对顾客体验的认识把握和满足恰恰是7-11做全渠道的优势,是40多年来做线下、跟顾客休戚相关积累出来的能力。全渠道也好、O2O也罢,最终拼的不是概念而是顾客体验(线下的现场服务力是7-11的核心能力,也是全渠道能否取胜的关键)因为不管通过什么渠道,顾客购买的仍然是商品和服务。

7-11实施全渠道战略的底气正在于提供线下产品和服务的极致体验能力,以食品

为例,7-11给顾客的普遍印象是"食物的季节感很强""品质绝不输于专业饮食店",即便世界上大多数便利店都会提供易于保存的食品,日本便利店却热衷于根据季节变化推出层出不穷的应季食物。比如每年的春季,便利店都会推出品类丰富的樱花便当、樱花寿司、樱花与玫瑰味冰激凌等。

资料来源:钛媒体.把便利店做到极致的日本7-11如何玩转全渠道?[Z/OL].[2021-02-07]. http://www.linkshop.com.cn/web/archives/2015/339503.shtml.

讨论题:

1. 什么是全渠道?如何从单渠道向全渠道转型?
2. 7-11是如何进行全渠道运营的?

参 考 文 献

1. 赵俊仙.市场营销学[M].北京:北京理工大学出版社,2018.
2. 郝娜.市场营销学[M].成都:电子科技大学出版社,2017.
3. 王月辉.市场营销学[M].北京:北京理工大学出版社,2017.
4. 方青云.现代市场营销学(第2版)[M].上海:复旦大学出版社,2018.
5. 桑红莉.市场营销学[M].杭州:浙江工商大学出版社,2016.
6. 严宗光.市场营销学[M].北京:北京理工大学出版社,2016.
7. 夏德森.市场营销学[M].北京:北京理工大学出版社,2016.
8. 熊国保.市场营销学[M].南京:东南大学出版社,2016.
9. 徐鼎亚.市场营销学(第5版)[M].上海:复旦大学出版社,2015.
10. 康晓光.市场营销学[M].上海:上海社会科学院出版社,2015.
11. 李桂陵.市场营销学[M].武汉:武汉大学出版社,2015.
12. 胡文静.现代市场营销学[M].重庆:重庆大学出版社,2015.
13. 胡晓峰.市场营销学[M].天津:天津大学出版社,2015.
14. 姚小远.市场营销学[M].上海:华东理工大学出版社,2015.
15. 钟旭东.市场营销学:现代的观点(第2版)[M].上海:格致出版社,2019.
16. 梁文光.市场营销学[M].广州:华南理工大学出版社,2014.
17. 晁钢令.市场营销学(第4版)[M].上海:上海财经大学出版社,2014.
18. 韩燕雄.市场营销学[M].北京:北京理工大学出版社,2014.
19. 张黎明.市场营销学(第5版)[M].成都:四川大学出版社,2017.
20. 占善节.市场营销学[M].成都:四川大学出版社,2017.
21. 朱世平.市场营销学[M].杭州:浙江工商大学出版社,2013.
22. 杨耀丽.市场营销学[M].上海:上海财经大学出版社,2013.
23. 郝渊晓.市场营销学(第2版)[M].西安:西安交通大学出版社,2013.
24. 马玲.市场营销学[M].北京:北京理工大学出版社,2016.
25. 朱嫒玲.市场营销学[M].上海:上海财经大学出版社,2015.
26. 刘美鸽.市场营销学[M].天津:天津大学出版社,2015.
27. 张国政.市场营销学[M].武汉:中国地质大学出版社,2015.

28. 王朋.市场营销学[M].北京：北京理工大学出版社，2012.
29. 陈子清.市场营销学[M].武汉：华中科技大学出版社，2015.
30. 石青辉.市场营销学[M].厦门：厦门大学出版社，2012.
31. 李宏.市场营销学[M].北京：北京理工大学出版社，2012.
32. 王春秀.市场营销学[M].重庆：重庆大学出版社，2012.
33. 王方华.市场营销学(第2版)[M].上海：格致出版社，2012.
34. 黄金火.市场营销学[M].上海：上海财经大学出版社，2012.
35. 魏文静.市场营销学[M].上海：上海财经大学出版社，2012.
36. 把便利店做到极致的日本7-11如何玩转全渠道？[Z/OL].[2021-02-07]. http://www.linkshop.com.cn/web/archives/2015/339503.shtml.
37. 王老吉打造共生营销模式[Z/OL].[2021-02-07].https://www.sohu.com/a/110697144_119890.

第十三章 促销策略

【学习目标】

1. 了解促销的内涵。
2. 了解促销组合的构成及影响因素。
3. 掌握广告、人员推销、销售促进、公共关系、直复营销的内容。
4. 理解整合营销传播的内涵、特点和方法。

开篇案例

SK-II事件引发宝洁的品牌危机公关

2005年1月23日,江西吕萍在南昌太平洋百货购买了一支价值840元、25克包装的SK-II紧肤抗皱精华乳,该产品宣称"连续使用28天细纹及皱纹明显减少47%""肌肤年轻12年",但她非但没有实现改善肌肤的愿望,相反,皮肤却出现了瘙痒,并且时感灼痛。吕萍以虚假广告为由将SK-II生产商宝洁公司告上法庭。宝洁于3月启动危机公关,最后因虚假广告被南昌市工商局罚款20万元。

2006年9月14日,国家质检总局当日发布,SK-II 9种化妆品含禁用重金属铬和钕,SK-II又一次陷入危机的漩涡。

当日20点30分,宝洁发表声明,称其产品在生产过程中绝未添加禁用物质,对于本进口批次产品中发现的问题,宝洁公司将全力配合政府部门了解情况,使之得以顺利解决。

9月15日,宝洁公司与中国相关政府部门就SK-II下架一事进行沟通;宝洁制定退货协议,其中写道:"尽管产品本身为合格产品,不存在质量问题,但本着对消费者负责的态度,我们决定为您做退货处理,经双方协议同意退款xx元。此处理方案为本案例一次性终结处理。"

9月16—19日,全国各大商场就陆续对这些问题产品进行了下架处理,并出现退货浪潮;宝洁再次重申产品是安全的。

9月20日,全国各地开始办理退货。

9月20日,日本驻华大使馆称:SK-II产品出口前未经过检验;宝洁发出声明称每一批产品都经过检验。

9月21日,上海质检局宣布再次查出3种SK-II产品含违禁物质。

9月22日,倩碧、兰蔻、迪奥和雅诗兰黛等四大知名品牌化妆品日前被香港标准及鉴定中心查出含有铬、钕等违禁物质。

9月22日,在宝洁广州公司员工大会上,宝洁大中华区总裁李佳怡再次强调SK-Ⅱ产品的安全性,并表示检测的结果是因为残留,实属正常。

9月20—24日,多地因退货发生消费者与SK-Ⅱ工作人员的肢体冲突,宝洁上海及成都两处办公室遭到破坏。

22日,宝洁宣布SK-Ⅱ在中国的退货服务中心将暂时停止运作,宝洁宣布SK-Ⅱ退出中国市场。专柜退货,改为电话退货。

9月23日,韩国、新加坡等国纷纷查出SK-Ⅱ问题化妆品。

23日当晚,宝洁中国公司网站被黑客攻击瘫痪数小时。黑客要求SK-Ⅱ停业整顿,同时指出宝洁公司对国人极不负责。

10月24日,宝洁宣布SK-Ⅱ将重返中国市场。

宝洁是典型的多品牌战略的国际大赢家,旗下SK-Ⅱ、玉兰油、封面女郎、伊奈美都是享誉世界的化妆品品牌。这次SK-Ⅱ的产品信任危机是否会殃及宝洁旗下其他品牌? 对多品牌战略公司而言,旗下品牌遇到信任危机都有可能牵连整个公司的形象。某一个品牌遇到危机时,总公司如何采取积极的公关策略进行处理和化解呢?

资料来源:桑玉欣.SK-Ⅱ事件引发多品牌战略危机管理的思考[J].国际公关,2006(6):60.

第一节　促销与促销组合

一、促销和促销组合的概念

(一) 促销的概念

促销是指营销人员在各种媒体渠道展示与企业及产品(品牌)相关的信息,促使大众了解、信赖并购买本企业的产品,其目的在于扩大销售。促销的实质是市场营销者与顾客及潜在消费者之间的信息沟通。

(二) 促销组合的概念

与市场营销组合类似,促销组合是综合运用了人员促销和非人员促销两大类中的广告、人员推销、营业推广、公共关系、直复营销等具体促销形式的有机组合整体。促销组合观点主张企业运用广告、人员推销、公关宣传、营业推广、直复营销等促销方式组成一个策略系统,使得全部促销活动相互配合、协调一致,从而实现企业的营销目标。

二、促销的作用

（一）提供信息

在产品进入市场之前，企业需要通过适当的促销手段向目标群体提供有关产品的信息，吸引他们的注意力，让更多的消费者了解产品的性能、特点，使他们产生兴趣并激发购买欲望。企业的促销行为同时也可以为中间商的采购决策提供信息，从而有利于中间商在数量和质量等方面维持采购和市场需求的动态平衡。

（二）扩大需求

生产企业向中间商和消费者宣传和介绍商品时，不仅可诱导其需求，有时还能改变需求状况，特别是在负需求、无需求、下降需求和不规则需求的情况下，可以使消费者改变市场信念和态度，将负需求转变为正需求，将无需求转变为强烈的需求，将下降的需求转变为增长的需求，协调市场供给和市场需求，促进产品的销售提升。

（三）突出特点

在市场竞争激烈的情况下，企业通过对本企业产品进行适当的促销，突出强调其功能特点，使消费者认识到本企业产品在满足一般需要的基础上，还能够带来附加的特殊利益，从而刺激其购买欲望，最终实现潜在消费者向现实购买力的转变。

（四）稳定销售

生产技术的不断革新和消费者需求的差异性使企业产品的市场需求呈现出明显的不稳定性。为了扩大市场规模，达到稳定销售并发展顾客忠诚，企业在生产研发阶段保证产品竞争力的同时，还必须采取有力的促销手段，使消费者行为指向本企业的产品，从而提升企业市场占有率。

（五）协调配合

作为市场营销组合的重要组成之一，促销的灵活性使它具有协调、配合其他营销策略的作用。企业形象的树立和产品特色的形成离不开促销手段的科学运用，促销策略的合理配合有助于企业整体战略的实施及总体营销目标的实现。

三、影响促销组合的因素

（一）产品类型

产品类型主要包括消费品和工业品，两者的促销组合有本质区别。在消费品市场营销中，促销主要依靠广告来实现。由于消费品的受众面广、消耗快且单次购买量较少，使用人员推销的工作量大、费用高，因此借助广告可以获得更加显著的促销效果。工业品用户通常进行批量订货，人员推销能够更好地迎合其对产品技术性能和购买程序的关切，从而成为工业品市场的主要促销工具。

（二）产品所处的生命周期阶段

1. 导入期阶段

在产品导入期阶段，新产品首次进入市场，潜在顾客对新产品比较陌生，接受能力很低，促销的目的在于向市场传达新产品的信息，激发消费者的基本需求。产品导入期阶段，广告和人员推销都是非常重要的促销方式。广告重点是介绍产品的性能以及顾客利益。这种广告往往只介绍产品，而不急于强调品牌和引导购买。人员推销的重点在于联系和沟通中间商，拓展产品的经销渠道，以及直接寻找顾客并向其介绍产品，鼓励顾客试用。

2. 成长期阶段

产品成长期阶段的市场特点发生了明显的变化，消费者对产品已经逐渐了解、熟悉，产品的销量和利润上升，同时竞争者开始进入市场。促销的目标开始转向激发顾客的选择性需求，建立品牌偏好，稳定已有的顾客，发展新的顾客，并争夺竞争者的顾客。在成长期阶段，广告仍是主要的促销方式，应加大广告费用，注重广告诉求方式向感性诉求转移，把广告内容从告知产品转向强调本企业的品牌，说服顾客认同本企业的产品。这一阶段也需要采用人员推销，其主要任务是开辟巩固销售渠道，提高市场占有率。

3. 成熟期阶段

在产品成熟期阶段，产品已全面进入市场，销售量的增长速度开始减慢，需求基本饱和，竞争者很多，但竞争态势比较稳定。在成熟期阶段，广告是消费品的主要促销形式，广告的重点是强调本企业产品的优点和产品的附加利益，树立良好的企业形象。此外，提示性广告也成为一种重要的形式。另外，还可以适当配合应用合适的营业推广方式。工业品则主要采用人员推销的方式，需要经常访问客户，以方便他们重复购买。

4. 衰退期阶段

产品进入衰退期阶段，生产量和销售量都开始下降。这时，企业应逐步削减促销预算，把营业推广作为重要的促销方式，实现产品的清仓处理。

（三）目标市场的特点

对于不同的目标市场，应采用不同的促销组合。当目标市场的地域范围广阔、用户分散时，企业要向众多的顾客传递信息，应以广告作为最主要的促销工具；对于顾客少而集中的市场，应以人员推销、营业推广为主。

（四）促销预算

促销费用是企业营业成本的组成之一，因此促销方式的选择受到价格的客观限制。各促销方式之间的资金支出不同，企业应在营销预算范围内确定促销决策的最优选择。

（五）经济前景

企业应当具有前瞻性，根据经济状况及时调整促销组合策略以顺应市场变化。在通货膨胀时期，由于消费者对价格具有敏感性，企业通过在促销组合中强调产品的价格和价值，向消费者传达购买成本下降的信息，从而达到维持市场占有率的目的。

四、促销策略的主要方式

促销策略的主要方式分为推式策略和拉式策略两种：

（一）推式策略

推式策略是指企业通过推销人员把商品投入市场销售的一种策略。它要求推销人员依据商品和顾客的不同进行有针对性的推销。推式策略普遍适用于工业品的促销，推式策略主要有：

1. 举办产品技术应用讲座与实物展销

在现场对顾客进行产品的实物展示、操作和试用，并回答顾客提问，使顾客对产品的技术性能、用途有实际的认知和体会，从而刺激顾客的购买欲望。

2. 通过售前、售中、售后服务来促进销售

售前服务强调企业主动与顾客沟通，了解其个性化需求，及时高质量地供应产品；售中服务是为用户传授安装、调试知识；售后服务主要进行技术访问，征求意见，做好保修、维修和调换等质量跟踪管理工作。

3. 建立健全销售网络，扩大销售

企业可以在外地市场建立销售网络，采用销售、联售、经营等方式，扩大商品流通渠道，广泛宣传各类产品的性能和用途，以提高市场份额。

4. 携带样品或产品目录走访用户

通过听取顾客意见，密切与顾客的关系，并通过老顾客的宣传，诱导创造新用户。

（二）拉式策略

拉式策略是指企业利用广告促销手段，刺激最终消费者（潜在消费者）对产品和服务产生兴趣，从而加速购买的一种策略。有购买意向的消费者会主动向中间商询购该产品，中间商意识到该产品市场需求的存在，即使其毛利率较低，也愿意经营。拉式策略普遍适用于消费品的促销，拉式策略的方法有：

（1）通过广告进行宣传，同时配合向目标市场的中间商发函联系，介绍产品的性能、特点、价格和订购办法，为产品打开销路。

（2）组织产品的展销会和订货会，邀请目标市场的中间商订货。

（3）通过代销、试销促进销售。为消除目标市场中间商担心承担经营风险的顾虑，提高其经营的积极性。在新产品投放市场时，企业可委托其代销或试销，促进产品尽快进入市场。

（4）打造名牌和树立形象。通过打造名牌，可增强消费者和中间商的信任，从而促进销售。

知识链接

联合促销

联合促销是指两个以上的企业或品牌合作开展促销活动。这种做法的最大好处是可以使联合体内的各成员以较少费用获得较大的促销效果，联合促销有时能达到单独促销无法达到的目的。

资料来源：胡文静.现代市场营销学[M].重庆：重庆大学出版社，2015：278.

第二节 广 告

一、广告的内涵

广告有广义和狭义之分,广义广告包括非经济广告和经济广告。非经济广告是不以营利为目的的广告,如各种公益公告等;狭义广告仅指经济广告,又称商业广告,它是以盈利为目的,需要付出一定的费用,通过媒体传播商品或劳务等信息。

广告作为一种传递信息的活动,是商品生产者、经营者和消费者之间沟通信息的重要手段,也是促销组合中应用最广泛的一种促销策略。广告具有如下特征:① 广告是一种传播工具,将商品的信息由广告主传送给目标市场的消费者;② 广告需要使用者以一定的经济利益为代价;③ 广告的目的在于说服消费;④ 广告信息具有有用性。

二、广告媒体的类型

(一) 按应用时间和技术发展程度分类

广告媒体分为传统媒体和新兴媒体。传统的四大广告媒体为电视、电台、报纸、杂志。信息技术的发展为市场带来了一批新媒体,如手机、户外广告、博客等。

(二) 按表现形式分类

广告媒体分为印刷媒体和电子媒体。印刷媒体是指以纸张为载体,通过印制文字和图片并进行实物分发以达到信息传播目的的媒体,具有代表性的印刷媒体是报纸、杂志、说明书等。电子媒体是指借助现代通信技术,以电子设备为载体向用户推送信息来进行广告宣传的媒体,电视、广播及互联网等属于这一类广告媒体。大数据时代下,电子媒体的发展日新月异,特别是互联网即将成为主导的广告媒体。

(三) 按功能分类

广告媒体可分为视觉媒体、听觉媒体及视听两用媒体。视觉媒体包括海报、传单、月历、报刊等,它是通过对人的视觉器官产生感官刺激来进行信息传播。听觉媒体包括无线电广播、有线广播、录音和电话等,主要通过对人的听觉器官产生刺激来达到信息传播的目的。视听两用媒体主要包括电影、电视等,它们主要通过对视觉、听觉器官进行宣传,来达到传播信息的目的。

> **知 识 链 接**
>
> **植 入 式 广 告**
>
> 植入式广告是随着电影、电视、游戏等娱乐形式的发展而兴起的一种广告模式,

商家在影视剧情、游戏中刻意嵌入其产品或服务,以达到潜移默化的宣传效果。植入式广告形式多种多样,可以是 HBO《明星伙伴》剧集中桌上的星巴克咖啡,《美国偶像》评委所喝的可口可乐。同样也可能将产品编入节目的主题之中,例如,剧集《办公室》中的角色总常光顾 Chili 餐厅等。

资料来源:方青云.现代市场营销学(第 2 版)[M].上海:复旦大学出版社,2018:305.

三、广告的任务

(一)准确表达广告信息

广告设计具有实用性和目的性,准确传达广告信息是广告设计的首要任务。现有市场中,绝大多数商品和服务信息都是通过广告传递的。例如,平面广告通过文字、色彩、图形将信息准确表达出来。因为每个人的文化水平、个人经历、受教育程度、理解能力不同,大众对广告信息的感知和行为也不一致,企业应考虑目标群体的喜爱与偏好,以作为广告设计的重要参考。

(二)树立品牌形象

企业实施广告战略有利于维护企业的形象和宣传企业的品牌。在平面广告中,报纸广告、杂志广告由于受众广、发行量大、可信度高而具有很强的品牌塑造能力。红牛初来中国时面临的竞争非常激烈。知名的外来饮料有可口可乐和百事可乐,运动类型饮料有健力宝。几大饮料公司的广告宣传力度都非常强,各自占据大范围的市场。红牛饮料想要从这些品牌的包围中突围和崛起,并非易事。因此,红牛饮料在广告中宣传红牛品牌尽力与中国文化相结合,在色彩表现上以"中国红"为主,与品牌中红牛的"红"字相呼应,从而形成品牌文化的底色。中国人办事都图个喜庆、吉利因而红红火火,越喝越牛。这正是红牛饮料所希望在消费者市场中树立的品牌形象,是在了解中国传统文化后,充分挖掘品牌特点、消费者心理和市场需求的共同点并进行深度融合的完美体现。

(三)引导消费

广告信息通常会对产品或服务的功能和特点进行详尽的描述说明以使消费者可以对产品或服务有及时充分的了解,有效引导消费者去购买商品。并且,一些视频广告和网络广告还具有动态效果,能极大地影响消费者的购买欲望。一幅色彩绚丽、形象生动的广告作品,能以其非同凡响的美感力量增强广告的感染力,使消费者沉浸在商品和服务形象给予的愉悦中,使其自觉接受广告的引导。因此,广告设计能有效引导其在物质文化和生活方式上的消费观念。

四、媒体选择考虑的因素

(一)媒体的性质与传播效果

各广告媒体方式之间优劣各异,这是在媒体选择时首先需要考虑的因素。媒体的传播范围和发行数量会影响受众人数；媒体社会地位的高低会影响广告的影响力和可信度。

（二）产品特性

广告产品特性也是影响广告媒体选择的重要因素。产品的性质如何、使用价值如何、质量如何、包装如何以及对媒体传播的要求等，都会对媒体选择产生重要影响。

（三）受众因素

选择广告媒体，要充分考虑媒体受众的职业、年龄、性别、文化程度、信仰、习惯等因素，因为受众不同，接触媒体的习惯也有差异。

（四）竞争对手

竞争对手的广告战略与策略，包括广告媒体的选择情况和广告成本费用情况，对企业的媒体选择有着显著影响。企业可以采取选择与竞争对手相同的媒体，与竞争对手进行正面的广告竞争。也可以采用迂回战术，采用其他媒体渠道进行间接竞争。

（五）广告预算费用

广告主对广告的目标预算对广告媒体决策有重要影响。例如，一些资金较为拮据的中小企业，受成本限制，因此很少选择在全国范围内大规模投放广告的媒体；而对于资金实力雄厚、经济效益好的大型企业，这些全国性的报纸、杂志、广播、电视媒体等费用高昂、宣传效果较好的媒体方式则更受青睐。

（六）媒体成本

不同媒体的成本价格不同，不同版面、不同时间也有不同的收费标准。因此，应选择投资效应良好的媒体，实现广告投资收益最大化。

五、广告效果的评估

广告效果评估是指结合经济效果、心理效果和社会效果这三个方面，使用科学的方法来对广告效益进行综合评价。

（一）经济效果

经济效果评估主要考虑的是广告的销售效果。具体评估的标准有产品销售额与广告费用之比、市场占有率变化、利润与利润率变化等。

（二）心理效果

广告的心理效果是指广告在消费者心理上的反应程度，评价心理利益的指标主要有记忆率、喜欢程度、购买意愿程度。

（三）社会效果

广告投放后的信息接收者是社会大众，广告信息的质量会潜移默化地影响社会的各种行为规范，因此在追求经济效果的同时也要注意社会效果。许多优秀的公益广告一旦播出，就在社会上产生很大程度上的影响。因此，注重广告传播对社会利益的满足是广告效果评价的重要内容。

第三节 人员推销

一、人员推销的含义

人员推销是指企业通过派出销售人员与消费者交谈,作口头陈述和推介,以推销商品并促进销售额增长的促销方式。

人员推销必须以买卖双方的问题为导向,同时满足双方的不同需求,不能只注意片面的产品推销。尽管买卖双方的交易目的具有差异,但通过专业销售人员综合考虑双方立场进行统筹协调,最终可以达成一些对双方都利好的协议。人员推销不是推销产品本身,而是推销产品的使用价值和实际利益。成功地将推销产品解释为顾客需要的满足,并成功地将推销产品解释为解决顾客问题的答案,是保证推销效果的关键因素。

二、人员推销的特征

(一)针对性强

提前了解和分析潜在消费者的心理并挖掘其需求后,推销人员可以选择具有较大购买可能的顾客进行推销。推销人员可以根据明确的推销目标有针对性地拟定具体推销方案,从而大大提高推销的成功率。

(二)有利于信息反馈

推销员可从顾客获得信息反馈,比如顾客对推销员的态度、对推销产品和企业的看法、要求和意见,从而将这些信息反馈给企业,提升企业的产品质量。

(三)成功率高

人员推销可提供售后服务和追踪,有效解决使用和消费时出现的问题,从而获得顾客的青睐,实现产品的快速销售。

(四)成本高

人员推销成本高,所需人力、物力、财力和精力大,需要企业投入较多的资金招募优秀的推销人员。

三、人员推销的形式

(一)上门推销

推销员主动接触市场,前往消费者的工作和生活场所进行推销。虽然上门推销需要较大的人力资本和时间成本,但主动性和针对性很强,效果往往比较显著。

(二)营业推销

营业推销是营业人员在商场的固定营业场所设柜台推销商品,它不像上门推销积极主动,但由于场所固定,能增加顾客对企业和产品的信赖,所需要的人力相对较少,是一种成本较低的人员推销类型。

(三)会议推销

会议推销是指企业的推销人员在订货会、选货会、交易会、洽谈会等各种商品购销会上展开的推销活动。在会议推销中,用户集中,众多厂家、中间商、零售商、个体消费者集聚,便于在短时间内进行大量洽谈活动,省时省钱,尽管交易受到与会者人数和范围的限制,但仍是很多推销人员重视的推销方式。

(四)电话推销

电话推销就是通过电话手段与客户交谈,以达到推销产品的目的。电话推销能节约时间和费用,并且推销范围广。

(五)书面推销

书面推销就是用书面文字的形式与客户联络的推销方式。如写推销信、寄明信片、发广告单、邮寄目录等,这种人员推销方式的费用相对低,适合与电话推销、上门推销等方式并用。

四、推销人员的素质要求

(一)机敏干练,应变能力强

推销人员应具有较高的应变能力,能够筹划推销中的各种活动,应付推销过程中遇到的各种意外情况。

(二)具有较好的态度、仪表和修养

推销员作为与顾客沟通的企业代表,其态度、仪表和修养在很大程度上反映了企业风貌。在人员推销过程中,推销员的仪表、态度和修养会对顾客产生心理影响。推销人员应当待人友善,真诚考虑顾客关切,化解顾客的抗拒心理,消除顾客的偏见,从而推动购买的完成。

(三)有进取心,不怕困难

推销人员必须具备较强的心理素质,做事果断、坚毅,不怕困难和挫折,推销人员要有一种强烈的内在驱动力,去积极完成各项推销任务。

(四)具有强烈的敬业精神

推销人员需要具备较强的敬业精神,喜欢推销事业,在推销过程中不畏困难和挫折,愿意为消费者真心服务和付出。推销人员的责任心越强,越有利于为企业树立良好的形象。

(五)具备一定的业务知识和推销技巧

推销员应掌握熟练的业务知识和推销技巧,才能在竞争激烈的市场中取得良好的销售业绩,为企业创造利润。

五、推销队伍的建设

(一)推销人员的选拔

根据人才的来源可以分为企业内外两种选拔方式:一种是从企业内部挑选,由于

企业员工熟悉企业的基本情况,并且具备一定的产品技术知识,能够减少培训成本,迅速补充销售力量;另一种是向社会公开招聘,利用企业外部优秀推销人员促进企业推销绩效的提升。

企业在选聘推销人员的时候,应把握如下几点:一是检查履历。了解应聘推销人员的工作态度、工作热情、工作经验、工作业绩和社会关系情况;二是进行笔试。通过产品、业务、市场营销等综合知识的检测,判断应聘推销人员的业务知识水平;三是进行面试。通过履历审查和笔试的应聘者进入面试环节,通过面试可以了解推销人员的语言能力、仪表风度、推销水平。

(二)推销人员的培训

推销人员的培训包括多个方面,主要有:一是素质培训。主要是对推销人员进行市场营销基础理论、产品知识、企业文化、顾客知识、市场知识和推销技巧的综合培训,帮助推销人员树立积极的工作态度;二是对推销人员进行有关政策法规、业务职责和工作程序的培训,让推销人员能迅速适应推销工作的需要。

六、人员推销的程序

(一)第一步是寻找潜在顾客

潜在顾客是指对产品有需要并且有购买能力的人,但是这部分人还没有对企业的产品产生兴趣或者不了解企业的产品。推销人员应建立潜在顾客的信息档案,并对顾客信息加以分类,再确定哪些顾客是重点发展的顾客,哪些顾客值得推销人员花时间和精力拜访,这样才能提高推销工作的效率。

(二)第二步是接近顾客

接近顾客是推销人员正式接触顾客的关键步骤。接近顾客是指推销人员为保证洽谈工作的顺利展开而与顾客进行首次正式接触的过程。通过接近顾客,推销人员可以缩短和顾客在空间上和心理上的距离,让顾客开始关注和接受推销品,并且初步认同推销人员。

(三)第三步是推销洽谈

接近顾客之后,下一步就进入推销洽谈阶段。推销洽谈是买卖双方为了实现商品交易,就各种交易条件进行协商和沟通,最终达成一致,实现成交的过程。

(四)第四步是顾客异议处理

在推销接洽过程中,推销人员也会面临顾客压力和阻力,从而阻碍推销活动的顺利开展,这些统称为顾客异议。顾客异议包括需求异议、价格异议、产品异议、货源异议、财力异议、购买时间异议等。推销人员应采取合理的策略妥善处理这些异议,消除顾客疑虑,增强顾客的购买信心和购买意愿。

(五)第五步是推销成交

推销成交是推销人员成功说服顾客接受推销建议,立即购买产品的过程。推销成交是推销工作的重要目标,也是推销过程中最重要、最关键的阶段,直接决定了推销绩效。在推销成交过程中,推销人员应有效解读顾客的成交信号,了解达成交易的条件和障碍,及时、合理地处理顾客异议,从而实现产品的真正销售。

(六) 第六步是售后服务与顾客维系

推销成交不是销售工作的终点,而是意味着顾客服务的开始,为了与顾客建立起长期的合作关系,推销人员必须做好成交后的服务工作,包括售后服务和顾客维系,这也是顾客关系长期建立的关键。

七、人员推销的基本策略

(一) 试探性策略

试探性策略是推销人员在不清楚消费者购买心理的前提下,合理运用刺激性手段诱发顾客的购买欲望,使其产生购买行为的过程。因此,推销人员在和顾客接触之前,首先要做好面谈计划,准备刺激性问题,促使顾客透露购买计划和关键的需求。可以通过产品宣传册或产品演示说明引起顾客对产品的兴趣,然后观察消费者的心理反应,并且了解消费者的真实购买动机,引发购买行为。

(二) 针对性策略

针对性策略是推销人员在了解消费者需求和购买动机的前提下,有针对性地对顾客进行产品的宣传介绍,引发顾客的购买行为。推销人员可以在和顾客洽谈之前,针对顾客可能感兴趣的产品的某一特点设计好推销语言,对顾客可能提出的问题做出合理解释。

(三) 诱导性策略

诱导性策略是推销人员运用推销策略,使无需求顾客对产品产生购买欲望和兴趣,诱发顾客的购买行为。这种策略是推销人员通过某种策略创造顾客需求的过程,从而使顾客从无需求变为有需求,实现产品销售的目的。

八、人员推销的组织结构

(一) 产品结构式

产品结构式是指依据产品的分类组织推销人员,强调企业派专人负责某一类产品的推销活动。这种人员推销的组织结构适用于那些同一市场上销售许多种不同产品在的大企业。对于大企业来说,按产品类型分别制订推销方案更有利于市场营销活动的顺利开展。产品结构式的人员推销组织有利于销售业务趋于专业化和高质化,提升了推销经理对市场的快速响应能力;它的缺点是导致推销经理重视各自的产品推销,从而忽视了企业全局性的营销战略。

(二) 顾客结构式

顾客结构式又称为市场结构式,是指将顾客进行有效分类,企业派专人负责专门顾客的所有推销业务。顾客结构式的人员推销组织适合于产品种类不多、顾客较稳定的批量订购的企业。这种结构最大的优点是能有针对性地根据顾客要求进行推销活动,有效满足大客户的需求;它的缺点是容易产生额外的销售费用,并且容易忽略小客户的需求。

（三）区域结构式

区域结构式是按产品的销售区域组织销售,某一特定区域的产品销售工作由某一位推销人员专门负责。这种人员推销组织适用于产品品种单一、顾客较为集中、销售区域差异化明显的企业。它的优点是有利于销售费用的节省,也有助于推销人员掌握区域内的市场情况;它的缺点也较为明显,一般只适合产品品种单一的企业。

九、推销人员的甄选

（一）推销人员数量的确定

总体而言,推销人员数量的确定方法有两种：

1. 工作负荷量法

工作负荷量法是指根据推销人员完成工作量的大小来确定推销人员数量的方法。其应用步骤是：

首先,确定总工作量。企业可以将所有顾客进行有效分类,确定每一类型的顾客每年需要访问的次数,然后计算出企业每年应该对所有顾客进行的总访问次数。

其次,确定每位推销人员的年工作负荷。根据顾客的分布情况,充分考虑推销人员每访问一位顾客所花费的时间,然后可以确定每位推销人员的年均访问次数。

最后,确定推销人员的数量。将总工作量除以每位推销人员的年工作负荷,就可以计算出推销人员的数量,从而确保推销人员的数量是合理的。

2. 边际利润法

边际利润法是根据推销人员创造的边际利润来确定推销人员数量的一种方法。如果增加一位推销人员后的边际利润大于零,就可以增加推销人员的数量。

（二）选择推销人员的标准

1. 心理素质

推销人员是否具备良好的心理素质对推销工作的成败非常关键。推销人员需要在遇到困难和失败时,不灰心丧气,勇敢面对外部环境的压力。推销人员从事的也是最受挑战的职业,顾客的冷漠、拒绝和讽刺,工作业绩的不佳,业务拓展的失败,都有可能打击推销人员的信心。因此,良好的心理素质对于推销人员开展推销活动是至关重要的。

2. 业务素质

一般而言,推销员应具备以下业务素质：

（1）产品知识。产品知识包括产品的属性、功能、使用、维修、定价、付款条件以及企业的历史与现状、经营方针和政策、服务方式和交易条件等。并且,推销人员还应了解竞争企业的产品生产能力、经营状况、品牌状况等信息。

（2）心理学知识。由于推销人员直接与客户打交道,因此,推销人员应该重点研究顾客的购买心理和行为,及时了解顾客在购买中的心理变化,并及时调整推销策略。

（3）社会知识。推销员和各种类型的客户打交道,为了与客户交流有共同语言,让客户产生兴趣,推销员还需要具备丰富多样的社会知识,例如推销人员应了解一定的天文、地理、文学、哲学、时事新闻热点、美术、音乐等不同领域的知识,从而更易拉近与客户的距离。

3. 身体素质

推销工作是一件非常辛苦和高压力的工作,只有具备了良好的身体素质,才能适应各种恶劣的推销条件,胜任并完成推销工作重任。

十、推销人员的报酬和考核

一般而言,企业在推销人员报酬的确定上普遍采用固定工资加提成的方式。固定工资是指无论销售人员的业绩如何,企业每月都按照固定工资标准支付报酬;销售提成是指从销售额中提取一定比例作为推销人员的报酬。在实际操作中,不同行业、不同企业的销售提成标准、比例的确定都是有差异的,但销售提成对推销人员的激励是非常有效的。

为加强对推销人员的管理,企业还要对推销人员的销售业绩进行全面、科学考核。推销人员的考核方式主要分为考评资料的收集、考评标准的建立以及考评执行三个阶段。考评资料收集是为全面评价销售人员工作业绩,企业从销售报告、销售记录、顾客评价和员工评价四个来源收集推销员的基础信息。收集考评资料后,再通过建立科学而合理的考评标准,比如,访问率、平均订单数目、销售成本及费用率、新顾客增加数目等,对推销人员的业绩进行公正评价。

第四节 销售促进

一、销售促进的定义和类型

销售促进又称营业推广,与广告、人员推销和公共关系不同,销售促进是一种更为直接的销售策略,通过向购买产品的销售人员、分销商或者最终的使用者提供或承诺一种额外的价值或者激励,完成创造即刻销售的目标。销售促进包括以下几个种类。

(一) 针对消费者的销售促进

销售促进可以鼓励和刺激老顾客继续使用企业的产品,并促进和发展新顾客对产品的使用,吸引顾客购买新产品或服务,也可以培养顾客对本企业的偏爱,引导顾客改变购买习惯。针对消费者的销售促进通常采用以下几种方式:

1. 样品赠送

向消费者赠送样品的方式多种多样,企业可以挨家挨户赠送,也可以在商店或闹市区散发,或者在其他商品中附送,还可以通过公开的广告进行赠送。赠送样品的销售促进方法在新产品的推广中得到了较多的应用,但是这种销售促进方式花费的营销费用较高。

2. 发放优惠券

针对购买金额达到一定程度的顾客发放商品优惠券,鼓励顾客凭优惠券在一定时间内再购买商品时可以免付一定金额。

3. 奖励

企业采取奖励的方式激发消费者的购买热情。消费者可以凭奖励券购买一种低价销售的商品,或者凭券享受一定优惠,各种摸奖、抽奖也属奖励的方式。

4. 现场示范

企业将自己的产品在销售现场(例如商场)进行使用示范表演,凸显产品的高性能和高质量,从而达到吸引消费者购买的目的。这种销售促进方式比较适合一些技术性较强的产品。

5. 游戏

在销售现场面向顾客开展游戏活动,鼓励消费者积极参与游戏并领取礼品,吸引人气,并且达到刺激消费者的购买欲望和购买热情的目的。

6. 现金返还

企业可以针对支付一定金额的消费者,采取一定量的现金返还作为奖励,可以提升消费者的购买数量。

7. 组织展销

企业积极参加各种展销会,并且将一些能显示企业优势和特征的产品集中陈列,边展边销。例如企业经销商就经常参加汽车展览会,促进汽车的销售。

(二)针对中间商的销售促进

与针对消费者的销售促进不同的是,针对中间商的销售促进更多是鼓励中间商大量购买产品,或者动员中间商积极购存或推销某些产品,目的是提高中间商购买产品的积极性。针对中间商的销售促进包括以下方式:

1. 执行批发回扣

企业为争取批发商或零售商更多购买自己的产品,会在某一时期内给予购买一定数量产品的批发商和零售商一定程度的回扣,从而提高批发商和零售商的积极性,促进销售绩效的提升。

2. 支付推广津贴

中间商是企业产品推广的重要力量,企业依托中间商的销售网络可以完成大规模的产品推广活动。因此,企业为促使中间商购买企业产品并帮助推销产品,往往可以采取支付给中间商一定推广津贴的方式来提升中间商推广产品的积极性。

3. 开展销售竞赛

企业根据各个中间商销售本企业产品的业绩,对销售业绩好的中间商进行奖励,例如现金奖、实物奖、免费旅游、进修奖、度假奖等。

(三)针对销售人员的销售促进

销售人员是完成产品销售的重要力量,对销售人员的激励一直是销售促进的重要方面。针对销售人员的销售促进是指鼓励销售人员热情推销产品,提供他们的工作积极性,并且促使他们积极开拓新市场。针对销售人员的销售促进方式一般有:开展销

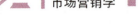

售竞赛、免费提供培训、技术指导等。

二、销售促进的实施

（一）确定销售促进的目标

企业在进行销售促进之前，首先应明确销售促进的目标。销售促进目标不是静态的，它会随着推广对象的不同、推广时间的不同而发生动态变化。对消费者而言，销售促进的作用主要是促使消费者试用产品并且购买和消费更多的产品，以及吸引竞争品牌的消费者转向购买本企业产品等。对中间商而言，销售促进主要是吸引中间商经销本企业的产品，调动中间商经销产品的积极性，并且维护中间商与本企业的关系等。对推销人员而言，销售促进的作用就是激发推销员的推销热情，激励推销人员发展更多的新顾客。

（二）选择恰当的销售促进工具

企业应该根据市场类型、销售促进目标、竞争情况以及各种推广工具的特点，灵活选择销售促进工具。以针对消费者的销售促进为例，如果企业以抵制竞争者的促销为目的，企业可设计一组降价的产品组合，作出快速的防御性反应；如果企业的产品具有较强的竞争优势，企业销售促进的目的在于吸引消费者率先采用，则可以向消费者赠送样品或提供免费试用样品。

（三）制定合理的销售促进方案

销售促进方案的合理化需要考虑如下因素：

1. 诱因规模

企业应合理确定使企业成本/效益最佳的销售促进诱因规模。诱因规模太大，企业的销售促进成本就会过高，不利于节约成本；诱因规模太小，则达不到对消费者足够的促销吸引力。因此，营销经理应认真考察销售和成本增加的比率，确定最合理的诱因规模。

2. 刺激对象的范围

企业需要对销售促进对象范围做出明确界定。例如，现金返还是返还给每一个购买者还是只返还给购买量达到一定金额要求的顾客等。

3. 媒体选择

企业应考虑选用何种媒体将促销信息传送给目标受众。例如，印制宣传单在街头派发、将宣传单放在销售终端供顾客取阅、在报纸上做广告、邮寄给目标顾客等。

4. 促销时机的选择

一般而言，企业可以选择在节假日、店庆日或"双十一"购物狂欢节等日期进行销售促进活动。因为，此时消费者更多地选择外出购物，商场人流量更大。

5. 期限

企业需要明确销售促进活动期限，期限不宜太短也不宜太长。

6. 预算

销售促进预算的确立可以采用两种方法：一种是全面分析法，即营销经理对各种销售促进方式进行选择,然后估算它们的总费用;另一种是总促销预算百分比法,即在总促销中花费一定比例的预算给销售促进活动。

(四) 销售促进方案的测试

为确保销售促进取得预期的效果和成功,企业在正式实施销售促进方案之前,先要对销售促进方案进行市场测试。市场测试内容包括测试销售促进诱因对消费者的效力、销售促进工具选择是否恰当等。并且,改进销售促进方案,进一步完善销售促进方案。

(五) 实施销售促进方案

销售促进方案通过测试并得到完善后,企业就可以正式实施该销售促进方案。企业应该注重落实销售促进方案中的各种细节,对方案进行认真部署和安排,确保销售促进活动顺利完成并取得效果。

(六) 评估销售促进的效果

销售促进的效果直接体现销售促进目标的实现情况。企业应重视对销售促进效果进行科学评价。选择合理的评价指标体系,综合采取比较法、顾客调查法等方法对销售促进的效果进行有效评价和分析,发现存在的问题并加以改进。

第五节 公 共 关 系

一、公共关系的定义和特点

公共关系是企业为处理、改善和社会公众的关系,促进社会公众对企业的认知、理解和支持,从而达到树立积极社会形象,并且间接促进商品销售而开展的一系列促销活动。作为促销组合中的重要策略,公共关系具有如下特点:

(一) 追求长期效应

公共关系要达到的目标是树立企业良好的社会形象,为企业的发展创造良好的社会环境。公共关系目标的实现是一个长期过程,不像销售促进的效果见效快。企业通过运用各种公共关系策略,能达到树立良好的产品形象和企业形象,从而赢得市场的目的。

(二) 注重双向沟通

公共关系的沟通是双向的,它体现的是企业与社会公众之间的信息交互,反映了企业和社会公众之间的相互信任。企业通过公共关系活动,实现企业内外信息的沟通与企业内外人际关系、内外环境的和谐统一,建立起相互理解与信任的关系,从而为企业创造良好的营销环境。

(三) 刺激间接销售

公共关系并不强调产品,而是通过积极参与各种社会活动,宣传企业的经营宗旨和理念,培养顾企关系,提升企业商誉,从而加深社会各界对企业的了解和信任,达到间接促进销售的目的。比如长城饭店通过公共关系活动,成功地为里根总统访华提供了住宿和办公场地,不仅赚足了眼球,而且也提升了酒店的入住率。

二、公共关系的作用

(一) 监察环境和搜集信息

企业的生存和发展依赖于经营的环境,包括宏观环境和微观环境,营销的效果在一定程度上受到经营环境变化的影响。企业的公关人员通过各种信息传播媒介了解公众对企业的态度,搜集有关信息,发现问题并及时向企业反馈,从而为企业制定和调整营销计划提供依据。

(二) 沟通情感和树立形象

企业通过公共关系手段向社会传达自己的信息,与公众保持良好关系,使公众能正确认识、理解、信任并支持企业的各项活动,提高企业知名度和美誉度,从而为企业树立了积极的形象。

(三) 化解危机

企业在市场营销活动中,有可能由于主客观原因而出现品牌危机或产品伤害危机等情况。公共关系手段的合理运用将有助于化解危机,从而促进企业的健康、可持续发展。

案例分享

一汽-大众奥迪车辆"被泡"72小时危机公关

2015年5月21日,对于葛树文来讲,是最非同寻常的一天,这一天,一汽-大众奥迪将完成全国第三百万用户的车辆交接。再过两个月,葛树文履新一汽-大众奥迪执行副总经理正好24个月。

在入驻一汽-大众奥迪的22个月时间里,葛树文及他所带领的团队完成了一汽-大众奥迪"百万辆级"的加速度的成绩单,在这背后,则是"全价值链本土化"模式所带来的强大体系能力,以及这一团队不断开拓的进取精神和对市场的把握。而前两个百万辆级则分别用了22年和33个月。当然,过去的22个月中,中国的市场环境和政治环境也在发生着巨大的变化,奥迪这个在中国一直被打着官车标签的品牌,能取得这样的成绩,实属不易。

为了回馈用户,5月21日,专属打造的4款300万纪念版车型上市,所有的经销店头都挂起了横幅,通过一系列政策在当下陷入困局的汽车环境里,需要尽可能保住领导者的地位。与以往任何庆祝仪式不同,一场名为"礼赞300万车主信赖,奥迪纪念版车型感恩上市活动"的发布会则在各大区分别举行活动,一汽-大众奥迪的高管则奔赴各大区发布会现场,北区则选择了北京位于来广营的一家4S店。

当天傍晚6点半,北区的这场发布会正式开始,发布会结束后,各种广告宣传活动和店头活动则有序进行。这一切,都早早在几个月前就开始筹备。但美好的事情,往往需要一番折腾。就在当天中午,葛树文除了要准备晚上发布会的演讲文件,同时,他还需要确认一份公开发布的公告:宣布将部分浸水奥迪A6L(参数|图片)置入"质损车流程"。原因是3天前的一场暴雨,将一汽-大众奥迪引入一场公关危机事件。

这场舆论漩涡,来得有些突然。当天下午两点半在官方微信上发布的关于部分浸水车辆的公告阅读数接近十万,关于底盘号的公告文章阅读数早已过十万,从1 300多点赞数判断,该文章的阅读数应达到百万级阅读。而头条发布的《521,奥迪感恩300万车主,亿元红包倾情为你》的活动文章,阅读数仅为前者的四分之一量级。可见这场舆论漩涡的影响力之大。而此事,关于这批车辆的去处问题以及关于此事的奥迪的处理方案则备受质疑。

事件过程大抵如此:
5月18日晚,因为连日暴雨,奥迪停车场附近防洪坝垮塌,奥迪停车场进水,283台奥迪A6L不同程度受损。5月19日晚,消息出现在网上,并且开始泛滥发酵,奥迪公关部门觉察到负面信息,迅速联系信息源头。5月20日,奥迪启动应急处理流程,决定浸水车不进入销售渠道,但是因为内部流程较慢,迟至21日才发布公告。5月21日,奥迪正式发布公告,宣布浸水车按制度进入"质损车流程",承诺不会进入销售渠道。公告发布后,虽然多数舆论认可奥迪的处理措施,依然有部分媒体及舆论认为奥迪做得还不够,对这批车的去向表示关心,担心奥迪会等风头过去,将这批车重新投入市场,进而损害消费者利益。5月22日,为彻底平息媒体和消费者担忧,奥迪再次发布公告,并且将283辆受损车底盘号全部公布。

至此,事情得到妥善解决,受损车的处理已经非常清楚,消费者可以打消疑虑了,媒体的知情权得到捍卫,奥迪也体现出了作为全球高端品牌应该具有的责任感,相对而言是一个较为完美的局面。

资料来源:一汽-大众奥迪车辆"被泡"72小时危机公关[Z/OL].[2021-02-07].http://www.sohu.com/a/16223593_119205.

三、公共关系活动的方式

(一)新闻媒介传播

新闻媒介传播的方式多种多样,例如企业向新闻媒体投稿传播企业及其产品的信息,或者召开记者招待会、新闻发布会、新产品信息发布会,或邀请记者写有关企业的新闻通讯、人物专访、特写等。社会公众对新闻媒体的信任度高,因为新闻媒体具有权威性和专业性。因此,企业选择通过新闻媒体传播产品信息和企业信息,对消费者具有更强的说服力,能有效地提高企业和产品的认同感与接受度。

案例分享

"鸽子事件"

美国联合碳化钙公司一幢52层高的、新造的总部大楼竣工了,一大群鸽子竟全部飞进了一间房间,并把这个房间当作它们的栖息之处。不多久,鸽子粪、羽毛就把这个房间弄得很脏。有的管理人员建议将这个房间所有的窗子打开,把这一大群鸽子赶走算了。这件"奇怪"的事传到公司的公关顾问那里,公关顾问立刻敏锐地意识到:扩大公司影响的机会来了。他认为,举行一次记者招待会,设计一次专题性活动,散发介绍性的小册子等,都可以把总部大楼竣工的信息传播给公众,这些自然也算是好方法,但仍是一般常规的方法。最佳的方法应做到使公众产生浓厚的兴趣,以至迫切想听、想看。现在一大群鸽子飞进了52层高的大楼内,这本身就是一件很吸引人的新奇事,如果再能够巧妙地在这件事上做点文章,则一定能产生更大的轰动效应。于是,在征得公司领导同意后,他立即下令关闭这个房间的所有窗门,不能让一只鸽子飞走。接着,他设计并导演了一场妙趣横生的"制造新闻"活动。

首先,这位公关顾问别出心裁地用电话与动物保护委员会联系,告诉他们此间发生的事情,并且说,为了不伤害这些鸽子,使它们更好地生栖,请动物保护委员会能迅速派人来处理这件有关保护动物的"大事"。动物保护委员会接到电话后居然十分重视,答应立即派人前往新落成的总部大楼处理此事,他们还郑重其事地带着网兜,因为要保护鸽子,必须小心翼翼地一只只捉。

公关顾问紧接着就给新闻界打电话,不仅告诉他们一个很有新闻价值的一大群鸽子飞进大楼的奇景,而且还告诉他们在联合碳化钙公司总部大楼将发生一件既有趣而又有意义的动物保护委员会来捕捉鸽子的"事件"。

新闻界被这些消息惊动了。他们认为,如此多的鸽子飞入一幢大楼是极少见的,又加上动物保护委员会还将对它们采取"保护"措施,这确是一条有价值的新闻,他们都急于把这条信息告诉更多的公众。于是,电视台、广播电台、报社等新闻传播媒介纷纷派出记者进行现场采访和报道。

动物保护委员会出于保护动物的目的,在捕捉鸽子时十分认真、仔细。他们从捕捉第一只鸽子起,到最后一只鸽子落网,前后共花了三天的时间,在这三天中,各新闻媒介对捕捉鸽子的行动进行了连续报道,使社会公众对此新闻产生浓厚的兴趣,很想了解全过程,而且消息、特写、专访、评论等体裁交替使用,既形象,又生动,更吸引了广大读者争相阅读和收看。这些新闻报道,把公众的注意力全吸引到联合碳化钙公司上来,吸引到公司刚竣工的总部大楼上来,结果,联合碳化钙公司总部大楼名声大振,而且公司首脑充分利用在荧屏上亮相的机会,向公众介绍公司的宗旨和情况,加深和扩大了公众对公司的了解,从而大大提高了公司的知名度和美誉度。同时,借此机会,将联合碳化钙公司总部大楼竣工的消息巧妙地、顺利地告诉了社会,使公众全盘地接受了这一消息。通过"制造新闻",终于事半功倍地完成了向公众发布此消息的任务。

资料来源:素锦."鸽子事件"——媒介公共关系中的"制造新闻"[Z/OL].[2021-02-07]. http://blog.sina.com.cn/s/blog_4d7012ee0100ikiv.html.

(二)加强与企业外部公众的联系

企业加强与政府机构、社会团体以及供应商、中间商等利益相关者的联系,争取这些外部公众的理解和支持,有利于提升企业形象及其产品信誉。

(三)举办专题活动

企业通过举办开业典礼、厂庆、周年纪念、知识竞赛等专题活动,可以扩大企业的影响力,加强企业与外界公众的联系,树立良好的企业形象。

(四)参与公益活动

企业可以参与各种公益活动,提高企业声誉,赢得社会公众的信任和支持。企业可以参与的公益活动主要包括慈善救济、福利活动、公共设施建设、教育事业、学术研究、体育赞助、文艺赞助、学生赞助以及环境保护工作、社区公益活动等。

四、公共关系的实施步骤

(一)确定目标

首先,企业基于深入的社会调查研究,依据社会公众对企业的意见确定公共关系目标。并且,公共关系的目标在不同时期是不同的。例如,当企业推出新产品或出现产品伤害危机或产品销售萎缩时,所采取的公共关系目标和手段都有差异。

(二)选择方法

为确保公共关系目标实现,企业应该选择合适的公共关系方法。各种公共关系方法都具有不同的适用范围,富有针对性,有的公共关系方法主要是增进公众的支持与理解,有的主要是提高企业形象,有的主要是促进销售。

(三)实施计划

为了保证公共关系计划的实施,首先要有组织上的保证,明确公共关系部门的职责;其次要提高公共关系人员的素质和能力。最后,在公关活动实施中应坚持快速反应、以诚为信的原则,善于抓住公关机遇。

(四)评价效果

由于公共关系往往是配合着其他营销活动进行的,其效果也难以单独列出。并且,公关关系对企业营销的影响更多的是间接的。因此,对公共关系效果的评价较为困难。一般而言,对公共关系效果的评价应该采取定性评价和定量评价结合的评价方式,从社会公众不同角度对企业公共关系活动效果进行综合评价。

第六节 直复营销

一、直复营销内涵

直复营销(Direct Response Marketing)是一种重要的促销方式。美国直复营销协会将直复营销定义为"一种为了在任何地点产生可以衡量的反应或达成交易而使用一种或几种广告媒体的互相作用的市场营销体系"。直复营销的成功关键在于选择适合的媒介以顺利进入目标市场、接触目标顾客。直邮、电视、电话和网络等是企业实务中使用较为频繁的直复营销媒介。每一种直复营销媒介各具优势,公司在选择时一方面要考虑目标市场的需要,另一方面也要考虑自身经济实力。

二、直复营销的主要形式

(一) 直接邮寄营销

直接邮寄营销是指企业自身或委托广告公司制作宣传信函,发送给目标顾客,引起目标顾客对产品的兴趣,再通过信函或其他媒体进行订货和发货,最终完成销售行为的营销过程。直接邮寄营销是最古老的直复营销形式,也是应用最广泛的形式。早在1982年,美国的邮购总额就达到了400多亿美元,占整个零售总额的8%。后来,随着互联网的迅猛发展,电子邮件的应用日益广泛,电子邮件营销逐渐替代传统的纸质邮件营销,并且发展成为直接邮寄营销的主要形式。和传统的直接邮寄营销相比,电子邮件营销有着经济高效、展示内容多,可在线统计用户行为特征等优点。汉启网络科技有限公司是我国首家立足于本地化电邮营销系统的整体服务提供商,致力于"许可电子邮件营销服务"及"会员生命周期管理",它服务的客户包括百度、完美时空、搜狐畅游、FT中文网、华尔街日报、阿里巴巴万网、广东发展银行等知名企业,也是国内邮件营销服务商中提供最全面服务的公司。

(二) 目录营销

目录营销是指企业编制商品目录,并通过一定的途径将商品目录发送到顾客手中,由此接受订货并发货的销售行为。目录营销也是从邮购营销演化而来的,两者的区别主要是目录营销适用于经营一条或多条完整产品线的企业。

(三) 电话营销

电话营销是指企业通过电话向顾客提供商品和服务信息,顾客再借助电话提出交易要求的营销行为。营销人员通过电话向目标顾客进行营销活动。电话的普及,尤其是800免费电话的开通使消费者更愿意接受这一形式。现在许多消费者通过电话询问有关产品或服务的信息,并进行购买活动。电话营销在保险、房地产、银行等行业中得到普遍应用。

（四）电视营销

电视营销是指企业购买一定时段的电视节目时间，通过播放产品的宣传视频来介绍功能并告示价格，从而使顾客产生购买意向并最终达成交易的行为。企业通过在电视上介绍产品，或赞助某个推销商品的专题节目开展营销活动。在我国，电视是最普及的媒体，电视频道也较多，许多企业已开始在电视上进行营销活动。并且，专门电视购物频道的出现为消费者了解和购买产品提供了渠道。

（五）直接反应印刷媒介

直接反应印刷媒介通常是在杂志、报纸和其他印刷媒介上做直接反应广告，鼓励消费者通过电话或回函订购，从而达到提高销售的目的。并且，企业通过直接反应印刷媒介为顾客提供知识等服务。

（六）直接反应广播

广播既可作为直接反应的主导媒体，也可以作为其他媒体的配合，使顾客对广播进行反馈。随着广播行业的发展，广播电台的数量越来越多，专业性越来越强，有些电台专门针对细分小群体，为直复营销者寻求精确目标和进行精准营销指向提供了机会。

（七）网络营销

网络营销是指企业借助计算机、互联网、通信和数字交互式媒体而进行的营销活动。它主要是随着信息技术、通信技术、电子交易与支付手段的发展而产生的，特别是国际互联网的出现更为其发展提供了广阔的空间。目前，我国是全球最大的互联网应用国家，网络营销和网络购物在我国非常普及，规模也在不断壮大。

三、直复营销的主要特点

（一）双向互动性

直复营销强调营销者与目标顾客之间的双向信息交流，以克服传统营销中单向信息交流方式存在营销者和顾客之间无法沟通的致命弱点。例如，互联网作为开放、自由的双向式信息沟通网络，企业可以在其中与顾客之间实现直接的一对一信息交流，并根据目标顾客的需求进行生产和营销决策，在最大限度满足顾客需求的同时，提高营销决策的效率和效用。

（二）积极响应性

直复营销为每个目标顾客提供了直接向营销人员反映的渠道，企业可以凭借顾客反应找出存在的问题，为下一次直复营销活动做好准备。如今，互联网的快捷性使得顾客可以方便地通过互联网直接向企业提出购买需求并且获取售后服务。同时，企业也可以从顾客的需求和建议中，找出存在的不足，按照顾客的需求开展营销活动，提升营销绩效。

（三）不受时空限制

直复营销活动强调企业可以不受空间和时间的限制，随时随地都能够实现与顾客之间的"信息双向交流"。特别是，互联网的全球性和持续性特征，使得顾客可以在任何时间、任何地点直接向企业提出要求和反映问题，企业借助信息技术实现低成本的、跨越时空限制的顾企交互活动。

案例分享

麦考林：把温馨寄给顾客

麦考林公司成立于1996年1月8日，由美国著名风险基金——Warburg Pincus投资，实际投入资金超过三千万美元。是中国首批获得政府批准的从事邮购业务的三资企业，年营业额超过6 000万元人民币，是目前中国投资规模最大的邮购公司。该公司涉足邮购及电子商务领域，配备了美国最先进的电脑管理系统。公司业务覆盖全国31个省、自治区和直辖市，以其优秀的产品质量、富有竞争力的价格、优异的客户服务在行业中树立了领先地位。因其邮购业务的快速发展，它也成为上海邮政局的最大客户。在其一万平方米的发货中心内设有邮局定点服务，每天可处理一万张外运包裹单。麦考林与全国各地6万个邮政分局和400个城市的特快专递紧密合作，为从上海到乌鲁木齐、北京到拉萨的数以百万计的消费者及时递送了时尚和质量的保证，风雨无阻。麦考林在一些城市还提供24小时送货上门的快递服务，为消费者带来温暖、送去温馨。

资料来源：张辉.麦考林：把温馨寄给顾客[Z/OL].[2021-02-07].http://abc.wm23.com/hui27fly/96348.html.

第七节　整合营销传播

一、整合营销传播的概念

整合营销传播，英文是 Integrated Marketing Communication，简称 IMC。整合营销传播思想是欧美90年代以消费者为导向的营销思想在传播领域的具体体现。

美国广告公司协会认为，整合营销传播是一个营销传播计划概念，要求充分认识用来制定综合计划时所使用的各种带来附加值的传播手段——如普通广告、直接反应广告、销售促进和公共关系——并将这些传播手段整合起来，提供具有良好清晰度、连贯性的信息，使营销传播影响力最大化。

美国南卡罗来纳大学教授特伦奇·希姆普认为："整合营销传播学是制订并执行针对顾客或与未来顾客的各种说服性传播计划过程。整合营销传播学的目标是影响有选择的受播者的行为。当一个顾客或一个未来顾客在产品或服务方面与品牌或公司接触的一切来源均是未来信息潜在的传播渠道。进而，整合营销传播利用与顾客或未来顾客相关的并有可能被接受的一切形式的传播。"

美国学者舒尔茨、唐列巴姆和劳特鲍恩则认为"整合营销传播是一种看待事物整体的新方式,而过去在此我们只看到其中的各个部分,比如广告、销售促进、人员沟通、POP 等,它是重新编排的信息传播,使它看起来更符合消费者看待信息传播的方式"。

整合营销传播理论的先驱、全球第一本整合营销传播著作的作者唐·舒尔茨(Don E. Schultz)教授根据对组织应当如何展开整合营销传播的研究,并考虑到营销传播不断变动的环境,重新界定了整合营销传播。他认为,"整合营销传播是一个业务战略过程,是制定、优化、执行并评价协调的、可测量的、有说服力的品牌传播计划,这些活动的受众包括消费者、顾客、潜在顾客、内部和外部受众及其他目标。"该定义的焦点放在商业过程上,深入地分析了消费者的感知状态及品牌传播情况,隐含地提供了一种可以评价所有广告投资活动的机制,因为它强调消费者及顾客对组织当前及潜在的价值。

唐·舒尔茨还分别对内容整合与资源整合进行了表述。他认为内容整合包括:
(1) 精确区分消费者。
(2) 提供有竞争力的利益点。
(3) 确认消费者心目中的品牌定位。
(4) 建立独特的、整体的品牌个性,以便消费者能够区分本品牌与竞争品牌,关键是"用一个声音来说话"。

他也认为资源整合应该发掘关键"接触点",了解如何才能更有效地接触消费者。传播手段包括:广告、直销、公关、包装、商品展示、店面促销等,关键是"在什么时候使用什么传播手段"。无论是内容整合还是资源整合,两者都应该统一到建立良好的"品牌-顾客"关系上来。内容整合是资源整合的基础,资源整合推动内容整合的实现。

可见,整合营销传播是将与企业进行市场营销有关的一切传播活动进行系统整合的过程。整合营销传播一方面把广告、促销、公关、直销、CI、包装、新闻媒体等传播活动涵盖在营销活动的范围之内,另一方面使企业能够将统一的传播资讯传达给消费者。整合营销传播的核心思想是以通过企业和顾客的沟通满足顾客需要的价值为取向,确定企业统一的促销策略,协调使用各种不同的传播手段,从而使企业实现传播的低成本化和高影响力。

二、整合营销传播的七个层次

(一) 认知的整合

实现整合营销传播的第一个层次是认知的整合,它要求营销经理和营销人员首先要意识到或明确营销传播的需要,从认知层面理解整合营销的价值。

(二) 形象的整合

营销传播应确保信息与媒体一致性的决策,信息与媒体一致性不仅是指广告文字与其他视觉要素之间要达到的一致性,而且也指在不同媒体上投放广告的一致性,以达到不同媒体上的产品形象宣传的高度契合。

(三) 功能的整合

功能的整合是把不同的营销传播方案编制出来,对每个营销传播要素的优势和劣势都必须经过详细分析,并与特定的企业营销目标紧密结合起来。

（四）协调的整合

协调的整合是指人员推销功能与其他营销传播要素（广告、公关、促销和直销）的直接整合，这意味着各种促销手段都用来确保人际营销传播与非人际营销传播的高度契合。

（五）消费者的整合

营销策略必须基于对消费者需求的了解来锁定目标消费者，在明确产品定位后才能开始设计营销策略。因此，营销策略的整合使得战略定位的信息直接到达目标消费者心中，从而使营销更具针对性和目的性。

（六）风险共担者的整合

整合营销传播的对象不局限于消费者，目标消费者不是企业营销传播的唯一群体，员工、供应商、分销商等其他利益相关者也是风险共担者，也应包含在整体的整合营销传播范围内。

（七）关系管理的整合

关系管理的整合作为整合营销传播的最后一个层次，被认为是整合营销的最高阶段。关系管理的整合指要向各关系单位做出有效传播，公司必须发展包括但不限于营销战略，还有生产战略、财务战略、人力资源战略等在内的有效战略。换言之，公司必须在研发、制造、营销等每个功能环节发展出营销战略以达成不同功能部门间的协调，同时对社会资源也要做出战略整合。

三、整合营销传播的六种方法

（一）建立消费者资料库

整合营销传播的起点是汇总、收集并分析人员统计资料、消费者态度和购买历史等信息，建立全面的消费者和潜在消费者资料库。与传播营销沟通相比，整合营销传播的最主要的特征在于整合营销传播的重点聚焦于消费者和潜在消费者。

（二）研究消费者

研究消费者就是要将消费者及潜在消费者的行为资料作为市场划分依据。相比消费者的"态度与意向"资料，消费者"行为"资讯更能清楚地显示消费者在未来将会采取何种行动。因此，在整合营销传播过程中，应重视对消费者行为的研究和分析，基于不同消费行为特征的群体提供具有针对性的整合营销传播方案。

（三）加强接触管理

接触管理是企业在某一时间、某一地点与消费者进行沟通。由于如今媒体繁多、市场信息纷杂超载，对消费者决策过程干扰的"噪声"大大增强，目前的关键是选择与消费者接触的最佳时机、途径和手段。

（四）明确营销目标并发展传播沟通策略

在一定的接触管理形式下，明确影响目标，并传播相关的信息。为了整合营销传播计划的实施，必须制定明确的营销目标。营销目标可能是吸引消费者接触并试用本品牌，或者鼓励消费者加深了解和进一步使用，或者打造良好顾企关系进而建立品牌忠诚。撰写传播信息需要基于不同的营销目标制定具有针对性的传播策略，有利于增强传播效果。

（五）营销工具的创新

确定营销目标后,需要选择利于有效完成该目标的营销工具。产品、价格、渠道都是和消费者沟通的重要传播手段和要素,除此之外,整合营销传播者将拥有更多样、更广泛的营销工具,关键在于哪些工具、哪种结合最能够协助企业达成营销传播目标。因此,对营销工具的使用和创新组合是决定整合营销传播效果的关键。

（六）整合营销传播手段的组合

整合营销传播的最后一步就是选择和组合营销传播手段,以实现市场营销目标。营销传播手段除了包括广告、直销、公关以及事件营销以外,还包括了产品包装、商品展示、店面促销活动等,只要能协助达成整合营销传播目标的手段,都是其需要整合的对象和内容。

本 章 小 结

促销是企业重要的营销策略,市场营销者将有关企业及产品(品牌)的信息通过各种方式传递给消费者和用户,促进其了解、信赖并购买本企业的产品,以达到扩大销售的目的。促销组合如同市场营销组合一样,是把人员促销和非人员促销两大类中的广告、人员推销、营业推广、公共关系、直复营销等具体形式有机结合起来,综合运用,形成一个整体的促销策略组合。本章首先对促销及促销组合的内涵和构成进行了分析,明确了企业促销组合的主要类型有广告、人员推销、营业推广、公共关系和直复营销,然后对每种促销策略的内涵、构成、作用和策略进行了具体剖析,最后,从整合营销传播的角度总结和分析了促销策略整合的必要性,具体分析了整合营销传播的内涵、构成、运作和策略。通过本章的探讨,有助于企业运用广告、人员推销、公关宣传、营业推广、直复营销等基本促销方式组合成一个策略系统,使企业的全部促销活动相互配合、协调一致,最大限度地发挥整体效果,从而顺利实现企业的营销目标。

思 考 题

1. 什么是促销和促销组合？促销组合的影响因素有哪些？
2. 什么是广告？广告媒体选择要考虑哪些因素？如何评价广告效果？
3. 什么是销售促进？针对不同的推广对象主要有哪些销售促进工具？
4. 如何理解人员推销？高素质的推销人员应该具备哪些知识、素质和能力？
5. 如何理解公共关系？公共关系主要工具有哪些？
6. 什么是直复营销？直复营销的主要形式和特点是什么？
7. 如何理解整合营销传播？整合营销传播的过程是如何实现的？

案 例 讨 论

麦当劳的整合营销传播

麦当劳是世界上规模最大的快餐连锁集团之一,在全球的 120 多个国家开设了 2

万9千多家餐厅。1990年,麦当劳来到中国,在深圳开设了中国的第一家麦当劳餐厅;1992年4月在北京的王府井开设了当时世界上面积最大的麦当劳餐厅,当日的交易人次超过万人。从1992年以来,麦当劳在中国迅速发展。1993年2月广州的第一家麦当劳餐厅在广东国际大厦开业;1994年6月,天津麦当劳第一家餐厅在滨江道开业;1994年7月,上海第一家麦当劳餐厅在淮海路开业。数年间,麦当劳已在北京、天津、上海、重庆四个直辖市,以及广东、广西、福建、江苏、浙江、湖北、湖南、河南、河北、山东、山西、安徽、辽宁、吉林、黑龙江、四川和陕西等17个省的74个大、中城市开设了460多家餐厅,在中国的餐饮业市场中占有重要地位。

作为世界首屈一指的快餐连锁集团,麦当劳近年来在全球各地市场受到了多方面的挑战:市场占有上,2002年11月8日,麦当劳宣布从3个国家撤出,关闭10个国家的175家门店,迅速扩张战略受阻。在中国大陆,麦当劳的门店数仅为肯德基的3/5。品牌定位逐渐产生"品牌老化"。肯德基主打成年人市场,麦当劳50年坚持走小孩和家庭路线,"迎合妈妈和小孩"。但近年人们婚姻和婚育观念的改变导致晚婚和单身成为寻常现象,麦当劳的消费核心群体开始由家庭群体向24—35岁的单身无子群体转变,麦当劳的定位以及品牌的概念恰与此偏离。投资策略上,麦当劳在中国一直坚持自己独资开设连锁店。截至2003年7月底,麦当劳都没有采取肯德基等快餐连锁的特许经营的扩张方式。公司管理上,迅速扩张的战略隐患逐渐暴露。麦当劳最引以为豪的就是其在全球范围内快速而成功的扩张,在2002年麦当劳缩减扩张计划之前,其在全球新建分店的速度一度达到每8小时一家,而这种快速扩张也使得麦当劳无法及时跟进对门店的管理,比如一些地区正在恶化的劳资关系以及滞后的危机处理能力。在广州麦当劳消毒水事件中,店长反应迟缓,与消费者争执,损害了企业的品牌形象。民族和文化意识上的隔阂也给麦当劳带来了麻烦。与可口可乐、万宝路一样,麦当劳与"美国"这一概念捆绑在一起,其效应就如一把双刃剑,既征服了市场,也引来了麻烦。从中东乃至穆斯林掀起的抵制美国货运动,到"9·11"事件后麦当劳餐厅的爆炸事件,都说明了"美国"品牌的负面效应。现代社会,快餐食品对健康的影响逐渐为越来越多的人重视,这成为麦当劳的又一难题。2003年3月5日的"两会"上,全国政协委员张皎建议严格限制麦当劳、肯德基的发展;世界卫生组织(WHO)也正式宣布,麦当劳、肯德基的油煎、油炸食品中含有大量致癌毒素丙毒。

在各种因素的综合作用下,2002年10月麦当劳股价跌至7年以来的最低点,比1998年缩水了70%,并在2002年第四季度第一次出现了亏损。为改变这种情况,2002年初,麦当劳新的全球首席营销官拉里·莱特(Larry Light)上任,并策划了一系列整合营销传播方案,实施麦当劳品牌更新计划:

2003年,麦当劳在新加坡推出了"和风饭食系列""韩式泡菜堡",在中国推出了"板烧鸡腿汉堡",放松标准化模式,发挥本地化策略优势,推出新产品,顺应当地消费者的需求。2003年8月,麦当劳宣布,来自天津的孙蒙蒙女士成为麦当劳在内地的首个特许加盟商,打破了中国内地独资开设连锁店的惯例。2003年9月2日,麦当劳正式启动"我就喜欢"品牌更新计划。麦当劳第一次同时在全球的100多个国家用同一组广告、同一种信息进行品牌宣传,一改几十年不变的"迎合妈妈和小孩"的快乐形象,放弃坚持了近50年的"家庭"定位举措,将注意力对准35岁以下的年轻消费群体,围绕着"酷""自己做主""我行我素"等年轻人推崇的理念,为麦当劳塑造出年轻化、时尚化的形象。同时,麦当劳连锁店的广告海报和员工服装的基本色都换成了时尚前卫的黑色。配合品牌广告宣传,麦当劳推出了一系列超"酷"的促销活动,比如只要对服务员大声说"我就喜欢"或"I'm Loving It",就能获赠圆筒冰激凌,这样的活动很受年轻人的欢迎。2003年11月24日,麦当劳与"动感地带"(M-Zone)宣布结成合作联盟,并在全国麦当劳店内同步推出了一系列"我的地盘,我就喜欢"的"通信+快餐"的协同营销活动。麦当劳还将在中国餐厅内提供WiFi服务,让消费者可以在麦当劳餐厅内享受时尚的无线上网乐趣。2004年2月12日,麦当劳与姚明签约,姚明成为麦当劳全球形象代言人。姚明将在身体健康和活动性、奥林匹克计划以及"我就喜欢"营销活动和客户沟通方面发挥重要作用。2004年2月23日,麦当劳推出"365天给你优质惊喜,超值惊喜"活动,推出一项"超值惊喜、不过5元"的促销活动。在2004年2月23日到8月24日期间,共有近10款食品价格降到了5元以内。2004年2月27日,麦当劳宣布,将其全球范围内的奥运会合作伙伴关系延长到2012年。此举一次性地将其赞助权延长了连续四届奥运会。这一为期八年的续约扩大了麦当劳在餐馆和食品上的服务领域,向2006年意大利都灵冬季奥运会、2008年中国北京奥运会、2010年加拿大温哥华冬奥会以及2012年的奥运会的独家销售,还可以在全球营销活动中使用奥运会的五环标志,并获得对全球201个国家和地区的奥运会参赛队伍的独家赞助机会。

经过一系列的努力,麦当劳2003年11月份的销售收入增长了14.9%,亚太地区的销售收入增长了16.2%。公司的股价逆市上涨,创下了16个月以来的新高。JP摩根集团2003年12月称,麦当劳在全球范围内的经营已经有了很大改变,并将麦当劳的股票评级从"一般市场表现"调升至"超出市场表现"。

资料来源:张辉.麦当劳的整合营销传播[Z/OL].[2021-02-07].http://abc.wm23.com/hui27fly/100518.html.

讨论题:

1. 整合营销传播和传统传播具有哪些异同?
2. 麦当劳采取了哪些具体的整合营销传播策略?麦当劳是如何对这些传播策略进行有效整合的?

参考文献

1. 赵俊仙.市场营销学[M].北京:北京理工大学出版社,2018.
2. 郝娜.市场营销学[M].成都:电子科技大学出版社,2017.
3. 王月辉.市场营销学[M].北京:北京理工大学出版社,2017.
4. 方青云.现代市场营销学(第2版)[M].上海:复旦大学出版社,2018.
5. 桑红莉.市场营销学[M].杭州:浙江工商大学出版社,2016.
6. 严宗光.市场营销学[M].北京:北京理工大学出版社,2016.
7. 夏德森.市场营销学[M].北京:北京理工大学出版社,2016.
8. 熊国保.市场营销学[M].南京:东南大学出版社,2016.

9. 徐鼎亚.市场营销学(第5版)[M].上海：复旦大学出版社,2015.
10. 康晓光.市场营销学[M].上海：上海社会科学院出版社,2015.
11. 李桂陵.市场营销学[M].武汉：武汉大学出版社,2015.
12. 胡文静.现代市场营销学[M].重庆：重庆大学出版社,2015.
13. 胡晓峰.市场营销学[M].天津：天津大学出版社,2015.
14. 姚小远.市场营销学[M].上海：华东理工大学出版社,2015.
15. 钟旭东.市场营销学：现代的观点(第2版)[M].上海：格致出版社,2019.
16. 梁文光.市场营销学[M].广州：华南理工大学出版社,2014.
17. 晁钢令.市场营销学(第4版)[M].上海：上海财经大学出版社,2014.
18. 韩燕雄.市场营销学[M].北京：北京理工大学出版社,2014.
19. 张黎明.市场营销学(第5版)[M].成都：四川大学出版社,2017.
20. 占善节,艾青益.市场营销学[M].成都：四川大学出版社,2017.
21. 朱世平.市场营销学[M].杭州：浙江工商大学出版社,2013.
22. 杨耀丽.市场营销学[M].上海：上海财经大学出版社,2013.
23. 郝渊晓.市场营销学(第2版)[M].西安：西安交通大学出版社,2013.
24. 马玲.市场营销学[M].北京：北京理工大学出版社,2016.
25. 朱嫒玲.市场营销学[M].上海：上海财经大学出版社,2015.
26. 刘美鸽.市场营销学[M].天津：天津大学出版社,2015.
27. 张国政.市场营销学[M].武汉：中国地质大学出版社,2015.
28. 王朋.市场营销学[M].北京：北京理工大学出版社,2012.
29. 陈子清.市场营销学[M].武汉：华中科技大学出版社,2015.
30. 石青辉.市场营销学[M].厦门：厦门大学出版社,2012.
31. 李宏.市场营销学[M].北京：北京理工大学出版社,2012.
32. 王春秀.市场营销学[M].重庆：重庆大学出版社,2012.
33. 王方华.市场营销学(第2版)[M].上海：格致出版社,2012.
34. 黄金火.市场营销学[M].上海：上海财经大学出版社,2012.
35. 魏文静.市场营销学[M].上海：上海财经大学出版社,2012.
36. 一汽-大众奥迪车辆"被泡"72小时危机公关[Z/OL].[2021-02-07].http://www.sohu.com/a/16223593_119205.
37. 素锦."鸽子事件"——媒介公共关系中的"制造新闻"[Z/OL].[2021-02-07].http://blog.sina.com.cn/s/blog_4d7012 ee0100ikiv.html.
38. 张辉.麦考林：把温馨寄给顾客[Z/OL].[2021-02-07].http://abc.wm23.com/hui27fly/96348.html.
39. 张辉.麦当劳的整合营销传播[Z/OL].[2021-02-07].http://abc.wm23.com/hui27fly/100518.html.

第十四章　市场营销管理

【学习目标】

1. 掌握市场营销计划的内涵及包含的内容。
2. 掌握市场营销预算制定的方法。
3. 掌握市场营销组织设计过程以及遵循的原则。
4. 掌握市场营销执行能力及执行方法。
5. 掌握市场营销控制方法。

开篇案例

洽洽瓜子营销策划成功之道

中国有这么一家仅仅靠卖香瓜子就能在几年内卖出一个年销售额达到10个亿的休闲食品品牌的优秀企业,炒货行业的第一品牌——洽洽,它仅仅通过几年时间的默默耕耘,开拓了自己在炒货行业的一片领域。洽洽成功的关键因素正是源于其适时的营销绝招。

一、产品策略

洽洽的工艺,"洽洽"开创性地运用煮制香瓜子,突破传统炒货工艺之后,又加以传统秘制配方,将葵花子与多种有益于人体健康的中草药,通过特殊调配后,经"煮"这一特别的工艺。"煮"瓜子是"洽洽"香瓜子独特生产工艺的突出代表,它不但突破了炒制瓜子多吃容易上火的弊端,同时营养、口味的配方调制,使得普通的香瓜子,具有了入味、香酥、不脏手、不上火等诸多的特点。

二、包装策略

随后,洽洽又推出了颇有艺术情调的纸袋包装,从而成为国内首家采用纸袋包装的炒货企业。由于其纸袋包装的设计带有浓郁的传统色彩,中式竖形信封的设计、民俗色彩强烈的手写体文字,再配上一段"洽洽"诞生的传奇故事,整个产品体现出简洁、醒目、典雅的文化风格。为了进一步增强洽洽瓜子的文化品位和休闲乐趣,"洽洽"还专门精心设计了图文并茂印刷精美的金陵十二钗、唐诗宋词和幽默快乐的文化卡片。

三、渠道策略

为了使经销商积极配合公司的推广,"洽洽"设置了一定的让利措施。洽洽特意

市场营销学

做了一种新的纸箱包装,在箱子的封口处,印着"慰劳金"几个字。正是抓住了经销商"快速赚钱"的心理,经销商乐意配合企业,纷纷吃进"洽洽"。洽洽向经销商保证"每箱都设奖,箱箱不落空",奖项大小不限,完全满足了经销商的获利要求,大大刺激了经销商的销售欲望。在搞定传统渠道之后,洽洽又采取"农村包围城市"策略,进军KA卖场。

四、品牌定位策略

在缺乏品位的瓜子行业,洽洽又对品牌进行了一次大的整合,确立了"洽洽—快乐"的品牌定位,从而使洽洽旗帜鲜明地与其他瓜子品牌拉开了距离。有了快乐的品牌定位,洽洽的广告策略就有了强烈的针对性,洽洽选择在央视投放广告,大获成功。

资料来源:周玫,陆淳鸿.营销策划(第2版)[M].武汉:华中科技大学出版社,2015:13.

市场营销管理即市场营销计划、组织、执行和控制,就是把管理职能应用到企业营销活动中,从确定企业营销目标、制定营销计划、设计组织结构到营销执行和控制是一个系统的管理活动。市场营销计划是将来一段时间内的行动内容和方式的具体安排,决定企业营销活动应该"做什么"和"为什么这么做"的问题。市场营销组织的建立为市场营销计划实施提供了可靠的组织保证,解决了"谁来做"的问题。市场营销执行具体解决"在什么时候做""在什么地方做""怎样做"的问题。市场营销控制是计划执行过程中的保障,市场营销管理者检查市场营销计划执行情况,了解计划与实际是否一致,如果不一致或没有完成计划,就找出原因,并采取适当措施和正确行动,以确保市场营销计划的完成。

第一节 市场营销计划

市场营销计划是市场营销管理的第一项职能,是市场营销管理的起点。市场营销计划是企业基于现有外部环境条件与内部资源状况分析,制定未来一定时间的营销目标,并对实现目标而预先设定的行动方案。

"凡事预则立,不预则废","预"就是计划的意思,也就是说做任何事之前首先要制定计划才能成功,否则很难成功。在现代激烈竞争的市场中,企业也应制定科学的计划系统,再实施计划,才有可能在市场竞争中立于不败之地。

一、市场营销计划的类型

(一)按计划时期的长短划分

按照计划时期的长短划分,市场营销计划可分为长期计划、中期计划、短期计划。长期计划的期限一般在5年以上,主要是确定未来发展方向和奋斗目标的纲领性计划,相对比较宏观。中期计划的期限一般为1—5年。短期计划的期限一般为1年或更短，例如年度市场营销计划。

(二) 按组织层次划分

按照组织层次划分，市场营销计划可分为企业整体计划、事业部计划、产品线计划、产品项目计划、品牌计划。

企业整体计划包括企业所有的业务计划。企业整体计划规定了企业使命、发展战略、业务决策、投资决策、企业目标等。事业部计划主要包括事业部的发展和盈利目标，规定事业部的营销及相应的财务、人事等。产品线计划是由产品线经理制定的产品线的目标、战略及战术的具体行动方案。产品项目计划是产品项目经理制定的产品项目的目标、战略战术具体行动规定。品牌计划是由品牌经理制定产品系列中一个品牌的目标、战略战术的具体行动方案。

(三) 按计划的程度划分

按照计划的程度划分，市场营销计划可分为战略计划、战术计划和执行计划。市场营销战略计划是对企业将在未来市场占有的地位及采取的措施所做的计划。战术计划是对市场营销活动某一方面所做的策划。执行计划是各项营销活动的具体执行计划，例如一项促销活动的计划，需要对活动的目的、时间、地点、活动方式、费用预算等具体事项进行计划。

二、市场营销计划的内容

市场营销计划书一般包括九项内容，具体如表14-1所示。

表14-1　市场营销计划的内容

项目	目的
1. 计划概要	对计划做出简明扼要的概述
2. 营销现状分析	提供宏观环境、产业环境、市场、产品、竞争、分销等相关资料
3. 内外部环境分析	提出企业存在的机会和威胁，优势和劣势
4. 营销目标	确定销售量、销售额、利润、市场份额等目标
5. 营销战略	制定竞争战略、STP战略等
6. 营销策略	明确在目标市场上的产品、定价、渠道、促销等策略
7. 行动方案	确定将要做什么、谁去做、什么时候做等问题
8. 预算	编制各行动方案所需要的费用、用途、理由等
9. 控制	指明如何监控计划的实施

(一) 计划概要

计划概要主要是对企业未来营销目标和实现目标的行动方案的简短概述。计划概要是整个市场营销计划的精华所在。市场营销计划通常需要提交给上级领导审阅，因此,概要应将整个计划的核心内容描述出来,而且要做到言简意赅、简明扼要。领导可以通过概要迅速了解营销计划的主要内容,抓住营销计划的要点,概要后还应附有目录,以便领导对某部分内容需要仔细推敲,可以通过目录快速找到。

(二)营销现状分析

这部分是说明市场、竞争、产品、分销和宏观、产业环境等相关背景资料。市场营销现状分析是计划制订的基础与计划实施的前提,只有对市场营销的现状充分认识和把握,才能使市场营销计划的制订、实施明确、有效。市场营销现状分析主要有:① 宏观环境分析,主要分析企业未来面临的宏观环境各要素变化趋势,特别关注对本企业现在和未来影响较大的宏观环境要素的变化趋势;② 市场形势分析,主要分析目标市场的市场规模、销售增长率、销售额、顾客需求特点、顾客购买行为趋势等;③ 产品情况分析,主要分析产品组合中各种产品的销售量、价格、边际收益、净利润等;④ 竞争态势分析,确定主要竞争对手,分析他们的规模、目标、市场份额、产品质量、市场定位、竞争战略、营销策略、资源和能力情况,以及他们的意图和行为特征;⑤ 分销情况分析,主要分析企业营销渠道的规模、近期销售额、竞争情况、发展趋势等。

(三)内外部环境分析

在市场营销现状分析的基础上,研究企业面临的内外部环境,运用SWOT工具分析企业的优势(Strength)、劣势(Weakness)、机会(Opportunity)、威胁(Threats)。

机会和威胁分析是针对企业外部环境的分析,以了解能影响企业未来的有利或不利的因素。市场机会是指环境变化引起有效市场需求的变化,对企业营销活动带来利益和吸引力的需求。威胁是指环境中不利于企业营销活动的因素。

对市场机会的评估可以从行业吸引力和成功的可能性两个方面进行评估。如图14-1所示,1处在成功可能性最大、市场吸引力最大的位置,因此位置最好,企业应抓住机会。2处在成功可能性小、市场吸引力大的位置,企业应增强实力,提高成功概率。3处在成功可能性大、市场吸引力小的位置,企业应该扩大市场占有率,获取更多利润。4处于成功可能性小、市场吸引力小的位置,企业应尽早离开。市场机会是否能成为企业机会,还要看它能否与企业使命、目标、资源等相匹配。

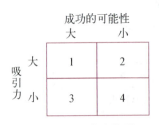
图14-1 机会方格图

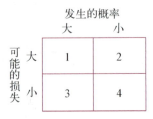
图14-2 威胁方格图

可以从可能带来的损失大小和发生的概率两个方面进行评估。如图14-2所示,1处于可能的损失大、发生的概率大的位置,企业应该重视,尽早制定相应策略。

所有市场机会和威胁都应该分清轻重缓急。对市场机会一定要认真把握,充分利用。对威胁要提前预测,及早规避,使更重要、更紧迫的问题可能受到关注。

（四）营销目标

目标为企业和员工指明了方向，是采取行动后期望得到的成果。企业的目标是一个系统，营销计划目标主要分为市场营销目标和财务目标两类。财务目标包括销售收入、销售利润、利润率、利润额等指标和长期投资收益目标。市场营销目标包括销售量、价格水平、市场占有率、销售增长率、市场份额、品牌知名度等。目标要以定量化的指标表示，并要具有可考核性和一定的开拓性。

（五）营销战略

目标可以通过不同的途径去实现。市场营销者通过深入分析、权衡利弊，从各种可供选择的方案中做选择，并在市场营销计划书中做出详细说明。市场营销战略包括竞争战略和STP战略，其中STP包括市场细分、目标市场选择、市场定位。市场细分是确定目标市场的前提条件，目标市场是企业将要进入的市场，通过市场定位体现产品在消费者心智中的独特地位。市场营销者在制定营销战略过程中，要与研发部门、生产部门、财务部门等有关部门、有关人员讨论、协商，争取他们的合作与支持。

（六）营销策略

在选定目标市场，确定市场定位之后，再设计4P组合策略，即产品策略、定价策略、分销策略、促销策略等，以及考虑这些策略之间的整合和均衡，并且要做到4P组合策略与定位之间的匹配。通常针对目标市场设计营销策略时，市场营销者会有多种不同的方案可供选择，要辨明主次，选出最优方案。

（七）行动方案

确定营销战略、营销策略之后，就要将其转化为具有可操作的行动方案。市场营销者确定要做什么？为什么做？什么时候做？由谁负责做？怎么做？达到什么要求？等。这些具体行动方案可以用图表形式表达，标明日期、负责人员、活动经费等内容。这样，企业的整体营销的行动方案做到一目了然，便于计划的执行和控制。

（八）预算

市场营销者在确定行动方案之后，就要编制预算方案，说明执行营销行动方案所需要的各项费用、用途和理由。预算包括预计收入和预计支出两方面。预计收入是列出预计销售数量、销售价格、销售额等；预计支出是列出生产成本、渠道成本、营销成本等，预计利润是预计收入减去预计成本之差。上级主管部门将对预算进行审查、修正或批准，一旦通过审批，此预算就成为相关部门采购、安排生产、支出营销费用等的依据。

（九）控制

控制是市场营销计划的最后一部分，用来保证市场营销计划与实际执行动态适应而进行的监督检查。通常要把目标和预算按月或季度进行分解，以便管理人员能够有效监督检查，并及时发现未达到的目标，可以督促相关部门完成相关任务，确保营销计划的顺利完成。此部分还要包括意外事件的应急计划，简明扼要列举可能发生的一些不利情况，以及采取的紧急措施，目的是未雨绸缪、防患未然。

> **知识链接**

市场营销计划过程中需要处理的关键问题

1. 过程的进度

常见的问题是计划的进度要么太慢,过程似乎没完没了,要么太快,以至于一下子采取众多行动,匆忙制定出计划。

2. 收集的数据量

正确地估计顾客需求和竞争趋势需要充足的数据,但是数据收集过程中很快会出现回报递减规律。

3. 制定计划的责任

假如让专门的计划者制定计划,一线管理者的有价值的意见可能会被忽视。如果将该过程交给一线管理者,计划可能会被降低到次要地位。

4. 结构

许多经理人认为计划最重要的部分不是计划本身,而是企业对所面临的战略问题的思考结构,但是结构不应该比内容更重要,以至于计划变成仅仅是填写表格或数字。

5. 计划的长度

市场营销计划的长度必须适度,既不要太长以至于员工和管理者忽略它,也不要太过简短以至于忽略了关键细节。

6. 计划频率

太频繁地重新评价战略可能导致企业行为不稳定,但是如果计划不能经常修正,企业可能会因无法迅速适应环境的变化而痛失竞争优势。

7. 备选战略的数量

若供讨论的备选方案太少,则会增加失败的可能性;若供讨论的备选方案太多,则增加制定计划的时间和成本。

8. 跨职能参与

一种常见的错误是将计划视为市场营销部门单独的行动。成功地执行计划需要其他职能部门广泛参与。

9. 将营销计划作为销售文件

对营销计划而言,一个重要却常常被忽略的目标是,从内部和外部为企业融资,因此,营销计划做得越好,企业获得资金的可能性越大。

10. 高级管理者的领导力

高层领导的投入是市场营销计划成功的关键。

11. 对为制定成功的营销计划付出过努力的人给予报偿

管理者的报酬应该与是否实现了计划中所确定的目标挂钩。

资料来源:[美]J.保罗·彼得,[美]小詹姆斯·H.唐纳利.营销管理:知识与技能(第10版)[M].楼尊译.北京:中国人民大学出版社,2012:7-18.

第二节　市场营销组织

市场营销组织是企业组织体系的重要组成部分。市场营销组织是为了实现企业目标，实施营销计划，面向市场和顾客的职能机构。市场营销计划的实施，需要设计一个合理的组织结构。高效的组织是营销计划得以实施的基本条件和保障。

一、市场营销组织的演变

市场营销组织的构成和运行程序必须适应环境变化，市场营销组织随着营销观念的发展而演变。市场营销组织形式受宏观环境和国家经济体制、企业的市场营销观念、企业的自身所处发展阶段、经营范围、业务特点等影响。市场营销组织从最初的处于无足轻重的单独的销售部门到现在具有极其重要地位的现企业营销企业。企业的市场营销组织结构经历了五个发展阶段。

（一）单纯的销售部门阶段

20世纪30年代以前，企业均以生产观念作为经营管理的指导思想，大多采用这种形式。一般而言，企业都是从财务、生产、销售、会计等四个职能部门发展而来。生产部门负责产品的设计和制造，财务部门负责资金的筹集和管理，销售部门负责产品的销售，会计部门负责记账。销售部门通常由一位副总经理负责，管理一些销售人员，并兼管若干市场营销调研及广告宣传工作（图14-3a）。在这个阶段，销售部门的职能仅仅是销售生产部门生产出来的产品，生产什么、销售什么，生产多少、销售多少。产品生产、库存管理等完全由生产部门决定，对产品的品种、规格、数量等问题，销售部门完全没有发言权。

（二）具有附属功能的销售部门阶段

20世纪30年代以后，市场竞争日益激烈，企业以推销观念作为经营管理的指导思想。企业的销售部门把推销产品作为自己最主要的职责。为了完成销售目标，销售部门还必须进行广告宣传、销售促进、市场调研等工作。当工作量达到一定量时，逐渐演变成专门的职能，形成销售部门并设立专门的营销主管来全面负责这些工作，如图14-3b所示。

（三）独立的市场营销部门阶段

随着市场竞争日益激烈、企业规模和业务范围不断扩大，原来作为辅助性工作的市场调研、新产品开发、广告、销售、售后服务等市场营销活动越来越重要。一些企业在销售部门之外成立一个新的专门管市场营销的机构，由一名营销副总经理专管，与销售副总经理平行，销售部门与市场营销部门成为平行的管理机构，但是在具体工作上，两个部门需要密切配合，如图14-3c所示。

（四）现代市场营销部门阶段

虽然销售和市场营销两个职能部门的工作目标是一致的，销售副总经理和营销副总经理需要互相配合和协调，但是由于他们所处角度和地位不同，两个部门常常产生矛

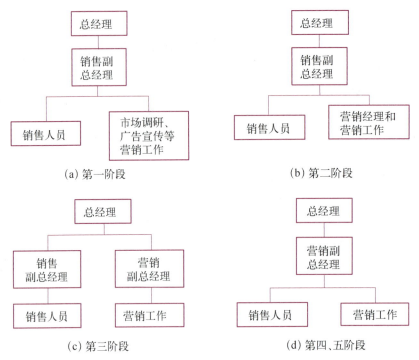

图 14-3 市场营销组织演变的阶段

(资料来源：杨慧.市场营销学(第 3 版)[M].北京：中国社会科学出版社,2011：362)

盾和冲突。如销售部门注重的是短期目标和眼前利益,而市场营销部门侧重企业战略制定和消费者长期需要的满足。

两个部门出现冲突,企业总经理常采用两种方法解决：一种是免除营销总经理的职务,把营销部门划归销售副总经理管理,这实质是对旧形式的恢复；另一种是加强营销部门,由营销副总经理负责包括销售部门在内的营销管理。后一种形式逐渐形成现代市场营销部门的基础,即由营销副总经理全面负责,管理市场营销部门和销售部门(图 14-3d)。这样企业营销活动的整体性就得到了组织上的保证。

(五) 现代市场营销企业阶段

市场营销部门建立后,对企业贯彻市场营销导向起了很大作用,它使企业营销活动形成一个系统。不管企业市场营销负责人做多大努力,仍有各方面的阻力,从而阻碍"以顾客为中心"的市场营销观念的实施。一个企业有了现代市场营销部门,也不能说它是完全意义的现代市场营销企业。现代营销企业取决于企业内部各种管理人员对待市场营销职能的态度,只有当所有的管理人员都认识到企业一切部门的工作是为顾客服务,市场营销不只是一种职能,更是企业经营理念,才能称为现代营销企业。

二、市场营销组织的类型

市场营销部门的组织形式有多种,不管采用何种形式,都必须与营销活动的职能、地域、产品和市场相适应。

(一)职能型营销组织

职能型营销组织是最常见的市场营销组织形式。它是根据营销业务活动的相似性来设置营销部门,例如广告、销售、营销研究等不同职能活动分设若干个部门,这些部门的经理通常由一些专家担任,并直接向营销副总经理报告,营销副总经理主要负责协调他们之间的关系(图14-4)。

图 14-4 职能型营销组织

(资料来源:杨慧.市场营销学(第3版)[M].北京:中国社会科学出版社,2011:253)

职能型营销组织有层次简化、分工明确、管理集中的好处,行政管理简便易行。随着企业规模增大、产品品种增多和市场扩大,职能型营销组织可能逐渐暴露出一些不足:这种组织没有一个专门部门对某一具体产品或者一个市场全面负责,使有些有潜力的产品被忽视,导致错失市场发展的机会;各部门都强调各自的重要性,以便争取更多的经费和更高的地位,致使营销副总经理要经常处理各种纠纷。

(二)产品型营销组织

如果企业生产的各种产品之间差异很大,且产品品种较多,品牌数量多,超过职能型营销组织的控制范围,那么企业应该建立产品型营销组织。

实行这种组织形式的关键是实行产品营销经理制度,即按产品设置专职经理,全权负责这一类产品的营销管理活动,甚至在这些专职经理下还可设立几个产品大类经理,在产品经理下再设几个品牌经理,如图14-5所示。

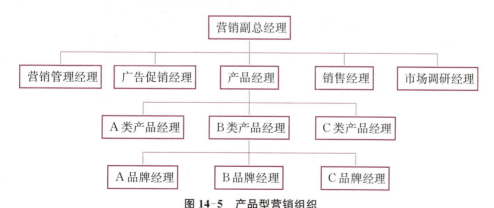

图 14-5 产品型营销组织

(资料来源:杨慧.市场营销学(第3版)[M].北京:中国社会科学出版社,2011:364)

产品经理的任务是为其所负责的产品制定策略和计划,并执行这些策略和计划,同时监督执行结果。产品经理的主要任务有制定产品的长期竞争策略,编制年度营销计划并进行销售预测,与广告代理商和销售代理商共同策划广告活动,激励销售人员和经销商对产品的兴趣和支持,收集有关产品、顾客及经销商等的信息,提出产品改进意见、开发新产品等。

产品型营销组织的优点有每个产品均有专人负责,便于制定详细计划,平衡和协调各种产品;产品经理对市场变化可以迅速做出决策;有利于培养管理人员,因为产品管理涉及企业运作的各个领域,例如营销、生产、财务、法律等。也存在一些缺点,主要有产品经理对其主管的产品而言,可算是一位专家,但却不熟悉其他职能领域;产品经理权力有限,在产品管理时要依靠其他职能部门的帮助和支持;管理层次过多,管理人员较多,管理费用大量增加,增加企业产品成本。

(三) 地区型营销组织

规模较大的企业,经营区域往往也比较广泛。为了适应不同区域市场的特点,很多企业按照地理区域设置其市场营销组织。将销售人员按照地域划分,一个全国性销售经理负责几个地区销售经理,地区销售经理又负责若干个销售人员,如图 14-6 所示。从全国销售经理到地区销售经理,管理人员数量是逐级增加的。这种营销组织可以有效地监督下级销售部门完成任务,提高销售工作的经济效益,也可以因地制宜地发展当地需要的产品,拟定长期规划和短期计划。为了使整个市场营销活动更有效,地区型营销组织往往是与其他类型的营销组织结合起来使用的。

图 14-6　地区型营销组织

(资料来源:杨慧.市场营销学(第 3 版)[M].北京:中国社会科学出版社,2011:365)

(四) 市场型营销组织

市场型营销组织按不同购买行为或产品偏好分为不同的用户类型。许多企业按照市场系统安排市场营销组织,使市场成为各部门服务的中心。市场型营销组织由一名市场主管管理若干细分市场经理,各市场经理负责自己所管市场的长期规划和短期计划,其他职能性服务由其他职能组织提供,如图 14-7 所示。

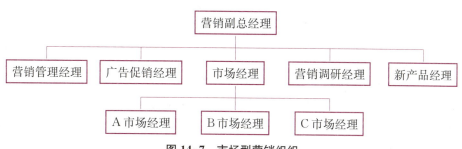

图 14-7　市场型营销组织

（资料来源：杨慧.市场营销学(第 3 版)[M].北京：中国社会科学出版社,2011：366）

（五）事业部管理式营销组织

企业规模较大，营销的产品种类较多时，企业可以按照产品的类别设立事业部。各事业部再设立自己的职能部门，建立自成体系的事业部营销组织。企业的营销职能分散到各个事业部，也就是各事业部内均设立市场营销部门。这种组织结构存在总公司和事业部下属的营销部门职责分工和权限问题。根据情况可以采用总公司不设市场营销部门，将营销职能全部下放到事业部；公司总部设立较小规模的市场营销参谋职能部门，主要是从全局观点出发，协助最高决策机关，对市场机会进行评估，做出切实可行的营销决策，对事业部的营销业务进行指导；设立中等规模的营销参谋机构，从全局观点出发，协助最高决策机关，对市场做出切实可行的营销决策，对事业部的营销业务进行指导，为总公司和事业部提供广告宣传、销售促进、销售研究、销售人员培训等工作；总部设立强有力的市场营销参谋机构，参与各事业部的市场营销规划的制定和控制，具有最终审批权。

三、市场营销组织设计

市场营销组织设计是市场营销副总经理的一项根本任务。市场营销副总经理首先要进行组织结构设计和人员配备等，当然并不是组织结构设计好了就一直不变了，而是会根据企业发展、竞争等情况不断对其进行动态设计和调整，使之适应发展的需要。动态设计市场营销组织过程就是通过变革企业原有市场营销组织结构和营销业务流程中不适合的因素，实现营销组织与营销环境的动态平衡。

（一）市场营销组织设计的目标

市场营销组织设计要达到三个目标。

1. 能对市场需求变化做出迅速响应

市场营销组织要不断适应外部环境的变化情况，对市场环境的变化做出快速响应。市场营销组织应该通过多种途径获得市场变化情况，市场营销研究部、销售人员都能及时把了解到的市场信息反馈给营销总部，然后由营销总部根据信息对市场变化做出响应，企业的响应涉及整个营销活动，包括新产品开发、包装、价格确定、渠道、促销等所有的营销活动。

2. 使市场营销效率最大化

市场营销组织要使工作职责明晰、流程高效。企业内部有许多部门，市场营销组织要能充分发挥协调和控制功能,明确各个部门的权力和责任。

3. 代表并维护消费者利益

企业如果奉行市场营销观念,应把消费者放在第一位,要由市场营销组织来承担这一职责。企业仅通过市场研究人员进行消费者满意度调查等来反映消费者的诉求还不够,必须在管理高层上设置营销组织,以确保消费者利益得到保障。

市场营销组织设计的目标最终要能实现整个市场营销任务,实际上组织本身不是目的,更为重要的是通过组织的协调,指导企业完成营销活动,达到最好的营销效果。

(二) 市场营销组织设计的原则

1. 组织与环境相适应的原则

相对于企业的其他部门组织,市场营销组织与外部环境,特别是市场环境存在更为紧密的影响关系。在设计和建立营销组织时首先要保证组织结构适应环境变化。

2. 目标原则

市场营销组织的设计,一定要以企业目标为导向,以实现企业目标为目的。营销组织的设置和规模要与所承担的任务和应完成的目标一致。

3. 统一领导原则

不管市场营销组织有多少部门,都必须是一个统一的有机整体,市场营销的局部业务必须服从营销整体,并实行统一领导。

4. 责、权、利相符原则

市场营销组织的各个部门的设置首先要明确其任务和目标,确定其职能与职责范围,明确规定其拥有的权利,并把职责、权利与相关的经济利益联系起来,责、权、利三者合理安排,才能使各个营销组织部门积极、主动、高效完成各项任务。

5. 灵活性原则

市场营销组织应具有一定的灵活性。当外部环境发生变化,市场营销组织应该能够迅速调整,如果市场发展较好,营销规模和范围不断增大,营销组织要有扩张能力,抓住市场机会,寻求更大发展;相反,如果市场不景气,营销规模和市场范围缩小,营销组织也能收缩,并不影响正常的营销活动。

6. 精简原则

营销组织机制要根据业务发展和管理要求设置,但是要精简,使各部门划分得当,职责明确,层次合理。部门过多难以控制,管理层次过多,信息交流不畅,因此,部门和层次都应精简,但又不影响营销计划的执行、营销目标的达成。

(三) 市场营销组织建立应该考虑的因素

市场营销组织建立要考虑的因素较多,其中企业内部因素和企业外部因素两种因素是市场营销组织建立要考虑的最基本的因素。

1. 企业内部因素

影响市场营销组织建立的企业内部因素很多,包括企业经营战略、经营规模、技术条件、产品类型、经营复杂程度等。不同的企业营销战略通常要求不同的市场营销组织与之相适应。企业规模的大小也直接影响市场营销组织建立,企业规模越大,市场营销组织越复杂,大企业的市场营销组织规模较大,职能划分较细,形成专门的部门,如市场调查部、广告部、销售部等;大企业市场营销组织的层次较多,人员控制幅度较大,小企业的市场营销组织较简单,往往只有一个或几个人进行市场营销管理活动。产品类型也影响市场营销组织,特别是在工作侧重上有所不同,工业品往往倾向采用人员推销的组织形式,而消费品则通常较重视分销网络的建立。

2. 企业外部因素

影响市场营销组织的企业外部因素也有很多,主要包括顾客状况、市场状况、竞争对手、地理位置、所处行业阶段等。顾客的购买批量、购买批次、采购方式及地理分布等因素都直接影响市场营销组织的建立。企业所处市场越不稳定,市场营销组织就采用柔性结构;市场越稳定、变化不大时,多采用刚性结构。在买方市场条件下,市场营销组织要承担更多的市场营销工作,市场规模、区域分布状况、增长状况等都影响市场营销组织建立。竞争对手的产品状况、营销手段、营销战略、采用的营销组织类型都直接影响企业市场营销组织建立。距离远、运费高、与顾客沟通不便等因素也影响市场营销组织建立。创业阶段的市场营销组织一般较集权,进入正规化阶段后则多采用分权式市场营销组织结构。

(四) 市场营销组织职位建立

市场营销组织职位建立要考虑职位类型、职位层次、职位数量三个因素,同时还要确定各个职位的权力、责任及其在组织中的相互关系。

1. 职位类型

市场营销组织中的每个职位设立要与需求及内部条件相符合。职位类型可以划分为直线职位和参谋职位:直线职位行使指挥权,能够领导、监督、指挥和管理直接下属职位;而参谋职位只拥有提供咨询和建议等辅助性职权。实际上,直线职位和参谋职位之间的界限往往很模糊,一个管理者既可能处于直线职位,也可能处于参谋职位,取决于其所起的作用和行使的职权。职位类型也可以分为专业职位和协调职位,一个职位越专业化,越难起协调作用,不过各专业职位又需要从整体上进行协调和平衡,这样就产生了一些协调职位。职位类型还可以分为临时职位和永久职位,从严格意义上说,没有一个职位是永久的,它只是相对组织发展而言较为稳定而已,临时职位主要是由于短时期内企业要完成某项特殊任务而产生的,有时组织进行大规模调整也可能设立临时职位。

2. 职位层级

职位层级是指每个职位在组织中地位的高低。不同企业相同职位的地位不同,例如新产品管理职位与销售管理职位的地位高低,不同企业差异很大。职位层级主要取决于职位所体现的市场营销活动与职能在企业整个市场营销活动中的重要程度。

3. 职位数量

职位数量是指市场营销组织的职位数量,与职位层级有密切关系,一般而言,职位层级越高,辅助性职位数量也就越多,当营销经理在决策时要依靠更多市场分析专家的帮助。职位管理的目的是把市场营销活动都纳入各个职位,在建立市场营销组织时要考虑活动量,再设计每个职位承担的活动量,从而确定职位数量。

第三节 市场营销执行

市场营销计划是整个营销活动开展的指导,核心是确保做正确的事,市场营销执行是使市场营销计划内容得到落实和贯彻的一系列具体活动和行动,核心是把事情做正确。

市场营销执行就是将市场营销计划转化为行动和任务的部署过程,也就是对市场营销组织在达到市场营销目标过程中的各种因素进行规范、控制和运用的过程,最终目的是实现市场营销计划目标。

一、市场营销的执行技能

好的市场营销计划,需要好的执行,才会达到预期的目标,如果执行不当,其效果会大打折扣。影响有效执行管理方案的四种技能:发现及诊断问题的技能、判断问题层次的技能执行市场营销计划的技能、评价执行结果的技能。

(一)发现及诊断问题的技能

很多计划人员认为市场营销计划没有获得成功,是因为没有得到有效的执行。企业营销管理人员常常难以成功把握或诊断市场营销执行工作中的问题。战略和执行是密切相关的,当市场营销执行的结果达不到预期目标时,出现问题究竟是战略战术本身问题,还是战略战术没有得到有效执行,就难以诊断,例如销售收入达不到预期目标,是战略战术欠佳造成,还是执行不当造成?企业还要确定出了什么问题,怎样解决等。对每个具体的问题都需要具体的管理技术和解决办法。

(二)判断问题层次的技能

市场营销执行中的问题可能发生在企业不同的管理层次中,因此,准确判断问题出自哪一层次是市场营销执行的一项重要技能。市场营销执行中的问题一般出现在三个层次上。第一层次是执行营销功能层次,例如企业如何才能从广告代理商处获得更有创意的广告,怎样从经销商处获得销售支持,在竞争者产品具有较高的知名度的市场上如何选择产品定位以及确定最佳营销组合。第二层次是执行营销方案层次,管理者需要把所有的营销功能协调地组合在一起,构成企业的整体行动,此时出现的问题常常发生在把一种新产品引入一个新兴市场时。第三个层次是执行营销政策层次,营销决策部门应使全体员工正确认识企业的经营思想,所有员工都要把顾客放在第一位,正确理解企业占主导的营销政策及具体的分配、招聘、鼓励销售的政策等。

(三)执行市场营销计划的技能

为了有效执行市场营销计划,除了营销功能、营销方案、营销政策三个层次都具有一套完整的技能外,还应包括分配、监控、组织和相互影响的四种技能。分配技能是营销经理在营销功能、营销方案、营销政策三个层次上分配时间、资金、人员等的能力,如研究花多少钱在展销会(功能层次),如何激励销售人员(政策层次)。监控技能包括建立和管理一个对营销活动效果进行追踪的控制系统,控制包括年度计划控制、利润控制、效率控制和战略控制等。组织技能常用于发展有效工作的组织中,理解正式和非正式的市场营销组织对于开展有效的营销执行活动很重要。相互影响技能是营销经理影响他人把事情做好的能力,营销管理者必须引导本组织的人员有效执行企业的市场营销计划,还能吸引组织外的其他人或企业,如营销调研公司、广告公司、经销商、批发商等一起来服务于公司发展战略。

(四) 评价执行结果的技能

评价营销执行结果,不仅要从销售额和利润指标来衡量,一个有成效的营销执行活动,应能回答以下问题:营销活动是否有明确的目标和主题;市场营销经理与有关营销人员、顾客及商界的关系处理是否恰当;企业营销监测、控制搜集顾客信息及市场反应的工作效率,等等。在营销管理中,要把营销战略和营销执行对营销效果产生的影响区分开来是非常难的问题,但是又是十分重要的问题,对两者的划分和评价能更有效提高市场营销业绩。

二、提升营销执行能力的方法

由以上论述可知,营销执行能力很重要,企业在实践中应该不断提升自身的营销执行能力。营销管理者可以从以下四个方面提升企业的营销执行能力(王永贵,2019)。

(一) 制定明确的营销战略目标

营销战略目标是营销执行各个环节的路标,为执行人员提供明确的行动方向。要想营销执行到位,先要明确营销战略目标,并确保营销战略目标与企业总体战略目标一致,再对营销战略目标进行分解,之后实施这些营销目标。

(二) 完善营销管理体制

完善营销管理体制要求企业的营销管理制度全面、控制力强且具有可操作性。营销激励机制的完善至关重要,合理的薪酬体系、公平的考核机制、恰当的奖惩制度,都能很好激励员工积极投入工作,提高企业营销执行能力。

(三) 建立健全营销文化

营销文化是营销组织的灵魂和精神支柱,是决定营销执行能力的根本。营销组织应该培养强有力的执行能力的文化,这种强有力的执行能力文化对营销组织中的每个成员都有很强的激励和约束作用。

(四) 成立营销监督小组

成立营销监督小组,来全面负责营销项目的进度及其结果。监督小组通过各种手段与渠道,对不同项目的执行情况进行指导和跟踪,时时监测项目的进度和效果,及时解决出现的问题,与相关人员联系沟通,并对项目进行调整。

第四节 市场营销控制

营销计划实施过程中,可能发生任何意外情况。因此营销管理者要持续不断地监督和控制各项营销活动,使营销计划得到顺利实施。市场营销控制是企业用于跟踪营销活动过程的每一个环节,确保能够按照计划目标运行的一套完整的工作程序。

一、市场营销控制的必要性

(一) 环境变化的需要

控制是针对营销计划实施过程的不确定性的。由于在制定营销目标到实施计划达成目标需要一段时间,在此期间,企业的内外部条件都可能发生变化,就会影响企业营销目标的实现,从而要重新修改和调整目标,或者调整实施过程来实现既定目标。科学合理的控制系统,可以帮助营销管理者根据环境变化,及时调整目标,修改计划或者调整实施过程。

(二) 及时纠正执行过程中的偏差

在计划执行过程中,出现一些偏差是比较正常的,不过随着时间的变化,一些小偏差没有得到及时纠正,很可能会引发更严重的问题,造成更大的偏差。营销控制不仅对营销过程进行控制,也对营销过程的结果进行控制。营销管理者必须依靠控制系统及时发现并纠正偏差,以免给企业带来更大的损失。

二、市场营销控制的类型

市场营销控制可以分为正式控制和非正式控制。正式控制是由管理层制定相关的书面规定和制度来监控目标与实施过程之间的偏差。正式营销控制又可以分为事前控制、事中控制、事后控制三个阶段。事前控制是企业在进行营销活动之前采取的可衡量的行为,包括标准选择、人员配置、培训计划、规章制度、资源分配等。事中控制是活动过程中的控制,主要检查实施的活动与标准之间是否存在偏差,一旦检查出现偏差,立刻进行纠正。事后控制是对营销业绩标准与实际完成的目标进行监督评估,这种控制不关注过程,而关注工作结果。

非正式控制分为自我控制、团队控制和文化控制。自我控制通过员工自己建立个人目标并监督完成情况,对出现的偏差进行自我调整。自我控制需要员工具有较强能力、较高素质等。团队控制主要通过营销组织内人际交往中的共同价值观、共同目标、共同愿景等因素发挥作用。文化控制通过组织中的故事、仪式、社交规范等起作用。

三、市场营销控制方法

市场营销控制方法可以分为市场营销年度计划控制、市场营销盈利控制、市场营销效率控制和市场营销战略控制四种。

(一) 市场营销年度计划控制

市场营销年度计划制定后,要依靠计划执行与实施,才能确保计划的内容得到实施,目标得以达成。市场营销年度计划控制是指企业对营销年度计划中制定的销售额、市场占有率、费用率等目标与实际执行情况进行比较,分析偏差并采取有效的改进措施,以确保年度营销计划的实现。市场营销年度计划控制包括四个步骤:第一步,市场营销管理者要在年度计划中确立月份目标或季度目标;第二步,市场营销管理者要监测市场营销计划的执行情况;第三步,市场营销管理者要对市场营销计划执行过程中的较大偏差找出具体原因;第四步,市场营销管理者要对偏差进行修正,要么调整执行、要么调整计划目标,最终达成目标。

市场营销管理者可以运用销售分析、市场份额分析、营销费用率分析、财务分析、顾客满意度分析等五种分析工具对市场营销年度计划执行情况进行检查。

1. 销售分析

销售分析是衡量实际销售额与计划销售额之间的差距。有两种具体方法。

(1) 销售差异分析。销售差异分析用来衡量在销售执行中不同的因素对销售绩效的不同作用。例如一家企业在市场营销年度计划中确定的第一个月的目标是某种产品 8 000 件,单价 2 元,总销售额 16 000 元。但是在月末实际销售 6 000 件,单价 1.6 元,实际销售额是 9 600 元。比计划销售额少了 6 400 元,比计划销售额少 40%。显然,实际销售额没有达到目标既有降价的原因,也有销量减少的原因。两者对销售额的影响程度各是多少?计算如下:

$$售价降低造成的差额=(2-1.6)\times 6\ 000=2\ 400(元)$$
$$售价降低造成的影响=2\ 400\div 6\ 400=37.5\%$$
$$销量减少造成的差额=(8\ 000-6\ 000)\times 2=4\ 000(元)$$
$$销量减少造成的影响=4\ 000\div 6\ 400=62.5\%$$

由上述分析可见,没有完成计划销售量是造成目标没有达成的主要原因,而价格下降的原因也不容忽视,市场营销管理者应进一步分析销售量减少的原因,也要分析价格降低的原因。

(2) 微观销售分析。微观销售分析用来分析没有达到预期销售额的产品、销售地区以及其他方面的原因。比如,一家公司在 A、B、C 三个地区的计划销售量分别为 3 000 件、1 000 件、和 4 000 件,共 8 000 件。而实际销售量分别为 2 800 件、1 050 件和 2 150 件,实际共销售 6 000 件,比目标少了 2 000 件。那么,A 地区只完成了计划的 93%;B 地区则超额完成计划,超过 5%;C 地区却只完成了目标的 54%。这样 C 地区就应该引起市场营销管理人员的注意,并要进一步去了解该地区销售额减少的原因,比如可能是该地区销售人员工作失误;重要竞争对手进入该区域;当地居民收入下降等原因,从而可以有针对性地改进该地区营销管理工作。

2. 市场份额分析

销售额分析不能说明企业与竞争对手之间的市场地位状况。企业销售额的增加与企业所处的整个经济环境与市场营销工作都有关。例如一个企业在一段时期销售额增长较快,可能是它的市场营销工作比竞争对手做得更好,营销绩效得到提高,也有可能是整个宏观经济环境改善,使得市场上所有企业都从中受益,这与竞争对手之间的关系没有任何变化。

通过分析市场份额,可以揭示企业与竞争者之间的相对关系。如果一家企业市场占有率提高了,表明相对竞争对手而言企业的营销绩效提高了,在市场竞争中处于优势;反之,表明企业在市场竞争中处于劣势。一般情况下,衡量市场份额的方法有以下三种。

(1) 总市场份额。总市场份额是指企业销售额在行业总销售额中所占的比例,使用这一标准要做出两项决定,第一,市场份额是用销售数量表示还是用销售金额表示;第二,确定行业范围,也就是要明确本行业所包括的产品、市场等。运用销售金额表示的市场份额的变化反映的是销售数量和价格两个要素的综合变化,而销售数量表示的市场份额的变化只反映了竞争者与企业之间在产品销售数量方面的变化。

(2) 与三个最大竞争者相比的相对市场份额。它是指以企业销售额与三个最大的竞争者销售额总和之比。例如一家企业的市场份额为30%,该行业中三个最大竞争者的市场份额分别20%、10%、10%,则该企业的相对市场份额为75%,即30%÷(20%+10%+10%)=75%。一般情况下,相对市场份额高于33%的企业就可以被认为企业实力较强。

(3) 与市场领导者相比的相对市场份额。它是以企业销售额与市场上领导者的销售额之比。相对市场份额超过100%的企业就是市场上的领导者,相对市场份额等于100%的企业就意味着该企业与市场上的领导者相同,相对市场份额的增加说明企业与市场上的领导者的差距在不断缩小。

获知市场份额之后,市场营销管理者就要从产品线、顾客类型、地区等方面来分析市场份额的变动情况。

3. 市场营销费用率分析

市场营销年度计划控制要确保企业实现各项营销计划目标时,市场营销费用不能超支,也就是要考虑经济效益原则。市场营销管理者要对包括销售队伍支出费用、广告费用、促销费用、市场营销调研费用、销售管理费用等营销费用进行密切关注,将其控制在一定的限度。如果市场营销费用率变化不大,在安全范围内,可以不采取任何措施;如果市场营销费用率变化太大,超过规定的范围,就要认真寻找原因,采取有效的措施,以确保市场营销工作顺利进行。

4. 财务分析

财务分析是市场营销年度计划控制中一项重要内容。市场营销管理者在市场营销控制过程中,要对不同的营销费用对销售额的比率以及其他一些经济指标进行全面的财务分析,以了解企业营销活动在何处以及如何获得收益,在何处失利。

5. 顾客满意度分析

顾客满意度分析可以为企业提供预警信号,使市场营销管理者能够及时了解顾客对企业的产品或服务的满意情况。可以采用一些方法了解顾客满意度。可以通过建立顾客绩效评分卡,用它来记录包括新顾客、不满意顾客、流失顾客、目标市场偏好、相关产品的质量、相关产品的服务质量等顾客的相关情况。也可以对企业的包括员工、供应商、股东、分销商、零售商等利益相关者的满意度进行分析,从而了解企业市场营销活动的效果。

（二）市场营销盈利控制

市场营销盈利控制是为了预算各个不同产品、销售地区、顾客、销售渠道等方面的获利能力。市场营销盈利能力的大小对企业进行市场营销活动有重要影响，它能帮助市场营销管理者判断哪些产品、销售地区、顾客等应予加强、扩大，哪些应该缩减或者取消。

1. 盈利能力分析

盈利能力的指标有销售利润率、资产收益率、净资产收益率、资产管理率等指标。市场营销管理者可以通过分析这些指标了解产品、销售地区、销售渠道、消费者等因素对企业盈利的影响，以便于管理者做出决策。

2. 市场营销成本分析

市场营销成本主要包括：销售人员工资、奖金、差旅费、培训费、交际费等直接推销费用；广告媒体成本、促销人员工资、公关费用、产品说明书成本、其他印刷品费用、礼品费等促销费用；租金、维护费、折旧、保险、包装费、存货成本等仓储费用；自有运输工具折旧、托运费用、维护费用、燃料费、保险费、司机工资等运输费用；市场营销管理人员的工资、办公费用等其他市场营销费用。市场营销管理者要对不同产品、地区、销售渠道等各种市场营销成本的构成、比例等进行分析，如果这些成本的各项指标在规定范围，则不需要实施任何措施；反之，如果超出了一定的限度，则要找出具体原因，积极采取措施进行控制。

3. 选择合理的调整方法

盈利能力分析的目的在于找出影响企业盈利的因素以便采取合理、恰当的措施。由于可供选择的调整方法很多，市场营销管理者需要具有系统观念，在全面考虑后做出选择。

（三）市场营销效率控制

市场营销效率控制的目的在于提高人员推销、广告、分销渠道、促销等主要营销活动的效率与效果。

1. 销售队伍效率

市场营销管理者要了解各地区销售队伍效率，可以从以下几项主要指标了解：每个销售人员平均每天进行销售访问次数、每次销售人员访问的平均时间、每次销售人员访问的平均收入、每次销售人员访问的平均成本、每次销售人员访问的招待成本、每百次销售访问占订购的百分比、每一期新的顾客数目、每一期丧失的顾客数目、销售成本占总销售额的百分比。市场营销管理者对销售队伍效率的分析，可以发现迫切需要解决的问题。

2. 广告效率

市场营销管理者可以通过做好产品定位、明确广告目标、选择广告媒体、广告测验等改进广告效率。市场营销管理者在营销决策时需要掌握以下资料：各种媒体类型、每种媒体触及每千人所花费的广告成本，顾客对每一媒体类型注意、联想和阅读的百分比，消费者对广告内容和有效性的意见，广告前后对产品态度的衡量，由广告激发的询问次数，每次调查的成本等。

3. 分销效率

分销效率是对企业存货控制、仓库位置、运输方式进行分析和改进,以达到最佳配置并找出最好运输方式和途径。分销效率的评价可以从分销网点的市场覆盖面,分销渠道中的各级各类成员发挥的作用和潜力,分销系统的结构、布局以及改进方案,存货控制、仓库位置和运输方式的效果等着手。

4. 促销效率

促销效率的评价可以通过对各种各样的方式方法激发顾客兴趣和试用方式、方法及其效果,每次促销活动的成本对整个营销活动的影响,由于优惠而销售的百分比,销售额中包含商品陈列成本,赠券回收率等指标。市场营销管理者应了解不同促销方式的效果,并利用这些来做营销决策。

(四)市场营销战略控制

在当今快速变化的市场环境中,要定期对企业进行评价,使企业的市场营销战略与环境相适应。由于市场环境的可变性,使企业原来制定的目标、策略、方案失去作用,因此在市场营销战略实施过程中必须进行市场营销战略控制。市场营销战略控制是市场营销管理者采取一系列行动,使市场营销活动与原来制定的战略尽可能保持一致,在控制过程中不断评审和信息反馈,对战略不断修正。市场营销战略控制可采用营销效益等级考核和营销审计。

营销效益等级考核通过顾客理念、营销组织、营销信息、战略导向和工作效率等五种主要属性考核,用以显示企业的营销效益。顾客理念主要考核市场营销管理者对顾客需求的重视程度,市场营销管理者是否重视新产品开发、关注市场营销计划制定。营销组织主要考核市场营销管理者是否有效地与其他部门的决策者进行沟通合作,如何开发和制造新产品。营销信息主要考核对顾客、采购、渠道、竞争者等的营销调研情况,市场营销管理者对不同细分市场、顾客、地区、产品、渠道、订单的潜在销售量和利润的了解程度。战略导向主要考核市场营销计划的制定过程,营销战略的质量,计划制定和调整情况。工作效率主要考核传播和贯彻企业营销思想方面的工作效率,市场营销管理者有效利用各种营销资源情况,市场营销者对当前变化作出迅速反应的能力等。

营销审计是指对市场营销环境、目标、战略和营销活动进行全面的、系统的、独立的、定期的检查,以便确定营销问题的范围和各种机会,提出行动计划建议,以提高企业营销绩效。目的在于发现营销问题,找到市场机会,并制定营销计划,以便提高企业的整体市场营销绩效。

本 章 小 结

本章介绍了市场营销管理中的市场营销计划、市场营销组织、市场营销执行、市场营销控制四个过程的概念和包括的基本内容。市场营销计划是市场营销管理的第一项职能,是市场营销管理的起点,包括概要、营销现状分析、内外部环境分析、营销目标、营销战略、营销策略、预算、控制等九个方面内容。市场营销组织是企业组织体系的重要组成部分,是为了实现企业目标,实施营销计划,面向市场和顾客的职能机构,分为职能型营销组织、产品型营销组织、地区型营销组织、市场型营销组织、事业部管理式营销组织几种类型,在设计时要坚持组织与环境相适应的原则,目标原则,统一领导原则,责、权、利相符原则,灵活性原则,精简原则。市场营销执行是将市场营销计划转化为行动和任务的部署过程,也就是对市场营销组织在达到市场营销目标过程中的各种因素进行规范、控制和运用的过程,最终目的是实现市场营销计划目标。市场营销控制是企业用于跟踪营销活动过程的每一个环节,确保能够按照计划目标运行的一套完整的工作程序。

思 考 题

1. 市场营销计划包含哪些内容?制定营销计划应注意哪些问题?
2. 市场营销计划分为哪些类型?各种类型有何特点?
3. 市场营销组织结构经历了哪些演变?它们有哪些特征?
4. 市场营销组织有哪些类型?各种类型的特点有哪些?
5. 设计市场营销组织应遵循哪些原则?
6. 市场营销执行应具备哪些技能?有哪些方法?
7. 市场营销控制有哪些类型?各种类型有哪些特点?
8. 市场营销控制方法有哪些?以及各种方法适用的条件有哪些?

案 例 讨 论

香飘飘的营销策略

"杯装奶茶开创者,连续八年销量领先。一年卖出10亿多杯,杯子连起来可绕地球三圈。"当时,这句"魔性"的广告语让香飘飘一跃成为家喻户晓的产品。

自2005年成立以来,香飘飘连续多年成为国内杯装奶茶的销售冠军,2012年,旗下单品销售额突破24亿,2017年成功IPO,成为"中国奶茶第一股",市值超过140亿元。

在杯装奶茶领域,香飘飘无疑成为行业的领跑者,其创始人蒋建琪也被称为"中国杯装奶茶之父"。原本,蒋建琪的创业灵感来自线下"奶茶店排队"的现象,由此就想做一款不用排队、"方便"的奶茶产品。如今,网红奶茶店遍地开花,就算要排上几个小时的队,人们也心甘情愿。

一、产品策略

继2018年实现营收、利润双增长后,香飘飘2019年也取得了很好的业绩。上半年实现营收13.76亿元,较上年同期增长了58.26%。

其中即饮类的果汁茶成绩瞩目,上市短短一年时间,累计销售收入过5.8亿,超出市场预期。香飘飘旗下的果汁茶4至6月的出货量均在350万箱以上,且呈现逐月攀升态势。

因为市场反响良好,香飘飘开始在天津、成都建立果汁茶的生产基地,新增4条和2条无菌灌装液体茶饮料自动生产线,为这款新产品释放产能,果汁茶有可能成为即饮茶类中的大单品。

一直以来,香飘飘几乎成了杯装奶茶的代名词,这使它在很长一段时间里都尝到了这款单品带来的甜头。果汁茶的不俗表现,会让人不自觉地期待香飘飘是否能再次走上靠某个单品"打天下"的道路。

冲泡类也全面升级,在产品包装、产品系列、营销策略等方面都将做出改变。香飘飘想告诉市场,他们的产品并不是一成不变的。产品结构单一是香飘飘现在面临的主要风险之一,虽然研发了不少液体饮料的新产品,但目前仍处于市场投入期,离预期目标还很远。这种产品单一的状况将会持续存在一段时间,如果杯装奶茶市场环境出现较大变化,香飘飘的经营情况也将会受到较大影响。

香飘飘意识到,快消品领域尤其是饮料行业的更新迭代十分迅猛,只有持续引领和满足不同消费群体的个性化需求,才能保持销量领先。关于产品的研发创新,香飘飘其实一直在努力。

由于传统冲泡即饮奶茶的特性决定了其热饮属性,所以杯装奶茶在冬季的销量更好,二三季度往往是它的销售淡季,销售旺季仅仅只有四季度到次年一季度。鉴于杯装奶茶的销售淡季较长,香飘飘开始研发液体奶茶,以补充市场对固体奶茶和液体奶茶的不同季节性需求。

"MECO"牛乳茶、"兰芳园"奶茶就是为了应对季节空白市场而研发的新产品,丰富了旗下杯装奶茶的品类。在个性化、年轻化的品牌输出上,香飘飘结合各类季节及节假日的消费热点,创新推出限定款奶茶,如"樱味遇见""唯你桃醉""果汁茶圣诞款"等限量产品。

在新产品的研发与创新上,香飘飘有一套自己的模式:先由营销中心下设的市场部负责前期的消费者市场调研工作,着重研究消费者口味、偏好及消费心理、消费诉求的变化趋势等,提出相应的新产品开发建议;再由公司技术中心下设的研发部负责研发新产品配方;新产品小范围进行试销后,市场部便负责消费者市场调研及消费者反馈;最后经过反复市场测试及多方论证以后,新产品才可以被正式推出。

从这套产品研发的模式上看,香飘飘想尽可能地去贴近大众消费的需求,希望打造出的产品能够马上获得市场认可。但液体奶茶的销售占比仍然较低,香飘飘面临的季节性风险仍然较大。

二、促销策略

最初凭借广告而使品牌深入人心的香飘飘深谙营销之道,舍得在推广上面"砸钱",已经成了它的一种习惯。

2019年上半年,香飘飘的广告投放超过1亿。与上期相比,广告费增加2 000多万,宣传力度加大。事实上,香飘飘对广告的重视程度仍要追溯到那句"连续几年销量领先,杯子能绕地球几圈"的广告语。

那时,香飘飘的杯装奶茶刚刚面市,就遭到了其他品牌的相继模仿,一些有资本实力的成熟品牌也开始进入这个赛道,小微企业也如雨后春笋般出现,香飘飘陷入了两难的困局。

"香飘飘奶茶,一年卖出三亿多杯,杯子连起来可绕地球一圈",当时这句广告语一经播出,便赢得了热烈的市场反响,香飘飘也因此有了国民奶茶的美誉。也正是从那个时候开始,香飘飘走出了一条属于自己的品牌构建之路。

2012年左右,香飘飘开始了它的"娱乐圈生涯",出现在各大热播综艺和影视节目中。从《一起来看流星雨》到2015年的《两生花》《芈月传》;再到2016年的《欢乐颂》《老九门》,香飘飘几乎植入了当年所有的热剧。2017年,香飘飘开始跟优酷、爱奇艺合作,拿下《三生三世十里桃花》的总冠名以及《新射雕英雄传》的独家冠名。

综艺方面,《卧底超模》《我爱记歌词》《中国梦想秀》《一年级》……香飘飘也多次在里面高调"出镜"。2019年,香飘飘果汁茶冠名《这就是街舞2》,还推出了与手游王者荣耀联名款的产品。

不论是湖南卫视、浙江卫视、江苏卫视等传统的电视媒体,还是优酷、爱奇艺、腾讯等网络视频,又或是微博微信、今日头条、淘宝达人、知乎、抖音等其他线上平台,都成为香飘飘覆盖的传播渠道。

香飘飘的一系列推广动作不仅仅是因为其对品牌形象的高度重视,更是消费转型升级下的一个强烈信号——我们正年轻。

在90后都即将迈入30岁的今天,走过十几年历程的香飘飘也会担心成为仅仅停留在一代人中的记忆。如何保持品牌活力,持续地服务接踵而来的年轻消费群体,是香飘飘当下急于考虑的问题。

"杯子连起来,可绕地球N圈"的香飘飘已然成为我们记忆中的味道,现在的香飘飘则是面向年轻大众的一个全新品牌。

从成立之初,香飘飘对自身的定位便是"奶茶专家",遵循"聚焦、专注"的发展战略,长期关注奶茶产品的细分领域,想要在细分领域上建立品牌优势。

这一点,从广告语的演变中就可以看出。"小饿小困,喝点香飘飘",之后的这句广告已经开始聚焦产品的功能特性、细分使用场景,暗示香飘飘具有提神扛饿的功能,十分适合学习或上班忙碌的年轻人群。

"够有料、更享受",这句升级版也是基于消费环境、消费观念的变化,把杯装冲泡奶茶从功能型饮料升级为休闲享受型饮品。

品牌年轻化需要从以下几个方面考虑:定位年轻化:由需求定位向心智定位转变。营销年轻化:娱乐营销和社会化营销,与用户多维互动。产品年轻化:通过产品更新与品牌延伸,提升用户体验。

对香飘飘来说,注重娱乐营销和社会化营销,是打造年轻化品牌的重心。以消费者为中心,在崛起的新媒体平台中找到年轻人的主场,从而整合微博、微信等社会化媒体资源,与消费者进行专属的品牌互动,在日常的人格化运营中增强了与年轻消费者的黏性。

在移动互联网逐渐普及和社交媒体日趋成熟的今天,品牌更需要围绕娱乐内容或明星代言人等IP进行整合营销,让品牌和IP深度融合,充分发挥娱乐IP的助力作用。

香飘飘签约王俊凯为"双拼珍珠奶茶"全新品牌代言人。与王俊凯的合作,将成为香飘飘品牌年轻化的重要一步。利用兴趣连接年轻的消费者,成为香飘飘的娱乐营销手段之一。

三、渠道策略

从产品研发到品牌推广,香飘飘形成了产业链一体化的经营模式。采购、生产、销售都有自己完整的经营体系,奠定了行业领先的地位。

产品销售方面,香飘飘主要采取多级经销模式。通过经销商对市场终端及渠道各环节的服务及维护,最终实现"工厂-经销商-终端-消费者"的销售过程。

销售渠道方面,香飘飘也开始尝试通过电商实现与消费者的互动销售,虽然总体来看,香飘飘的电商销售渠道仍然占比较小。

香飘飘结合"县县通、镇镇通、村村通"的"三通政策",拓展三四线城市的饮料消费市场,同时通过精细化运作,提升渠道效率,拓展了新的消费市场。

从人口基数层面来看,中国目前一线及准一线城市的人口数量达到了约 2.4 亿,这个数字仅仅只占全国人口总数的 18%,而农村人口却超过了 50%。从经济发展潜力来看,随着人均收入水平的提升,二、三、四、五线城市的消费实力不容小觑,在过去的两年里,增速都曾超过大城市。香飘飘想要通过渠道渗透完成下沉掘金之路。

探索国内市场增长机会的同时,香飘飘也正尝试通过自营出口拓展境外市场。目前,香飘飘已经进入了美国、加拿大、法国、意大利、澳大利亚、新加坡等 10 多个国家和地区。

2012 年至 2018 年,香飘飘已连续 7 年市场份额保持第一,其中,2018 年的年市场占有率达到了 63.1%。尽管面临着产品创新迭代、消费转型升级的巨大压力,但从市场份额来看,香飘飘仍是这个行业里的巨头。

从香飘飘的营销来看,想要通过持续性的品牌输出来重塑年轻化的形象,这个方向并没有问题。不过香飘飘品牌推广的费用要远远高于产品研发,使它面临着不小争议。香飘飘后续研发的即饮版块上半年营收同比大幅增长 413.74%,可见虽然香飘飘在研发成本上面不及推广成本,但最后的营收效果还是不错。

产品研发、品牌推广、市场拓展,香飘飘的一系列新动作其实都是希望通过寻求变化而带来新的价值增量,从而为整个产业赋能。对香飘飘来说,只有保持年轻与活力,拥有不断为新兴消费者服务的能力,才能继续"绕转地球"。

资料来源:香飘飘的营销策略[Z/OL].[2021 - 02 - 07].https://www.360kuai.com/pc/9bbafccf159b5f9d5?cota=3&kuai_so=1&sign=360_57c3bbd1&refer_scene=so_1.

讨论题:
1. 香飘飘的单品策略有哪些优缺点?
2. 香飘飘的促销策略有何特点?应注意哪些问题?
3. 香飘飘的营销渠道策略优点有哪些?

参 考 文 献

1. 周玫,陆淳鸿.营销策划(第 2 版)[M].武汉:华中科技大学出版社,2015.
2. [美]保罗·彼得,[美]小詹姆斯·唐纳利.营销管理:知识与技能(第 10 版)[M].楼尊译.北京:中国人民大学出版社,2012.
3. 王永贵.市场营销[M].北京:中国人民大学出版社,2019.
4. 香飘飘的营销策略[Z/OL].[2021 - 02 - 07].https://www.360kuai.com/pc/9bbafccf159b5f9d5?cota=3&kuai_so=1&sign=360_57c3bbd1&refer_scene=so_1.

第十五章 市场营销理念新进展

【学习目标】

1. 掌握当代市场营销理念的相关概念。
2. 了解现代营销理念与传统营销理念的区别。
3. 掌握各种现代营销理念的内涵。
4. 掌握各种现代营销理念的产生背景。
5. 掌握各种现代营销理念的应用。

开篇案例

宜家沉浸式体验营销

家居只有亲身体验过,才能真正了解家居是否舒适合意,可以及时打消顾虑之心。宜家的沉浸式体验营销非常典型。

宜家打造的是全方位立体式的体验场景,在视觉上营造简洁、温馨、舒适的生活场景,运用艺术化的空间设计和装潢,整齐的家居商品打造出最佳的视觉效果,让进入门店的消费者能够在第一时间收获视觉上的冲击。此外,宜家会精心营造出产品真实的使用环境,在专门的样板间进行布置和搭配,让消费者能够对商品的合理搭配和使用效果一目了然,得到有用的参考。

除了视觉外,宜家还在产品的利用体验这一点上吸引了很多消费者的光临和青睐。一般来说,在其他的家居品牌门店中,实物商品时只能看不能摸,更不能直接体验,如沙发、床这类非常注重体感的商品,一般都会放上"样品勿坐""损坏赔偿"等警告。而宜家允许消费者对这类商品进行亲身的体验,消费者可以随心所欲地触碰所有商品。而且在交流上,需要时店员随叫随到热情答疑解惑,不需要时也不会在旁边打扰,为消费者带来了安静自由的体验环境。

宜家为消费者打造的不仅仅是舒适、全面的体验环境和服务,还借助体验场景突出了其品牌文化,及其推崇的一种生活态度,让消费者在体验的同时感到满意,也对其文化氛围和生活态度产生认同,从而对其产品产生好感和信任,并将其转化为购买力。

资料来源:石高峰.宜家沉浸式体验营销[Z/OL].[2021-02-09].www.shigaofeng.com/hangye/117169.html.

第一节 数字营销

一、数字营销的产生

随着社会经济发展,互联网技术的兴起,涌现出了以百度、阿里巴巴、腾讯为代表的影响巨大的互联网企业。这些企业改变了互联网生态、媒体习惯,同时也改变了人们的消费思维、消费习惯、购物方式。特别是在国家政策的支持下,移动技术、5G产业链的迅速成长,改变了企业传统的营销模式,很多企业从线下走到线上,拓宽了市场边界,改变了交易方式和物流方式。互联网新技术的引进和普及,为数字营销的开展提供了良好的基础。

研究表明,当社会人均收入达到1 000—3 000美元水平时,便进入现代社会过渡期。传统社会的消费模式、交往方式一一被瓦解,取而代之的是差异化诉求的利益族群。传统的媒体形式被边缘化,数字支撑的新媒体不断涌现,媒体形式呈现多样化、去中心化的特点。在这种背景下,数字营销的交互性、整合性、技术性给企业的精准营销提供了可能。

数字营销兴起有着坚实的群众基础。中国互联网络信息中心(CNNIC)最新发布的《第45次中国互联网络发展状况统计报告》显示,截至2020年3月,我国网民规模为9.04亿,互联网普及率达64.5%。庞大的网民构成了中国蓬勃发展的消费市场,也为数字经济发展打下了坚实的用户基础,成为拉动中国网民数量提升的主要动力。与此同时,互联网应用商务化程度迅速提高,截至2020年3月,我国网络购物用户规模达7.10亿,2019年交易规模达10.63万亿元,同比增长16.5%。截至2020年3月,我国网络购物用户规模达7.10亿,较2018年底增长16.4%,占网民整体的78.6%。2020年1—2月份,全国实物商品网上零售额同比增长3.0%,实现逆势增长,占社会消费品零售总额的比重为21.5%,比上年同期提高5个百分点。数字营销的趋势已经不可阻挡。

知识链接

传统营销向数字化营销转变的重要方面

传统营销和数字化营销在技术驱动、销售导向、资产类别、资源整合、职能管理、计划过程、战略导向和报酬方面有诸多区别。

表15-1 传统营销向数字化营销转变的重要方面

传统营销	数字化营销
技术作为推动者	技术作为驱动者
以销售为中心	以顾客为中心
物理资产	知识资产

(续表)

垂直式整合	虚拟集成
单一职能	跨职能
计划过程	敏捷性反应和学习
企业导向战略	网络导向战略
规模报酬递减	规模报酬递增

资料来源：Wind Y J, Mahajan V. Digital marketing: global strategies from the world's leading experts[M]. New York: John Wiley&Sons, 2001: 5.

二、数字营销的内涵

学者们对数字营销从不同的角度有不同的解释，一般认为数字营销是指企业利用互联网通信技术、交互式多媒体技术精准分析顾客偏好、购买习惯，数据辅助营销规划和评估的一种营销方式。数字营销通过互联网数据挖掘、分析技术，能够全方位、精准、快速发现顾客需求，实现营销精准化，营销效果可量化。数字营销赋予了营销组合以新的内涵，其功能主要有信息交换、网上购买、网上出版、电子货币、网上广告、企业公关等，是数字经济时代企业的主要营销方式和发展趋势。数字营销有网站营销、内容营销、电子邮件营销、社交媒体营销、会员营销、短视频营销、短信服务等形式。

驱动数字营销变革离不开两股力量：第一，是在中国消费升级的背景下，人们的消费模式和消费认知发生了很大的变化，消费者掌握的信息越来越多，品牌越来越难打动他们，如何创造与用户共鸣的内容成为营销的挑战；第二，是新技术的迭代和变革，智能营销成为关键词，更简洁的创意、更动人的内容、更精准的技术以及更有影响力的媒介，构成了营销技术驱动的生态体系不可或缺的要素。

三、数字营销的优势

（一）提供个性化服务

现代社会，消费者越来越追求个性化，无论是广告宣传，还是产品特性，有个性消费者才能记住，记住了才能带来营销效果。而以往的推广营销模式虽然也可以达到推广的目的，但是与个性化却极少沾边。数字营销则不同，它能够按照客户的需要提供个性化的产品，也可以跟踪客户购买习惯和爱好，推荐相关产品，是一种个性化的营销模式。

（二）提高企业响应速度

数字营销技术实现了前台与后台的紧密结合，不仅能快速响应客户的需求，同时还能实现商品信息、收付款、售后服务一体化服务，因而是一种比较全面的营销方式。此外，企业可以通过互联网进行统一的规划和协调实施，避免因为宣传的不一致性带来的客户质疑。通过以上方式提高企业的响应速度。

(三) 产品更丰富,效果更明显

数字营销通过互联网提供非常详尽的产品规格、技术指导、保修信息以及使用方法等。同时还能对常见问题提供解决方法,用户也可以通过网络获得相关信息,方便省事且更快捷,能极大提高客户对企业的好感度。

四、数字营销主要工具

(一) 网站营销

网站是所有数字营销活动的核心。它本身是一个非常强大的渠道,但是它也是执行各种在线营销活动所需的媒介。网站应以清晰,令人难忘的方式代表品牌,产品和服务。它应该快速,适合移动设备并且易于使用。

(二) 每次点击付费广告

每次点击付费广告使营销人员可以通过付费广告在许多数字平台上吸引互联网用户。营销人员可以在百度、微信、今日头条、抖音等平台等上设置每次点击付费广告系列,并将其广告展示给搜索与产品或服务相关的字词的用户。PPC(Pay-per-Click,点击付费)广告系列可以根据用户的人口统计特征(例如按年龄或性别)对用户进行细分,甚至可以针对他们的特定兴趣或位置。

(三) 内容营销

内容营销的目标是通过内容来吸引潜在客户。内容通常在网站上发布,然后通过社交媒体、电子邮件营销、社交软件进行推广。内容营销的工具包括博客、电子书、在线课程、信息图表、播客和网络研讨会。

(四) 电子邮件营销

电子邮件营销仍然是最有效的数字营销渠道之一。许多人将电子邮件营销与垃圾邮件混淆,但这不是电子邮件营销的全部内容。电子邮件营销是与潜在客户或对品牌感兴趣的顾客保持联系的媒介。许多数字营销人员使用所有其他数字营销渠道将线索添加到其电子邮件列表中,然后通过电子邮件营销创建客户获取渠道以将这些线索转化为客户。

(五) 社交媒体市场营销

社交媒体营销活动的主要目标是树立品牌知名度和建立社会信任。企业使用它来获取潜在客户,甚至可以作为直接销售渠道。

(六) 短视频营销

比较知名的视频营销平台有抖音、快手、Tik-Tok(抖音海外版)等,企业通过将视频、内容营销和更广泛的社交媒体营销活动相集成,推广产品。

五、如何做好数字营销

(一) 全方位利用数字资源

数字营销的基础是收集数据。企业要通过大数据、企业数据共享、实地调研等途径全面收集竞争对手信息、顾客信息、产品信息。通过计算机技术,深度挖掘数据,做出营销决策。如今日头条通过和淘宝、天猫、百度等平台合作,用户只要检索的信息,今日头条会和这些平台共享数据,分析用户的偏好和习惯,精准推送相关的信息和广告。

(二) 大数据精准捕捉顾客

所有的营销都是以用户为中心实施的,是否对精准用户投放,是精准营销与传统营销最本质的区别。区别于传统营销方式,精准营销的关键在于利用大数据,将数据库内信息进行整理分析,构建出一套完整的以标签为主的用户画像,形成对目标客户的准确认知和判断,从而筛选出精准的目标受众。

(三) 掌握数字化平台和工具

数字化营销需要企业掌握较高的技术,会使用数字化平台和工具。这对普通企业而言,是一个较大的挑战。企业要及时跟踪互联网应用技术前沿,掌握最新的应用工具,才能很好地发挥数字的功效,提高企业的数字化营销水平。

案 例 分 享

汽车之家全球超级车展

汽车之家全球超级车展在线上传播采用了 AR 车展模式,突破了传统硬广告以及单一车型页看车的模式,并结合 AR 数字技术营造更为真实的车展现场,打造出沉浸式的看车体验,有效提升了潜在购车人群关注度。同时,通过抵扣券、秒杀车等互动方式促进意向用户留资(留存信息),以金融政策优惠价格刺激用户完成购车决策闭环,高效收集了销售线索。最后,线下首度跨界湖南卫视,突破了玩法,打造出了全球汽车夜,并以明星资源带动品牌的曝光和更高关注,配合海报、短视频的产出,引发了裂变传播。

资料来源:互联网周刊.汽车之家全球超级车展[Z/OL].[2021-02-09].https://baijiahao.baidu.com/s?id=1660322740252080624&wfr=spider&for=pc.

第二节 关系营销

一、关系营销的内涵

关系营销是众多营销方式中较为特殊的一种,因为它是和公众进行互动而产生关系的一个过程。和传统营销方式以交易为核心不同,它更加注重保持和加强与消费者的友好关系。并且,传统营销的对象只是消费者,而关系营销的对象包括消费者、供应商、代理商、员工、政府等不同群体,可以说,关系营销其实是通过协调各方关系,形成一个利益共同体,达到合作共赢与稳定发展的目的。关系营销从根本上来说是通过协调公共关系来进行营销的方式,这也决定了关系营销的各个工作部门要比传统营销更侧重于这一方面。

关于关系营销的概念,目前理论界主要有三种观点:第一种观点:认为关系营销是买卖之间依赖关系的营销。第二种观点:根据塞斯(Shelth)、顾木森(Gummensson)、格鲁诺斯(Gronroos)等著名营销学专家的观点,所谓关系营销,是识别、建立、维护和巩固企业与客户及其他利益相关人的关系的活动,并通过企业努力,以成熟的交换及履行承诺的方式,使活动涉及各方面的目标在关系营销活动中实现。这一观念强调的重点是需要企业与客户及其他利益相关者之间建立起相互信任的合作关系。第三种观点:关系营销是个人和群体通过交换产品和价值的同时创造双方更加亲密的相互依赖关系,以满足社会需要和诉求的一种社会管理的过程。

二、关系营销的基本特点

(一) 全方位关系维护

关系营销非常注重营销环节所在的全过程,只要涉及人与人之间的往来,便会成为关系营销的要点,需要建立良好的全方位的关系。

(二) 双向沟通

关系营销沟通是必不可少的,而且这种沟通并非单向的告知而是双向的交流、了解与商榷。不管是哪一方,都需要主动与其他的关系方进行联系和交流,了解情况和信息,形成一个共识和协议。在需求发生变化时主动告知,针对需求的变化做出调整,主动为关系方提供服务,或者解决难题,促进关系良性发展。

(三) 合作共赢

有合作才能实现共赢,而有共同的利益才能达成合作。企业从各方面的利益出发,达成合作的一致,以此来增强各方的联系。关系营销中的共识与合作必须要以书面形式呈现出来,使其具有法律效力。在关系营销中,承诺和信任是必不可少的,只有履行诺言并积极行动,才能获取关系方的信赖,这是尊重关系和维护关系的基本要求。

(四) 满足双方情感需求

在关系营销中,利益的共存是合作的基本条件,但情感因素也是非常重要的一点。要建立和维持良好的关系,必然不能忽视各方面的情感需求。物质利益与情感上的需求都满足,关系才能稳定和发展。

三、企业关系营销的策略

(一) 设立专门的客户关系管理部门

设立专门的客户关系管理部门,任用业务能力强的人为负责人。客户关系管理部门的员工要经过专门培训,具备专业水平,其职责就是对客户负责,保持与客户长期沟通,处理可能发生的问题,维护与客户的良好关系。

(二) 建立良好的个人联系

通过个人联系可以增强与客户的情感交流,增进感情,强化关系。但是这种方法也有其缺点,那就是营销人员长期与客户接触会增加管理的难度。最好就是通过个人联系增加客户与企业的亲密关系,最终让客户成为企业的合作伙伴。

(三) 制定对老客户的营销措施

对于长期与企业合作的老客户,企业要有针对性地制定一些营销措施,例如折扣、赠送商品、奖品等。不断提高老客户的购物体验,增加企业对老客户的吸引力。

(四) 会员制

会员营销具有会员制、资格限制、自愿性、合约性、目的性和结构性关系特点。会员营销适用于传统实体店和网络应用,其营销目的更多地偏重于培养更多的忠实客户,维持长期稳定的客源。对那些忠诚的老客户实行会员制,为他们提供个性化的服务,不但能提高客户的忠诚度,而且能提高企业的美誉度。例如星巴克的会员卡,划分为三个等级:银星级、玉星级、金星级。消费者买一张98元的星享卡后成为初级会员,根据消费的价格不断累积星星来提升会员等级,消费满250元可以升级到玉星,消费满1 250元升级金星,而升级可以享受更多的优惠和额外服务。根据不同星级提供差异化服务。

(五) 定制营销

定制是未来营销的趋势,根据不同客户对产品的不同需求开展定制服务,不但能满足客户的个性化的需求,而且能提高客户的忠诚度。要做好定制营销,需要建立完整的客户购物档案,并加强与客户的联系,做好售后服务。比如玛氏糖果公司在2004年推出了M&M巧克力的定制业务,允许顾客通过网上选择巧克力颜色,并可在糖果表面的一侧加上自己的口号,另一侧则必须保留"m"的标志,其价格相当于普通产品的五倍,而且最少四包起订,要15个工作日才能到货,但是这些并不能阻止顾客们的喜爱,玛氏因为此业务在数周内增加了两条生产线。可以说,玛氏的成功就在于把普通的巧克力糖果变成个性化的零食、有情趣的聚会小点心、大型活动的宣传工具甚至于是情人的礼物。

(六) 数据库营销

数据库营销就是针对客户建立数据库,掌握客户的信息,这种营销方式具有极强的针对性,能真正实现"一对一"营销。要做好数据库营销,企业必须要有获得客户数据的方法,并且还要有处理加工这些信息的方法,还要对信息进行及时更新。实施数据库营销,需要一定的技术手段。美国的休闲运动装品牌地极(Lands' End)公司设计了一系列用于计算人体尺寸的程序,顾客只要在网上提供自己身体每个部位的尺寸,地极的数据库马上会塑造出一个独特的体态模型,紧接着迅速生成订单,直接发往生产商制作衣服并快递给顾客。地极公司40%以上的顾客都选择定制服装,尽管这要比标准尺寸贵20美元,因为除第一次购买需要提供详尽的尺寸之外,第二次下单则变得非常简单。客户数据库可以涵盖顾客的年龄、性别、籍贯、家庭情况、体型数据、爱好特长等各方面的资料,对了解客户的行为习惯具有一定的研究价值。

有些人认为关系营销就是"拉关系",其实这是对关系营销的误解。关系营销是现代营销活动的重要理念,它是以企业与所有利益相关方的关系处理作为营销活动的方式,寻求与利益相关方建立和维系一种长期的合作关系,使各方都能获得利益是关系营销的特点。

案例分享

孩子王重度会员制度

孩子王是国内的一个母婴童销售品牌,其重度会员制度在同行业品牌中非常典型。孩子王根据其品牌和产品定位,将目标市场锁定在中产阶级家庭,采取线上线下的运营模式来进行全渠道运营,而其会员制度也同样能够在线上线下实行。

孩子王不仅拥有实体产品销售,还提供育儿顾问服务。成为其会员则能够享受线上线下产品优惠,免费送货上门,免费上门育儿服务以及线上24小时育儿问答等。为了吸引客户成为会员,孩子王培养专门的育儿团队,和会员形成一对一的教学问答,借助这样的"师徒关系"建立起友好平等的感情联系;此外,孩子王还综合情感营销、场景营销等多种营销手段,频繁举办活动,推广品牌和会员,提升会员体验,吸引更多消费者加入。

孩子王不仅推出线上线下的多项优惠和特权,还建立社交平台,创建内容和交流社区,举办线上活动推出原创内容,加强品牌与客户、客户与客户之间的交流和互动,为年轻妈妈们打造一个能够交流心得、分享经验的自主平台。

孩子王的重度会员制度为其品牌带了良好的收益和品牌口碑,其销售收入有95%都来自会员。品牌利用大数据和网络技术对客户群进行深入和差异化分析,了解目标群体的特点和需求,并对此设计了精准的、针对性的会员营销策略。而线上线下的交互和服务,令其会员制度更加全面与完善,从而获得了巨大的成功。

资料来源:公关之家.孩子王重度会员制度[Z/OL].[2021-02-09]. https://www.gongguanzhijia.com/article/3206.html.

第三节 体验营销

一、体验营销产生的原因

随着经济的发展和人们生活水平的提高,消费者不仅仅需要满足基本的物质、文化需要。消费需求更加多元化、更容易接受新事物,更关心生活品质,更关心心理上和精神上的满足,而消费者体验是一个非常好的途径。此外,技术的发展和市场竞争的加剧,产品同质化越来越严重,企业的产品和服务很容易被竞争对手复制,想要在市场上占领一片领地,不仅仅要让用户了解产品,更要得到用户的信任,企业可以通过给消费者不同的体验来获取顾客的信任,促进企业更好地发展。同时,现代科技的发展,为体验营销提供了一个非常好的工具。消费者通过虚拟现实、网络聊天、网络直播、短视频、企业线上展示等互动体验形式了解企业和产品,满足其个性化和自由化的需求。

二、体验营销的内涵

体验营销是随着经济发展和消费者需求变化而产生的。哥伦比亚大学商学院教授施密特提出了体验营销的概念,他在1999年出版的《体验式营销》专著中这样写道,"那是一种为体验所驱动的营销模式,很快将取代传统的营销和经营方法",并称其为体验式营销。他首次构建了体验经济与营销的基本理论框架。他指出体验式营销站在消费者的感官、情感、思考、行动、关联五个方面,重新定义、设计营销的思考方式。而且他还提出在当前的消费趋势中,体验(情感/精神需求)逐渐成为顾客的主流需求,所以品牌必须满足顾客的体验需求,消费者在消费前、消费时、消费后的体验,才是研究消费者行为与企业品牌经营的关键。

体验营销使得消费者从单向的被动的产品信息接收者,成为能够主动了解产品,和品牌进行双向互动的角色,从而让消费者在理性和感性的消费需求上得到了最大化的尊重。如今的消费者不仅重视产品或服务给他们带来的功能利益,更重视购买和消费产品或服务过程中所获得的符合自己心理需要和情趣偏好的特定体验。在产品或服务功能相同的情况下,体验就成为关键价值的决定因素。体验营销不同于传统营销。传统营销过分强调产品的功能利益,而忽视了顾客所需要的感受和体验。体验营销的核心观念是,不仅为消费者提供满意的产品和服务,还要为他们创造和提供有价值的体验。通过消费者体验让经营者明白营销的重心要转移到消费者怎么买的思路上来,怎么买的重心则是消费者体验。

体验式营销常见的形式有知觉体验、情感体验、思维体验、行为体验等。随着时代发展和营销方式的不断创新,当下的体验式营销中又多了娱乐营销、美学营销、文化营销等新型的体验模式。

> **知 识 链 接**
>
> **体验营销五种类型**
>
> 1. 知觉体验
>
> 知觉体验即感官体验,将视觉、听觉、触觉、味觉与嗅觉等知觉器官应用在体验营销上。感官体验可区分为公司与产品(识别)、引发消费者购买动机和增加产品的附加价值等。
>
> 2. 思维体验
>
> 思维体验即以创意的方式引起消费者的惊奇、兴趣,对问题进行集中或分散的思考,为消费者创造认知和解决问题的体验。

3. 行为体验

行为体验指通过增加消费者的身体体验,指出他们做事的替代方法、替代的生活形态与互动,丰富消费者的生活,从而使消费者被激发或自发地改变生活形态。

4. 情感体验

情感体验即体现消费者内在的感情与情绪,使消费者在消费中感受到各种情感,如亲情、友情和爱情等。

5. 相关体验

相关体验即以通过实践自我改进的个人渴望,使别人对自己产生好感。它使消费者和一个较广泛的社会系统产生关联,从而建立对某种品牌的偏好。

资料来源:[美]伯恩德·施密特.体验式营销[M].张愉等译.北京:中国三峡出版社,2001:94-133。

三、企业体验营销策略

(一)感官式体验营销策略

感官式营销即将视觉、听觉、触觉、味觉与嗅觉等知觉器官应用在体验营销上。感官体验可区分为公司与产品识别、引发消费者购买动机和增加产品的附加价值等。以迪士尼"太空过山车"为例,尽管其高度落差与旋转的复杂程度无法与国内一些大型过山车相比,但"太空过山车"将乘客置于宇宙深空的背景中,只见星光而不见轨道的走向,再辅以直接通过座位内置音箱中播放的动感旋律,在心理上放大了刺激的感受,成熟技术富于人性化的结合,使"太空过山车"成为加州迪士尼乐园中最受欢迎的游乐项目之一。

(二)情感式体验营销策略

情感式体验就是把消费者个人情感差异和需求,借助情感包装、情感促销、情感广告、情感口碑、情感设计等策略,使顾客在消费过程中获得感情上的满足、心理上的认同。从消费者的情感需求出发,唤起和激发消费者的情感需求,诱导消费者心灵上的共鸣。如迪士尼度假酒店的前台附近一般都设有适合儿童身高的电视及桌椅,全日不间断地播放卡通片,以期减少家长与儿童因在高峰期长时间排队而产生的烦躁感。迪士尼婴儿用品则广泛采用软化产品标签,避免挫伤婴儿皮肤。这些设计看似微不足道,却能给消费者的体验带来明显的改善。

(三)思考式体验营销策略

思考式体验是通过学习、探究、实践获得解决问题的体验。以产品为媒介,通过顾客的感觉、知觉,通过创造出值得顾客回忆,让顾客有所感受,留下难忘印象的体验活动。在高科技产品创造的宣传氛围中,思考着现实或未来的一切新奇,怪异或未知世界的神奇和魅力。思考式体验式营销在娱乐业被广泛使用,例如迪士尼不仅仅让消费者"玩",它也引导消费者"学"。让女孩锻炼公主气质的"公主心灵学院"、和米老鼠一起学英语的"迪士尼英语",对少年儿童群体有很大吸引力。而针对成年消费者,迪士尼的思考体验则主要体现在传播影视制作、地理环境、自然生物等方面的科普知识。

(四)行动式体验营销策略

行动式体验营销是通过顾客的实际行为,参与到活动中去,通过活动获得感受,这种感受更深入、更持久。但并不是说消费者玩就是"行动体验",例如迪士尼的方法是,让消费者更深入地、亲身参与进来。每年有超过 2 000 场梦幻童话婚礼会在迪士尼举行,婚礼上有南瓜马车、戴假发的车夫、水晶鞋、跳着舞的米老鼠。值得一提的是,除了新婚夫妇,更有结婚多年的夫妇带着孩子来迪士尼"补办"婚礼。

(五)关联式体验营销策略

关联式营销包含感官、情感、思考和行动在外界因素的变化后引发的各种关联反映或关联变化,利用顾客在这种变化和反映中得到的体验,来促进市场开发和产品销售的一种营销策略。关联式营销特别适用于化妆品、私人交通工具、日常用品和眼镜产品的销售领域。例如迪士尼充分运用了其家喻户晓的王牌卡通人物形象,消费者可以在迪士尼旗下的任何地方找到迪士尼公主和动物们的形象。这些卡通人物及故事背景在迪士尼的产业中穿插融合,将消费者自然而然地带入不同的产业之中。消费者能够在迪士尼的酒店、游轮、英语教室与卡通人物零距离接触,与米老鼠一起玩游戏、住在公主的房间里、作为探险队长带领队员登山寻宝。对他们而言,这就是一个虚拟的梦想变成触手可及的现实的地方。

案 例 分 享

锐步(Reebok)在第二人生中的虚拟店面

Reebok 的本义是指非洲的一种羚羊,它体态轻盈,擅长奔跑。锐步公司希望消费者在穿上锐步运动鞋后,能像羚羊一样,在广阔的天地间,纵横驰奔,充分享受运动的乐趣。近年来,锐步在互动营销领域进行大胆尝试,将羚羊纵横驰骋的天地也搬进了虚拟世界第二人生(Second Life)中。

在第二人生的锐步虚拟店面里,游客不仅可以和漂亮性感的前台小姐随意合影,还可以在新款运动鞋的展示台前随意改变鞋子的颜色和款式,挑选出自己最满意的产品。这一基于互联网 3D 技术的新的体验营销模式,正在改变着消费者固有的消费行为观念,使消费者对新产品的体验变得更快捷,更方便。

资料来源:锐步在第二人生中的虚拟店面[Z/OL].[2021-02-09].https://wenku.baidu.com/view/a1296f220875f46527d3240c844769eae109a3db.html.

第四节 绿色营销

一、绿色营销的内涵

所谓"绿色营销",是指社会和企业在充分意识到消费者日益提高的环保意识和由此产生的对清洁型无公害产品需要的基础上,发现、创造并选择市场机会,通过一系列理性化的营销手段来满足消费者以及社会生态环境发展的需要,实现可持续发展的过程。绿色营销的核心是按照环保与生态原则来选择和确定营销组合的策略,是建立在绿色技术、绿色市场和绿色经济基础上的、对人类的生态关注给予回应的一种经营方式。绿色营销观念,是环境问题强化的产物,随着绿色营销实践的深入,不仅强调了环境保护,还强调了可持续发展以及在此基础上的社会、经济、人口、资源、环境等的协调发展。面对环境不断恶化的今天,绿色营销已不再是一种简单意义上的市场营销观念的革命。其最终目的是在化解环境危机的过程中获得商业机会,在实现企业利润和消费者满意的同时,达成人与自然的和谐相处,共存共荣。

二、实施绿色营销的必要性

绿色营销体现了企业以消费者利益为中心,建立人与自然协调统一的机制,代表了企业发展的未来方向。企业发展和实施绿色营销是非常必要的,这是因为:

(一)适应了环境与发展相协调的趋势

企业若想在未来的社会中获得稳定的发展,就必须自觉地约束自身的行为,尊重自然规律,走人口、经济、社会、环境和资源相互促进和协调的可持续发展道路。而企业之所以开展绿色营销,正是为了顺应这一趋势。

(二)顺应了消费者"环保回归"的潮流

随着消费层次、消费结构的改变,主要消费需求已转到健康、安全、舒适和协调发展上来。同时,消费者从社会道德和社会责任感的角度出发,自觉不自觉地承担起了保护自身生存环境的责任。于是,以崇尚自然、返璞归真、适度消费、减少环境破坏等为特征的新型绿色消费已成为一种潮流,而绿色营销无疑顺应了这一潮流。

(三)可以提高企业良好形象

在目前环境问题和压力日益严峻的形势下,不少富有远见的公司将发展的战略锁定在绿色营销上。通过开发有利于环境可持续发展的新技术和新产品,为人类实现绿色和健康的生活消费方式做努力,并有效树立了企业的绿色形象,提高了品牌美誉度,产品也更加受到用户的追捧,企业核心竞争力由此不断增强。

(四)可以提高企业合理的经济效益

绿色营销可以促进企业优化资源配置,提高资源的使用效率。同时,随着消费者绿色意识的增强,购买绿色产品成为时尚和趋势。这也有利于企业扩大市场占有率,从而获得更多的经济效益。

三、企业绿色营销策略

(一)树立绿色营销观念

绿色营销观念是在绿色营销环境条件下企业生产经营应该具有的指导思想。传统营销观念认为,企业在市场经济条件下生产经营,应当时刻关注与研究的中心问题是消费者需求、企业自身条件和竞争者状况三个方面,并且认为满足消费需求、改善企业条件、创造比竞争者更有利的优势,便能取得市场营销的成效。而绿色营销观念却在传统营销观念的基础上增添了新的思想内容。企业生产经营研究的首要问题不是在传统营销因素条件下,通过协调三方面关系使自身取得利益,而是与绿色营销环境的关系。企业营销决策的制定必须首先建立在有利于节约能源、资源和保护自然环境的基点上,促使企业市场营销的立足点发生新的转移。

企业对市场消费者需求的研究,要在传统需求理论基础上,着眼于绿色需求的研究,并且这种绿色需求不仅要考虑现实需求,更要放眼于潜在需求。

企业与同行竞争方面,不在于传统营销要素的较量,争夺传统目标市场的份额,而在于最有利于保护生态环境的营销措施。这些措施的不断建立和完善,是企业实现长远经营目标的需要,它能形成和创造新的目标市场,是竞争制胜的法宝。与传统的社会营销观念相比,企业要有绿色营销观,注重的社会利益更明确定位于节能与环保,立足于可持续发展,放眼于社会经济的长远利益与全球利益。

(二) 开发绿色产品

绿色产品具有较高附加值,拥有优良的品质,在健康、安全、环保等诸多方面具有普通产品无法比拟的优势,是未来消费的主流。产品生命周期中后端的采购和消费端,对产品的绿色属性提出了越来越高的要求。所谓绿色产品是指对社会、对环境改善有利的产品,或称无公害产品。近几年来,越来越多的企业发现,"绿色产品"的问世,不仅可以遏制破坏环境的行为,而且可以节省开支,增强竞争力。绿色产品开发要求企业按照全生命周期的理念,在产品设计开发阶段系统考虑原材料选用、生产、销售、使用、回收、处理等各个环节对资源环境造成的影响,实现产品对能源资源消耗最低化、生态环境影响最小化、可再生率最大化。绿色产品主要通过绿色制造、绿色包装来实现。

绿色制造,就是保证产品生产过程的洁净性、无公害性。具体包括:避免使用有毒有害的原料及中间产品,减少生产过程的各种危险性因素;少废、无废的工艺和高效的设备;物料的再循环使用;简便可靠的操作与控制,完善的管理等。如蔬菜生产,通过化肥农药减量、有机肥部分替代化肥、绿色防控体系提高产品品质。

绿色包装,指在产品包装、装潢设计时,应尽量降低商品包装及其残余物对环境的影响,符合"可再循环""可生物分解"的要求。如中国邮政集团公司通过开展包装减量、胶带瘦身、循环回收、品牌推广四大计划,实现企业生产运营过程中的包装减量化、绿色化和可循环化,引导消费者使用绿色环保包装,推动形成全社会的绿色环保意识。

(三) 制定绿色价格

绿色价格指与绿色产品相匹配的价格体系,根据污染付费和环境资源有偿使用原则制定,一般来说,绿色价格比非绿色价格更高。其原因是:① 消费者认为企业生产的绿色产品价值比非绿色产品更高,品质更高,更健康环保。消费者愿意支付更高的费用。② 企业为生产、经营绿色产品,对环境进行了治理。增加了为改善环境而支付的研制经费、生产制造成本及实施绿色营销的管理成本与销售费用。针对消费者的偏好可以采取心理定价策略。如果绿色价格与其心理价格相似或相符合,他们就会感到亲切、愉快,并产生接近、拥有的心理;如果与其心理准备违背或相克,就会产生疏远、排斥心理。因而,绿色价格采用尾数定价更能刺激他们的购买欲望;而对于求名心理的消费者来说,声望定价更合适。只有全面、深入了解消费者的心理,绿色价格才能体现其科学性和艺术性。例如华润万家超市,把绿色有机蔬菜和普通蔬菜分开陈列,制定不同的价格,绿色蔬菜普遍比普通蔬菜价格高30%左右。

(四) 实施绿色促销

绿色促销策略同其他的产品促销活动一样,主要采用绿色广告、绿色推广、绿色公关策略。各种策略之间往往相互配合,发挥协同优势。

绿色广告策略的重点主要放在广告用语的选择上。主要有产品导向类广告用语、工艺过程导向类广告用语、企业形象导向类广告用语、环保事实类广告用语。由于后两种广告用语明确地告诉了消费者企业的产品和工艺给消费者或环境带来的独特好处,从而构成差异化的坚实基础,使消费者理性地看待本企业的产品,能够从安全或环保的角度对产品持积极的态度,从而采取积极的行动,所以这两类广告用语较好。例如油漆生产企业三棵树的广告语"三棵树·马上住",让消费者获知涂完三棵树牌油漆后,房子就可以马上入住。体现产品的绿色环保的特点。

绿色推广是通过绿色营销人员的绿色推销和营业推广,从销售现场到推销实地,直接向消费者宣传、推广产品绿色信息,讲解、示范产品的绿色功能,回答消费者绿色咨询,宣讲绿色营销的各种环境现状和发展趋势,激励消费者的消费欲望。同时,通过试用、馈赠、竞赛、优惠等策略,引导消费兴趣,促成购买行为。

绿色公关是树立企业及产品绿色形象的重要传播道路。企业实施绿色公共关系策略可采取的形式有:进行演讲、发行教材、影视机构、建立信息服务机构、开幕活动、进行绿色赞助、进行慈善赞助、举办主题活动、赢得绿色奖励、做本企业的绿色报告等活动,这样就可以为企业树立良好的公众形象。公共关系策略往往还包含以补付费的方式从所有媒体获得编辑报道版面,供顾客阅读、看到、听到,促进销售。企业应根据实际情况灵活应用绿色公共关系策略,例如蚂蚁森林,是支付宝旗下的一个公益性项目,通过用户在应用中收集能量,在体会"种植"乐趣的同时,为一些沙漠化的地区做出自己的贡献,能量的来源有行走和支付宝支付。企业的存在不仅有着经济意义,更应该有着社会意义。支付宝(阿里)这点做得是十分出色的,蚂蚁森林就是自觉承担社会责任的体现,而这同时也为支付宝带来了良好的形象。

(五) 构建绿色营销渠道

绿色营销渠道,是绿色产品从生产者向消费者转移所经过的具体通道和路径。绿色产品品质与非绿色产品品质是不同的,但却很难从外观上予以区分。因此,选择专门的分销渠道,是实现绿色产品市场流通无污染,维护消费者利益的有效途径之一。其主要包括以下策略内容:① 认真选择绿色信誉度高,可提供多项专门服务的中间商来经销企业的产品,不断发现规范、高效的营销伙伴,逐步建立稳定的营销网络。② 尽可能建立短渠道、宽渠道,减少渠道资源消耗,降低渠道费用。③ 为了真正实现绿色营销,从绿色交通工具的选择,绿色仓库的建立,到绿色装卸、运输、贮存、管理办法的制定与实施,认真做好绿色营销渠道的系列基础工作。如零售通是阿里巴巴平台下为城市社区零售店提供订货、物流、营销、增值服务的互联网一站式进货平台,已经拥有超过100

万小店用户。菜鸟联手零售通打造绿色供应链,推广原箱发货和纸箱复用,目前超过七成的商品发货不再用新纸箱。德国邮政敦豪集团承诺到2050年实现零排放绿色物流,并在2025年前通过采用清洁能源运输方式的绿色方案完成70%取派件服务"第一公里"和"最后一公里"服务。

(六)提供绿色服务

随着经济的不断发展,服务已经由原来的营销辅助功能转为创造营销价值的主要营销功能。绿色服务,指企业在商品的售前、售中、售后服务过程中,以节约资源、减少污染的原则为服务导向。主要起到引导消费者在商品的消费过程中,促进人与自然,人与环境的和谐,改善人类的生存环境的作用。它将为绿色营销最终价值的实现发挥极其重要的作用。随着近些年企业服务意识的加强,普通产品营销企业在服务上已经开通了具有划时代意义的绿色服务通道,极大地方便了消费者与产品供应者之间的沟通,不但解决了顾客的后顾之忧,也为企业信息的收集和传输建立了渠道。而绿色营销更应该建立绿色服务通道。这一通道的建立将执行如下几项功能:一是传播绿色消费观念,减少绿色消费误区;二是真正从专业化的角度解决消费者在绿色消费中出现的问题,指导消费者进行纯绿色消费;三是实现绿色产品价值再造。通过绿色服务,减少资源浪费、节约物质消耗、减少环保成本、实施资源综合利用,实现绿色产品在绿色服务中价值最大化。比如国美在全国开展了多形式的家电以旧换新业务,回收覆盖大家电、生活小家电、厨卫电器、手机、电脑所有品类,3C回收不仅支持到店估价回收,也支持上门回收,满足用户多场景需求。针对空调品类,国美还在全国范围开展"国美10亿焕新计划"的补贴活动,助力空调"以旧换绿",让更多新能效标准空调产品替换用户家中淘汰的空调产品,推动中国家庭向绿色生活转变。

绿色营销理念是社会营销理念的延伸与发展,在追求消费者利益、企业利益和社会利益三种目标的统一中,更充分、更长远、更开放地追求社会利益,注重对社会的宏观贡献,更重视环保运动所造成的全球性绿色力量的影响,带有更浓的绿色。营销理念的"绿化"是在社会营销理念的基础上,以人类绿色意识日益强化和绿色力量日益壮大为背景,不断创新和发展的过程。首先,绿色营销理念坚持以人类社会的可持续发展为导向,是继营销理念为产品导向转向顾客导向的根本性变革之后的又一次升华。企业的经营目标不再是简单地追求利润最大化,而是使经济发展目标同生态发展和社会发展的目标相协调,促进总体可持续发展战略目标的实现。其次,当代营销是通过4P的有机组合来实现企业经营目标的,绿色营销则将4P组合"绿化"。以绿色产品、绿色价格、绿色渠道、绿色促销来实现企业经营目标。也就是说,企业注重绿色消费需求的调研与引导,注重绿色产品的开发研制与清洁生产,注重定价策略、渠道策略、促销策略的绿色因素。再次,与当代营销理念相比,绿色营销理念在提高企业竞争力和参与市场竞争中更注重绿色因素。企业要充分认识当前和未来营销环境的绿色因素和消费者的绿色意识,从全局利益和长远利益出发,以绿色观念为指导,树立绿色企业形象,赢得社会敬重和顾客认可,以绿色营销策略的实施赢得市场,从而提高企业自身的竞争力,获取竞争优势。

> **案例分享**
>
> **海尔整套低碳家电全方位践行世博绿色理念**
>
> 　　目前海尔推出的整套绿色家电不仅产品种类丰富,而且真正达到了节能环保的低碳需求。其中,海尔的无级变频冰箱、无氟变频空调、LED节能电视和变频静音复式大滚筒洗衣机等低碳精品,更是掀起了家电市场的绿色低碳风,海尔整套低碳精品中,无级变频冰箱将"无级变频"与"数字控制"完美匹配后实现"全温区",一举解决了冰箱温度保鲜范围窄的难题,并实现了噪声小、用电少、保鲜好、寿命长等特点。采用行业独创"S-D芯变频"技术的静音洗衣机,使电机没有碳刷的摩擦,真正实现了"静音洗衣",并率先达到城市居住环境国家最高舒适标准,为消费者创造安静的生活环境。无氟变频空调一举解决了冬季制热慢、效率低的问题,真正实现低碳排放,每台海尔空调每年节约的电量相当于减排850千克CO_2,按使用12年算,减少的CO_2排放量比10棵参天大树60年吸收的还多!海尔模卡LED电视采用高效电源、LED冷光源等先进技术,节能达到40%。
>
> 　　资料来源:海尔整套低碳家电全方位践行世博绿色理念[N].内蒙古晨报,2010-04-26.

本章小结

　　本章市场营销理念新进展讲述了现代比较流行的营销理念,具体包括:数字营销、关系营销、绿色营销、体验营销,并讲述了每种现代营销新理念的内涵、产生背景以及每种现代营销类型与传统营销的区别,应用过程中应注意的问题,它未来的发展趋势等,为读者系统化地了解现代营销理念提供了借鉴与思考。

思考题

　　1. 数字营销的基本特征表现在哪些方面?
　　2. 关系营销与传统营销之间的区别有哪些?
　　3. 绿色营销的基本内涵是什么?
　　4. 体验营销与传统营销的区别有哪些?
　　5. 现代营销理念进展的重要性体现在哪些方面?联系实际,通过你曾经进行过的体验营销评论体验营销的效果。

案例讨论

可以"种"出来的衣服

　　数据显示,服装行业的总碳排放量超过了所有国际航班和海运的排放量总和,占据全球碳排放量的10%,是仅次于石油产业的第二大污染产业。瞬息万变的时尚风向之下,买得太快,丢得也快成为服装消费趋势,如何扭转担当几十亿人穿衣行业的发展方向,成为比以往更重大的命题。因此在环保这一方面,众多国产运动品牌也都早已做出诸多尝试。2019年9月,安踏推出的唤能科技环保系列产品,以回收废弃塑料瓶为原料,以环保科技制成再生涤纶面料。

当谈到环保的议题时,不禁会想到近段时间刷爆网络的垃圾分类问题。毕竟,每天被楼下负责垃圾分类的阿姨问"你是什么垃圾?"就有够印象深刻的了。其实关于环保政策,早在2008年,中国就实行了"限塑令"以此呼吁大家减少塑料制品的使用。如今,十几年过去了,你能看到现在大多数人对于塑料制品的使用减少了许多。这些微小的改变也让我们看到了人们对于环保思想的进步。

而在谈到环保与运动服饰的关系时,人们不免会将运动品牌推出带有环保属性的鞋款归结为"噱头"。但不可否认,各行各业都开始对这一领域重视起来,而作为国产运动品牌的特步,也在这一步上走得踏踏实实。

近日,国产品牌特步开了一场关于环保的发布会,吸引了诸多外媒的目光。特步的发布会以"万物共生 循造未来"为主题,选址中国海滨城市厦门。自然色系的聚乳酸产品与玉米、秸秆等原材料共同陈列,在这座"海上花园"里展露不经意的时尚。发布会现场,特步时尚环保态度片首发,唱响"生活是我的浪漫,环保是我的习惯"的环保态度,试图通过更时尚的方式向年轻人展示将环保融入生活的理念。该宣传片由三位生活在不同城市、不同生活环境和人生履历的Z世代青年作为主角,讲述她们各自在生活中观察污染、践行环保的故事和理念。这3个不同行业的年轻人身穿特步聚乳酸T恤,共同为环保发声,倡议让绿色低碳的生活方式付诸行动。

当有人告诉你,这件摸起来和其他衣服手感别无二样的T恤,在特定环境下土埋,不到一年时间就能自然降解,你会有什么反应?觉得这是宣传噱头吗?还是刷新了原本你对环保服饰的认知?而在美联社的报道上还有这么一句话"从地里来,到地里去,可以种出来的衣服!"不禁让人产生疑惑,衣服竟然还能从田里"种"出来?这些对特步环保系列的评价,绝不是天马行空的假象,系列所运用的核心原料——聚乳酸,让原来不可能的环保想法成为事实。

据了解,特步计划于2022年二季度上市的针织卫衣,聚乳酸成分将进一步提升到67%,同年三季度,将有100%的纯聚乳酸风衣上市。而在未来,特步将逐步实现聚乳酸单品类运用的层层突破,并在2023年前,力争实现聚乳酸产品单季市场投放量超过百万件。如果特步的所有面料都换成聚乳酸,一年可节省3亿立方米天然气,约等于26亿度电、62万吨标准煤的消耗量。也就是说,特步不仅重视原材料的环保,也重视生产过程的环保,同时,还可以在整个环保过程中取得不错的经济效益,可谓一箭双雕。

新锐时代汹涌而来,在市场销售、传播渠道和消费者需求变化的当下,品牌发展逻辑也同样变化。前不久,特步用一场联动少林的新厂牌XDNA将用户眼里的国潮形象悉数改观并重新定义。不管是新厂牌,还是聚乳酸T恤,非刻意的表达与天人合一的中国文化内核不谋而合。在聚乳酸的线上消费人群中,Z世代占绝大多数。尽管是限量发售,但也可以窥见年轻一代对新国潮的热衷已经不止于视觉设计,更关注他们穿的衣服是怎么生产出来的。

当下如果没有优质的产品力与设计,不注重品牌内容建设,就无法在新的时代中生存下来。正是看到市场的发展方向,特步在产品创新的基础上,也在持续加强品牌内容的建设,增强文化属性和时尚感。实际上,中国体育用品行业目前正处于由概念型消费向专业体验型消费驱动切换后的经营转型期。随着大众体育的兴起,以及主要体育用品企业完成库存消化及深化零售转型,行业将进入新一轮增长期。尤其是国内民众逐渐将体育运动作为一种全新、时髦的生活方式,越来越多的人选择加入其中。大多数消费者将运动服饰当作时尚休闲服饰,对产品潮流时尚属性要求更高。面对这些市场特征,特步不断拓宽产品线,以吸引年轻人、运动爱好者们的价值认同。我们可以看到,特步正在以环保、功能性开辟差异化赛道,创造市场需求。以潮流、专业性获得用户人群认同,并融合传统文化,定义新国潮,最终赋能品牌,提升品牌价值和市场竞争力。随着环境保护等观念的普及,越来越多的年轻消费者也开始身体力行。

资料来源:麻雀体育.可以"种"出来的衣服[Z/OL].[2021-06-16].https://www.toutiao.com/a6970981005213663756/?channel=&source=search_tab.

讨论题:

1. 特步采取什么绿色营销方式?
2. 绿色营销模式对提高企业的产品竞争力有什么帮助?

参 考 文 献

1. 钟春艳,周连第.观光农业园的绿色营销策略[J].商业研究,2009(8):71-73.
2. Pine II J B, Gilmore J H. Welcome to the Experience Economy[J]. Harvard Business Review, 1998(4):98-100.
3. [美]伯恩德·施密特.体验式营销[M].张愉等译.北京:中国三峡出版社,2001.
4. 孙娟,李艳军.公平感知对农资零售商知识转移的影响:心理契约的中介作用[J].南京农业大学学报(社会科学版),2019(3):138-146.
5. 杨辰韵.数字营销:告别经验,让数字说话[J].声屏世界·广告人,2019(5):67-69.
6. 陈华.数字营销的发展和变革[J].淮海工学院学报(人文社会科学版),2018(10):91-93.
7. Berry L L. "Relationship Marketing", Emerging Perspectives of Services Marketing(Eds) Berry, L. L., et al. (Chicago), American Marketing Association, 1983.
8. Morgan R M, Hunt S D. The commitment-trust theory of relationship marketing[J]. Journal of Marketing, 1994(3):20-38.
9. Gummesson E. Making relationship marketing operational[J]. International Journal of Service, 1994(5):5-20.
10. Payne A. Relationship Marketing: Towards A New Paradigm. In A. Payne (Eds), Advances in Relationship Marketing[M]. London: Kogan Page Ltd., 1995:263-280.
11. Gronroos, C. The relationship marketing logic.[J]. Asia Australia Marketing

Journal,1996(4):7-18.

12. 庄贵军,席酉民.关系营销在中国的文化基础[J].管理世界,2003(10):98-109,156.

13. 郭媛媛,王季,罗立宁.关系营销中的关系层次研究——基于利益相关者理论[J].山东经济,2007(4):80-83.

14. Macintosh Gerrard, Lawrence S. Lockshin. Retail relationships and store loyalty: A multi-level perspective[J]. International Journal of Research in Marketing, 1997(5):487-497.

15. 王新浩.自助服务使用行为对顾企关系的影响研究[D].大连理工大学,2013.

16. 沈蕾,邓丽梅.基于顾客满意度的品牌忠诚模型实证研究[J].市场营销,2006(2):57-62,64.

17. 宗毅,邢浩.基于关系营销的顾客分级研究综述[J].价值工程,2020(12):287-289.

18. 金鑫.体验营销理念在营销实践中的应用[J].中外企业家,2020(5):111.

19. 林璐.基于顾客价值为导向的体验营销策略研究[J].知识经济,2019(18):67-68.

20. 籍仕第,罗媛媛,李小勇.我国绿色营销研究综述[J].中国商论,201906):63-66.

21. 杨慧.市场营销学(第3版)[M].北京:中国社会科学出版社,2011.

22. 海尔整套低碳家电全方位践行世博绿色理念[N].内蒙古晨报,2010-04-26.

23. 石高峰.宜家沉浸式体验营销[Z/OL].[2021-02-09].www.shigaofeng.com/hangye/117169.html.

24. 阳光大道.汽车之家全球超级车展[Z/OL].[2021-02-09].http://www.enet.com.cn/article/2020/0306/A202003061102240.html.

25. 公关之家.孩子王重度会员制度[Z/OL].[2021-02-09].https://xueqiu.com/9241838398/132253835.

26. 锐步在第二人生中的虚拟店面[Z/OL].[2021-02-09].https://wenku.baidu.com/view/a1296f220875f46527d3240c844769eae109a3db.html.

27. 麻雀体育.可以"种"出来的衣服[Z/OL].[2021-06-16].https://www.toutiao.com/a6970981005213663756/?channel=&source=search_tab.

图书在版编目(CIP)数据

市场营销学/陆淳鸿主编. —上海:复旦大学出版社,2021.8
信毅教材大系.管理学系列
ISBN 978-7-309-15833-5

Ⅰ.①市… Ⅱ.①陆… Ⅲ.①市场营销学-高等学校-教材 Ⅳ.①F713.50

中国版本图书馆 CIP 数据核字(2021)第 148557 号

市场营销学
SHICHANG YINGXIAOXUE
陆淳鸿　主编
责任编辑/方毅超

复旦大学出版社有限公司出版发行
上海市国权路 579 号　邮编:200433
网址:fupnet@fudanpress.com　http://www.fudanpress.com
门市零售:86-21-65102580　　团体订购:86-21-65104505
出版部电话:86-21-65642845
上海盛通时代印刷有限公司

开本 787×1092　1/16　印张 25.5　字数 574 千
2021 年 8 月第 1 版第 1 次印刷

ISBN 978-7-309-15833-5/F·2817
定价:58.00 元

如有印装质量问题,请向复旦大学出版社有限公司出版部调换。
版权所有　　侵权必究